START-UP SUCCESS

성공 창업

이것만은 알고 시작하자

김윤갑 전재표 장영혜 지음

신광문화사

성공은 아이디어를 통해 성취하는 것이다.
우리는 누구이건, 어디에 살건, 직업이 무엇이건 간에 코카콜라의 글자를 보는 순간
그 거대한 부의 힘은 단순한 아이디어에서 이루어진 것임을 기억해야 한다.

– Napoleon Hill –

인간의 평균 수명은 늘어난 반면 평생직장과 정년의 개념은 사라졌다. 100세 시대에 개인은 다수의 취업과 더불어 한두 번의 창업을 경험하는 것이 매우 자연스러운 패턴이 되었다. 따라서 창업과 혁신은 특정 계층, 특정 세대의 화두가 아니라 모든 사람에게 닥친 문제이다. 특히 아이디어 발상도 중요하지만 아이디어를 현실화해서 행동에 옮기기란 결코 쉬운 일이 아닐 것이다. 즉, 창업이란 아이디어도 중요하지만 그 아이디어를 실행하는 과정에서 많은 창업자들이 막연한 두려움을 가지고 있는 것이 현실이다. 본서는 자신의 인생에서 창업을 처음 접하는 예비창업자들이 두려움보다 창업을 즐겁게 준비할 수 있고, 창업 자체를 즐길 수 있도록 창업자의 자세를 비롯하여 성공창업을 위해 반드시 알아야 할 기본개념과 중요한 이론들을 충실히 소개하고자 하였다.

이 책은 세 명의 저자들이 오랜 기간 창업지원 업무와 대학에서 강의를 해온 경험을 바탕으로 예비창업자들이 필수적으로 알아야 할 창업에 대한 기본개념을 보다 쉽고 간략하게 설명하려고 하였다. 이 책은 대학에서 창업경영을 학습하려는 초심자들이 주된 독자이지만 예비창업자들 뿐만 아니라 창업가들이 창업과정에서 필요한 기본적 이론들을 점검하기 위해서도 유용하게 사용될 것이다. 무엇보다도 간결성, 명료성 그리고 가독성을 염두에 두고 다른 창업경영학 이론서들과의 차별성을 유지하려고 노력하였다. 달리 말하자면 본서의 저자들은 예비창업자들이 창업에 대한 초보적인 질문에 대해 이해하기 쉽게 설명하려고 노력하였다.

이 책의 내용을 요약하면 다음과 같다.

제1부는 창업과 경영이 무엇인지에 대하여 설명하였다. 창업과 경영의 의미와 개념을 포함한 창업가들의 자질을 소개하고, 창업의 기회를 발견하기 위한 창업환경과 소비자 구매환경을 이해하기 위한 과정을 설명하였다.

제2부는 예비창업자들이 실전창업을 위한 창업과정에서 필요한 부분에 대하여 설명하였다. 즉, 업종별 창업과정과 창의력의 발현 및 창업아이템 개발기법, 창업아이템의 사업타당성 분석기법 그리고 창업자금조달과 창업에 필요한 세무지식을 다루었다.

제3부는 성공적인 창업의 근간이라 할 수 있는 창업경영전략을 설명하였다. 기업수준과 사업부수준의 전략뿐만 아니라 개별 제품이나 서비스 전략의 기본적 이론을 다루었다. 그리고 성공창업을 위한 마케팅이론의 적용방법과 이상적인 창업팀을 구성하고 관리하는 방법을 설명하였으며, 마지막으로 창업의 전 과정에 필요한 창업자의 협상과 설득 커뮤니케이션 역량을 함양하기 위한 전략을 설명하였다.

이 책은 창업경영에 관한 기초적인 지식을 체계적으로 보다 쉽게 이해하고 현실에 응용할 수 있는 지침서로서 역할을 충분히 할 수 있을 것이다. 그러나 독자들의 요구에 성공적으로 부응하고 있는지는 전적으로 독자들의 판단에 달려 있을 것으로 본다. 이 책을 이용하는 독자 여러분들의 아낌없는 조언을 바란다.

마지막으로 책이 출간되기까지 많은 분들의 도움을 받았다. 특히 신광문화사 편집부에서 방대한 분량의 원고를 전문가답게 신속하게 그리고 책 디자인까지 깔끔하게 마무리해 주셨다. 그리고 본서의 출판을 위해 끊임없이 관심을 보이고 지원을 해주신 신광문화사 정우용 회장님과 코로나19 바이러스 확산으로 어려운 사회적 분위기 속에서도 교강사님을 만나며 피드백 해주신 영업부 및 관계 직원 여러분께도 감사를 드린다. 그리고 우리대학의 학생창업이 활성화될 수 있도록 아낌없이 지원해주신 박승호 총장님께도 감사드린다.

아무쪼록 예비창업자들이 이 책을 읽으면서 창업은 재미있고 도전해보고 싶은 과정이라는 생각을 가질 수 있기를 기대한다.

김윤갑 · 전재표 · 장영혜 배상

목 차

Part 1 창업과 경영

Part 2 창업과정

Part 3 창업경영전략

Chapter 1 창업과 경영

◈ 학습내용

01 창업과 경영
02 창업의 요소
03 창업의 유형과 창업실행
04 창업의 성공요인과 실패요인

◈ 학습목표

창업에 대한 기본개념과 창업유형을 이해할 수 있어야 한다. 또한 창업가가 갖추어야 할 자질과 창업의 성공요인과 실패요인을 통해 예비창업자들이 성공 창업을 위한 기본적인 준비사항을 확인하는 데 목적이 있다.

〈시작이야기〉

왜 수많은 기업이 파괴적 혁신에 실패했을까?

파괴적 혁신 이론은 클레이튼 M.크리스텐슨 하버드 경영대학원 교수는 1997년 저서 <혁신 기업의 딜레마(The innovator's Dilema)>에서 파괴적 혁신을 언급한 이후 오늘날까지도 강력한 성공 수단으로 작용하고 있지만, 안타깝게도 많은 경영자들이 이를 제대로 파악하지 못한 채 잘못된 방법을 적용하고 있다. 이론의 핵심 개념을 정확히 이해하고 적용하는 일은 혁신의 성패를 좌우한다. 그러나 진정한 파괴적 혁신을 파악하기란 매우 까다롭다. 파괴적 혁신 이론을 잘 이해하는 경영자들도 전략적 결정을 내릴 때 흔히 다음과 같은 점을 간과하거나 오해하는 경향이 있다.

첫째, 파괴는 오랜 시간에 걸쳐 전개되는 과정이다. '파괴적 혁신'은 대부분 뛰어난 기술이나 제품, 서비스가 어느 날 갑자기 파란을 일으키며 나타나는 것이 아니다. 저가 시장이나 신규 시장에서 시작해 주류 시장을 잠식하는 과정을 거치려면 시간이 걸리기 때문에 기존 사업은 대응에 나설 수 있다. 넷플릭스가 처음 등장했을 때, 비디오 대여점 고객은 온라인으로 영화 DVD를 주문받고 우편으로 대여해주는 서비스에 매력을 느끼지 못했기 때문에 미국 최대 비디오 대여점 '블록버스터' 기업은 이 신생 기업을 무시했다. 그러나 넷플릭스가 인터넷 스트리밍 서비스를 제공하면서 비디오 대여점 시대는 종말을 맞이했다. 넷플릭스가 처음부터 핵심 시장을 겨냥했다면 선도 기업은 강력하게 대응했을 것이다. 이렇게 신생 기업은 처음에 주변 시장을 공략하기 때문에 대기업들은 성장하는 중소기업을 놓치고 만다.

둘째, 파괴적 기업은 기존 기업과 아주 다른 사업 모델을 구축한다. 애플의 아이폰은 혁신적 사업 모델을 통해 파괴를 일으킨 대표적인 사례다. 2007년에 출시된 아이폰 자체는 스마트폰 시장에서 일어난 존속적 혁신에 해당한다. 기존 기업들과 같은 고객을 겨냥하고, 제품의 우월성을 토대로 성공했기 때문이다. 그러나 아이폰의 뒤이은 성장은 파괴로 설명하는 것이 정확하다. 아이폰이 파괴한 대상은 인터넷에 접속하는 주된 도구로 쓰이던 노트북이었다. 이 파괴는 제품 개선만이 아니라 새로운 사업 모델의 도입을 통해 이뤄졌다. 아이폰은 앱 개발자와 사용자를 연결하는 플랫폼 기반 사업 모델을 구축함으로써 아이폰을 개인용 컴퓨터와 비슷하게 만들었다.

셋째, 실패하는 파괴적 기업도 있다. 결과에만 초점을 맞추면 성공한 기업만 파괴적이라는 평가를 받을 수 있다. 모든 파괴적 경로가 성공으로 이어지는 것은 아니며, 모든 성공이 파괴적 경로를 따르는 것 또한 아니다. 세계적으로 택시 사업을 변화시키고 있는 우버는 눈부신 성장을 이뤘지만, 저가 시장이나 신규 시장을 개척한 것이 아니라 기존에 택시를 탔던 고객들을 대상으로 입지를 구축했다. 또한 파괴적 혁신과 다르게 질 낮은 서비스를 제공하지도 않았다. 존속적 혁신의 속성에 속하는 우버의 성공 사례를 '파괴'라고 여기면 잘못된 성공 전략을 적용할 위험이 생긴다.

넷째, '파괴하지 않으면 파괴당한다'는 말은 오해를 낳을 수 있다. 기존 기업들은 시장에서 일어나는 파괴에 대응해야 하지만 수익성을 갖춘 사업을 폐기하는 과잉반응을 보여서는 안 된다. 대신 존속적 혁신에 투자해 핵심 고객과의 관계를 계속 강화하면서 한동안은 아주 다른 두 가지 사업을 계속 운용해야 한다.

파괴적 혁신 이론은 어떤 기술이나 제품이 파괴적 혁신이라고 판단하기보다 존속적인 경로를 선택할 것인지, 파괴적 경로를 선택할 것인지에 관한 전략을 결정하는 데 도움을 준다. 신생 기업이 더 나은 제품이나 서비스를 비슷한 가격에 제공하는 존속적 전략을 택한다면 성공할 확률이 크게 낮아질 것이다.

만약 신생 기업이 파괴적 전략을 채택해도 성공하지 못한다면 그 이유는 범주를 잘못 설정하기 때문이다. 그렇기 때문에 올바른 자원과 가치관, 적절한 의사결정 절차를 선택하는 것부터 혁신을 저해하는 요소가 무엇인지 파악하고, 언제 새로운 사업 모델이 필요한지, 파괴적 사업에 어떻게 대응해야 할지에 이르기까지 파괴적 혁신을 이루는 요소를 세심하게 살피는 것이 중요하다. 리더, 전략팀, 제품개발부에서 이를 제대로 이해한다면 위기에 대비할 수 있을 뿐 아니라 앞으로 어떤 변화가 일어날지 내다볼 수 있을 것이다.

01 창업과 경영

경영이란 시작한 사업을 효과적, 효율적으로 운영하기 위해 사람, 물건, 돈을 잘 짜인 계획대로 배치하는 것이다. 즉, 이미 만들어진 조직을 가장 효율적 효과적으로 관리하는 방법을 배우는 것이 경영학이다.

경영학에서는 주로 군사용어를 사용하는데, 그 이유는 전쟁에서의 의사결정과 기업의 생존의사결정이 동일하기 때문이다. 전쟁 때 어디서 싸울 것인지 어떤 방법으로 싸울 것인지를 결정한다. 기업가도 마찬가지로 어디서 사업을 할 것, 어떤 방법으로 경쟁할 지를 결정하게 된다.

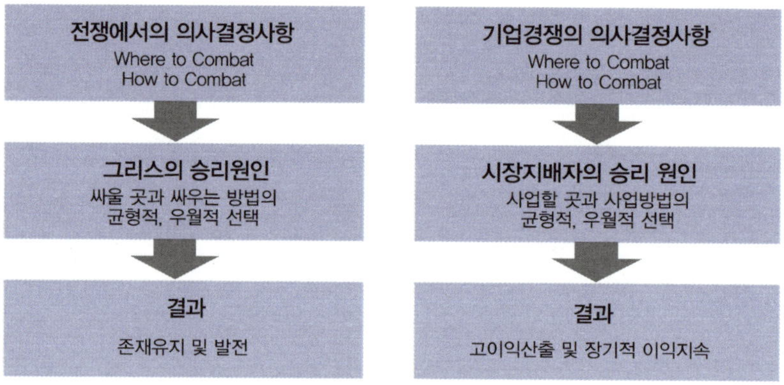

▲ **그림 1.1** 전쟁과 기업경영 의사결정의 유사성

창업은 주로 '어디서 싸울 것인가'에 관련된 부분이 많다면, 창업 후 경영관리(management)는 '어떻게 싸울 것인가'에 관련된 부분이 많다. 윤석철(1991)은 기업이 생존하기 위해서는 경영자가 반드시 명심하고 행동해야 할 관리의 규범을 두 가지로 정리하였다. 즉, "기업이 생존하기 위해서는 고객이 느끼는 제품의 가치는 가격보다 높아야 하고, 가격은 제품의 생산원가보다 높아야 한다는 것으로 이 부등식[제품의 가치(V) > 제품의 가격(P) > 제품의 원가(C)]"이 유지되어야 기업은 생존할 수 있다고 하였다.

기업이 판매하는 제품이나 서비스의 가치가 항상 가격보다 높으려면, 경영자는 끊임없이 상품의 가치를 높이는 일을 해야 한다. 이를 위해 경영자는 경영활동에서 창조성이 필요하다고 하는 것이다. 또한 제품이나 서비스의 원가는 가격보다 항상 낮아야 한다. 경영자는 상품의 원가를 끊임없이 낮추려고 해야 하는데, 이것이 경영활동에서 생산성이다. 즉, 경영자의 관리는 창조성을 강화하고 생산성을 높이는 데 주력해야 한다. 따라서 창업자는 사업을 시작할 때 고객이 지불할 가치가 높은 상품(제품 또는 서비스 : product or service)을 선택하고, 상품의 원가가 낮거나 낮아질 가능성이 높은 상품을 선택하는 것이 사업성공을 할 수 있는 지름길이다.

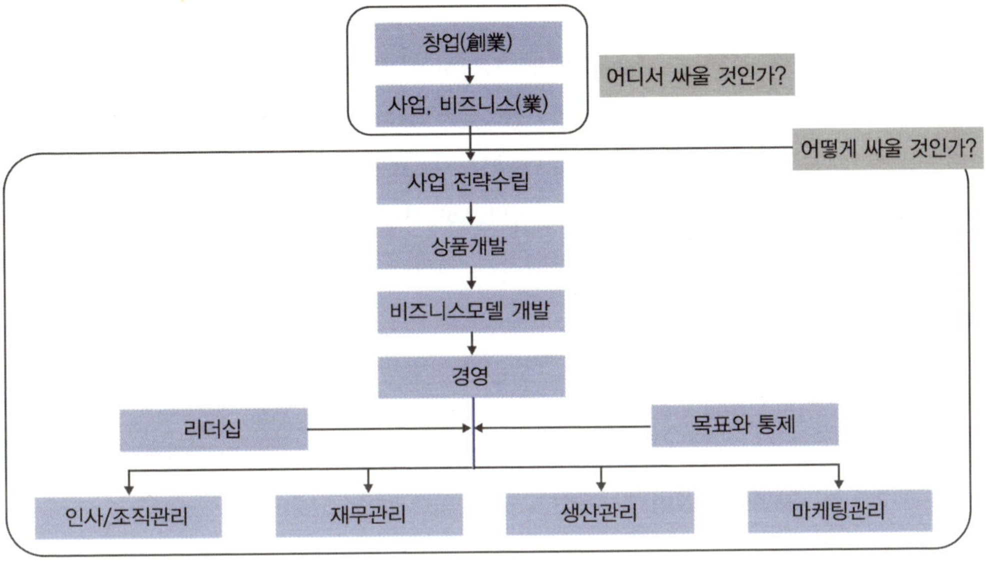

▲ **그림 1.2** 창업과 경영의 관계도

1.1 창업의 의미

창업(創業 : start-up)의 사전적 의미는 새로운 사업을 시작하는 것이다. 새로운 아이템이나 아이디어를 가진 창업자가 영리를 목적으로 개인회사나 법인회사를 만들어 사업 활동을 시작할 기초를 세우는 일을 의미한다. 즉, 재화나 서비스를 생산·판매하는 하나의 생산경제단위라는 시스템을 구축하는 일로서 일반적으로 사업을 새로이 개시(start-up)하는 것이다.

또한 창업은 개인이나 법인이 사업목표를 세우고 자신의 책임 하에 자본, 인원, 설비, 원자재, 기술 등 경영자원을 확보하여 인적 및 물적 자원을 계획, 조직, 지휘, 조정, 통제의 과정을 거치며 상품이나 서비스를 조달, 생산, 판매하거나 그와 관련된 경영활동을 수행하는 과정을 거치면서 생산성 향상을 가져와 기업 및 조직이 이익을 추구하는 목적을 가지고 있다.

경영이 재무적, 인적 물적 자원을 효과적이고 효율적으로 배치하고 운영하는 것을 경영방도라고 한다면, 창업은 살아남는 방도에 집중된 것이다. 따라서 본 서에서는 창업하여 살아남는 방도를 '경쟁자에 비해 더 높은 고객가치를 창출하는 것'으로 정의하고자 한다.

■ **고객가치** 고객은 돈을 지불하여 창업자의 상품을 구매하는데, 고객이 돈을 지불할 만한 상품가치를 갖지 못한 상품을 판매한다면 당연히 구매가 이루어지지 않을 것이다. 따라서 기업은 판매가 이루어지고 이 판매에서 이윤이 발생하고, 이 이윤을 바탕으로 생존에 필요한 비용을 마련하므로, 고객가치를 창출하는 것이 창업자가 해야 할 가장 핵심적인 사항이 된다.

■ **상대적 고객가치** 우리 상품이 고객에게 가치가 있는 것일지라도 경쟁자의 상품이 제공하는 가치보다 낮다면 우리 상품은 판매되지 않을 것이다. 따라서 우리 상품은 경쟁자의 상품보다 높은 고객가치를 가져야 한다. 이것이 창업아이템이 갖추어야 할 성공조건이다.

■ **지속적 상대적 고객가치** 그런데 우리 상품의 가치는 지속적으로 변화한다. 우리 상품이 고객에게 너무 익숙해져 그 가치가 낮아질 수도 있고, 우리 상품의 가격이 상승할 수도 있고, 경쟁상품이 지속적인 개선을 통해 가치가 올라가면 우리상품의 상대적 고객가치가 작아질 수 있다. 따라서 창업자는 지속적으로 경쟁사 상품보다 더 나은 가치의 상품을 고객에게 노출시키고 개선해야만 생존할 수 있다. 따라서 경쟁우위에 시간이라는 요소를 더하여 장기적으로 경쟁우위가 유지되는 고객가치를 제공하는 것이 창업성공의 기본이 된다.

1.2 창업의 중요성

■ **이윤창출** 창업의 가장 직접적인 목표는 이윤을 창출하는 것이다. 창업을 통해서 창출되는 부는 개인적으로 소중할 뿐만 아니라 사회적으로도 유용한 것이다. 좀 더 많은 사람들이 물질적인 풍요로움의 혜택을 받기 위해

서는 먼저 사회전체의 부의 크기가 증가하여야 하는데, 창업은 이러한 결과를 위해 필요하고도 중요한 활동인 것이다.

■ **일자리 창출** 창업은 일자리를 제공하게 된다. 일자리는 개인에게 생활의 터전을 제공하게 되며, 국가적으로도 경제활동인구를 증대하고, 실업문제를 해결하는 데 있어 가장 근본적인 방안인 것이다.

■ **자원의 생산과 활용** 창업은 자원을 활용하여 가치가 좀 더 큰 새로운 재화와 서비스를 생산하게 된다. 만약 기업이 창업되지 않는다면, 천연자원이 아무리 풍부하더라도 그 것을 활용하여 부를 창출하는 활동이 이루어지지 못하거나 저조할 것이다.

■ **생활공간의 창조** 현대사회에서 직장생활은 단순히 생계에 필요한 물질을 얻기 위한 활동이라는 차원을 넘어서 삶 그 자체의 매우 중요한 일부이다. 그러므로 기업에서 근무하는 동안 삶의 질은 종업원들의 삶의 질을 결정하는 데 중요한 요인이 되는 것이다. 이러한 관점에서 볼 때, 창업은 창업자 본인뿐만 아니라 종업원에게도 중요한 삶의 공간을 창출하는 행위라 할 수 있다.

■ **국제수지의 개선** 우리나라와 같이 국제무역이 국가경제에서 차지하는 비중이 큰 나라에서 창업은 앞에서 설명한 여러 가지 기능 외에, 특히 국제수지 개선에도 많은 영향을 미칠 수 있는 경제활동이다.

■ **과학과 기술의 발달 촉진** 창업은 기술을 활용하게 되는 경우가 많으며, 기업 활동은 새로운 기술의 발달을 요구하게 된다. 결과적으로 창업은 과학과 기술의 발달을 촉진하게 된다.

■ **환경의 보존** 기업을 창업하여 생산 활동이 전개되는 경우에 발생하는 폐기물은 자연환경에 영향을 미칠 수 있다. 그러나 오염물질을 많이 배출하는 낡은 생산시스템을 새 것으로 대체하는 기업은 오염을 감소시키는 결과를 초래하기도 한다.

1.3 창업의 동기

창업의 동기는 창업자에 따라 다르겠지만, 크게 네 가지로 설명할 수 있다.

■ **경제적 동기** 이는 가장 기본적인 창업동기라 할 수 있다. 최근에 확대되고 있는 실직난이나 구직난, 직장의 장래 전망 불투명 등의 이유 때문에, 이를 벗어나려는 목적의 창업이나 창업을 위하여 투입되는 자원의 크기보다 미래에 대한 기대 수익이 훨씬 더 크다고 생각하여 창업을 시작하는 경우이다.

■ **사회적 동기** 이는 자신에게 숨겨져 있는 사업가적 능력을 최대한 발휘하여 기업을 창업·운영하고, 성장시킴으로써 사회적 책임을 구현하고, 이를 통하여 개인으로서 사회에 봉사하려는 동기를 말한다.

■ **자아실현동기** 이는 경제적 동기와는 달리, 개인의 현장경험과 지식을 바탕으로 꼭 해 보고 싶은 일을 해보려는 비경제적 목적을 추구하기 위하여 창업을 하는 경우이다. 즉, 자신의 기업을 소유·운영해 보고 싶은 욕구, 보다 만족스런 경력에 대한 욕구와 기업 소유자로서 얻게 되는 명성과 기업경영을 통하여 자신의 꿈과 이상을 실현하고자 하는 동기를 의미한다.

■ **새로운 아이디어나 개념의 사업화** 개인이 가지고 있는 사업아이디어의 활용이나 새로운 사업성기회의 포작을 통해 사업화하려는 모험정신의 발현 목적에서 이루어지는 창업으로, 가장 이상적이고 순수한 창업동기라 할 수 있다.

이처럼 창업은 부를 창출하는 것으로 개인적 관점에서 소중할 뿐만 아니라 사회적으로도 유용한 것이다. 직장을 창출하고 일자리를 제공하며, 자원의 새로운 가치를 창출하게 된다. 또한 과학기술의 발달을 촉진하게 되는 유익한 일이다. 기술을 바탕으로 한 기술창업은 성공 가능성이 큰 혁신적인 기술이나 전문적인 지식을 기반으로 창업하여 영리를 추구하고자 새로운 사업을 시작하는 것을 말한다.

▼ **표 1.1** 기술창업과 일반창업의 비교

분류	사업유형	사업수행 형태	특성
기술창업	• 제조업 • 전문서비스업 • 지식문화사업	신기술 또는 새로운 아이디어를 가지고 제품(or 용역)의 생산 및 판매활동을 하는 형태	• high risk, high return(고위험 고수익 창출) • 소규모 창업으로 고성장을 통한 중견기업으로 성장가능
일반창업	• 일반서비스업 • 도소매업(건설업)	음식업, 이·미용업, 기타 일반상품을 단순 유통하는 등의 일반적 사업형태	• 낮은 진입장벽, 빈번한 창업과 소멸 • 소자본 창업으로 일반적으로 영세, 낮은 부가가치

* 출처 : 창업진흥원, 기술창업보육론, 2013

1.4 창업의 특성

우리 주변에서는 매일매일 수많은 기업이 도산하여 문을 닫는 경우가 발생하고 이보다 많은 수의 기업들이 탄생하고 있다. 그러나 날마다 창업되는 많은 기업들 중에서 실제로 성공했다고 평가받을 만한 경우는 극히 적은 수에 불과하다. 그 이유는 창업은 누구라도 쉽게 할 수 있으나, 아무나 성공할 수는 없는 나름대로의 특성이 있기 때문이다.

기업을 새로이 설립하는 창업은 기업의 경영활동으로 인식되는 기존활동과 많은 점에서 다른 특성을 가지고 있다.

▪ **의사결정의 불확실성** 창업결정은 기본적으로 위험이 따르는 전형적인 불확실성 하에서 이루어지는 의사결정이다. 어떤 사람이라도 빈틈없이 완벽하게 창업 준비를 하였다 하더라도 풍요로운 성공의 결실을 확신할 수는 없다. 왜냐하면 단지 창업아이디어가 훌륭하다는 이유만으로 수요가 저절로 창출되는 것은 아니기 때문이다. 또한 새로운 사업을 추진하는 과정에서 예상치 못했거나 과정상에서 부득이하게 쓸데없는 자원을 보유하게 되는 경우도 발생하기 때문이다. 그러므로 창업은 지금까지 전혀 경험하지 못한 새로운 사업을 시작하는 것이기 때문에 그 결과를 예측하기가 어렵고 불확실할 수밖에 없는 특이성을 가지고 있는 것이다.

▪ **전략적 자원투입** 창업은 다양한 신규자원의 투입을 전제로 하여 시작

되는 것이므로 처음부터 어느 정도 위험부담을 안고 출발할 수밖에 없다. 창업은 새로운 인적·물적 자원이 투입될 때 비로소 가능하게 된다. 그러나 이러한 투자자원에 대해서 그 결실은 장기간에 걸쳐서 서서히 이루어지며, 또한 그 결실의 크기도 불확실하기 때문에 창업은 많은 위험이 수반되는 특징을 가지고 있는 것이다.

■ **모험적 특성** 창업은 기본적으로 진취적이고, 창조적이며, 모험적인 성격을 갖고 있다. 이는 본래 창업이 갖고 있는 불확실성과 위험 때문이기도 하나, 창업이 주로 변화를 잘 감지할 줄 알며, 상상력과 창의력이 뛰어나고, 결단력이 있는 기업가정신(entrepreneurship)을 가진 사업가에 의해서 추진되기 때문이기도 하다.

창업의 이러한 특성으로 인하여, 창업자는 창업하여 사업을 시작하기 전에 충분한 분석을 통해 신중하게 접근할 필요가 있다.

02 창업의 요소

창업을 준비하면서 가장 본적으로 갖추어야 할 요소는 여러 가지가 있지만 그 중에서 가장 핵심 요인은 창업자(창업팀), 자본 그리고 창업아이템이다. 이 세 가지는 사업을 시작하는 데 가장 필수적인 요소로, 이 중에서 하나만 빠져도 제대로 된 창업이 어려울 수 있다.

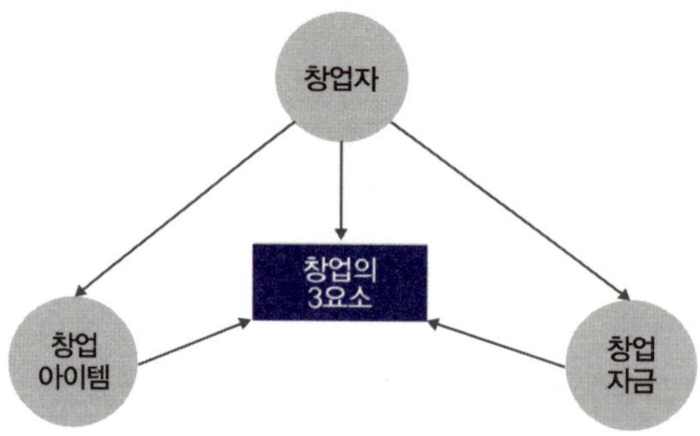

▲ **그림 1.3** 창업의 3요소

■ **창업자(창업팀)** 먼저 사업을 창업하고, 이끌어나갈 창업자와 그 팀이다. 창업자는 어려운 환경이나 역경에 굴하지 않고 신념을 가지고 사업을 만들

어내고, 그것을 성장시켜 나가는 사람이다. 열정을 가지고 있으며, 때로는 냉철하지만 때로는 무모하게 도전할 수 있는 사람이다. 또한 그 사업을 실현시킬 능력과 잠재력을 가지고 있는 사람이기도 하다. 그리고 사업이 처한 환경과 산업의 전반적인 트렌드를 읽고, 그에 맞춰 사업의 방향을 조율해 낼 수 있는 사람이다. 어려운 상황이 닥치더라도 책임감을 가지고 리더십을 발휘하며, 실수를 바탕으로 매일 발전하여 성장해나가는 사람이기도 하다. 사실 창업은 성공할 확률이 20%도 안 된다고 할 만큼 성공가능성이 희박하고 어렵다. 그리고 논리적으로 생각했을 때 성공을 확신할 수 있는 사업은 많지 않다. 그렇게 어렵고 가능성이 없는 일을 확신과 신념을 가지고 현실로 만들어내는 것은 결국 창업자의 능력과 의지에 달려있다고 해도 과언이 아닐 것이다. 따라서 훌륭한 창업자는 좋은 창업에 있어 빼놓을 수 없는 핵심요소이다.

■ **창업아이템** 창업아이템은 과연 '어떤 사업을 만들 것인가'하는 아이디어를 의미한다. 창업아이템은 시장에서 missing puzzle을 찾고 그것을 맞춰낼 수 있는 가장 좋은 퍼즐 조각을 찾는 과정이다. 고객의 숨겨진 니즈나 혹은 아직까지 고객조차 발견하지 못한 근원적인 필요를 통찰력있게 발견하고, 그것을 해결해 낼 수 있는 방법을 사업모델화 한 것이다.
좋은 창업아이템이 없다면, 시장에서 성공가능성은 사실상 없다고 해도 과언이 아니다. 이미 시장에는 먼저 사업을 시작한 강력한 경쟁자들이 버티고 있으며, 그들의 영향력은 우리의 생각보다 더 크고 막강하다. 한정된 자원과 시간을 가지고 도전하는 창업자의 입장에서, 고객들의 관심을 확 끌 수 있는 창업 아이템이 없다면 실패할 가능성이 높을 수밖에 없다. 그러므로 좋은 창업아이템 또한 매우 핵심적인 창업 요소이다.

■ **창업자금** 창업자금은 실제로 회사를 만들고, 그것을 운영하고, 성공을 거두기가지 버티기 위해 필요한 모든 자금을 의미한다. 실제로 창업을 한 사람들은 그들이 성공하기까지 들어간 자금은 처음 예상보다 훨씬 더 많았음을 알 수 있다. 성공까지 가기 위해 인내해야 하는 시간도 생각보다 길고, 또 고정적으로 들어가는 비용이나 연구개발에 들어가는 비용이 만만치 않기 때문이다.
창업을 하게 되면 들어가게 되는 돈이 많은데, 처음 창업을 시작할 때 자본금이 있어야 하고, 하다못해 일할 공간이나 집기를 갖출 돈이 있어야 한다. 아이템을 제품/서비스화하기 위한 개발비와 인건비가 들어가고, 또 그것을 대중에게 알리기 위한 마케팅 비용 또한 들어간다. 이러한 자금지원이 없다면 아무리 좋은 창업자와 아이템이 있다고 하더라도 사업 자체를 영위해나기가 어렵다. 따라서 창업자금 또한 빼놓을 수 없는 창업의 핵심요소이다.

위에서 살펴본 창업자(팀), 창업아이템 그리고 자금 모두 창업에서 절대 빠져서 안 되는 핵심요소이다. 그러나 그 중에서 가장 중요한 요소는 무엇일까? 그리고 처음 창업을 준비하는 데 있어서 모든 것을 완벽하게 갖추고 시작하기란 어렵다. 대부분의 경우 부족한 상황에서도 창업을 준비해야 하는 상황이 있기 마련이다. 그 때 가장 필요한 것은 무엇일까?
그리고 창업의 3대 요소(창업자, 아이템, 자금)를 창업을 위한 1차적 요소라고 하면, 이와 관련하여 구체적으로 창업을 위해서 고려해야 할 요소들은 시장성, 기술성, 경제성, 정부정책(제도) 그리고 경영능력에 관련된 요인으로 분류할 수 있을 것이다.

03 창업의 유형과 창업실행

1997년 말까지만 해도 창업은 주로 자신의 아이디어와 기술을 사업화하는 유형의 창업이 대부분이었으나(기술집약적 창업), 외환위기 이후 명예퇴직, 해고불안, 미취업 등의 이유로 인하여 먹고살기 위한 창업을 준비하고자 하는 이른바 생계적 창업자 많이 늘어난 것을 볼 수 있다. 이러한 창업의 유형은 분류기준이나 목적에 따라 다양하다.

■ 창업 자본의 조달방법에 따른 구분

① 독자창업은 한 개인이 자본을 조달하여 출자하고 모든 책임 하에 창업하고 경영되는 형태이다.

② 합자창업은 2인 이상의 공동출자나 동업자(partnership) 형태로서 자연인으로 구성되거나 법인으로 구성되기도 한다.

③ 벤처창업은 사업계획서만 보고 끌어들인 제2, 제3의 벤처창업 자본을 끌어들인 자본적 경합의 형태이다.

④ 분가(분사)창업은 'spin-off 창업'이라고 하는데, 이는 회사의 한 사업부 또는 발탁된 자에게 완전히 회사를 떠나 독립회사를 만들어 창업하는 형태이다. 창업자의 자금이 거의 들지 않는 유리한 점이 있다.

⑤ 사내창업은 회사의 종업원으로 일하면서 특수한 분야 혹은 특수한 아이템의 사업을 추진해 나가는 형태를 말한다. 독립채산제와는 달리 이는 회사 조직과는 거의 무관한 별도의 사업조직을 만들어 특수한 사업을 수행한다. 사업자등록을 별도로 하지 않기 때문에 별도의 회사라고 할 수 없다.

▪ **업종에 따른 분류** 산업분류에서 흔히 사용하는 기준으로 제조업, 음식 및 서비스, 유통업의 분류가 있다.

① 제조업 창업은 원료를 투입하여 새로운 제품을 만드는 사업을 말한다.

② 서비스업 창업은 그 형태가 다양하여 간단히 정의하기는 어렵지만, 한 가지 특징은 제공된 서비스를 원래 상태로 환원하기 어려운 것이랑 서비스업 분야의 창업은 산업사회가 고도화됨에 따라 그 비중이 점차 증가하고 있고 앞으로도 매우 활발하게 전개될 것이다.

③ 유통업 창업이란 도매 및 소매점을 창업하는 것을 말한다.

▪ **독립사업과 프랜차이즈 가맹사업** 독립사업 창업은 개인이 아이템을 만들고 그에 맞춰 전 분야를 준비하고 운영하는 반면에, 프랜차이즈 가맹사업(franchisee)은 가맹점 본부로 지칭되는 프랜차이저(franchiser)의 아이템을 바탕으로 운영된다는 점에서 차이가 있다. 즉, 프랜차이즈 가맹사업 창업은 기업의 성공적인 아이템과 시스템을 최대한 활용한다는 점에서 독립사업 창업과 차별화 된다.

최근에는 많은 소매업 및 서비스업에서 프랜차이즈 가맹점 형태의 사업이 확산되고 있는데, 이와 같이 프랜차이즈 가맹점사업이 성장하는 이유는 여러 점포가 같은 물건을 취득함에 따라 규모의 경제 효과가 발생하며, 경영기술에 있어서 본부와 가맹점이 효과적으로 협력하여 수익성과 경쟁력을 강화할 수 있기 때문이다.

프랜차이즈 사업은 가맹본부가 가맹점에 조직, 교육, 상품공급, 영업, 관리, 점포개설 등의 노하우를 브랜드와 함께 제공하여 사업을 영위해 나가는 관계의 사업형태를 말한다. 즉, 본부는 가맹점에게 해당지역 내의 독립적 영업권을 주는 대신, 본부가 취급하는 상품의 종류, 광고, 점포 인테리어, 서비스 등을 직접 구성하고 관리하는 것은 물론, 가맹점에 교육지원, 경영지도, 판촉지원 등 각종 노하우를 제공한다. 반면에, 가맹점은 본부에 가맹비, 로얄티 등 일정한 대가를 지불하고, 사업에 필요한 자금을 직접 투자해서 본부의 지도와 협조를 통해 독립된 사업을 영위하는 사업시스템인 것이다.

■ **개인중심 창업과 팀중심 창업** 개인이 창업을 주도하여 제품의 결정, 자금조달, 경영 등을 주도하는 경우 개인중심 창업이라고 할 수 있다. 이러한 개인중심 창업은 책임과 권한의 소재가 분명하고, 의사결정이 신속하다는 장점이 있지만, 자본과 경영기술 등에 있어서 한 개인에게 의존함으로써 한계가 나타날 수 있다. 한편 이와는 달리, 2명 이상의 사람이 공동으로 창업을 수행하는 경우를 팀중심 창업이라고 한다. 팀중심 창업은 구성원들의 견해차가 생길 때, 이로 인해 의사결정속도가 지연되고 책임소재가 애매하게 되는 단점이 있으나, 신중성 및 전문화 등의 장점을 살릴 수 있다.

■ **무점포 창업** 일반적으로 창업을 행하는 경우에는 공장을 설립하거나 점포를 가지는 등 일정한 격식을 갖춘 공간을 중심으로 하는 경우가 많다. 이와는 달리 점포나 공장이 거의 없거나, 거주지의 공간을 활용함으로써 격식을 갖춘 공간이 없어도 창업을 할 수 있다.
이러한 유형의 창업을 무점포 창업이라 한다. 이 경우 점포를 확보하는 데 자금이 소요되지 않으므로, 자금 면에서 매우 효율적인 창업이 될 수 있다. 예를 들면 인터넷 창업, 소규모의 통신판매사업, 번역사업, 정보제공업 등은 점포가 없어도 창업을 할 수 있는 사업들이다. 무점포 창업은 사업자금 조달에 어려움이 있는 사람들이 특별한 관심을 가지고 고려해볼 만한 창업유형이다.

그렇다면 과연 창업기업가로 정해진 사람이 있는 것인가? 누가 창업기업가로서 적임자인가? 성공한 창업자는 행복할 것인가? 창업은 해야만 하는가? 창업자는 정해져 있지 않다. 왜냐하면 난관에 직면하였을 때 물러나지 않고 끝까지 노력하는, 자기 돈을 출자해서 사업을 벌이는 악착같은 사람이 창업기업가라고 생각한다. 누가 창업가로 적임자인가하는 질문에는 처음부터 적임자는 없다고 본다. 거기에 운(우호적인 경영환경)이 따라주면 금상첨화라 할 수 있다. 즉, 최선을 다하여 노력하고 결과는 하늘에 맡기는 마음으로 현재하는 일을 소중히 여기며, 내가 만나는 직원과 고객의 도움으로 성공의 90%가 이루어지고, 나머지 10%는 나의 노력으로 이루어진다는 감사한 마음으로 기업경영에 전심전력을 다하고 있다. 창업은 억지로 해야 하는 것이 아니라 자연스럽게 상황이 주어졌을 때 하는 것이 바람직하다.

창업을 하는 이유 중에는 자유스러우며 잘 먹고 행복하게 잘 살겠다는 기저가 마음에 깔려 있다. 따라서 그렇게 되기까지는 반드시 그 만큼의 에너지와 시간, 고통 등의 대가를 치러야 이룰 수 있다.

04 창업의 성공요인과 실패요인

① 성공창업을 위한 결정요인

Check Point

성공창업을 위한 체크포인트 5

- 성공사례조사와 벤치마킹은 선택이 아닌 필수
- 창업아이템 선정 및 타당성 분석 중요
- 기관별 지원사업은 자세하게 확인할 것
- 사업계획서 작성과 멘토링은 기본
- 홍보·광고에는 다양한 웹사이트 개설이 효과적

첫째, 창업하려는 분야에서 이미 성공한 사례들을 조사하고 벤치마킹을 한다. 창업에 성공한 사람들은 과연 무엇을 어떻게 해 성공하게 됐는지 여러 항목으로 조사하고 분석해야 한다. 이러한 조사를 통해서 어떤 사항을 보완해야 하는지 알 수 있으며 창업자의 경험과 노하우를 간접적으로 전수받을 수도 있을 것이다. 창업에 성공한 사례를 조사할 때 한 가지 강조하고 싶은 사항은 성공한 창업자들과 인맥을 형성하라는 것인데, 창업과정에서 발생하는 여러 문제들에 멘토링을 받을 수 있기 때문이다.

둘째, 창업 아이템을 선정하고 타당성을 분석한다. 창업자가 아이템을 선정할 때 조심해야 할 것은 본인의 생각만 고집하지 말고, 타당성 분석을 통해 검증하는 것이 매우 중요하다. 타당성 분석은 법률적·경제적·시장적·기술적 측명 등에서 검증하는 것이 필요한데, 창업자를 포함한 3~5명의 창업전문가들로 구성된 토론회를 통해서 검증하는 것도 효과적이다.

셋째, 창업지원기관들을 조사하고 기관별로 지원 사업을 자세하게 확인해야 한다. 예를 들어 창업자금, 사무실, 제품을 제조할 기계 및 설비, 시제품 개발, 해외마케팅 등의 지원여부에 대해 조사해야 하며 아울러 지원 자격 및 대상에 대해서도 꼼꼼하게 체크하는 것이 좋다. 이러한 준비를 통해서 창업자는 어느 창업지원기관의 어떤 사업에 신청할지 결정할 수 있으며 미리 준비함으로써 선정 가능성을 높일 수 있다.

넷째, 사업계획서를 작성하고 멘토링을 받는 것이 필요하다. 사업계획서는 창업자가 생각하고 있는 창업에 대한 아이디어와 기술, 창업의 방법 등을 종합적으로 정리하는 문서라고 할 수 있다. 사업계획서 작성을 통해 창업자가 선정한 창업아이템에 대해서 종합적으로 검토해 볼 수 있게 된다. 이를 통해 현재까지 어떤 사랑들이 제대로 준비가 돼 있고 또 어떤 것들은 아직도 준비가 미비한가를 알 수 있게 된다. 또 최종적으로 만들어진 창업계획서는 관련 분야의 전문가에게 멘토링을 받고, 수정 및 보완하는 것이 필요하다.

다섯째, 홍보 및 광고계획을 수립하고, 다양한 종류의 웹사이트들을 개설·운영하는 것이 필요하다. 홍보와 광고계획은 반드시 온라인과 오프라인으로 구분해 추진하는 것이 중요하다. 또한 웹사이트는 홈페이지뿐만 아니라 카페, 블로그 및 다양한 SNS 등도 함께 운영하는 것이 좋은데, 홍보효과를 높이기 위해서는 5~10개 정도의 웹사이트가 필요할 것이다.

② 창업실패의 결정요인

Check Point

망하는 스타트업(Start-up)의 공통점

- 특별한 매력이 없어서
- 집착해서
- 너무 서둘러서
- 배려가 없어서
- 만인의 연인이 되려고 해서

열정을 가득 품고 창업 시장에 뛰어 들었지만, 1년, 3년, 5년을 버텨내는 기업이 많지 않다. 각자가 처한 환경이 다르고 저마다의 사연이 있겠지만 그럼에도 불구하고 그 속엔 어떤 공통점이 있을 것이다. 실제 여러 사례들을 놓고 분석한 결과, 실패한 스타트업들의 공통점으로 다섯 가지를 찾을 수 있었다. 창업은 결국 고객의 마음을 얻는 활동이기 때문일까, 신기하게도 스타트업의 실패이유는 연애에 실패하는 이유와 같았다.

첫 번째는 기존에 나와 있던 **다른 제품들과 별반 다를 것이 없어서**다. 이렇게 되면, 당연히 고객들은 제품을 살 매력을 못 느낄 수밖에 없다. 연애를 할 때, 상대방의 마음을 얻기 위해 어떤 노력을 했었는지 생각해 보자. 다른 사람에게 느껴지지 않는 자신만의 특별한 매력을 어필하기 위해 노력하지 않았던가? 나는 특별한 사람이고, 매력적이고, 놓치면 후회할 것이라고 생각하도록 끊임없이 자신의 가치와 매력을 표현하지 않았던가?

그렇게 상대방을 내 사람으로 만들기 위해 노력했듯, 제품을 만들 때도 내 고객으로 만들기 위해 노력해야 한다. 만약 기존에 나와 있는 제품과는 전혀 다른, 새로운 제품을 만든다면 그 시장을 독점할 가능성도 높아진다. '이런 사람은 세상에 절대 없다. 이 사람을 놓치게 된다면 정말 후회할 것이다'고 생각하게 되면, 결국 결혼으로 이어지고, 마침내 상대방을 독점하게 되듯이 말이다. 내가 '외식 주문중개 플랫폼'시장에 뛰어들어 단기간에 96%의 시장 점유율을 차지할 수 있었던 것도 외식배달과 콜센터는 3D 직종으로 꼽혔던 탓에 누구도 뛰어들지 않았던 시장이었기 때문이다.

이렇듯 창업을 할 때는 남들이 하고 있는 것을 조금 다르게 하는 벤치마킹 전략을 쓸 것이 아니라 남들이 하지 않는 것을 해서 자신만의 고유한 영역을 구축해야 진짜 차별화를 이룰 수 있다. 「마케팅 불변의 법칙」에 나오는 '더 좋은 것보다는 맨 처음이 낫다'는 선도자의 법칙은 언제나 유효하다.

두 번째 실패 이유는 상대방에 대한 **배려심이 부족**하기 때문이다. 연애를 할 때 상대방의 입장에서 생각하고 배려하는 이성에겐 시간이 지날수록 더 깊은 애정을 느끼게 되지만, 반대로 상대방의 의견에 귀 기울이지 않고 항상 자기 입장만 고집하는 이성을 만나면 지치기 쉽다.
사업 아이템 또한 '우리의 고객이 누구고, 그들이 원하는 것이 무엇인가'에 초점을 맞춰야 하는데, 창업자 자신이 원하는 제품을 만들어 놓고 그것을 지나치게 신봉할 때 문제가 생긴다. 아무리 좋은 기술로 완성도 높은 제품을 만든다고 해도 그것이 고객이 원하는 제품이 아니라면 아무소용이 없다. 잠재 고객들을 찾아다니며 그들이 진짜 필요로 하는 것이 무엇인지 들으려 하지 않고, 창업자의 일방적인 판단, 아집에 가까운 믿음에 의해 만들어진 제품은 실패할 수밖에 없다.

세 번째 실패이유는 **집착**이다. 창업을 위해 가장 기본적으로 확인해야 하는 첫 번째가 고객의 니즈를 제대로 파악했는지 확인하는 시장조사이고, 두 번째는 자신이 생각한 솔루션이 맞는지 확인하는 시장 조사다. 이것은 사업 아이템이 얼마나 시장성을 가지고 있는지 검증하는 작업으로 실패의 위험을 최소화하기 위해 필수적으로 거쳐야 하는 단계이다. 그런데 많은 스타트업들이 이 단계에서 흔히 저지르는 실수가 있다. '아니오'라고 대답하는 고객의 부정적인 피드백을 받아들이지 못하고, 자신의 생각을 고수하는 것이다. 실패의 위험을 줄이기 위해 시장조사를 진행하는 것인데, 많은 이들이 시장조사를 '검증의 도구'가 아닌 '확증편향의 도구'로 이용한다. 자신이 듣고 싶은 이야기만 듣고, 그렇지 않은 이야기는 부정함으로써 자기 생각을 더욱 확고히 하는 것이다. 무언가 잘못되었다는 것을 깨달았다면 그동안 투자한 비용과 시간, 노력을 아까워하지 않고 새롭게 시작할 용기도 있어야 한다. 하지만 대부분은 그렇지 못하다. 이미 지출되었기 때문에 회수할 수 없는 비용을 경영학 용어로 매몰비용(suck cost)이라고 하는데, 보통은 "이미 지출한 비용이 아까

워서라도 계속 해야 한다"는 논리에 빠진다. 또한 중도에 포기하거나 방향을 바꾸는 것은 마치 자신의 잘못을 인정하는 것만 같고, 그렇다고 다시 시작할 생각을 하니 눈앞이 깜깜하니 애써 현실을 외면하는 것이다.

네 번째 실패 이유는 욕심 때문이다. 연애에 비유해보면, 한 사람에게 집중하지 못하는 것만큼 상대방을 힘들게 만드는 것은 없다. 만인의 연인이 되려고 하는 사람은 결국 진정한 사랑을 하지도, 받지도, 그래서 알지도 못할 가능성이 크다. 스타트업이 실패하는 원리도 동일하다. 처음부터 목표시장을 너무 넓게 잡고, 이 사람 저사람 모두에게 제품을 팔려고 하다 보니 결국엔 이도저도 아닌 게 되어버린다. 시장을 넓게 잡으면 경쟁해야 할 상대도 그 만큼 많아질 수밖에 없기 때문이다. 자본도 인력도 부족한 스타트업이 초반부터 힘 뺄 일이 많아진다는 얘기다. 페이스북만 보더라도 처음엔 하버드대학교 재학생들만을 대상으로 시작했다. 그것이 성공을 거두면서 인근 아이비리그 대학으로 확대됐고, 점차 미국 대학생으로, 미국 전체로, 전 세계로 번져나가며 성장했다. 만약 처음부터 미국 전체를 목표 시장으로 두고 접근했다면 거기에 드는 어마어마한 비용을 감당하지 못하고 무너지고 말았을 것이다.

창업에 실패하는 마지막 **다섯 번째 이유는 너무 성급**하기 때문이다. 내가 상대방을 좋아하는 것만큼 상대가 나를 좋아해주지 않는다고 해서 불안해하고, 성급히 몰아붙여서는 안 된다. 그것은 상대를 더 피곤하게 하는 일일뿐만 아니라 제대로 연애를 해보기도 전에 상대가 놀라서 도망갈 수 있다.

창업을 할 때도 성급하게 마음을 먹으면 일을 그르치기 쉽다. 회사가 안정되기도 전에 너무 많은 직원을 채용하는 것, 초창기부터 너무 많은 투자를 받는 것, 무리하게 돈을 쓰는 것, 성과를 내라고 직원들을 닦달하는 것 등을 예로 들 수 있다. 이 모두 자칫 잘못했다가는 회사를 위기에 몰아넣을 수 있는 행동들이다. 이렇듯 스타트업을 창업할 때는 '속도조절'이 필요하다. 과도한 열정이 자칫 일을 그르칠 수 있다는 점을 이해하고, 어떤 결정을 할 때는 한 발자국 떨어져서 신중하게 생각하는 시간을 가져야 한다.

■ 창업자 능력 자가진단 창업자는 보통 사람들과는 다른 능력과 자질을 가져야 한다. 창업자는 성취의식, 책임감, 인내심, 지식수준, 모험심, 성실성, 결단성, 승부욕, 지구력 등을 소유하고 있는 경우가 많다는 전제 하에서 다음과 같은 진단표를 통해 자기 자신이 얼마나 창업자로서 준비되어 있으며 자질을 함양하고 있는지 파악할 수 있다. 즉, 창업능력진단(창업자능력 자가진단표, 창업준비도 체크리스트, 창업조건 및 자질체크리스트)과 창업적성검사(대학생 창업적성검사, 창업적성검사) 등 다양하고 유용한 진단표가 전문가와 창업지원기관에서 창업자의 능력진단을 위한 설문 조사지를 만들어 활용되고 있다. 그 가운데 '대학생 창업 적성검사'표를 첨부한다.

Check Point

대학생 창업적성검사

아래 각 물음에 "① 그렇지 않다 ② 보통이다 ③ 그렇다" 중 하나를 선택한다.

1. 주변사람들로부터 성격이 좋다는 말을 자주 듣는다.
2. 무슨 게임이든지 지기를 싫어한다.
3. 지금 다니고 있는 학교생활이 마음에 안 든다.
4. 나는 건강해서 활동하는 데 전혀 지장이 없다.
5. 주변 사람들을 자주 만나는 편이다.
6. 약속은 무슨 일이 있어도 지키는 스타일이다.
7. 평소 장사를 해야겠다는 생각을 자주 가졌다.
8. 창업을 하는 것이 그대로 체질에 맞는다고 생각한다.
9. 주변 청소가 안 되었다거나 정리가 안 되어 있으면 그냥 지나치지 못한다.
10. 꼼꼼한 성격이기 때문에 좀처럼 실수를 하지 않는다.
11. 평소 복장에 신경을 쓰는 편이다.
12. 예의에 어긋난 행동을 하는 것을 보면 몹시 불쾌해진다.
13. 평소 사람들과 이야기할 때 자주 웃는 편이다.
14. 평소 신문을 읽을 때 경제부문에 관심을 갖는다.
15. 남의 이름을 한 번 듣고도 기억한다.
16. 가족들과 대화를 자주한다.
17. 창업정보에 관심을 자주 갖는다.
18. 직업에는 귀천이 없다는 것에 전적으로 동의한다.
19. 학교에서 친구들과 자주 어울린다.
20. 주위에 창업을 한 사람들을 보면 질투를 느낀다.

21. 창업을 하는 것이 최고라고 생각한다.
22. 창업은 누구나 할 수 있다고 생각한다.
23. 돈을 벌면 불우한 사람들을 위해서 써야한다고 생각한다.
24. 평소 친구들의 경조사에는 꼭 참석한다.
25. 남한테 신세지는 것을 도저히 못한다.
26. 자주 재테크 방법을 생각한다.
27. 남한테 싫은 소리를 들어도 참을 수 있다.
28. 사람들을 사귀는 데 문제가 없다고 생각한다.
29. 다른 사람이 장사해서 돈을 벌면 부러워한다.
30. 인내심이 많은 편이라고 생각한다.
31. 장사에는 가장 소중한 것은 서비스라고 생각한다.
32. 당장 현금 300만원을 빌릴 수 있다.
33. 장사에 필요한 기본자금이 마련되면 당장 시작할 수 있다.

▶ 채점방법 : 각 문항 당 선택한 ①에는 1점, ②에는 2점, ③에는 3점을 곱하여 값을 산정한다. 각 문항의 산정한 점수를 더하여 총점을 구한다.

▶ 평가결과 :

① 90점 이상 : 창업에 소질이 뛰어나며 성공확률이 매우 높다.

② 70~80점 : 창업에 다소 흥미가 있는 성격이며, 조금만 노력한다면 매우 좋은 결과를 가져올 수 있다.

③ 60점 이하 : 창업을 하기 위해서는 다소 적극적인 사고방식과 서비스 기질이 요구된다. 이 점수를 취득한 사람은 부단히 자기개발을 하여 어려울 때 돌파구를 찾을 수 있는 적극적인 사고방식의 전환훈련이 필요하다.

Check Point

창업을 하기 전에 스스로에게 물어야 할 10가지 질문

소기업(small business)은 경제성장과 혁신, 그리고 고용의 엔진이다. 이는 곧 더 많은 개인이 위험과 어려움을 감수하고 창업을 위한 용기 있는 결단을 내려야 함을 의미한다. 그렇다면 사업을 시작하려면 어떻게 해야 할까? 물론 좋은 아이디어가 있어야 한다. 만약 좋은 아이디어가 있다면 사업을 시작하기 전에 다음의 질문을 스스로에게 던져보기 바란다.

1. 이 일에 맞는 사람인가?
   이 사업을 성공시키는 데 도움이 될 만한 재능과 경험을 가지고 있는지 자신의 강점과 약점을 정리해보고 이 사업에 자신의 강점을 활용할 수 있는지, 어떻게 자신의 약점을 보완할 것인지 자문(自問)해보라.

2. 사람들이 정말로 필요로 하는 일인가?
   누가 이 상품이나 서비스를 구입할 것이며 왜 필요로 하는지 자문해보라. 고객의 니즈가 없으면 실패할 수밖에 없다.
3. 이 일로 돈을 벌 수 있는가?
   이 사업이 런칭되고 굴러가는 동안 충분한 이익을 얻을 수 있는지, 그렇지 않다면 왜 이 사업을 해야 하는지 자문해보라
4. 사업계획을 가지고 있는가?
   물론 모든 일이 계획대로 이루어지는 것은 아니지만 계획을 세우는 것은 도움이 되는 일이다. 대출을 받거나 투자를 유치하려면 제대로 된 계획서가 있어야 한다.
5. 사업을 이끌어나갈 자금이 있는가?
   일반적으로 새로운 사업에는 당초 예상한 것 보다 많은 자금이 소요된다. 현금흐름이 플러스가 될 때까지 사업을 이끌고 생활을 유지할 수 있는지 자문해보라.
6. 가족이 이 일을 지원하는가?
   직계 가족과 사업계획에 대해 토의하고 그들의 지원을 얻어내는 것은 매우 중요한 일이다.
7. 이 사업의 차별점은 무엇인가?
   경쟁사와 비슷하지 않은지, 자신만의 차별화 포인트를 가지고 있는지, 왜 고객들이 경쟁사가 아닌 자신을 선택할 것인지 자문해보라. 경쟁사에 비해 더 나은 것보다 차별화가 더 중요하다.
8. 세일즈 및 마케팅 전략은 무엇인가?
   표적시장은 어디이며 어떻게 거기에 접근할 것인지, 사전에 목표고객을 대상으로 테스트를 해볼 수 있는지 자문해보라.
9. 자신의 약점과 경험 부족을 보완하고 도와줄 동료나 친구의 지원 네트워크를 가지고 있는가?
   성공적인 창업을 위해서는 무엇보다 파트너십이 중요하다. 만약 비즈니스 파트너가 없다면, 조언하고 후원해줄 사람들과의 네트워크를 가지고 있는지 자문해보라.
10. 플랜-B를 가지고 있는가?
    사업이 계획대로 되지 않을 때 자신과 사업을 위한 대체 전략이 있는지 자문해보라. 사업의 부침에 적응하고 대처할 수 있는 충분한 유연성을 가져야 한다. 전부는 아니더라도 위의 질문에 대부분 긍정적인 답변이 나와야 한다.

토 의 과 제

1. 최근 몇 년간 창업한 회사들 중 '싸울 곳'을 잘못 선택하여 회사가 문을 닫은 사례를 찾아보시오.
2. 창업의 기본 요소 세 가지는 무엇이며, 그 가운데 가장 중요한 창업요소는 무엇이라고 생각하는지 설명하시오.
3. 파격적이고 혁신적인 아이템으로 창업을 하였으나, 오래가지 못하고 실패로 끝난 사례를 찾아보시오. 그리고 실패의 원인을 설명하시오.

Chapter 2 기업가와 예비창업자

◈ 학습내용

01 기업가와 경영자
02 예비창업자가 가져야 할 소질

◈ 학습목표

창업을 희망하는 사람이라면 창업자의 경영마인드와 관련된 기업가정신이 무엇이며, 성공한 창업자와 그렇지 못한 창업자는 어떠한 특성을 지니고 있는지 스스로 질문해 보고 대답할 수 있어야 한다. 이 장은 예비창업자들의 기본적인 소질을 이해함으로써 창업자 스스로가 올바른 기업가가 될 수 있도록 북돋우는 데 목적이 있다.

〈시작이야기〉

스타트업 돌풍 주역들 : 배달의 민족 출신 창업가들

런드리고의 스마트 수거함, 트립스토어의 캐피지여행 플랫폼, 킥고잉의 전동킥보드, 고스트키친이 준비 중인 공유주방, 더자람이 협업한 행사 전경(왼쪽 위부터 시계방향).

2019년 5월 16일 스타트업 업계가 발칵 뒤집혔다. 서비스 출시 겨우 1개월 만에 소프트뱅크벤처스 아시아·알토스벤처스·하나벤처스 등 유명 벤처캐피털(VC)로부터 65억 원을 투자받은 스타트업이 나타난 것이다. 바로 세탁 서비스업체 '의식주 컴퍼니'다.

O2O (온·오프라인 결합) 세탁 서비스는 이미 존재하고 있다. 하지만 이 회사가 내놓은 구독 서비스 '런드리고'는 차별점이 있다. 비대면으로 스마트 수거함에 세탁물을 넣어놓으면, 물빨래, 드라이클리닝, 이불 등 종류에 관계없이 세탁해 24시간 안에 배달까지 해준다는 점이다. 굳이 수거자를 만나 세탁물을 전해주지 않아도, 세탁물을 문 밖에 내놓고 수거를 기다리지 않아도 되니 이용자들이 관심을 보였고, VC 거물들도 사로잡았다. 서비스를 만든 주인공은 신선 제품 새벽 배송 서비스 '배민프레시' 대표를 역임했던 조성우 대표다.

최근 국내 스타트업 업계에서는 음식 배달 앱 '배달의 민족(이하 배민)'을 운영하는 '우아한 형제들' 출신 창업가들이 두각을 나타내고 있다. 이른바 '배민 마피아'다. 피터 틸, 일론 머스크 등으로 대표되는 실리콘밸리 '페이팔(Paypal) 마피아', 네이버·네오위즈 출신으로 한국 IT 업계를 좌지우지하는 '1세대 벤처 마피아'에 이은 '신세대 마피아'다. 이들은 앞선 성공 경험을 토대로 새로 창업에 나서 서로 도움을 주고받고 있다.

요즘 트렌드로 자리 잡은 국내 최초 전동킥보드 공유 서비스 '킥고잉'을 공동으로 창업한 이도 배민 연구소장 출신인 이진복 최고기술책임자(CTO)다. 그는 배민 앱에서 결제할 수 있도록 하는 '바로결재 시스템'을 만들었다. 공유주방 서비스 '고스트키친'도 우아한 형제들 이사 출신 최정이 대표가 이끌고 있다. 배달 전용 식당이 주방을 공유해 사용하도록 하는 서비스다. 최 대표는 우아한형제들에서 배달(배민수산), 공유주방(배민키친) 서비스 론칭을 주도했다.

VC 업계에서는 우아한 형제들 출신 창업가들의 경쟁력이 "이용자 편의성에 집착해 무엇이든 만들어내는 빠른 실행력"이라고 입을 모은다. 2011년 김봉진 대표가 다른 공동창업가 5인과 함께 '팔만대장경 프로젝트' 결과물을 내놓았을 때 사람들의 반응은 생각보다 냉담했다. $3.3m^2$(1평) 남짓한 사무실에서 길에 버려진 광고지를 주워 일일이 수작업으로 외식 정보를 전산화한 프로젝트였는데, 일각에서는 "기존 광고지에 있던 정보를 스마트폰으로 옮겨놓은 것에 불과하다"고 평가절하 했다.

우아한 형제들은 이에 굴하지 않고 다음 단계로 앱 내 결제 시스템 구축에 나섰다. 초창기에는 앱 내 결제를 직원이 직접 처리하기도 했다. 주문자가 앱에서 결제를 완료하면 대기하고 있던 배민 직원이 음식점에 전화로 다시 주문하는 식이었다. 시스템이 완벽하지 않았던 탓에 벌어진 촌극이지만, 전화번호부를 앱 상에 옮겨놓은 데 불과했던 배민 서비스가 한 단계 성장할 수 있었던 결정적 계기가 됐다.

사람들은 점차 배민 서비스에 열광했다. 이용자들이 광고지를 찾아 헤매는 수고, 전화해 음식을 시키는 수고를 덜어주는 '지금 필요한 서비스'가 탄생한 것이다. 우아한 형제들은 서비스 출시 7년 만인 2018년 유니콘(기업 가치 10억 달러 이상 기업) 반열에 올라섰다. 배민 앱은 현재 20조원 규모 한국 음식 배달 시장 점유율 1위다.

공동창업가 6인 중 한 명인 김수권 엑스트라이버 대표는 "세간에서는 정보기술(IT) 스타트업이란 곳이 별다른 혁신 없이 수작업 한다며 비웃기도 했지만, 우리에게 중요했던 건 전화·문자·앱 등 어떤 수단을 써서라도 사용자가 편하게 스마트폰으로 음식을 시키고 결제할 수 있다는 것 그 자체였다"고 말했다.

김 대표는 2017년 우아한 형제들에서 나와 엑스트라이버를 창업할 때도 똑같은 실행 정신으로 임했다고 했다. 우아한 형제들의 또 다른 공동창업가였던 고대현 기획이사와 이은호 개발이사가 합류해 만든 '트립스토어'는 하나투어·모두투어 같은 여행사 패키지 상품을 한곳에서 비교·확인할 수 있는 해외 패키지여행 플랫폼 서비스다.

이를 위해 김 대표는 배민에서의 경험을 되살려 서비스 초창기 고객의 여행 예약 주문을 직접 수기로 처리하기도 했다. 엑스트라이버는 지난 4월 71억 원 규모의 투자를 받아 현재까지 누적 투자금이 97억 원에 달한다. 조성우 대표의 런드리고도 기존 세탁 서비스에 '비대면'이란 특성을 접목해 고객의 접근성·편의성을 개선한 사례다. 조 대표는 이를 두고 '배민식(式) 고객 집착주의'라고 했다. 스타트업 특유의 속도감 있는 사업 진행과 그 과정에서 겪은 부침(浮沈)도 이들의 자산이다. 최정이 대표는 "배민은 초고속으로 성장한 전례 없는 경우였던 만큼 급성장을 직접 경험하면서 '나도 할 수 있지 않을까' 하는 자신감이 생겼다"며 "크고 작은 실전 경험이 지금 스타트업을 꾸리는 데 큰 도움이 되고 있다"고 말했다.

01 기업가와 경영자

1.1 기업가는 누구인가?

기업가는 각종 위험과 모험을 하는 도박꾼과 같다. 어떤 사업을 하기 위해서는 위험과 모험이 따를 뿐만 아니라, 사업을 성공적으로 경영하기 위해서는 인적자원과 물적 자원에 대한 최적 배분을 해야 하며, 합리성 추구에 의한 성과증대를 달성하여야 하고, 경영성과를 조직 내부에서의 공정배분뿐만 아니라 사회적 책임에 의한 사회적 분배까지도 해야 한다. 따라서 기업가는 지식과 경험을 가지고 계산된 모험을 잘 할 수 있는 사람이 되는 것이다. 기업가에 대한 고전적 해석은 스스로 출자를 하고 이에 따른 위험을 부담하며, 동시에 기업 내의 경영관리를 직접 수행하는 최고의 책임자라고 하여 창업기업가를 지칭한 것으로 보여 진다(J. L. Massie). 그러나 현대에 와서는 기업가는 혁신가, 변화촉진자, 가치창출자라는 의미의 해석을 하고 있다(J. A. Schumpeter : J. H. Kirzner : Karlof).

기업가는 급변하는 환경변화와 치열한 경쟁관계를 극복하기 위해서 끊임없이 구상하고 혁신(innovation)해야 하며, 소비자는 물론 기업과의 이해관계가 있는 모든 집단들에 대한 원만한 이해관계 조정 등을 한다. 간단하게 말하면, 기업가는 기업의 경영을 관리하는 리더를 말한다.

▼ **표 2.1 기업가에 대한 주장**

고전적 주장	• 스스로 출자를 담당하고 이에 따른 위험을 부담하며, 동시에 기업 내의 경영관리를 직접 수행하는 최고의 책임자
현대적 주장	• 혁신에 관한 의사결정을 행하는 자로서 주로 혁신과 제품개발을 행하는 생산적 기업가이고, 기업가정신이란 기업의 발전을 위한 혁신성을 갖는 것 • 변화촉진자(promotor of change) • 현대적 의미에서 기업가란 고객의 욕구구조를 이해할 수 있는 능력과 함께 경제적 가치를 창출할 수 있는 능력을 가진 사람, 즉 고객욕구와 생산지원을 창의적으로 결합시킴으로써 사업을 주도할 수 있는 사람

1.2 기업가와 경영자의 차이

기업가나 경영자는 다 같이 사업이나 기업을 경영한다는 면에서는 같은 의미를 가지고 있지만, 실상 기업가와 경영자는 여러 가지 면에서 다음과 같은 차이가 있다.

- 전략의 출발점에서 기업가는 특정한 기회를 최대로 활용하고 외부자원의 활용과 철저한 시장 지향적인데 비하여 경영자는 내부자원의 최적화에 주력하는 면이 다르다.
- 기회포착 면에서 기업가는 현실적이고 단기간에 포착하려는 경향이 있으나, 경영자는 장기적이고 점진적으로 포착하고 활용하려는 경향이 있다.
- 자원 확보 면에서 기업가는 여러 단계를 거치지만 각 단계가 뚜렷하고 구분되지 않는 경향이 있는데 비하여 경영자는 위임된 권한구조 하에 체계적인 의사결정으로 이루어진다.
- 자원관리 면에서 기업가는 획일적으로 활용하고 기존자원을 최적 활용하는 경향이 있는데 비하여 경영자는 한정된 기존자원을 활용한다는 면이 다르다
- 경영구조 면에서는 기업가는 다양한 비공식 네트워크를 가진 평면조직인데 비하여 경영자는 관료조직이며 계층조직을 전제조건으로 하여 경영활동을 하게 된다.

▼ **표 2.2** 기업가와 경영자의 차이점

비교의 준거	기업가	경영자
전략의 출발점	기회를 인식함(외부시장 지향)	통제 하의 자원(내부자원 지향)
기회포착	현실적이고 단기간	점진적이고 장기간
자원 확보	많은 단계를 밟지만 각 단계가 잘 드러나지 않음	위임된 권한구조 하에 체계적인 의사결정으로 이루어짐
자원관리	획일적 활용, 기존자원을 최적 활용	한정된 기존자원을 활용함
경영구조	다양한 비공식 네트워크를 가진 평면조직	계층조직(관료조직)
특징(가치창출)	무(無)에서 유(有)를 창출	작은 유(有)에서 큰 유(有)를 창출
책임	최종책임(재산권에 대한 책임)	경영책임(경영권에 대한 책임)

이 외에도 더욱 중요한 차이점은 특징과 책임이다. 특징은 경영자는 작은 유(有)에서 보다 큰 유(有)로 가치창출을 하는 것이지만, 기업가는 무(無)에서 유(有)로 가치창출을 하는 것이다. 그리고 책임에서는 경영자는 경영권에 대한 책임으로서 경영책임을 지면되는 것이지만 기업가는 재정권에 대한 책임으로서 최종책임을 져야 된다. 즉, 기업가는 경영자에 비하여 위험성과 모험성 측면의 책임이 크다.

1.3 기업가의 특성과 성공조건

기업가는 경영자와 차이점이 있을 뿐만 아니라 경영자와는 다른 고유의 특성을 가지게 되며, 기업가로서 성공을 하려면 여러 가지의 성공조건을 수반하게 된다. 자금 등 자원의 조달자로 또 혁신추구자 등으로 계획적인 경영활동과 의사결정을 하고 실행하는 것이다.

▼ **표 2.3 기업가의 특성과 성공조건**

구분	내용
기업가의 특성	• 재정자금의 조달자이다. • 혁신을 추구하는 사람이다. • 산업의 지도자이다. • 생산요소의 사용자이다. • 자원조달의 계약자이다.
기업가의 성공조건	• 다른 사람에게 친절하고 아픔을 이해한다. • 계획을 세우고 가능한 그 계획에 따라 행동한다. • 종업원에게 보답하는 경영을 한다. • 종업원에 앞서 솔선수범을 한다. • 금전, 물품, 정신적인 것을 남들과 나눌 수 있다. • 경영에서 좋고 나쁨을 분별할 수 있고 실행한다. • 우선순위에 맞추어 의사결정을 하고 행동한다. • 독특한 인생관 및 경영관으로 종업원을 끌어들인다. • 기업의 미래를 구상하고, 그에 맞게 종업원의 특성을 발전시킨다.

1.4 기업가에 대한 오해와 진실

우리는 주위에서 성공한 기업가들을 많이 보게 된다, 어려운 환경에도 불구하고 불굴의 의지와 도전정신으로 엄청난 성과를 일구어 낸 사람들이다. 하지만, 우리는 그러한 기업가를 보면서 '내가 과연 저런 사람들처럼 훌륭한 기업가가 될 수 있을까' 또는 '위대한 기업가는 보통 사람들과는 다르다'라는 생각을 가지기도 한다. 그렇다면 여러분이 생각하는 기업가는 과연 어떠한 모습인가? 아래의 질문을 통해 과연 진정한 기업가는 어떤 사람들인지 함께 살펴보자.

■ **기업가는 만들어지는 것이 아니라, 태어나는 것이다?** 기업가정신 또는 성공적인 기업가 사례를 꼽으라고 하면 흔히 우리나라 굴지의 대기업을 일구어 낸 삼성그룹의 이병철 회장 또는 현대그룹의 정주영 회장 등을 이야기한다. 그러다 보니 대부분의 사람들은 기업가란 어떤 특출한 사람들이며, 그러한 기업가의 특성은 학습되는 것이 아니라 어느 정도 타고나야 한다는 생각을 하게 된다. 그러나 최근의 많은 연구에 따르면 기업가정신은 단순히 비즈니스를 성공적으로 이룩한 경영자의 개념이 아니라,

- 주어진 자원이나 환경의 제약에서도 새로운 기회를 포착하여 진취적으로 도전함으로써 새로운 가치를 창출하려는 모든 활동으로,
- 특정한 기업가에 해당되는 것이 아니라 이 시대를 사는 누구에게나 요구되는 필수적인 가치관 또는 철학이며,
- 충분한 훈련 또는 학습으로 만들어질 수 있는 것으로 보고 있다.

Check Point

***기업가는 태어나는 것이 아니라 만들어질 수 있습니다.**

기업가적인 특성(entrepreneurial characteristics)과 태도를 갖도록 부단히 노력한다면 누구나 기업가가 될 수 있습니다.

- 로이드 쉐프키(Lloyd Schefsky) 하버드대학 교수 -

■ 기업가는 항상 무언가 새로운 것을 창조해 내는 사람이다? 여러분은 혹시 기업가란 항상 세상이 놀랄 만한 제품이나 가치를 만들어 내는 특별한 사람들이라고 생각하고 있지 않은가? 하지만 기업가가 늘 세상에 없던 것을 만들어 내는 마법사나 발명가여야 한다는 것은 잘못된 생각이다. 창의적이지만 한 번 해보고 안 되면 좌절하기보다는 시도를 통해서 다른 방법을 찾아내는 것이 더 나은 결과를 가져오기도 한다.

기업가는 새로운 것을 만들어 내는 사람이기도 하지만, 기존의 제품 및 시장에서 부족한 부분을 개선하거나, 기존 제품들을 결합하여 새로운 가치를 만들어 내는 사람이기도 하다. 피터 드러커는 "혁신이란 기존의 지식, 제품, 고객의 욕구, 시장 등에서 부족한 점을 발견하고 새롭고 훨씬 더 생산적인 것으로 변화시키는 일이다"라고 하였다. 기업가는 기회를 포착하여 이를 의미 있는 가치(value)로 바꿀 수 있는 능력을 가진 사람들이기도 하다. 여러분이 좋아하는 맥도날드 햄버거를 만든 사람은 맥도날드 형제였지만, 이 아이디어를 전 세계적으로 확산시킨 사람은 레이 크록(Ray Kroc)인 것처럼 말이다. 어떻게 그는 세계적인 프랜차이즈 시스템을 만들어 냈을까?

■ 기업가는 성공보다 실패 확률이 더 높아 위험하다? "신중하게 계획하고 철저하게 설계하고, 그리고 사려 깊게 실천했는데도 실패했다면, 그 실패는 때로는 근본적인 변화를 나타내는 것이다. 그것은 기회가 될 수도 있다."라고 피터 드러커는 말한다.

실제로 많은 기업가들이 창업 과정에서 성공에 앞서 실패를 경험한다. 미국의 한 통계를 살펴보면 성공한 기업가들은 평균적으로 2.8회 정도의 실패경험을 가지고 있다고 한다. 그러나 실패는 기업가들에게 성공에 이르는 다양한 교훈과 경험을 제공하는 기반이 된다.

기업의 실패 원인을 분석하는 컨설팅 회사인 페일포워드(Fail Forward)의 대표이자 창립자인 애슐리 굿(Ashley Good)은 "아무도 실패하고 싶어 하는 사람은 없다"라며 "나는 절대 실패를 축하하라고 말할 수 없다. 하지만 똑똑하게 실패하는 것은 점점 더 중요해지는 기술이다"라고 덧붙였다.

성공에 대한 막연한 환상이나 기업가의 실패에 대한 부정적인 통계 자료들이 많은 사람들에게 잘못된 인식을 심어 주기도 한다. 기업가는 도박꾼과 같이 위험을 감수하고 무모하게 도전하지는 않으며, 오히려 리스크를 최소화하기 위해 철저하게 계획을 수립하고 사전준비를 해 나간다. 이렇게 할 때 설령 실패하더라도 시행착오를 통해 새로운 경험과 노하우를 축적해 나갈 수 있다.

■ 성공적인 기업가가 되기 위한 모범 답안이 있다? 우리는 성공한 기업가를 보면서 자신의 모습과 비교하곤 한다. 그런 과정에서 자신이 과연 기업가로서 이상적인 자질이나 특성을 갖고 있는지를 고민하게 된다. 때로는 성공한 기업가의 뛰어난 자질을 보면서 스스로를 기업가로 부적합하다는 한계를 설정하는 경우도 있다.

결론적으로 성공적인 기업가가 되기 위한 모범 답안이나 지름길은 존재하지 않는다. 물론 많은 책들과 연구에서 성공적인 기업가의 특성을 제시하고 있지만 이러한 특성을 모두 갖춘다고 해서 반드시 성공한 기업가가 되는 것도 아니다. 자신이 가진 다양한 특성을 올바로 이해하고, 장점을 극대화하면서 꾸준히 노력하는 것이 가장 중요하다.

기업가는 선천적인 것이 아니며 놀랍도록 새로운 것을 창조해 내야만 하는 것도, 모범답안이 정해져 있는 것도 아니다. 실패를 좌절이 아닌 재도약의 기회로 삼고 준비할 수 있는 마음가짐을 가지고 기업가에 대한 선입견을 날려 버려야 한다.

Check Point

매출액 100대 기업들이 원하는 인재상

구분	응답률	구분	응답률	구분	응답률
창의성	71%	글로벌 역량	41%	열정	29%
전문성	65%	도덕성	52%	주인의식	13%
도전정신	59%	팀워크	43%	실행력	10%

대한상공회의소는 우리나라 매출액을 기준으로 100대 기업의 인사담당자를 대상으로 '어떤 인재를 선발하고 싶은가'를 조사하여 발표하였다. 우리나라 기업들이 가장 뽑고 싶어 하는 인재는 바로 '창의성'(71%)을 갖춘 인재이며, 해당 분야의 '전문성'(65%)을 바탕으로 끊임없는 '도전정신'(59%)을 원하는 것으로 나타났다. 이러한 인재상이 바로 창조경제 시대에 요구되는 기업가정신을 갖춘 인재이며, 이러한 인재로 가득 찬 기업이야말로 끊임없는 경쟁을 극복하는 경쟁력을 확보할 수 있다.

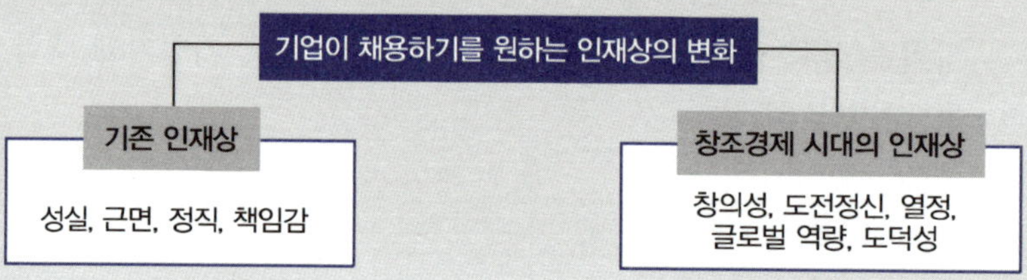

02 예비 창업자가 가져야 할 소질

흔히 최고경영자(CEO)는 오케스트라의 지휘자나 전쟁터의 지휘관에 비유된다. CEO의 역할은 회사가 나아갈 방향을 정하고 장기적인 전략과 계획을 세우는 일, 새로운 발전을 위해 신규 사업을 구상하거나 회사 분위기를 만드는 일, 나아가 인재를 키우고 비전을 제시하는 일까지 모든 결정을 혼자서 내리고 스스로 책임져야 하는 일이다. 그러나 경영이란 지혜로운 의사결정의 연속이기 때문에 그들에게 가장 크게 요구되는 역량은 현명한 의사결정 능력이다. 기업 비전 수립과 혁신, 브랜드경영과 고객서비스, 그리고 비즈니스 매너에 이르기까지 최고경영자라면 반드시 알아야 할 내용들을 다양하지만 때로는 경영의 지식뿐 아니라 그 의미와 중요성을 날카롭게 통찰하는 지혜가 더 절실하다. 흔히 알려진 천재 기업가들의 일반적 특성은 독립심과 자신감, 강한 직관에의 의존, 인습타파와 창조적인 파괴를 통한 혁신, 고수준의 위험감수, 높은 목적의식과 넘치는 긍정적 태도 등이다.

훌륭한 건물을 지으려는 건축가가 한장 한장 벽돌을 쌓지 않고 건물을 지을 수 없듯이 예비창업자가 폭넓은 식견(내공)을 갖추지 못한 채 사업에 뛰어드는 것은 수영을 배우기도 전에 맥없이 물속으로 뛰어드는 것과 같은 것이다. 이처럼 전체적인 안목이 부족한 상태에서 무리하게 사업을 진행하게 되면 자신이 이끌고 가야 할 조직과 그 관련된 많은 사람들을 어렵게 만든다.

훌륭한 CEO의 조건으로 꼭 필요한 도전정신, 추진력, 전문성, 창의성, 비전제시, 리더십, 뛰어난 전략적 사고, 솔선수범, 사업 마인드, 혁신적인 사고방식, 조직개발 능력, 고객 관리능력, 사명감과 용기, 헌신, 성과지향, 변화관리, 고객만족, 통합조정능력 등 다양한 능력들은 청년기 예비창업자들에게도 고루 갖춰야 할 덕목이다. 그러나 그 많은 능력을 고루 갖춘 예비창업자가 어디 있겠는가? 그래서 핵심 역할들을 추진하면서 보완할 파트너나 경험이 풍부한 위험관리자가 필요한 것이다.

기업(조직)을 이끌고 있는 경영자들의 역량은 곧 국가와 사회의 역량으로 직결된다. 따라서 경영자는 진취적인 행동 뒤에 늘 겸손하고 공부하는 자세를 가져야 한다. 리더는 스스로 힘을 발산하기 전에 구성원들의 존경과 신뢰를 바탕으로 자연스레 능력을 갖추는 게 중요하다. 이는 화술과 매너 그리고 표정 하나하나에서 시작한다. 기업은 고객에게 가치를 제공하기 위해 존재한다. 여기서 고객이 가치 있다고 생각하는 것은 제품, 서비스가 아니라 '좋은 경험'이다. 고객의 좋은 경험은 고객의 감정에서 발생한다. 기업의 문제는 고객이 이탈하는 것인데 고객이 이탈하는 것은 가격 대비 좋은 경험을 느끼지 못했기 때문이다.

① 올바른 경영철학
② 리더십
③ 도전정신과 혁신적 사고
④ 주인의식과 창업 에너지
⑤ 좋은 인간관계
⑥ 전문지식과 통찰력

2.1 올바른 경영철학

기업의 철학이란 구성원들이 어떠한 행동을 하거나 의사결정을 할 때 판단의 기준이 되는 '그 무엇'이다. 즉, 핵심가치나 경영이념, 신조, 문화, 비전 등 구성원의 사고를 지배하는 원칙이 철학이다. 웬만한 기업은 비전이나 핵심가치를 규정해 놓고 있음에도 구성원들이 전혀 다른 가치 기준에 의해서 행동하고 있다면 철학이 있다고 할 수 없다. 또 핵심가치에 의해서 행동한다고 하더라도 이것이 일관되게 나타나야 하고, 상황이 어려울 때 실천할 수 있는지가 더욱 중요하다. 결국 일관된 문화나 핵심가치를 상당 기간 지속적으로 실천하고 있는 기업이 철학이 있는 기업이라 할 수 있다.

기업에게 철학이 필요한 것도 개인의 경우와 다르지 않다. 오늘날 경영환경 변화는 어떠한 방향으로 나아갈지 예측하기 어렵다. 그래서 중심을 잡을 필요가 있고 핵심가치나 강한 조직문화가 이런 역할을 해 준다. 더욱이 핵심가치나 문화는 기업 규모가 커질수록 중요한 역할을 한다. 그러나 제도나 프로세스에 의해서 기업 활동이 이루어지다 보면 시장과 고객의 변화에 기민하게 대응하기가 어려워질 수도 있다. 하루에도 수많은 상황들이 일어나지만 수만 명의 직원들에게 일일이 코칭을 할 수도 없으니 이 때 핵심가치나 문화에 의한 관리가 이루어지게 되면 구성원 개개인이 자율적으로 의사결정을 내릴 수 있게 된다. 큰 조직을 유지하기 위해서는 회사가 지향하는 바를 인식시키고 이 기준에 따라 행동하게 하면 아무리 커다란 조직도 하나가 되어 일관된 방향으로 나아 갈 수 있다. 철학의 힘이 여기에 있는 것이다.

철학은 사람들이 생각하고 행동하는 데 있어 확고한 기준이 된다. 특히 어려울 때 힘을 발휘한다. 급변하는 환경에서 미래 전략 방향을 고민하는 기업에게도 철학이 필요하지만 복잡해진 현대 사회는 사람이나 기업에게 하나의 생각을 진중하게 할 시간을 주지 않는다. 그래서 오늘날의 기업에게 철학이 얼마나 중요한지 생각해보는 것은 의미가 있다. P&G처럼 성과 창출을 위해 꾸준히 경영하다 보니 철학이 생긴 경우가 있고, 할리데이비슨이나 3M처럼 신념을 가지고 경영하다 보니 성과가 난 경우도 있다. 두 경우의 공통점은 일관성을 가지고 꾸준히 실행했다는 점이다. 한편 철학 있는 기업은 몇 가지 특성이 있다. 우선 그들은 고집이 있어서 자기가 좋아하는 것에 집중하며, 기억력이 좋아 과거로부터 많은 것을 배운다. 또 색깔이 있어서 차별화 전략을 시도하며, 자신감으로 매사를 스스로의 힘으로 처리하는 특징을 지니고 있다. 이러한 특징을 요약하면 경영에 일관성과 지속성이 있다는 것이다. 이처럼 독특한 문화를 가지고 있는 기업들은 대부분 창업자의 철학이 이어져 내려오거나 기업 역사에서 영향력 있는 리더가 출현하여 기업의 색깔을 그렇게 바꾸어 놓았기 때문이다. 이들은 신념을 가지고 자기들이 하고 싶은 것을 하다 보니 성장을 하게 된 경우다.

2.2 리더십

▪ 최고를 향한 열망이 높은 사람 진짜 인재의 특징은 보수보다는 자신이 하고 싶은 일 자체에 대해서 열정을 가진 사람이기에 진짜 인재는 최고를 향한 열망(aspiration)도 높다.

▪ 강한 승부근성을 가진 사람 진짜 인재는 강한 승부근성을 가지고 있다. 여기서 승부근성(challenging spirit)이란 웬만한 위험에 노출되어도 쉽게 포기하지 않는 불굴의 의지와 이를 극복하려는 억척스러움이 녹아 있는 개념이다.

▪ 도덕적 겸양이 있는 사람 최고를 향한 열망과 승부근성을 갖추는 것도 중요하지만 이때 도덕적 겸양이 따라야 진짜 인재라 할 수 있다.

▪ 감성지능이 높은 사람 감성지능(emotional intelligence)이 높아야 한다. 기본적으로 인재라 하면, 어느 정도의 기술적이고 지적인 능력을 갖추고 있어야 한다.

▪ 직업윤리를 갖춘 사람 투철한 직업윤리(work ethic)로 무장한 사람이다. 누가 시키지도 않았는데도 일정한 룰(rule)을 정하고, 보이지 않는 곳에서도 이를 정직하게 실천해내는 사람들이 있다.

■ **흡수 능력이 높은 사람** 새로운 것을 배우고 소화하는 학습 능력과 함께 주어진 문제를 지혜롭게 해결해낼 수 있는 문제 해결 능력을 고루 갖춘 사람이 진짜 인재이다.

■ **핵심가치에 맞는 가치관을 가진 사람** 회사의 독특한 핵심가치(core value)와 생각을 같이하는 인재가 진짜 인재라 할 수 있다. 여기서 핵심가치란 마치 종교적 신념처럼 구성원들이 항상 따르고 지녀야 할 정신적인 밑바탕이다.

Check Point

똑똑한 리더들의 오류

1. 과도한 승부욕에 빠져 있다.

리더의 심각한 문제점은 과도한 승부욕이다. 승리에 대한 집착은 일 잘하고 성취욕이 강한 사람들의 공통된 특징인 동시에 주위 사람들에게서 욕을 먹는 가장 큰 이유이기도 하다. 현명한 리더는 지는 것을 마다하지 않으며 상대방을 승리자로 만들어 준다. "지는 게 이기는 것"이란 얘기와 상통한다.

2. 잘난 척을 한다.

사람들은 남들의 인정을 받고, 최소한 남들과 비슷한 수준이라는 것을 알리기 위해 무의식적으로 잘난 척을 한다. 똑똑한 사람은 매력적이지만, 똑똑한 티를 내는 사람은 유치해 보인다.

3. 분노를 들어내는 것이다.

어떤 리더들은 자연스러운 분노를 통해 사람들을 조종하고 동기를 부여할 수 있다고 생각하지만 오산이다. 화를 내봐야 느는 것은 오해와 적(敵), 주름살뿐이다.

4. 극단적인 말을 한다.

솔직함을 핑계로 다른 이에게 상처를 주는 '극단적인 말'은 자신의 리더십과 인간관계를 동시에 망치는 가장 효과적인 방법 중 하나다.

5. 거창하고 추상적인 개선 목표를 제시한다.

실천이 중요하다. 고치기 쉬운 습관부터 먼저 고쳐나가야 한다. 거창하고 추상적인 리더쉽 계선 목표를 세우기보다는 당장 할 수 있는 일부터 하나하나 실천하는 것이 훨씬 효과적이기 때문이다.

6. "내 생각이 옳다"고 강요한다.

훌륭한 리더·CEO 되는 비결은 '하지만' 같은 부정적인 말을 하지 말고 "내 생각이 옳다"고 강요하지 말고 "이건 꼭 해야 된다"고 말하지 말아야 한다. 위기에 빠진 회사를 살리기 위해 동분서주하던 경영자가 있었다. 그는 일에 대한 열정과 진심을 직원들에게 긍정적으로 표현하는 방법을 몰랐다. 사람을 존중할 줄 몰랐다.

7. 환경을 변화시키려 한다.

환경을 변화시키려 하지 말고 먼저 자신을 변화시켜야 한다. "주변 환경이 내 뜻대로 안 된다고 화내지 말고 지금 내가 하는 일과 조직 속에서 행복을 찾아야 한다. 자신의 삶이 행복하고 의미 있어야 훌륭한 리더십이 나오고 회사도 좋아진다."

8. 지나친 자기 확신 교민과 자기중심적 태도를 고집하다.

대부분 리더들은 '내 생각이 옳다'고 확신하다. 주변 사람들이 나를 어떻게 평가하는지는 신경도 안 쓴다. 이런 리더를 주변에서 어떻게 대하겠는가? 비위나 맞추면서 뒤에선 험담한다.

9. 제안을 많이 한다.

직원들에게 함부로 제안을 해서는 안됩니다. 어떤 바보가 리더의 제안을 제안으로만 받아들이겠는가? 리더의 말은 한마디 한마디가 명령이다. 리더들은 어떤 행동이나 말을 하기 전에 반드시 "과연 이걸 할 필요가 있는가?" 생각없이 습관대로 하는지 자문(自問)해 봐야 한다.

10. 관성의 족쇄에 빠져 있다.

대부분 사람들이 리더십의 원칙은 어느 정도 이해하지만 그걸 제대로 실천하지는 못한다. 사람은 가던 방향대로 가고, 하던 것만 하고, 그동안 얘기하던 대로 말하려는 경향이 있으므로 머리로만 아는 리더십은 아무 쓸모가 없다.

2.3 도전정신과 혁신적 사고

사회적 책임을 지닌 기업의 위대한 도전과 혁신적인 아이디어가 잔잔한 감동을 준다. 지속가능한 성장을 위해서는 혁신적 사고와 창의적인 아이디어가 필요하다. 개선의 노력과 노하우가 쌓인 가운데 창의성과 전략적 사고가 결합될 때 혁신적 성과가 창출될 수 있다. 즉 경험, 기술, 전문성, 창의성 등에 경영과 전략이 합쳐져야만 혁신이 가능하다.

2.3.1 실패를 두려워하지 않는 체험과 도전정신

삶은 고해(苦海)이다. 진정으로 삶이 힘들다는 것을 알게 되면 삶은 더 이상 힘들지 않게 된다. 일단 받아들이게 되면 삶이 힘들다는 사실은 더 이상 문제가 되지 않기 때문이다. 또 창업을 하는 사람의 DNA는 모험을 두려워하지 않는다. 그리고 이런 사람이 고용을 증대시키고 책임진다. '실패'를 용인할 수 있는 사회 분위기 및 제도의 보완, 그리고 '실패'를 통해 성공한 역할 모델의 축적이 보다 많은 인재를 창업의 시계로 이끌고, 보다 많은 창업 인재의 누적이 에코 시스템의 형성을 이어질 수 있을 것이다.

2.3.2 창업의 핵심은 미래지향적인 혁신적 사고

미래지향적인 혁신적 사고(innovation thoughts)를 가져야 한다. 슘페터(J. A. Schumpeter)는 "경제의 동태적 발전을 위해서는 경영자의 혁신적 기능이 절대불가결"하다고 주장하였다. 드러커도 경영자의 필수적인 기능으로 혁신적 기능을 주장하고 미래의 기업 활동에서는 경영자의 기능 중에 혁신적인 기능이 핵심이 되어야 한다고 강조하였다. 스티브 잡스가 1976년 미국 캘리포니아의 허름한 창고에서 애플을 창업한 이후 지금까지의 과정은 한 편의 드라마였다. 천재성과 카리스마를 겸비한 도전정신의 화신이었다. 1985년 애플에서 쫓겨난 뒤 좌절하지 않고 픽사 애니메이션 스튜디오를 사들여 '토이스토리' 같은 인기 영화를 제작했다. 1997년 애플로 복귀해 14년간 연봉 1달러씩만 받으며 애플의 부활을 이끌었다. 2007년 아이폰을 내놓았을 때 '무모한 시도'라는 평가도 있었지만 스마트폰 시대를 활짝 열었다. 예비창업자들은 잡스처럼 창조적으로 사고하고 끝없이 혁신을 시도하는 혁신적 개척자(innovative pathfinder)가 되어야 한다.

2.4 주인의식(Ownership)과 창업에너지

주인(主人)이란 대상이나 물건을 소유한 사람 또는 조직이나 단체를 책임감을 가지고 이끌어가는 사람이다. 또 의식(意識)이란 깨어 있는 상태에서 자기 자산이나 사물에 대하여 인식하는 작용을 뜻하므로, 주인의식은 소유권에 대한 책임감을 의식하는 작용을 의미한다. 진정한 주인의식은 결국 자기 자신에 대한 책임감이다. 그 조직의 규모가 크든 작든 그것은 중요하지 않다. 그 안에서 투철한 주인의식을 가지고 사는 것이야말로 궁극적으로는 자신을 지키는 길임을 깨달아야 한다. 주인의식이 투철한 사람은 어떤 일이든 제 일처럼 성의를 다해서 열심히 일하고 불평하지 않는다. 또 주인의식이란 좋아하고, 책임을 다하며, 지금 하는 일을 자신만의 멋진 커리어로 만들어 내고자 하는 지속적 몰입이다. 주인의식은 구체적으로 내가 책임지고 일을 하는 것, 집 주변을 깨끗이 정리하고 청소하는 것, 회사의 물건을 아껴가며 사용하는 것, 내 고객들에게 최고의 제품과 서비스를 제공하는 것 등이다. 회사에서 주인의식으로 일한다는 것은 바로 자신의 일에 대한 권리와 책임을 되찾는 것이다. 다른 사람이 자신과 자신의 일에 통제권을 가지는 것이 아니라 자신과 자신의 일에 대한 자신의 운영권을 찾는 것이다. 월급을 더 받고 덜 받고의 문제가 아니라 자신을 누가 조종하게 할 것인가를 먼저 생각해야 한다. 다른 사람이 선택한 것을 의무적으로 수행하는 인생이 아닌 스스로 선택하고 수행함으로써 결과를 창출해내야 한다.

책임과 권한을 가지고 헌신적으로 일하느냐, 시키는 일에 수동적으로 반응하느냐에 따라 주인의식의 유무가 달라지고 업무에 임하는 눈빛마저 달라지는 것이다.

Check Point

내가 사장이라 생각하면서 일하는 사람들

주인으로서의 책임감을 갖고 최선을 다하는 것, 직장인이라면 자신의 돈으로 투자하고 판매하는 것처럼 '절박하게' 고민하고 행동해야 성공할 수 있다. 단순히 대리인이라는 생각으로 적당히 행동해서는 결코 치열한 경쟁이 이길 수 없다. 오너처럼 행동해야 실력도 쌓이고 궁극적으로 CEO도 되고 오너도 될 수 있다.–워렌 버핏

2.5 좋은 인간관계

일반적인 사람들은 살아가는 궁극적인 목표를 행복이라고 이야기하고, 사람들은 흔히 그 행복을 추구하면서 성공이라는 중간 목표를 설정하게 되며,

그 성공을 실현하는 과정에서 가장 중요한 것은 좋은 인간관계이므로 인간관계는 성공과 행복의 씨앗인 셈이다. 따라서 인간관계의 기술은 더 풍요로운 생활, 더 많은 친구, 더 큰 성공 그리고 행복에 대한 중요한 열쇠다. 그처럼 인생에서 성공이라는 다리를 건너는데 다른 사람의 도움과 지원은 절대적으로 필요하다.

미국의 카네기 연구소의 연구에 따르면 재정적으로 성공한 사람들 중 15%는 자신의 기술적 지식에 의한 것이며 85%는 인간관계, 즉 사람들과 좋은 관계를 갖는 능력 때문에 성공을 거두었다고 한다. 15%의 사람들은 남들보다 뛰어난 능력, 예를 들면 변호사라면 아주 뛰어난 법률 지식을 갖고 있어서, 회계사라면 회계에 관한 지식이 뛰어나서 성공할 수 있었다는 것이다. 그러나 85%의 사람들은 사람들과 잘 지내는 능력, 즉 자신의 생각을 잘 표현하고 다른 사람의 생각을 잘 받아들여서 사람들과 함께 원만하게 지내는 기술을 가졌기 때문에 인생에서 성공한 것이라는 것이다.

또 사업을 하는 이유나 목표를 수익이라는 경제적 성과에 집착하면 급변하는 상황에 대처하는 시야가 좁아지고 명분을 잃게 된다. 따라서 돈에 대한 집착을 버려야 시야가 넓어지고 내 자신과 외부에 있는 기회를 포착할 수 있다. 좋은 인간관계는 인생 성공의 열쇠이므로 좋은 인간관계는 인격적인 관계, 즉 상호 존중의 관계가 바탕이 되어야 한다. 좋은 인간관계의 기본은 자신이 원하는 것을 상대로부터 얻고, 상대가 바라는 것을 주는 것이다. 상대에게 아무것도 주지 않고 자신이 원하는 것만 취하고자 한다면 그 관계는 오래 지속되지 않는다. 사람은 사회적 동물이기 때문에 다른 사람에게 의지하지 않고 살아가는 사람은 아무도 없으며 모든 대인관계는 이러한 필요성으로 성립되는 것이다.

뛰어난 업무수행 능력과 원만한 대인관계로 성공 가도를 달리는 사람들은 지능이 높은 사람들이 아니다. 한 개인의 지능과 성취도와는 상관관계가 없다는 것이 학계의 정설이다. 따라서 직장, 사회, 학교생활에서의 성공 여부는 중요한 일이 닥쳤을 때 스스로 얼마만큼 긍정적인 감정을 불러일으켜 신나게 일 할 수 있느냐에 달려있다. 능력이 뛰어난 사람일수록 감정통제 능력이 뛰어나다. 여기서 감정통제 능력이란 단지 부정적 감정(분노, 슬픔, 두려움 등)을 억누르는 것만을 의미하지는 않는다. 오히려 그보다는 긍정적 감정을 필요할 때마다 스스로 불러일으키는 능력을 의미한다. 중요한 과제를 맡았을 때 왠지 스스로 신바람이 나고 긍정적 감정을 느끼고 적극적 도전 의식을 갖게 되는 사람이 뛰어난 능력을 발휘할 수 있게 된다.

2.6 전문지식과 통찰력

2.6.1 포괄적 전문지식 키우기

통찰력이란 어떤 상황과 그것이 가져오게 될 결과를 명확하게 그리고 폭 넓게 파악하여 이해하는 능력이다. 물 밖으로 나온 빙산의 1/10을 보는 것은 쉬운 일이다. 통찰력이란 나머지 9/10를 보는 것이다. 리더는 현재 일어나고 있는 상황을 이해해야 할 뿐만 아니라 그 상황 속을 들여다보고 간파해야 하는 도전에 직면하게 된다. 리더가 습득해야 하는 통찰력은 4차원의 단계가 있다. 첫째, 간파하기 단계이다. 리더는 상황을 액면 그대로 받아들여서는 안 된다. 대신 "핵심이 뭐야?"를 물을 줄 알아야 한다. 둘째, '그 이상을 보는' 단계이다. 리더는 우왕좌왕하며 단기간의 유행이나 흐름에 반응하지 말아야 한다. 대신 선로의 레일이 하나로 합쳐지는 지점 정도의 먼 앞쪽에 초점을 맞추고 "이 모든 것이 어디로 가고 있지?"라고 물어야 한다. 셋째 단계는 '내면을 보기'이다. 이것은 예를 들어 고객이 뭔가 요구했을 때, 단순히 요구사항 자체뿐 아니라 요구사항 내면에 숨겨져 있는 것이 무엇인지를 파악하기 위해 애쓰는 것이다. 마지막 단계는 '두 가지 측면을 모두 보기'이다.

우리가 창업에 성공한 사람들을 만났을 때 단순히 그들의 현재 모습만 보고, 그들의 성공하기까지 과정을 알지 못하지만 정작 창업에 성공한 자들을 만나면 '정말 시련 없는 성공이 없구나!'라는 점을 느끼게 된다. 창업의 성공은 단순히 어느 날 갑자기 찾아오는 행운이 아니라, 철저한 준비와 노력의 결과이다. 실제 창업에 성공한 사람들을 조사해 보면 평균적으로 2.7번의 실패를 경험한다고 한다. 많은 사람들이 창업을 생각하면서도 대부분의 경우 시도하지 못하는 이유는 망망대해 같은 곳을 항해할 엄두가 나지 않고 그 많은 일을 해나가기 귀찮아서라고 한다. 하지만 성공적으로 사업을 하려는 사람은 치밀한 준비를 해야 한다. 사업이란 사회에 나가서 온갖 상호작용을 스스로 몸으로 부딪히며, 생명체 같은 기업을 꾸려 나가는 것이니 기업을 꾸려 나가기 위한 경영지식도 배워야 하고 법률과 세금 등에 대해서도 주의 깊게 공부할 필요가 있다.

특히, 창업에 성공하려면 철저히 '공부'에 매달려야 한다. '누구라도 나의스승이 될 수 있다'라는 생각으로 배우고 또 배워야 한다. 부지런히 발로 뛰며 얻는 현장 지식도 창업 성공의 자산이다. 창업 전문가 및 실제 창업자들은 창업을 하는데 자본뿐 아니라 네트워크, 방향설정, 경험(전문지식), 신념과 끈기 등 이 있어야 성공할 수 있다고 강조한다. 특히 임기응변식 순발력보다 자신의 일에 대한 긍지와 자부심을 가지고 핵심에 접근하면서 얻은 상품 및 서비스에 대한 전문지식이 매우 중요한 경쟁력인 것이다.

2.6.2 통찰력(Insight) 키우기

■ 배움과 통찰력(Insight)의 기반 직관의 철학적 정의는 감각·경험·연상·판단·추리 따위의 사유 작용을 거치지 않고 대상을 직접적으로 파악하는 작용을 뜻한다. 여기에는 풍부한 경험이 바탕이 되는데, 일종의 경험적 사유라고 할 수 있다. '그 분야에 전문적 수준이어야' 직관의 나올 수 있다. 세계적인 창조적 리더들 중에서는 시(詩)를 통해 비즈니스 아이디어와 영감을 얻는 이들이 많다고 한다. 창의적인 사고를 방해하는 습관적인 사고에서 벗어나기 위해서는 시를 읽는 것이 효과적이라는 것이다. 그런데, 독서는 어떤 콘텐츠를 선택하느냐가 중요하다. 고전과 철학 등 직관의 기초가 되는 책들인지 응용에 해당하는 실용서를 읽느냐에 따라 후일 전혀 다른 결과를 낳는다.

월간 <혁신리더>가 국내 직장인 925명을 대상으로 한 해 동안 읽은 독서량에 대한 설문조사를 한 결과, 전체 응답자 중 48%가 '5권 미만'이라고 응답했다. 두 달에 한 권도 못 미치는 심각한 독서 부족 현상을 나타낸다. 우리가 생활하면서 때때로 얻게 되는 조각 지식들은 살아가면서 순간순간 도움은 되지만 전반적인 상황이나 앞날을 예측하고 대처하기에는 부족함이 있다. 따라서 지도자가 되고 싶으면 보다 많이 읽어야 하고 들어야 한다. 그리고 그 조각들을 폭넓게 이해하고 실천하면서 머리로 배우는 학(學)의 단계를 넘어 자연스레 익히는 습(習)의 수준으로 업그레이드해야 포괄적인 지혜를 얻을 수 있다. 지도자로서 성공한 사람은 자기 나름대로의 강력한 의지가 있고 또 어떻게 하면 남의 의지까지 동원할 수 있는가를 알고 있다.

지도자들은 왜 배우기를 멈춰서는 안 되는가? 사업에서 장기적인 성공을 거두는 일은 개인의 지속적인 성장에 달려 있다. 많은 사업가는 "단지 시간이 없다"는 이유로 현재의 업무 능력을 배가할 수 있는 일에 시간을 투자하지 않는 공통적인 실수를 저지른다. 눈앞에 닥친 업무에 몰두한 나머지 그다음 일을 생각하지 못하는 것이다. 계획이나 장기적인 전망 없이 당장 시급한 일을 처리하는 데에만 전념한다면 시급한 일은 꼬리에 꼬리를 물게 될 것이다. 이때 보다 근본적으로 우리가 해야 할 일은 주어진 정보를 흡수하고 소화시켜서 지식으로 바꾸고, 그 지식을 적용해서 경험으로 바꾸는 긴 여정이다. 이처럼 결과가 돌아오는 데 오랜 시간이 걸리기 때문에 대부분의 사람이 흔히 끝까지 버티질 못한다. 생각과 논리가 더 명료해지고 보고 듣는 것을 더 잘 이해하게 되며 핵심에 정확히 도달 할 수 있을 뿐만 아니라 기업의 비전도 더 분명해질 것이다.

▪ 통찰력(Insight)의 중요성 오늘날 사람이나 기업·국가 등 삶의 모든 경영에 가장 시급하고도 긴요한 것이 바로 통찰(洞察)의 힘이다. 통찰(insight)이란 예리한 관찰력으로 사물을 꿰뚫어 보는 것을 말한다. 이러한 통찰의 힘을 기르는 데 최고의 자양분이 바로 인문학이다. 그래서 인문학을 다시 보고, 인문학의 힘을 빌리자는 것이며, 인문학의 위력을 끌어들이려는 것이다. 진정한 통찰의 힘을 얻기 위해서 우리는 창조적 상상력이 미래가 되는 시대에 살고 있다. 상상력을 얻으려면 상상력의 뿌리와 밑천이 있어야 하고 그러기 위해서는 상상력을 담금질해 주는 인문학이 필요하다. 아이팟과 아이폰 등을 내놓으며 '창의적 기업' 1위에 오른 애플의 최고경영자 스티브 잡스의 학력은 대학을 한 학기 다니다 중퇴하였으나, 그런 그가 대학에서 들었던 수업 중 가장 기억에 남는 것은 청강으로 들었던 서예 수업이라고 한다. 그는 이 경험을 토대로 애플의 상징이 된 매킨토시의 예쁜 글자체를 개발하고, 아이팟의 디자인을 생각해 냈다. 플라톤과 호메로스로 시작해 카프카에 이르는 고전 독서 프로그램과 한때 심취했던 동양철학이 오늘의 애플을 만든 힘이라고 말한다.

사례#1 삼성전자 이건희 회장

좋아하는 책을 읽으면서 내면에 충실한 삶을 살고자 한다면 차라리 높은 자리에 대한 욕심을 내지 않는 게 바람직한 처세술일지도 모른다. 우리나라에서는 야행성 체질의 상징으로 이건희 삼성전자 회장이 꼽힌다. 안상헌은 저서 <이건희의 서재>에서 "이건희는 어눌하지만 책에서 얻은 지식 덕분에 독특한 용어와 세련된 언어를 구사한다"고 말한다. 또한 이 회장은 자신만의 신념으로 경영에 임하는데 그 비결도 책에서 찾고 있다고 한다. 이건희 회장은 관찰과 사색으로 고독을 채우고, 독서를 통해 얻은 지혜를 실무에 적용한다고 한다. 또 미국의 경제 전문지 <포브스>의 억만장자들의 돈 잘 버는 6가지 습관에도 "책을 읽어 내공을 쌓아라"라는 대목이 나온다. 누구나 '독서 내공'을 키운다면 굳이 돈을 많이 벌지 못하더라도 남들보다 충만한 삶을 살 수 있을 것이다.

이건희 삼성전자 회장은 달변가(達辯家)가 아니다. 투박하고 어눌한 경상도 사투리를 듣다 보면 평범한 중년 남성을 떠올리게 된다. 또 지나치다 싶을 정도로 단문(短文)을 구사한다. 몇 개의 단어를 툭툭 제시하는 듯 한 말투지만 핵심을 짚어낸다. 이 때문에 이 회장의 어록은 재계는 물론이고 국민 사이에서 회자되며 '해석'의 대상이 되기도 한다.

이 회장은 일찍이 기업의 사회적 책임을 강조했다. 1993년 5월 한국경영학회가 제정한 경영자 대상 수상 기념 강연에서 "기업은 혼자서만 잘해서는 안 되는 생명체다"라고 말했다.

2002년 5월 삼성인력개발원 금융계열사 사장단 회의에서는 "이익이 줄어드는 한이 있더라도 사회에 이바지할 수 있는 일들을 해나가는 게 무엇보다 중요하다"라고 재차 강조했다. 또 1996년 신년사에서는 "기업 디자인은 상품의 겉모습을 꾸미고 치장하는 것에서 한 걸음 더 나아가 기업의 철학과 문화를 담아야 한다"라고 역설했다. 삼성전자가 애플 '아이폰'에 밀리면서도 회사의 역량을 집중 투입해 단기간에 스마트폰 세계 1위로 올라선 원동력 중 하나는 이 같은 이 회장의 신념과 통찰력이라는 분석이다.

경기 침체와 갈등 속에서 '자본주의의 위기' 상황인 2012년 신년사에서 이건희 삼성전자 회장은 "기존 틀을 깨고 오직 새로운 것만을 생각해야 한다"고 말했다. '패스트 플로어(fast follower)'에서 '퍼스트 무버(first mover)'로 변신해야 한다는 의미로 해석된다.

이건희 회장은 1997년 펴낸 자신의 에세이집 <생각 좀 하며 세상을 보자>에서 21세기를 대비하는 경영자의 조건으로 '지혜, 혁신, 정보력, 국제감각' 등 네 가지를 꼽았다. 이 회장은 "사물과 인간의 본질을 꿰뚫어 보면서 미래 변화에 대한 통찰력과 직관으로 기회를 선점하는 전략을 창조해나가야 한다.

관리의 실패는 언제라도 회복이 가능하지만, 방향을 잘못 잡은 전략의 실패는 회사를 망하게 할 수 있다"고 썼다. 앞날을 훤히 내다보는 사람은 아무도 없지만 지혜란 '보이지 않는 것을 보는 안목'이라는 의미이다.

세계 스마트폰 시장의 왕좌를 이끌고 있는 국내 최대 기업인 삼성전자의 성공 비결은 '이건희 회장의 컴백'이었다. 당시 삼성은 반도체 분야의 후발주자였다. 그런데 이 회장이 경영에 돌아온 후 반도체 설계 방식을 바꿨고, 그 계기로 삼성은 반도체 개발로 승승장구를 하던 일본과 미국을 추월했다. 삼성은 '이건의 회장의 통찰력'으로 현재의 자리에 왔기 때문이다.

이건희 회장은 그의 CEO 재임시절 25년 사이 약 300배로 기업 가치를 성장시킨 주인공이다. 20세기 최고의 CEO로 일컬어지는 GF의 잭 웰치 회장이 재임 20년 동안의 성과인 기업가치 약 40배를 성장시킨 것과 비교하면 대단히 탁월한 성과라 할 수 있다. 그가 이끄는 2012년 연간 경영성과는 매출 201.10조원, 영업이익 29.05조원이었다.

이어령 전(前) 문화부 장광은 "이건희 회장의 21세기 문명에 대한 날카로운 통찰력과 한국문화에 대한 확고한 인식에 대해 찬탄을 하지 않을 수 없었다"고 밝혔다. 또 "그 분야에서 전문가를 자처해 왔던 내 자신이 미처 알지 못했던 것, 느끼지 못했던 것을 이 회장의 어눌한 몇 마디 말 속에서 깨닫게 될 때에는 나 자신의 무력감까지 느껴야 했다. 내가 이건희 회장을 만날 때마다 무력감을 느끼는 이유는 이 회장의 지식과 통찰력은 곧 실천이며 행동이라는 점이다. 나는 로댕의 생각하는 사람처럼 고개를 숙이고 있는 그의 옆얼굴에서 기업인이 아니라 외롭고 깊은 침묵 속에서 무엇인가를 창조해가는 과학자나 예술가의 한 단면을 보았다"라고 회고하였다.

사례#2 애플 창업자 스티브 잡스 통찰력의 비밀

애플 창업자 스티브 잡스는 그의 상상력과 환상력의 세례를 받아서인지 당대의 테크놀로지와 트렌드를 앞당겨 구현하며 세상을 놀라게 하였다. 잡스는 "생각이 막힐 때 시를 읽으면 아이디어가 샘솟는다"고 말한다. 잡스는 블레이크의 삶과 시에서 틀을 깨뜨리는 창조적인 '상상 에너지'를 얻을 수 있었다고 한다. 시인들은 직관을 중시하는데 세상을 뒤흔든 리더들도 대부분 직관을 중시한다. 리더는 전문가적인 지식이 직관만큼 중요하지만 전문가적 지식을 뛰어넘는 힘이 직관이라고 할 수 있을 것이다.

스티브 잡스 창의력의 원천은 어디에 있었을까? 많은 사람들이 스티브 잡스에 대해 가장 궁금해 하는 것은 '창의'와 '통찰'의 원천일 것이다. 성공을 위한 단 한 가지 조건은 당연 '생각의 힘'이다. 그 이유는 삶의 과정은 '판단'과 '선택'의 연속이기 때문이다. 발생 가능한 위험(risk)을 최소화하고, 정확한 해답에 근접하기 위해서는 '생각'이라는 프레임을 거쳐야 한다. 스티브 잡스의 통찰력도 마치 절대 에너지 같은 궁극의 '생각의 힘'이 있었기에 가능했다고 본다. '생각의 힘'의 세기가 강할수록 '학업, 취업, 업무, 커리어, 결혼, 인생 2막' 등 인생의 매우 중요한 단계와 변곡점에서 최적의 해답을 얻을 수 있다.

대학 시절 잡스는 "6개월 동안 다녔는데 아무런 가치도 발견하지 못했다. 앞으로 내가 무엇을 해야 할지 전혀 감이 잡히지 않았다"라고 말했다. 그 후 동양의 종교, 특히 선불교에 대한 잡스의 관심은 단지 한때의 흥미와 젊은 시절의 취미가 아니었다. 그는 특유의 열성으로 그것을 받아들였고, 결국 자신의 인성 깊은 곳에 뿌리 내리게 했다.

잡스는 불교에서 강조하는 직관적 통찰에서도 깊은 영향을 받았다. 그는 직관적 이해와 자각이 추상적 사고와 지적 분석보다 더 중요하다는 것을 깨닫기 시작했다. 또 그는 대학 중퇴 이후 1974년 봄 신문을 뒤적이다가 우연히 비디오게임업체 아타리(Atari)의 구인광고를 보고 별다른 기대 없이 회사를 찾아갔다가 즉시 채용되어 인도에 갔다가 우연히 산속에서 힌두교 구루(스승)와 그를 따르는 무리를 만났다. 잡스는 이렇게 회상한다. "히말라야 산악지대를 걷던 중에 종교행사 장면을 목격했다. 수백 명의 인도인들은 이 성자를 단 10초 동안 만이라도 보기 위해 수천 킬로미터를 달려 왔지만, 나는 단지 먹을 것을 구하려다 그를 만났을 뿐이다"라고 말했다.

잡스는 금욕적인 경험과 내핍생활, 단순성 등을 통해 깨달음의 경지에 오르고자 노력했다. 훗날 스티브 잡스는 인도 순례 경험이 자신의 삶에 미친 영향에 대해 다음과 같이 술회한다. "인도에 갔을 때보다 미국으로 돌아왔을 때 훨씬 더 커다란 문화적 충격에 휩싸였습니다. 인도 사람들은 우리와 달리 지력을 사용하지 않아요. 그 대신 직관력을 사용합니다. 그리고 그들의 직관력은 세계 어느 곳의 사람들보다 수준이 훨씬 높습니다. 제가 보기에 직관에는 대단히 강력한 힘이 있으며 지력보다 더 큰 힘을 발휘합니다. 이 깨달음은 제가 일하는 방식에도 영향을 미쳤습니다. 서구에서 중시하는 이성적인 사고는 인간의 본연적인 특성이 아니고 후천적으로 학습하는 것입니다. 인도 사람들은 이성적인 사고를 학습하지 않습니다. 그들은 무언가를 터득하는데, 그것은 어떤 면에서는 이성 못지않게 가치가 있습니다. 그것이 바로 직관과 경험적 지혜의 힘입니다."

선불교 등 동양사상에 심취한 잡스는 "인도에서 돌아온 이후 선불교는 제 삶에 깊은 영향을 끼쳤습니다. 저는 선불교의 진리를 깨우쳤습니다!"라고 말했고, 대니얼 코키는 "잡스는 선 스승 코빈 곁에서 몇 년 동안 공부를 하면서 많은 영향을 받았다.

코빈은 잡스의 이야기를 들어 주었고 유창하지 않은 영어지만 사업을 계속하라고 권했다. 그리고 곧 '사업의 선사(禪史)에서 수련하는 일과 같다'는 사실을 깨달을 것"이라고 말했다. 생각이 자유롭고 어디에도 얽매이지 않으며, 세상의 부조리함을 이해할 방도와 마음 깊이 담아 둔 의문점의 해답을 찾고 있었던 잡스에게 선불교의 매력은 대단했다. 선은 '직관'과 '자연스러움'을 강조하면서 물질문명이 강조하는 합리적이고 분석적인 사고를 물리쳤다고 말했다.

스티브 잡스의 청소년 및 청년시기 삶의 여정을 따라 가다보면 그가 늘 강조한 그리고 애플의 핵심 경쟁력인 '직관(intuition), 집중(focus), 단순(simplic-ity)'의 비밀과 근원을 어렵지 않게 찾을 수 있다. 대부분의 청년 시기 동안 잡스는 자기 영혼의 동요를 돌보고 깨달음을 추구하는 데 열중했다. "돈을 버는 것보다 멋진 무언가를 창출하는 것, 할 수 있는 한 최선을 다해 모든 것을 역사의 흐름과 인간 의식의 흐름 속에 되돌려 놓는 것이 중요하다는 것을 알게 되었지요." 또 "어쨌든 나는 내면의 목소리를 따라가다 보면, 결국 따로 떨어져 있던 경험의 조각들이 하나씩 맞아 떨어지게 된다는 사실을 믿습니다." 라고 설명하였다.

잡스가 신(神)이 아닌 이상 자신의 미래를 선명하게 알 수 없다. 다만 분명한 것은 '인생의 퍼즐', 즉 '경험'의 양이 적고 그 질이 낮으면 평범한 사람으로 사는 것이고, 경험이 다채롭고 격이 높으면 그만큼 자신이 원하는 입체적인 멋진 인생을 만들 수 있다.

잡스는 애플에 복귀한 이후인 지난 12년의 세월이 신제품 창출이라는 측면에서 볼 때 인생에서 가장 생산적인 시기였다고 말했다. 혁신적인 창의성이 충만하여 창업자들이 은퇴한 후에도 오랜 세월 존속하는 회사를 만드는 것이었다. 그는 21세기에 가치를 창출하는 최선의 방법은 기술과 창의성을 연결하는 것임을 알았다. 그래서 엔지니어링의 놀라운 재주와 상상력의 도약이 결합되는 회사를 세웠다.

토의과제

1. 기업가와 경영자의 특성은 무엇이며 차이점이 무엇인지 비교기준에 따라 설명해보시오.
2. 우리 주변에 뛰어난 창업가를 찾아보고, 그 분만의 독특한 경영철학은 무엇인지 찾아보시오.
3. 전문지식과 통찰력은 예비창업가에게 매우 중요하다. 그렇다면 예비창업자들은 이를 향상시키기 위한 방법은 무엇이며, 어떠한 노력을 해야 할지 논의해 보시오.

Chapter 3

창업환경과 소비자 구매환경

◈ 학습내용

01 기업환경의 의의와 분류
02 거시환경의 분석
03 거시적 환경 요인 검토 : PESTEL 분석
04 산업환경의 분석
05 경쟁사의 확인과 분석
06 소비자 구매환경의 변화

◈ 학습목표

창업환경에 영향을 미치는 거시적 환경요인과 산업환경을 정확히 이해하고 분석할 수 있어야 한다. 특히 거시적 환경변화가 초래하는 위험요인과 기회요인을 정확하게 파악하며 창업기업에 효과적으로 적응할 수 있는 방안을 생각할 수 있어야 한다.

〈시작이야기〉

AI로 일상생활의 혁명이 일어나고 있는 8가지 영역

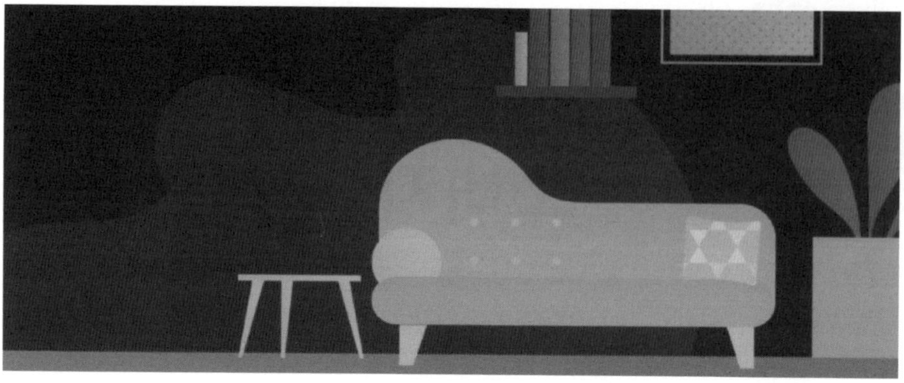

한때 인공지능(AI)은 단순한 유행이었습니다. 그러나 오늘날 AI는 그 어느 때보다 우리의 일상 생활에 밀접하게 스며들어 있습니다. 이메일을 확인할 때도, 넷플릭스 목록을 둘러 볼 때도, AI는 우리의 선호도, 성향, 그리고 행동에 기반해 사용자 경험을 향상시켜 주는 결정을 내려줍니다. 크리테오는 고객 경험을 최적화하고 브랜드와 리테일러들이 관련성 높은 광고를 제공할 수 있도록 지원하는데 AI의 역량을 활용하고 있습니다. 인공지능은 다른 업계에도 지대한 영향을 미치고 있습니다. 의학, 검색, 언어, 자동차, 그리고 물론 광고 분야에서, 인공지능은 혁신을 추진하는데 없어서는 안될 요소가 되었습니다. 이제 우리는 일상생활에서 인공지능을 쉽게 만날 수 있습니다.

자동차 인공지능은 자동차와 주행의 미래를 완전히 바꾸어 놓았습니다. 자율주행 자동차는 거의 무한한 시나리오로 주행할 수 있습니다. 이 스마트한 자동차는 인간의 실수 때문에 발생하는 교통사고를 낼 확률이 적고, 추운 겨울밤에는 온열 시트를 켜주는 등 소유자의 선호도에 기반해 설정을 자동으로 조절할 수 있습니다.

내비게이션 WAZE 같은 앱은 교통상황과 도로공사 등의 정보를 고려하여 목적지까지 가장 빠른 경로를 찾아줍니다. 이 모든 것이 인공지능으로 지원됩니다. 내비게이션 서비스는 사용자가 명령을 내릴 때마다 이러한 유형의 요소들에 기반해 필요한 조절을 합니다. 이는 차량 공유 서비스의 경우에도 마찬가지입니다. 내비게이션 서비스는 사용자가 명령을 내릴 때마다 이러한 유형의 요소들에 기반해 필요한 조절을 합니다. 이는 차량 공유 서비스의 경우에도 마찬가지입니다.

은행 금융기관들은 일반적으로 혁신을 도입하는 속도가 느린 것으로 알려져 있습니다. 그러나 이제 인공지능에 익숙해져 가고 있습니다. 오늘날의 고객들은 금융기관이 맞춤화, 특히 투자 계획에 대한 맞춤화를 해줄 것을 기대하기 때문입니다. 많은 은행들이 고객과의 소통과 전체 모바일 앱 경험의 맞춤화에 인공지능을 사용하고 있습니다. 예를 들어, Wells Fargo의 앱은 계좌 정보를 보고 반복 결제와 사용자 행동을 분석하여 청구서 알림, 초과 인출 사전 알림, 계좌 이체 통지 등을 제공합니다.

의료 AI의 하위 분야인 머신러닝(ML)은 환자와 상호작용하는 모든 단계에서 치료방법은 물론 환자와 소통하는 방법에 엄청난 영향을 끼치고 있습니다. 머신러닝은 의료 영상을 검토하여 종양을 발견하고 병리보고서에 기반해 진단을 내리는데 사용되고 있습니다. 인공지능은 잠재적인 증상을 감지하는데 큰 역할을 합니다. 이는 기존에 사용된 수동 절차보다 훨씬 더 효율적입니다. 환자의 증상에서 패턴을 파악하는데 도움을 주는 챗봇과 안면 인식 소프트웨어는 딥러닝과 함께 희귀 유전병을 식별하는데 도움을 주고 있습니다.

검색 검색 엔진은 AI 기술을 최대한 활용하고 있는 분야입니다. AI는 고객과 브랜드 모두에게 더 나은 결과를 제공하기 위해 지속적으로 사용자의 행동으로부터 학습합니다. 예를 들어, 사용자가 브라우저에 "하이 탑"을 입력하고 몇 분 동안 탐색하면, 검색 엔진은 사용자가 멋진 농구화를 찾고 있는 게 아니라 홈 바(home bar)에 어울리는 높은 테이블을 찾고 있다는 것을 이해하기 시작합니다. 검색 엔진이 직관적으로 판단을 해줌으로써 사용자가 결정을 내리는 시간을 절약하는데 도움을 줄 뿐만 아니라, 관련성 높은 광고를 표시할 수 있는 기회를 제공합니다.

이메일 검색에서와 마찬가지로, 머신러닝과 인공지능은 이메일을 획기적으로 변화시키고 있습니다. Google은 스팸 탐지 등 다양한 기능에 AI를 사용해 스팸 및 피싱 이메일을 걸러줍니다. 구글의 필터는 이메일을 '기본', '소셜', '프로모션', '업데이트' 등의 카테고리로 구분하려는 시도를 합니다. 인공지능은 또한 Gmail의 스마트 답변 및 스마트 리마인더 기능을 지원합니다. 우리는 이메일 프로그램이 중요한 이메일을 최대한 쉽게 발견할 수 있게 도와줄 것을 기대합니다. 수동으로 답장을 보내는 대신, 이메일 서비스를 통해 자동으로 채워진 답변을 클릭 한 번으로 보낼 수 있습니다. 요즘에는 스마트 리마인더도 사용할 수 있습니다. 이 서비스는 답장이 되지 않은 이메일 중 어떤 이메일에 주의가 필요한지를 결정해줍니다.

언어 홈 비서는 물론 자동차까지, 디바이스와의 소통에서 음성이 대세로 부상했습니다. 머신러닝 시스템이 인간의 언어를 이해하고 이와 유사한 방법으로 응대하는 역량은 매초마다 향상되고 있습니다. 자연 언어 처리는 머신 번역, 음성 인식, 감정 분석 등의 영역에서 활용됩니다. 인공지능은 이미 음성 인식 디바이스의 중추가 되었습니다. 그리고 우리가 일상생활의 다른 영역에서 사용하는 하나의 상호작용 방식으로 지속 성장해 나갈 것입니다. 마찬가지로, 고객 서비스를 간소화하려는 노력의 일환으로 자동화된 전화 서비스가 콜 센터를 대체했습니다.

광고 AI는 각 비즈니스가 방대한 고객 데이터세트를 분석하여, 진보적이며 각 고객의 구매 여정에 부합하는 광고를 제공할 수 있도록 합니다. 광고는 고객이 이전에 보인 관심, 행동, 선호도에 기반합니다. 예를 들어, 최근에 새 보금자리를 마련한 고객이 구매와 검색하는 방식을 학습함으로써, 인공지능은 고객이 이삿짐센터를 예약하거나 집을 멋지게 꾸미고 새집에 필요한 모든 것을 마련하는데 실질적으로 도움을 주는 광고를 생성할 수 있습니다.

AI는 우리의 일상생활의 다양한 영역에서 이제 쉽게 찾아볼 수 있습니다. 기술이 지속적으로 발전하면서, 인공지능은 우리가 브랜드와 상호작용하는 방식과 결정을 내리는 방식에 더 많은 영향을 줄 것입니다.

01 기업환경의 의의와 분류

기업환경이란 기업이나 기업 활동에 영향을 미치거나 영향을 받는 기업 내·외부의 모든 요인의 집합이다. 그러므로 기업환경을 구성하는 요인은 그 수도 많고 그 범위도 매우 광범위하다. 기업은 진공 속에 존재하는 것이 아니라 환경과의 상호의존, 상호작용의 관계 속에서 존속·발전하는 것이다. 그러므로 기업이 환경의 변화에 창조적으로 적응해 가지 못할 경우 기업의 실패는 불가피하게 된다. 기업이 생존하고 특정한 목표를 계속 달성해 나가기 위해서는 환경조건에 적응하여야 할뿐만 아니라 환경조건을 기업에게 유리한 방향으로 변화시켜야 한다.

기업을 둘러싸고 있는 외부환경이란 크게 거시적 환경(macro-environment)과 산업환경(industry-environment)으로 구분해 볼 수 있다. [그림 3.1]에서 보는 바와 같이 거시적 환경이란 기업의 성과달성과 의사결정에 영향을 미친 경제적, 사회적, 인구학적, 정치적 요인들을 말한다. 그리고 산업환경이란 경쟁자, 고객, 공급자 등 기업 활동에 직접적인 영향을 미치는 요인들로서 과업환경(task-environment)이라 불리기도 한다.

기업은 높은 성과를 달성하기 위하여 외부환경에 적합한 전략을 선택할 필요가 있다. 만약 기업이 과거의 전략에 집착하여 새로운 환경변화에 적절하게 대응하지 못한다면 그 기업의 경영성과는 궁극적으로 떨어지게 된다. 그러므로 기업은 외부환경의 변화추세를 면밀하게 분석하여, 이에 적절한 전략적 대응을 하여야 한다. 이를 위해서는 이론적 도움에 기초하여 외부환경으로부터 어떠한 기회와 위협이 주어지는지에 관하여 조사할 필요가 있다. 만약 환경으로부터 기회요인을 발견한다면, 기업은 그 기회를 최대한으로 살릴 수 있는 전략적 방안들을 강구하여야 할 것이다. 반대로 환경으로부터 위협요인을 발견한다면, 그 위협으로부터 기업을 방어하기 위한 전략적 방안들을 마련하여야 할 것이다.

02 거시환경의 분석

거시환경요소는 산업밖에 존재하는 것으로 시장수요에 중요한 영향을 미친다. 이러한 영향요인들은 계속적으로 변화하여 기업에 기회와 위협요인을 부여한다. 거시적 환경에는 경제적 환경, 정치적·법적 환경, 사회·문화적 환경, 기술적 환경, 인구통계적 환경 등이 있다.

▲ **그림 3.1** 기업의 외부환경

2.1 경제적 환경

경제적 환경요인이란 경제의 전반적 성격과 방향을 말한다. 경제적 환경의 변화는 다른 환경에 비해 기업에 미치는 영향이 간접적이다. 이러한 경제적 환경은 기업이 활동하는 경쟁의 본질과 방향을 결정한다. 경제적 환경은 제품의 수요크기나 성장률, 원료 및 중간재의 가격, 제품의 생산원가, 판매가격, 자본의 조달가능성 등에 영향을 미치나 그 영향의 정도는 산업에 따라 다르게 나타난다. 이러한 경제적 환경을 나타내는 주요 변수로는 경제성장률, 금리, 환율, 인플레이션 등을 들 수 있다.

■ **경제성장률** 경제가 성장하게 되면 소비자 지출이 늘어나게 되고, 또한 이것은 기업에게 확장의 기회를 준다. 반대로 경제적 불황은 반대의 결과를 초래하게 되며, 그로인해 극심한 가격경쟁이 야기된다.

■ **금리** 금리는 제품의 수요수준에 영향을 미칠 수 있다. 왜냐하면 소비자들이 돈을 차입하여 제품을 구입하는 경우 금리가 중요한 구매결정요인으로 작용하기 때문이다. 또는 금리는 기업의 자본비용을 결정하는 요인이기 때문에 투자전략에 주요한 영향을 미친다. 일반적으로 금리가 하락하면 통화량은 증가하고 주가는 상승하며, 결과적으로 기업의 자금사정을 호전시켜 경기를 부추길 수 있다.

■ **환율** 환율의 변동은 국제기업뿐만 아니라 국내시장만을 상대하고 있는 기업들에게도 직·간접적인 영향을 미친다. 특히 이러한 환율의 변동은 수출시장에서 제품의 경쟁력에 큰 영향을 미친다. 예를 들어, 한 나라의 통화가치가 다른 나라에 비해 낮으면 그 나라 기업의 제품가격은 상대적으로 다른 나라 기업의 제품보다 싸게 된다. 그러므로 환율의 평가절하는 가격경쟁력을 증대시킨다.

■ **인플레이션** 인플레이션은 일반적인 가격수준의 상승을 말하며, 기업경영에 지대한 영향을 미친다. 잘 운영되는 경제에도 다소의 물가상승은 있기 마련이다. 그러나 문제는 임금의 상승률이 물가상승률을 따라 주느냐에 달려 있다. 임금상승률이 물가의 상승률을 따르지 못하면, 이는 결국 가처분소득의 저하로 이어진다. 가처분소득이 저하되었을 때 소비자의 구매빈도나 물량도 줄어들 가능성이 높아지며, 이외에도 가격에 대한 탄력성, 점포의 선택 등 다른 소비자행동에도 많은 변화를 불어오게 된다. 또한 인플레이션은 경제를 불안하게 한다. 경제성장 속도를 더디게 하고 또한 금리를 상승시킨다. 그리고 인플레이션은 무엇보다도 미래예측을 어렵게 만듦에 따라 기업의 투자의욕을 감소시키고, 결국에는 경제전반을 위축시킨다.

2.2 기술적 환경

기술적 환경이란 새로운 기술을 창조하고 새로운 제품과 시장기회를 창조 하는데 영향을 미친다. 이러한 기술적 환경은 오늘날 기업의 운명을 결정하는 가장 극적인 요인이 되고 있다. 기술환경 요인은 기초과학뿐만 아니라 신제품의 개발, 새로운 제조기법의 발견 등을 모두 포함한다. 그리고 한 사회의 전반적인 기술환경은 그 사회가 생산할 수 있는 제품과 서비스 수준을 결정짓는다. 최근 기술의 변화는 더욱 빠른 속도로 진행되고 있다. 이러한 기술적 변화는 기존의 제품을 진부화시키는 동시에, 새로운 제품을 출현시킨다. 또한 기존제품의 수명주기를 단축시킬 수 있다.

트랜지스터의 발명으로 진공관이 사라지고, PC의 등장으로 타자기산업이 사양화되고, 정보통신의 발전으로 인터넷 이용을 통한 산업의 변화는 그 상상을 초월하는 미래를 맞이하고 있다. 그러므로 기업은 새로운 기술변화가 어떠한 영향을 미칠 것인지 예측하고 전략적으로 그 효과를 분석할 필요가 있다. 결국 급속한 기술변화를 예측하고, 이에 적극적으로 대응하는 기업들은 성장을 할 것이고 그렇지 못한 기업들은 낙오하게 될 것이다.

2.3 사회·문화적 환경

사회·문화적 환경요인이란 문화적, 사회심리적, 종교적 조건 등을 의미한다. 이러한 환경요인은 사회구성원의 이념, 가치관, 태도 등에 영향을 미침으로서 기업에게 사업성 기회를 제공하기도 하고 때로는 위협요인으로 작용하기도 한다. 사회·문화적 환경요인의 변화는 외적으로는 시장수요와 고객의 구매행동에 영향을 주고 내적으로는 조직구성원의 태도와 행동에 영향을 미친다. 첫째, 경제수준이 고급화될수록 하위 소득계층이 축소되고 중상층 비중이 상대적으로 증가하게 된다. 그리고 전반적인 교육수준이 상승되면서 소비자의 욕구가 다양화되고 고급화된다. 둘째, 사회문화의 발전으로 경제단체, 소비자단체, 노동조합, 종교단체 등 각종 이익집단들의 역할이 증대된다. 이들 이익집단은 자신의 이익을 추구하는 과정에서 기업에 압력요소로 작용할 수 있다. 셋째, 사회·문화적 환경의 변화는 사회구성원의 가치관에 변화를 가져오며, 이에 따라 소비자들의 소비경향과 구매행동도 영향을 받아 변화한다.

2.4 인구통계적 환경

인구통계적 환경요인으로는 연령 및 소득의 분포, 교육수준, 인구이동, 인구증가율, 이혼률, 사망률, 출생률 등이 있다. 이러한 요인들의 변화는 기업 입장에서는 새로운 기회 및 위협의 원인이 된다. 예를 들면, 전후 베이비붐은 유아용품의 특수를 창출하기도 하고, 인구의 노령화는 실버산업을 발전시키고 있다. 인구통계적 환경은 시장의 규모를 결정짓는 가장 기초적인 요인이 된다. 이러한 인구통계적 환경이 산업 및 기업의 시장규모를 결정하는 좋은 예로는 미국의 베이비붐(baby boom)세대를 들 수 있다. 제2차 세계대전 직후에 미국에서는 7천 5백만 명의 어린이들이 태어났고, 이들이 성장하여 현재 미국 인구의 1/3을 차지하고 있다. 이들은 세월의 변화에 따라 유아, 어린이, 청소년, 장년, 노년으로 연령이 높아지면서 새로운 수요를 형성하여 가고 있다.

1950년대의 유아의류나 유아용품·장난감산업, 1960년대의 청바지·레코드·화장품산업, 1970년대의 유흥·레저·패션산업, 1980년대의 건강산업·고급주택산업이 거대한 수요를 창출한 것은 이들 연령변화와 관련이 깊은 것이다. 2000년대에는 이들이 노년기에 접어들어 노년층시장(silver market)을 대상으로 하는 산업의 호황이 예상된다.

우리나라의 경우 노령인구는 1995년 166백만 명, 2000년 337백만 명이며, 2010년 503백만 명, 2020년 690백만 명, 2030년 1,017백만 명으로, 총 증가가 예상되고 있다. 1990년대 중반부터 은퇴한 노인들을 위한 운동시설 및 의료시설, 노동시설 등을 갖춘 one-stop living형태의 노인전용 공동주택의 필요성이 점차 확대되고 현실화되고 있다. 또한 출생인구의 감소는 소득향상과 함께 유아용품의 고급화, 패션화로 변화되고 있으며, 적은 수의 자녀에 대한 교육비나 양육비가 고급화되고 있어 기업에게는 가격인상에 대한 소비자의 반발이 둔화되고 차별화와 고가정책의 수립이 과거보다 쉬워졌다. 이러한 인구통계적 환경은 다른 환경요인에 비해서는 비교적 예측이 가능하다. 왜냐하면 인구통계적 환경은 전쟁, 천재지변 등 갑작스런 상황의 변화가 없다면 안정적인 변화를 보이며, 그 양상은 추세변동의 형태를 보이기 때문이다. 따라서 기업이 인구통계적 환경의 변화에 의해 갑작스럽게 어려움을 겪는다는 것은 기업경영자의 실책이라고 할 수 있다.

2.5 정치적 및 법적 환경

정치적 또는 법적 이유로 인해 각종 규제조치가 추가되거나 제거됨에 따라 기업은 전략적으로 새로운 위협과 기회를 맞이할 수 있다. 국영기업체와 금융기관은 물론 사기업에도 세법, 노동법, 공정거래법 등 각종 법류를 준수하여야 한다. 또한 국민보건, 안전, 공해 등 여러 가지 해당 법류를 준수하여야 한다. 최근에는 오존층의 파괴, 산성비, 지구온난화현상, 미세먼지 등과 같은 문제들이 정치적 쟁점으로 등장하면서 기업에 위협을 주고 있다.

03 거시적 환경 요인 검토 : PESTEL 분석

외부환경을 활용하기 위해서는 트렌드와 유행에 민감할 필요가 있다. 트렌드는 변화의 흐름을, 유행은 특정 시기의 키워드를 말하는 것으로, 트렌드를 모른 채 유행만 쫓다가는 후발주자로 실패하기 쉽다. 따라서 예비창업자가 제안한 비즈니스가 성장할 수 있는 환경인지 확인해 봐야 한다. 불과 몇 년 전만해도 사물인터넷(IOT)이나 가상현실은 상상 속에서만 존재했었다. 해외에서는 이미 무인자동차의 운행이 합법적으로 시작되었고 국내에서도 국산 무인자동차의 자율주행 테스트가 진행되었다. 공유경제(sharing economy)와 관련해서 다양한 법들이 이슈가 되고 있고, 지구온난화 문제로 탄소배출권이 중요한 문제로 대두되고 있다. 창업자들은 비즈니스가 실행될

대 부딪히게 될 다양한 문제들을 제대로 인식하고 있는가?

효율적인 외부환경 분석을 위해서는 분석의 방향과 목적이 분명해야 한다. 자칫 잘못하면 잡다한 내용을 끝없이 나열해 놓은 보고서로 전락할 위험이 있기 때문이다. [그림 3.2]와 같이 외부환경 분석 프로세스를 염두에 두고 분석의 방향과 목적을 생각해 보자.

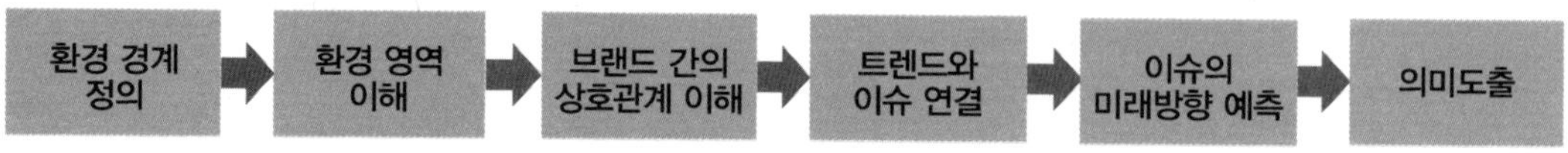

▲ **그림 3.2** 외부환경 분석 프로세스

먼저 외부환경 분석을 위해서는 시장 혹은 하위시장의 경계를 정해야 한다. 기업의 지리적 다양성, 제품의 시장범위, 기술과 혁신, 규제명령, 자원 등과 관련하여 분석해야 할 폭과 깊이, 그리고 단기·중기·장기 등 예측 범위의 경계를 정의한다. 범위는 너무 넓지도 너무 좁지도 않게 설정해야 한다. 너무 좁게 정하면 효과적인 대안과 방향을 알려주는 트렌드나 기회를 파악하지 못할 수도 있고, 너무 넓게 정하면 분석의 깊이가 문제 될 수 있기 때문이다. 그 다음으로 환경 영역을 이해하는 것이 필요하다. 영역 내부의 주요 사건과 트렌드는 무엇인지, 이러한 트렌드의 존재를 증명하는 증거는 무엇인지, 트렌드는 어떻게 전개되어 왔고 어떤 사이클을 가지는지, 트렌드의 변화 정도와 본질은 무엇인지, 나의 비즈니스에 어떤 영향(부정적, 영향 없음, 긍정적)을 끼치는지 등을 살펴봐야 한다. 환경영역을 이해했다면 트렌드 간의 상호관계를 이해하고 트렌드와 이슈를 연결하여 미래 방향을 예측하는 것이 필요하다. 다양한 트렌드 간에 충돌이 발생하는 것은 없는지, 저변에 존재하는 세력과 이슈에 대한 대안은 없는지 예측해야 한다. 마지막으로 기업이 속한 산업과 그 산업 내의 모든 전략 집단을 둘러싼 구조적인 힘에는 어떤 것이 있는지, 구조적 힘이 기업전략과 경영전략에 끼치는 영향에는 어떤 것이 있는지 살펴본다.

■ **비즈니스 활동과 관련된 PESTEL 확인하기** 그렇다면 위의 프로세스에 따라 조사해야 할 항목에는 어떤 것이 있을까? 외부환경 분석 방법은 항목에 따라서 각 단어의 약자를 따서 PEST, SLEPT, PESTLE, STEEP 등으로

표현된다. 과거에는 정치(political), 경제(economic), 사회(social), 기술(technological) 등의 4가지가 중심이었지만 최근 환경적(environmental)·법적(legal) 문제들이 새롭게 대두되면서 환경 및 법적 요인도 중요한 요인으로 자리 잡고 있다. 비즈니스에서 확인해야 할 항목에 어떤 것이 있는지 [표 3.1]을 참고하여 살펴보자. 추가로 더 조사가 필요한 것은 없는지도 꼼꼼하게 살펴 메모해야 할 것이다.

▼ **표 3.1** PESTEL **분석**

항목	내용	
정치 (political)	• 정당정책, 정치권력, 정치노선 • 개혁정책 • 규제기관의 활동 • 정치적 의사결정에 대한 영향력 • 투표율 동향	• 권력·정책결정 구조의 성격 • 지원정책 • 부패, 정치 리스크 • 통일, 남북경협 • 여론
경제 (economic)	• GDP성장률 • 외환보유고 • 인플레이션율 • 수입배분 수준과 범위 • 이자율, 금리, 환율 • 소기업 대출 수준 • 국제수지	• 금융·재정정책 • 구조조정, 실업률 • 임금수준, 소비성향 • 가처분소득 수준 • 산업구조 변화 • 원유가, 금융시장 • 시장, 경쟁구조
사회 (social)	• 출생률, 사망률, 평균수명 • 사회계층 간 임금격차 • 경제·사회 영역의 인구비율 • 여성의 사회진출 • 연령분포, 지리적 분포 • 인구구조, 노동유연성	• 문맹률, 교육수준 • 관심, 믿음, 가치 • 라이프스타일 • 인구의 유동성 • 사회계층의 가치체계 • 소비자 생활양식
기술 (technological)	• 기술혁신 및 확산 • 산업·경제의 디지털화 • 인터넷 기반 기술 • 보유특허 • 특허보호제도 • R&D 예산	• 신기술정보기술 • 기술변화속도 • 기술 클러스터 존재 여부 • 제품공정 혁신 속도 • 대역폭의 용량 • 신제품 혁신 정책적 지원
환경 (environmental)	• 수질, 공해 수준 • 재활용 시설규모 • 에너지원	• 원자재 대체적 • 환경규제 수준 • 제품수명주기 발전단계
법 (legal)	• 재산권 보호법 존재 여부 • 규제합리화	• 조세 • 특허

04 산업환경의 분석

산업의 특성은 마이클 포터(M. E. Poter)의 5요인 모델을 통해 분석할 수 있다. 이 모델은 산업의 경쟁 질서를 좌우하는 요인으로서 ① 잠재적 경쟁자의 진입위협, ② 기존기업간의 경쟁, ③ 수요자의 교섭력, ④ 공급자의 교섭력, ④ 대체재의 위협을 제시하고 있다.

이 모델에 의하면 5가지 영향요인들이 강하게 작용할 때, 기업은 가격을 높게 책정하고 수익성을 확보할 수 있는 능력에 제약을 받기 때문에 불리하다고 한다. 반면에 영향요인들이 약하게 작용할 때는 높은 수익성을 확보할 수 있는 기회가 많이 작용한다고 한다.

산업에 따라 5가지 영향요인 모두 똑같이 중요하지 않으며, 주요한 구성요인들은 서로 다르다. 따라서 모든 산업은 자신만의 독특한 구조를 가지고 있다고 할 수 있다. 같은 산업이라 할지라도 이와 같은 영향요인의 강도는 시간이 흐르고 산업이 진화함에 다라 달라진다. 그러나 어떤 산업에서도 5가지 요인은 기업으로 하여금 산업의 수익성과 자신의 수익성을 크게 향상시킬 수 있는 전략적 혁신을 유발시킬 뿐만 아니라 산업 내의 경쟁에 있어서 복잡하고 중요한 요인을 파악할 수 있게 해준다. 그러므로 전략입안자들은 이러한 영향요인들의 변화에 따른 기회와 위협요인들을 정확하게 파악하여 적절한 전략적 방안을 강구하여야 한다.

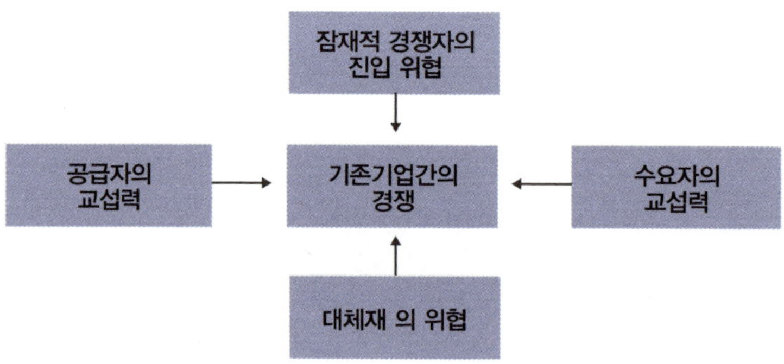

자료 : Michael E. Poter, Competitive Strategy, The Free Press, 1980. p.4

▲ **그림 3.3** 산업환경 분석모형

4.1 잠재적 경쟁자의 진입위협

잠재적 경쟁자는 현재 산업 내에서 경쟁하고 있지 않지만 언제든지 마음만 먹으면 진입할 수 있는 능력을 갖춘 기업을 말한다. 잠재적 경쟁자의 진입위협이 크면 클수록 기존의 기업들은 수익성과 시장점유율 측면에서 위협을 느끼게 된다. 그러므로 이러한 진입위협이 클수록 기존 기업의 수익성은 더 많이 위협받는다고 할 수 있다. 반면에 진입위협이 낮을수록 기존 기업들은 쉽게 가격을 올리고 더 많은 수익을 확보할 수 있는 기회를 갖게 된다. 이러한 잠재적 경쟁자가 될 수 있는 기업들에는 다음과 같은 여러 종류가 있다.

- 시장 확대를 모색하는 기업이다. 예를 들어, 다른 지역에서 활동하고 있는 기업은 지역이동을 통해 쉽게 경쟁자가 될 수 있다.
- 제품영역을 확대하고자 하는 기업이다. 유사한 제조기술과 유통망을 토대로 산업에 진입할 수 있는 기업들이 여기에 해당된다.
- 후방통합의 가능성이 있는 기업이다. 기존 제품을 부품으로 구매하고 있는 기업들의 경우 자체생산의 필요성이 있을 대 산업에 진입하고자 할 것이다.
- 전방통합의 가능성이 있는 기업이다. 부품을 공급하고 있는 기업의 경우 완제품이 전략적 가치가 크다고 판단되는 경우에는 산업진입이 쉽다. 예를 들면, 텍스트인스트루먼트사는 자신이 만들고 있는 반도체칩을 활용하여 시계, 계산기, 컴퓨터산업에 쉽게 진입하였다.

잠재적 경쟁자의 진입위협은 진입장벽(barriers to entry)에 따라 크기가 달라진다. 이 때 진입장벽이란 잠재적 경쟁자가 특정 산업에 진입하는 것을 제한하는 각종 장애요인으로서 산업진입에 수반되는 비용을 의미한다. 이러한 비용(진입장벽)이 크면 클수록 산업의 수익성이 높다 하더라도 잠재적 경쟁자는 산업에 진입하기가 어려우며, 그 결과 기존 기업들은 더 높은 이익을 향유할 수 있다. 잠재적 경쟁자가 부담하여야 될 비용이 많을수록 진입장벽은 그만큼 높게 된다.

베인(Joe S. Bain)은 산업의 진입장벽을 형성하는 주요 원천으로 **상표충성도, 절대적 비용우위, 규모의 경제** 등을 들고 있다. 이러한 원천들을 통해 기존 기업들이 높은 진입장벽을 구축할 수 있을 대 신규진입의 위협은 그만큼 감소한다. 그리고 이러한 위험이 줄어들수록 기존 기업들은 더 높은 가격을 책정하여 더 높은 수익성을 확보할 수 있게 된다.

▪ **상표충성도** 상표충성도란 지속적인 광고, 특허, 제품혁신, 고품질, 애프터서비스 등을 통하여 창출할 수 있는 기존 기업의 제품에 대한 구매자의 선호도를 말한다. 이러한 상표충성도가 가장 강할수록 신규 진입자는 기존 기업으로부터 시장점유율을 탈취하기 어렵다. 그러므로 상표충성도는 신규 진입자로부터 기존 기업의 이익을 보호하는 역할을 한다.

▪ **절대적 비교우위** 기존 기업이 비용측면에서 신규 진입자가 따라올 수 없는 월등한 제조기법, 특허, 값싸게 원자재를 확보할 수 있는 능력 등의 절대적 우위를 점한다면 신규진입으로 인한 위협은 그만큼 줄어든다.

▪ **규모의 경제** 규모의 경제란 대량생산 및 대량구매로 인한 원가절감, 대규모 매출에 의한 고정비용 부담률의 감소, 광고에서의 규모의 효과 등으로부터 창출되는 기업규모에 따른 원가상 이점을 의미한다. 이러한 규모의 경제에 의한 이점이 클수록 신규 진입자들은 어려움에 처하게 된다. 왜냐하면 원가측면에서 불이익을 감수하지 않으려면 대규모의 투자가 불가피하지만 이에는 많은 투자비용과 위험이 수반되기 때문이다. 따라서 규모의 경제에 의한 효과가 클수록 진입위협은 감소하고 기존 기업은 더 높은 수익성을 확보할 수 있다.

4.2 잠재적 경쟁자의 진입위협

기존 경쟁자와의 경쟁밀도는 경쟁자들의 수와 그들의 활동특성, 제품차별화 정도, 원가구성과 퇴출장벽 등 여러 가지 요인에 의해 결정된다.

▪ **경쟁기업의 수와 활동특성** 경쟁업체의 수가 많고 유사한 목표, 동일한 비용구조로 생산활동을 하고 유사한 전략을 활용할수록 경쟁이 더욱 치열해진다.

■ **제품차별화** 제품차별화는 제품의 용도는 본질적으로 동일하나, 제품의 구조, 성능, 디자인 등의 차이에 의해 발생하며, 때로는 이러한 제품의 물리적 특성 차이 외에는 특정 브랜드와 관련된 신분의식 등과 같이 주관적 인식의 차이에 따라 발생하기도 한다. 시장특성에 있어 제품차별화의 여지가 적을수록 기업들은 가역경쟁에 의존하게 된다. 왜냐하면 제품과 서비스에 대해 기업 간 차별성이 없다고 인식될 때 소비자는 가격을 중시하기 때문이다. 따라서 제품차별화의 정도가 약한 산업일수록 기업 간의 가격경쟁이 심하다.

■ **원가구성** 일반적으로 경쟁 기업들 간에 수익성 증가보다 시장점유율 증가를 위한 경쟁이 이우러질 때 기업 간 경쟁은 더욱 치열해진다. 특히 구조적으로 고정비의 비중이 높은 경우 가동률을 높이려는 압력을 받게 된다. 따라서 무리한 물량경쟁이 촉발될 수 있으며, 이 경우 지나친 가격인하경쟁으로 치닫는 수가 있다.

■ **퇴출장벽** 특정 산업에 참여하고 있는 기업이 해당 산업으로부터 떠나고자 할 때 이를 제한하는 장애요인이나 비용을 의미한다. 이러한 퇴출장벽이 높을 경우 기업 간 경쟁이 심해진다. 왜냐하면 사업에서 손을 떼려 해도 많은 비용이 소요되므로, 기업들이 배수의 진을 치고 경쟁에 임하기 때문이다. 이러한 퇴출방벽에는 경제적·감정적 요인들이 있다. 경제적 요인은 보유자산이 특수목적에 전문화된 것일수록 청산 시 시장가치가 적기 때문에 그만큼 많은 비용을 지불하여야 퇴출이 가능해진다. 또한 사업에 대한 자부심과 자존심 등 심리적 요인이 퇴출장벽이 될 수 있다.

4.3 수요자의 교섭력

교섭력(bargaining power)은 공급자와 수요자간에 상대적인 힘의 격차에서 발생한다. 수요자의 교섭력은 수요자의 힘이다. 만일 수요자가 제품가격의 인하나 보다 나은 품질 또는 보다 나은 서비스를 요구하게 되면 공급자인 기업에게는 위협이 된다. 반면에 고객인 수요자입장이 약화되면 가격을 인상 할 수 있고 보다 나은 수익을 얻을 수 있다. 수요자가 상대적으로 판매자보다 힘이 있을 때 수요자는 사업의 수익성을 악화시킬 수 있다. 예를 들면, 다음과 같은 상황에서 수요자는 높은 교섭력을 갖게 된다.

- 첫째, 수요자의 구매량이 판매자의 전체 매출액에서 큰 비중이 차지할 때이다. 특정 수요자가 전체 매출의 상당부분을 차지한다면 자연히 영향력이 커지고 그 수요자의 요구를 수용하지 않을 수 없게 된다.
- 둘째, 수요자가 대량의 제품을 구매할 때이다. 이 경우 수요자는 강력한 구매력을 활용하여 가격인하를 시도하기 쉬워진다.
- 셋째, 제품이 차별화되어 있지 않은 경우이다. 이 경우 수요자들은 언제라도 다른 공급회사들로부터 제품을 구입할 수 있기 때문에, 자신에게 보다 유리한 조건을 요구하는 경향이 있다.
- 넷째, 수요자가 용이하게 후방통합을 할 수 있는 경우이다. 이 경우 수요자는 후방통합의 위협을 통하여 거래상 양보를 끌어내기 쉽다.
- 다섯째, 수요자들이 자세한 정보를 확보하고 있을 때이다. 수요자들이 수요상황, 시장가격동향, 공급자들의 구체적인 원가구조 등을 파악하고 있다면 수요자의 협상능력이 보다 커질 수 있다.

  한편, 수요자의 교섭력이 구조적으로 취약하다면 기업은 보다 유리한 가격을 책정하여 수익성을 높일 수 있는 기회를 얻을 수 있다.

4.4 공급자의 교섭력

공급자와 수요자의 교섭력은 상대적이다. 공급자는 수요자의 경우와 마찬가지로 공급자의 수와 원자재의 중요성에 따라서 기업의 수익성에 영향을 미친다. 즉, 공급자의 교섭력이 강할수록 기업의 수익성을 악화시킬 수 있다. 이러한 교섭력은 다음과 같은 상황에서 커진다.

- 첫째, 대체품이 없는 경우이다. 공급자의 제품을 대체할만한 다른 제품이 없다면 그 만큼 공급자에 대한 의존도가 높아지고 공급업자의 요구를 수용하여야 되는 경우가 많다.
- 둘째, 공급자의 제품이 기업의 생산 및 경영활동에 중요한 요인이 될 때

이다. 이 경우 경영활동에 차질을 일으키지 않기 위하여 어쩔 수 없이 공급자의 요구를 수용하여야 되는 경우가 많다.

- 셋째, 제품이 차별화되어 있는 경우이다. 제품이 차별화되어 다른 공급업자로 쉽게 전환할 수 없는 경우 공급업자에 대한 의존도가 높아진다.
- 넷째, 공급자들이 손쉽게 전방통합을 할 수 있는 경우이다. 이 경우 공급자들은 전방통합의 위협을 통하여 보다 유리한 조건으로 거래를 할 수 있다. 한편, 공급업자의 교섭력이 취약하다면 기업은 공급업자에게 가격인하나 품질향상의 요구를 하기 쉽기 때문에 기업의 수익성을 향상시킬 수 있다.

4.5 대체재의 위협

대체재란 특정 제품과 직접적으로 경쟁을 하지 않지만 기업의 판매수익에 영향을 줄 수 있는 제품을 말한다. 예를 들어, 플라스틱은 철강제품이며 필름카메라는 디지털카메라로 그리고 비닐제품은 가죽제품의 대체재가 될 수 있다. 산업의 수익률은 대체재의 존재여부에 따라 크게 달라진다. 그러므로 이러한 대체재의 존재여부는 기업의 가격책정에 영향을 미치며, 그 결과 수익성에도 영향을 준다. 만약 뚜렷한 대체재가 존재하지 않는다면, 그 만큼 위협이 줄어들고 가격책정에 있어서도 유리한 입장에 있을 수 있기 때문에 기업의 수익성 증대에 도움을 준다. 이러한 대체재가 가격결정에 위협을 주는 정도는 고객의 대체성향과 가격대비 성능비율에 의해서 결정된다.

05 경쟁사의 확인과 분석

경쟁사의 확인은 직접적·간접적·잠재적 경쟁사를 파악하는 것에서 시작한다. 직접적 경쟁사는 유사제품으로 쉽게 확인할 수 있지만 간접적인 경쟁사를 정하는 것은 고민이 필요하다. 간접적 경쟁사는 고객이 선택을 위해 고려하는 대안이나 같은 전략을 가진 집단을 살펴봄으로써 확인이 가능하다. 대안제품으로 경쟁사를 파악하기 위해서는 고객에게 대안으로 선택한 제품이 무엇인지 질문하거나 제품이 사용되는 상황이나 용도를 연상하게 하여 확인할 수 있다. 유사 전략집단을 확인하기 위해서는 오랜 시간에 걸쳐 유사한 경쟁전략(예 : 동일한 유통경로, 유사한 커뮤니케이션, 동일한 가격/품질 포지션)을 추구하거나 유사한 특성(예 : 규모, 공격성) 및 유사한 자산과 역량(예 : 브랜드 연상, 물류 역량, 글로벌 운영, R&D) 등을 보유하고 있는 기업은 어디인지 살펴보는 것이 필요하다.

다이어트 기능이 있는 청량음료의 경쟁대상을 찾아본 사례를 참고하여 나의 경쟁사(제품)를 정의해 보자([그림 3.4] 참조). work sheet를 작성할 때는 먼저 네모 칸 안에는 분류의 기준(제품 형태, 제품 범주, 대체제품, 브랜드 연상, 경영전략 등)을 직접적인 것에서 간접적인 순서로 적은 후 그와 관련된 제품군이나 기업명을 동그라미 안에 적는다.

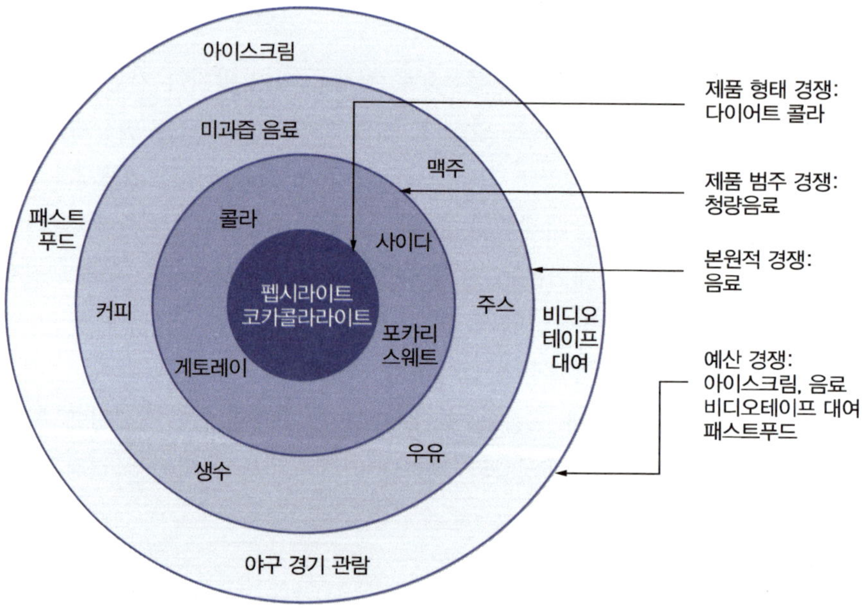

▲ **그림 3.4** 경쟁사 다이어그램(예)

경쟁사 프로파일 정보로는 기초정보, 제품 밀 서비스, 마케팅, HR, 운영, 경영진 프로파일, 사회문화적 지위, 기술, 조직적 구조, 브랜드 능력, 경영전략, 고객가치분석, 재무구조 등을 확인한다. 이런 정보들을 토대로 기업의 미래 목표, 현재 전략, 능력(장단점) 및 가정(산업 및 기업에 대한 가정) 등을 분석하여 나의 비즈니스에 접목시켜 봄으로써 더 발전된 비즈니스 모델을 준비할 수 있다.

- 시장의 성장률이 높은가?/낮은가?
- 어떤 경쟁사의 시장 점유율이 상승 또는 하락하고 있는가?
- 어떤 경쟁사가 시장주도자이고 원가경쟁력이 높은 경쟁사는 어디인가?
- 집중화(consolidating) 시장인가, 세분화(fragmenting) 시장인가?

경쟁사의 점유율을 확인했다면 왜 고객이 경쟁사의 제품이나 서비스에 관심을 가지고 이용하는지 찾아내야 한다. 단순히 가격과 질이 아니라 하나의 기업으로서 어떤 가치를 주고 있는지, 그 가치를 주기 위해 어떤 노력을 기울이고 있는지 주변 환경과는 어떻게 조화를 이루며 성장하는지 확인한다. work sheet에 각 **회사의 장단점을 찾아 벤치마킹 포인트와 보완 포인트를 적어보자.** 경쟁사의 제품이나 서비스와 관련한 내용을 홈페이지나 인터넷상의 고객 리뷰, 언론보도, 통계 자료 등을 활용하여 확인하도록 한다. 자료뿐만 아니라 실제 고객이 되어 구매, 사용, 환불, A/S 등 모든 과정을 직접 체험하는 것도 중요하다. 온라인으로도 구매해 보고 사무실에도 들어 본다. 그리고 제품구매 외에도 다른 것을 요청해 보고 어떻게 처리하는지 장단점을 꼼꼼히 기록하는 등 운영적 측면도 놓치지 않고 살펴봐야 할 것이다.

✓ 체크리스트

- 유사한 제품/서비스를 제공하고 있는 직접적인 경쟁사는 어디인가?
- 경쟁사의 기본 특성은 무엇인가? (경쟁사 프로파일)
- 간접적인(잠재적인) 경쟁사에 대한 분석이 포함되었는가?
- 경쟁사와 당사 간의 경쟁상의 강약점(핵심역량, 경쟁원천)이 충분히 비교되었는가?
- 경쟁사의 강점과 약점은 무엇인가?
- 경쟁사와 당사의 전략이 비교되었는가?
- 경쟁사에 비해 당사가 갖고 있는 우위요소(무형요소 포함)는 무엇이며, 계속 유지될 수 있는가에 대한 설명이 있는가?

〈Start-up Highlight〉

카카오 이모티콘 7년 연속 성장의 비결

"안 쓰는 사람 없다"… '대박' 좇는 이모티콘 시장

이모티콘이 주요 의사소통 수단으로 자리 잡으면서 시장이 더욱 빠르게 성장하고 있다. 이모티콘은 감정을 뜻하는 영어 단어 '이모션(emotion)'과 유사 기호를 말하는 단어 '아이콘(icon)'의 합성어다. 인터넷 초창기에 ' : -) ', ' ^^ ' 등 기호를 이용한 감정 표현에서 시작한 이모티콘은 페이스북, 트위터 등 주요 SNS 플랫폼이 성장하면서 그림·움직임 등을 활용한 이모티콘으로 진화했다.

한국에서는 카카오톡, 라인 등 주요 SNS 플랫폼이 창작과 수익을 연결하는 시장 역할을 한다. 업계에서는 두 플랫폼을 더한 시장 규모가 연 3,000억 원에 달하는 것으로 보고 있다.

새로운 콘텐츠 소비 습관이자 문화로 자리 잡아, 매해 증수증익하는 이모티콘 시장의 성장 비결을 세 가지로 정리했다.

이유 1 | '감정 대리인' 이모티콘 기분 따라 다양하게

이모티콘이 사람들의 열광을 끌어낼 수 있는 비결은 다양한 그림체와 움직임을 통해 이용자들의 감정뿐만 아니라 취향까지 드러낼 수 있다는 점 때문이다.

직장인 이민영(30)씨는 "친구들과는 장난스럽고 과격한 이모티콘을 쓰다가도 남자친구에게는 귀여운 이모티콘을 쓰곤 한다"면서 "기분, 상황, 대화 상대에 따라 10가지 다른 유료 이모티콘을 구비해 놓고 쓰고 있다"고 말했다.

전문가들은 온라인 등을 통한 비(非)대면 소통에 익숙해진 현대인의 특성에서도 성장 비결을 찾는다. 직접 관계를 맺는 것이 어색해진 사람들이 자신의 감정을 대신 표현해줄 매개체로 이모티콘을 선택한다는 것이다. 김난도 서울대 소비자학과 교수는 저서 '트렌드코리아 2019'에서 "감정을 표현하는 것에 어려움을 느끼고 부담스러워하는 사람들이 이모티콘으로 '나 화났다'는 감정을 표현한다"면서 이모티콘은 '감정 대리인'이라고 설명했다.

이유 2 | 30 대 1 통과 '좁은 문'

시장이 클 수 있었던 것은 누구나 창작자가 돼 이모티콘을 만들어 수익을 낼 수 있게 했던 카카오의 정책 덕분이다. 카카오는 2017년 4월부터 '카카오 이모티콘 스튜디오'를 열고 누구나 제약 없이 이모티콘을 창작해 제안할 수 있도록 했다. 이때를 기점으로 웹툰, 캐릭터 작가 등을 비롯한 유명 작가는 물론 일반인까지 창작자로 나섰다. 현재 카카오 이모티콘 작가는 10대부터 60대까지 다양하다. 해외에서 활동하는 작가도 많다. 나이, 직업, 국적 등 제약이 없기 때문이다.

누구나 이모티콘을 제안할 수 있지만 이후 과정은 상당히 까다로운 것으로 유명하다. 이모티콘은 제안 → 심사 → 상품화 → 출시 단계를 모두 통과해야 최종 판매할 수 있다. 먼저 창작자가 제안한 이모티콘은 회사 매뉴얼에 따라 2주간 심사를 받는데, 경쟁률이 30 대 1 정도로 높다. 월 3,000건 정도의 제안이 이뤄지면 심사를 통과한 승인 건수는 100건 안팎인 것으로 알려져 있다.

다만 매뉴얼은 물론 개별 미승인 사유에 대한 세부 내용도 대외비다. 카카오 측은 이모티콘 심사 매뉴얼을 공개하지 않는 이유에 대해 "창의성을 제한하거나, 시장 편향적으로 제안을 한정할 가능성이 있기 때문"이라고 밝혔다.

이유 3 | 이모티콘 '대박' 나면 10억 '잭팟'

이들이 좇는 '대박'은 엄청난 수익이다. 지난 7년간 카카오 이모티콘 중에서 50개 이상이 각각 누적 10억 원 이상 씩의 매출을 냈다. 이모티콘 세트 판매 가격 2,200원을 단순 계산하면 베스트셀러 이모티콘 한 세트당 최소 45만 건 이상씩 팔려나간 것이다. 이 돈은 앱마켓 수수료, 카카오, 창작자가 나눠 갖는다. 한국콘텐츠미디어의 지난해 분석에 따르면, 앱마켓 수수료는 30%, 카카오와 창작자가 가져가는 수익은 70% 수준이다.

창작자들은 수많은 경쟁 이모티콘 중에서 구매자 눈에 들기 위해 여러 전략을 구사하고 있다. 여러 명의 작가가 팀을 꾸려 분업·협업으로 이모티콘을 만들거나, 한 팀이 다양한 캐릭터를 개발하는 식이다. 이모티콘 하나가 '대박'을 터뜨리면 시리즈물로 이어질 수 있기 때문에 조직적으로 움직이는 것이다. 실제로 카카오 베스트셀러 이모티콘 1위에 꼽힌 캐릭터 '오버액션토끼'의 제작사 DK는 이모티콘 스토어에서 19종이 넘는 오버액션토끼 시리즈를 보유하고 있다.

plus point

과열된 이모티콘 시장…피할 수 없는 표절 논란

창작자가 모인 공간인 만큼 이모티콘 시장에서는 폭력·선정성·표절 시비가 끊이지 않는다. 대표적인 사례가 지난 7월 있었던 표절 사건이다. 카카오 이모티콘 스토어에서 인기를 끌던 띵동 작가의 '즐거우나루'가 2016년 일본 유키 카나이 작가가 출시한 '슈퍼하이스피리츠캣'을 표절했다는 의혹이 제기된 것이다. 카카오는 처음 시비가 불거졌을 때만 해도 별다른 조치를 하지 않았으나 카나이 작가가 소송을 검토하고 있다고 하자 판매를 중단하고 자체 표절 판단 기준을 강화하는 것으로 수습했다.

하지만 일각에서는 표절 기준을 강화했지만 실제로 어느 정도 효과를 낼지는 미지수라고도 말한다. 카카오는 내부 선발 인원 10명 정도가 이모티콘 심사와 승인 업무를 맡고 있는데, 월 수천 건에 달하는 창작물에 대한 감시를 강화하기엔 역부족이라는 것이다. 또 유명 애니메이션이나 영화 등을 패러디한 이모티콘도 많이 창작, 소비되고 있어 기준이 모호하다는 목소리도 있다.

06 소비자 구매환경의 변화

창업시장에서 성공하기 위해서는 소비자를 이해하는 것부터 시작된다. 기업은 소비자와의 장기적인 관계구축을 기반으로 제품과 서비스에 대한 브랜드인지도를 높여 나갈 뿐만 아니라 지속적인 브랜드충성도를 유도하고 고객애호도 프로그램을 활용하여 고객과의 관계를 유지해 나감으로써 기업의 최종목표인 이윤창출의 토대로 삼고 있다. 그러나 기업 이윤창출의 기반이 되고 있는 소비자들의 구매와 소비행동과 관련된 소비자 태도의 급속한 변화로 기업의 마케팅 전략 수립에 있어서도 많은 변화가 요구되고 있다. 최근 급속히 변화하고 있는 소비자 태도의 변화 요인들 중 성공적인 성과를 이루기 위해 가장 우선적으로 고려해야 할 소비자 환경변화 요인들로 소비자 욕구의 변화, 소비자 행동의 변화, 소비자 가치의 변화가 있다.

6.1 소비자 욕구의 변화

소비자 욕구는 매우 빠른 속도로 변화하고 있고 개별화되어 가고 있다. 시장 환경의 변화가 기업의 주도 아래 있는 것이 아니라 소비자의 제품 및 서비스의 선택행동에 의해 시장 환경이 결정되고 있다. 기업의 제품 및 서비스의 생산 과정에 깊게 참여하고 있는 프로슈머(prosumer)의 등장이 이를 입증해주고 있으며, 소비자의 욕구를 이해하지 못한 혁신 제품들은 제품의 개발과정에서 시장을 리드할 만한 요인들을 갖추고 있다 할지라도 소비자 욕구에 대한 정확한 분석이 선행되지 않을 시 시장 진입의 실패는 물론 제품 개발에 들인 공이 순식간에 허사로 돌아가고 기업은 막대한 손실을 입을 수밖에 없다.

이미 시장에서는 넘쳐나는 신제품 공급과 기술의 보편화로 인해 제품 및 서비스의 차별점을 찾기가 어렵고 기업이 가격우위의 조건을 소비자에게 인식시키기가 점점 더 어려워지고 있으며, 소비자의 제품 및 서비스의 선택행동은 갈수록 불확실하고 불투명하게 변해가고 있다. 최근 변화하는 소비자 욕구의 충족을 위한 소구점을 찾아가려는 기업의 마케팅 활동은 세분화된 소비자를 타겟으로 다양한 노력을 배가하고 있지만 여전히 소비자 욕구에 관한 솔루션은 기업의 최대 과제로 남아있다.

소비자 욕구를 촉진시키게 된 결정적인 동인을 살펴보면 다음과 같다.
첫째, 과잉공급을 들 수 있다. 기업의 궁극적인 목적인 소비자를 통한 이윤 창출이 생산 및 제품 중심의 시대에는 단지 제품의 대량생산과 공급에 의해 결정되어졌다. 대량생산과 공급에 주력하는 기업 활동은 고객의 입장에서는 제품을 생산하는 것이 아니라 기업의 입장에서는 부족한 생필품을 생산하는 개념으로 소비자의 소비 활동은 제품의 품질에 의해 의존하는 것이 아니라 기업의 생산 활동 목표에 의존할 수밖에 없다. 그러나 수요가 공급을 초과하던 생산 및 제품 중심의 시대를 벗어나 판매중심의 시대로 접어들면서 시장에서는 수요와 공급이 균형을 이루기 시작하였고 소비자의 제품 구매에 있어서 비교 구매가 가능해졌다. 하지만 마케팅 개념의 시대에는 공급이 수요를 초과하게 되면서 소비자는 시장에 넘쳐나는 제품 및 서비스에 대한 선택의 폭이 넓어졌고 기업은 소비자의 욕구를 만족시킬 수 있는 제품을 개발하지 않으면 시장에서 생존하기 어렵게 되었다.

둘째, 경제발전을 통한 소비 활동의 증가이다. 경제발전은 소비자의 소비행동에 대한 심리를 변화시켰고 소비자는 생활의 윤택함 속에서 소비 활동을 통해 자신의 삶의 질을 높여갈 수 있었다. 경제발전이 몰고 온 사회 전반의 풍요로운 분위기와 편승하여 소비자는 자신의 가치를 높이기 위한 제품 및 서비스에 대한 관심이 더욱 고조되었고 이는 소비자 욕구의 다양화로 이어지면서 기업의 경영활동에도 급속한 변화를 가져오게 되었다. 이러한 소비자의 가치변화가 심화될수록 소비자의 개인화 현상도 뚜렷하게 증가하는 양상을 가져왔다. 기업은 변모해 가는 소비자의 개인화 현상을 충족시키기 위한 마케팅 활동으로 소비자와 시장에 대한 세분화 작업을 실시하였고 점차 개별 소비자의 욕구에 대응하기 위한 일대일 마케팅 전략을 시행하기에 이르렀다.

셋째, 정보화의 진전으로 인한 소비자 욕구의 증가이다. IT기술을 응용한 전자상거래의 발달은 소비자의 소비행태를 완전히 바꾸어 놓을 만한 혁신적인 소비 패턴을 형성하는 계기가 되었다. 제품을 구입하기 위해 일일이 점포를 방문해야만 하던 소비자들이 시간과 공간을 초월하여 구매 행위가 가능하게 되면서 소비 시장은 글로벌화 되었을 뿐만 아니라 세계적으로 산재해 있던 정보의 공유화도 가능하게 하였다. 특히 전자상거래 시장의 경쟁적 환경을 통한 소비자의 제품 선택에 따른 비교 구매, 적극적인 정보 제공 활동, 제품 관련 커뮤니티, 구매 전 제품 사용자의 구매 평가 확인 등과 같은 제품 관련 정보의 상세한 공유는 자연스럽게 소비자 욕구의 다양화로 이어질 수밖에 없으며, 넘쳐나는 정보의 양과 비례하여 소비자 욕구는 더욱 증가하고 있는 실정이다.

넷째, 기술의 보편화를 들 수 있다. 시장에는 소비자의 욕구를 충족시키기 위한 신제품이 매일같이 쏟아져 나오고 있으나 이러한 제품들이 기업간 제품 개발과 관련한 기술이 보편화되면서 해당 제품들 간의 차별화를 이루기가 어려워졌다. 이전의 소비자는 제품의 신뢰성으로 인해 철저히 대기업 제품을 위주로 구매 패턴을 형성하여 왔으나 최근 기술 혁신을 이루고 있는 중소기업의 제품이 소비자로부터 각광을 받고 시장점유율을 높여가면서 중소기업과 대기업의 제품 차이보다는 해당 제품의 생산 기술이 전문화된 업체의 제품이 소비자에게 더 선호되는 현상이 발생하고 있다. 이렇듯 기업들은 생산 기술의 차별화를 이루기가 점점 어려워지면서 개별 소비자의 특성에 맞춘 제품을 개발하지 않을 수 없게 되었고 개별화된 소비자의 특성에 맞춘 제품 개발을 위한 기업들의 노력은 결국 소비자 욕구의 증가로 이어지면서 소비자는 점차 제품의 생산에까지 관여하게 되었다.

6.2 소비자 행동의 변화

소비자 행동의 변화 추세에 따라 마케팅 관리자의 마케팅 컨셉 개발에도 많은 변화가 요구되고 있다. 마케팅 컨셉(marketing concept)은 소비자가 시장에서 추구하는 욕구와 편익을 규정하고 이를 만족시키기 위해 마케팅 믹스의 요소들과 촉진요소 및 소비자 만족을 유도할 수 있는 모든 매체를 동원하여 소비자 중심의 마케팅 전략을 개발하는 것을 의미한다. 이러한 기업의 노력은 결국 소비자 중심의 마케팅 전략을 개발하는 것을 의미한다. 이러한 기업의 노력은 결국 소비자의 구매행동에 영향을 미치는 요인들을 파악하기 위한 마케팅 전략 수립과정의 일환으로, 소비자 구매행동의 변화는 일반적으로 사회·경제적 환경에서 파생된 미시적 상황에 의해 영향을 받고 있으며, 기업이 시장에서의 경쟁력을 유지하기 위해서는 변화하는 소비자의 욕구와 환경적 추세에 보다 잘 적응해야 함을 나타내고 있다. 최근 변화하는 소비자행동의 변화 추세를 살펴보면 다음과 같다.

6.2.1 소비자의 양면성 증대

소비자의 구매에 대한 근본적인 욕구는 실용적 욕구(utilitarian needs)와 쾌락적 욕구(hedonic needs)로 분류할 수 있다. 실용적 욕구는 제품의 기능적인 면을 통해 소비자의 실제적인 편익을 얻고자 하는 소비자의 심리적 상태로서 제품의 내구성, 경제성, 활용성 등에 초점이 맞추어져 있고, 쾌락적 욕구는 제품의 구매나 소비를 통해 환상적인 체험을 하거나 즐거움을 느끼고자 하는 소비자의 심리상태로서 소비자의 구매와 소비가 제품 및 서비스시의 감성적인 부분에 초점이 맞추어져 있다. 이러한 소비자의 근본적인 욕구는 결과적으로 소비자 자신의 가치지향을 추구하기 위한 것으로 소비자는 실용적 요구나 혹은 쾌락적 욕구의 의한 소비 행동을 통해 만족을 느끼기를 원할 뿐만 아니라 궁극적으로 소비행동에 따른 자신의 가치가 지향되기를 원한다. 그러나 소비자의 구매에 대한 욕구는 급변하는 경제상황과 지속적인 경기침체에 따라 점차 성장이 억제되고 구매가 제한되는 상황을 경험하게 됨으로써 가격에 민감하게 반응하게 되었다. 이는 소비자의 구매 행동이 가치지향의 추구와 가격에 따른 편익을 함께 고려하는 양면성을 갖고 되었음을 의미하는 것으로 사회적 활동에 영향을 미칠 수 있는 제품의 구매는 유명 백화점 등을 통해 구입하는 반면 기본적 생필품의 구매는 홈쇼핑 및 인터넷쇼핑을 이용하는 교차쇼핑객(cross shopper)의 증가가 이를 입증하고 있다. 또한 소비자에게 잘 알려진 유명 브랜드 제품을 보유한 기업의 마케팅 전략도 이를 소비자의 양면성 증대에 대응하여 제품군을 분류·판매하는 방법을 취하고 있는데, 소비자는 이들 유명 브랜드의 보다 합리적인 가격의 제품 구매를 통해 실용적이면서도 쾌락적인 소비 심리를 동시에 만족시킬 수 있는 소비 형태를 선호하고 있고 이러한 추세는 가격에 대한 만족과 품질에 대한 신뢰가 소비자의 심리 속에서 점차 증대되고 있음을 나타내고 있다.

6.2.2 선택 가능한 정보의 양과 질의 증대

정보기술의 발달에 가장 큰 영향을 받게 된 것 중의 하나로 소비자의 구매에 따른 정보 탐색의 양과 질의 증대를 들 수 있다. 기업은 컴퓨터가 제공하는 가상의 공간을 통해 소비자와 보다 적극적인 관계 형성을 할 수 있게 되었으며, 쌍방향 커뮤니케이션을 통해 소비자가 원하고 소비자 만족을 높일 수 있는 정보의 제공은 물론 신속하게 대응할 수 있는 시스템을 갖춤으로써 소비자는 자신이 찾고자 하는 정보의 양과 질에 쉽게 접근할 수 있게 되었다. 이러한 환경의 변화는 소비자가 제품 및 서비스의 구매과정에서 비교 구매가 가능할 수 있도록 하여 주었고 기업이 제공하고 있는 정보의 양과 질에 따라 구매결정 과정에 상당한 영향을 받게 되었다. 이에 따라 기업은 소비자가 보다 가치를 느낄 수 있는 정보의 발굴과 제공에 대한 필요성을 느끼게 됨으로써 점차 소비자가 선택할 수 있는 정보의 양과 질이 증대되는 결과를 초래하게 되었다.

6.2.3 소비자 권한의 증대

생산 및 제품 개념의 시대에는 제품 및 서비스를 필요로 하는 소비자의 수요가 공급을 초과하였으므로 기업은 오직 자사의 제품 및 서비스를 소비자에게 인식시키기 위한 기업 활동에 모든 초점이 맞추어져 있었으나 제품 및 서비스의 공급이 수요를 초과하게 됨으로써 기업은 구매력이 있는 소비자의 발굴과 소비를 통해 형성하게 된 기업과 소비자와의 관계 구축을 위한 전략의 개발과 더불어 소비자와의 관계 형성을 장기적인 관점에서 고려하게 되었다. 이러한 기업의 소비자 관계 구축을 위한 지속적인 노력으로 소비자에게 보다 더 많은 편익이 돌아갈 수 있도록 하기 위한 전사적인 차원의 노력에 대한 필요성이 무엇보다 중요함을 느끼게 되었고 이는 곧 소비자가 소비를 통해 자신들의 권한을 증대시킬 수 있는 원인으로 작용하게 되었다. 소비자 권한의 증대와 관련하여 '소비자는 왕이다'라는 표현을 넘어서서 '소비자는 신이다'라는 극단적으로 표현하고 있는 것으로 소비자의 주권이 소비 활동에 있어 얼마만큼 막대한 변화를 초래하였는지를 알 수 있게 한다.

6.2.4 시장세분화의 증대

대량생산, 대량판매가 이루어지던 1960년대까지 판매 패턴이 주류를 형성하고 있는 것은 매스 마케팅(mass marketing) 혹은 무차별 마케팅(undifferentiated marketing) 방식의 마케팅으로서 단일 마케팅 믹스를 이용해 전체 시장을 대상으로 판매 활동을 전개하는 형태를 이루고 있었다. 이러한 매스 마케팅의 기반에는 각 고객들의 욕구가 서로 유사하거나 고객들간의 욕구에 공통점이 있다는 전제하에 소비자의 공통 욕구에 적합한 하나의 마케팅 믹스를 설계하여 최대한 많은 소비자를 만족시키려고 하였다. 이 시대의 소비자는 한정된 제품과 서비스의 생산에 따른 기본적인 생필품의 부족 현상으로 인해 기업이 생산한 제품과 서비스를 선택할 수 있는 여건이 조성되어 있지 않았으므로 기업이 제공하는 제품 및 서비스의 효율성에 관계없이 만족할 수밖에 없었고 기업은 오직 생산된 제품과 서비스에 대한 소비자들의 인지도를 높이는 것에만 주력해 왔다.

하지만 1980년대 후반 이후 신제품의 범람과 기술의 표준화에 따른 비차별적 가격 요인이 기업이 생산하는 제품과 서비스에 적용됨으로써 기업은 시장 전체를 목표로 불특정 다수의 소비자들을 지향한 마케팅 전략보다는 시장을 서로 다른 욕구를 가진 집단으로 세분화하고 세분시장별 욕구를 충족시킬 수 있도록 다양한 마케팅 믹스를 설계하는 일대일 마케팅(one-to-one marketing)을 수행하기에 이르렀다. 이러한 기업의 변화는 대량생산과 대량판매에 의한 규모의 경제를 지향하기보다는 서로 다른 특성을 지닌 고객 집단들을 바탕으로 범위의 경제를 지향하게 되면서 고객들은 소비에 따른 보다 많은 편익을 누리게 되었고 점차 세분화되어 가고 있는 시장 내에서 자신의 위치에 대한 욕구를 강화하게 되는 결과를 낳았다.

6.2.5 시간 부족의 증대

21세기로 접어들면서 구매력이 있는 소비자의 구조 변화에 가장 큰 영향을 미치게 된 요인 중에 하나로 여성들의 적극적이고 광범위한 사회 진출과 전통적인 가족 구성원의 변화를 들 수 있다. 이전의 전통적인 가족 구성 형태에서 볼 수 있는 소비 패턴에서 남성은 노동에 집중하고 여성은 가사와 여가 시간을 활용한 소비 활동을 통해 전체 가정의 소비가 이루어지고 있었으나 여성들의 적극적인 사회 진출과 이에 따른 독신 여성의 증가 및 이혼한 가정의 확대 현상으로 편부 및 편모가 증가하게 되었다. 이러한 사회 현상은 구매에 적극적으로 참여하고 구매력이 있는 가족 구성원으로서의 소비자들이 이전에 비해 훨씬 더 바쁜 일상의 활동에 참여하게 됨으로써 소비 활동에 자유롭게 시간을 할애할 수 없는 사회환경을 초래하였다. 이는 소비자들이 시간 부족의 증대로 고관여 전문품을 제외한 일반적인 편의품과 선매품의 구매 시 정보탐색, 쇼핑, 구매의사결정 등의 과정에 단순하게 대응할 수밖에 없는 환경에 처하게 되었음을 의미한다. 이와 같이 시간의 부족에 따른 소비자 행동의 변화에 노출되어 있는 소비자들을 위해 기업은 가격 정책뿐만 아니라 소비자 정보탐색의 편리성, 거래 시간의 단축, 일괄적 구매가 가능한 원스톱 쇼핑, 효율적 물류시스템의 개발, 결제수단에 의한 안전성 등 소비자가 시간 부족의 증대에 따른 소비 패턴의 변화 속에서 가치를 발견할 수 있는 소비시스템의 개발을 위해 지속적인 관심을 기울일 필요가 있다.

6.2.6 저가격 고효용 추구

소비자들은 범람하는 정보의 홍수 속에서 살고 있으며, 소비자들이 더 많은 정보에 노출되면 될수록 소비자의 욕구는 다양해질 뿐만 아니라 소비에 따른 가치의 창출에 보다 민감해지게 되고, 이로 인해 소비자는 자신이 지불한 가격에 대해 만족을 극대화시킬 수 있는 제품을 갈망하게 되었다. 이는 근본적으로 소비자들이 구매 활동을 함에 있어 제품과 서비스에 대한 선택의 폭이 확산됨에 따라 소비자는 자신이 지불하는 가격에 비해, 보다 큰 편익을 기대하는 심리가 커져 가고 있기 때문이며, 이는 저가격에 제품과 서비스를 구매하기 원하면서도 품질의 저하를 원치 않는 소비자의 심리를 나타내는 것이기도 하다. 치열한 시장 상황 아래서 가격 경쟁에 노출되어 있는 기업의 입장에서 보면 저가격 고효용을 추구하는 소비자의 심리를 외면할 수도 없지만 그렇다고 소비자가 추구하는 만족 요인들을 충족시키기 위한 기업 활동에도 한계가 있을 수밖에 없으므로 기업은 소비자의 지각(perception) 수준에 대한 철저한 연구와 차별화 및 원가우위에 다른 경쟁력을 강화함으로써 저가격 고효용을 추구하는 소비자의 심리에 적절하게 대응할 수 있는 전략을 수립하도록 해야 한다.

6.2.7 비소유의 확산

최근 소비자의 소비행동에 변화를 일으키고 있는 요인들 중 주목할 만한 변화요인으로 비소유의 확산을 들 수 있다. 제품 생산 기술의 발달과 표준화를 통해 일반적으로 제품의 성능이 우수해졌고 매일같이 쏟아져 나오는 신제품의 출시로 제품의 수명중기가 매우 짧아지게 되었다. 특히 혁신 제품과 일상생활에 자주 사용되는 제품의 경우 디자인과 가능이 빠른 속도로 개선됨으로써 제품의 구매와 동시에 신제품이 구모델로 전락하는 경우가 많이 발생하게 되면서 소비자들은 개별적으로 꼭 필요한 제품 외에는 구입을 통한 직접 소유보다 렌탈을 이용함으로써 제품의 구매에 따른 비용의 절감과 제품의 지속적인 관리에 있어 보다 효율적인 선택을 하는 경향이 높아지고 있다. 소비자의 비소유와 관련된 구매 패턴의 변화로 소비자의 욕구를 충족시키기 위한 제품의 품목들이 일상생활에 필요한 제품군으로부터 전문적인 작업에 필요한 제품군으로까지 다양화되고 있는 추세이며 렌탈 시장의 규모도 점차 확대되고 있다. 이러한 시장 환경의 변화로 비소유를 추구하고자 하는 소비자의 욕구에 대한 선택의 폭이 더욱 넓어지게 됨으로써 제품의 소유를 통한 구매 활동의 불합리한 요소들에 대한 소비자의 불만을 해소할 수 있게 되었고 비소유의 확산을 통한 소비자 만족도로 높아질 수 있게 되었다.

6.2.8 불확실성의 해소에 대한 욕구의 증대

소비자는 구매와 소비 활동 중 발생할 수 있는 예기치 않은 결과에 대해 불안하게 생각할 수 있는데, 이러한 소비자의 제품 구매 및 사용에 따른 결과를 통해 초래하게 될 수 있는 상황에 대해 느끼게 되는 불안감을 지각된 위험(perceived risk)이라 한다. 소비자의 지각된 위험 요인으로는, 첫째, 신체적 위험에 대한 불안감으로 제품의 사용 결과 소비자가 해를 입을 가능성에 대한 불안감이다. 둘째, 성능의 위험에 대한 불안감으로 제품이 기대대로 성능을 발휘하지 못할 가능성에 대한 염려이다. 셋째, 심리적 위험에 대한 불안감으로 제품이 자아의 이미지에 부정적인 영향을 미칠 수 있는 혐이 발생할 가능성에 대한 불안감이다. 넷째, 사회적 위험에 대한 불안감으로 소비자가 선택한 제품의 구매가 소비자 자신과 관련되어 있는 타인으로부터 부정적인 평가를 받게 될 가능성에 대한 두려움이다. 다섯째, 재무적 위험에 대한 불안감으로 소비자가 제품의 구매에서 얻고자 하는 편익에 비해 지불한 가격이 과다한 경우에 발생하게 될 금전적 손실에 대한 두려움이다. 여섯째, 시간 손실에 대한 위험으로 제품 구매에서 오류가 발생할 경우 재구매나 반품 등 구매에 따른 시간적 손실이 발생할 것에 대한 염려이다.

이와 같이 소비자는 제품 구매를 통해 여러 가지의 지각된 위험을 경험할 수 있는데, 최근 소비자는 이러한 구매와 소비 활동을 통해 발생할 수 있는 불안감의 해소에 대한 욕구가 증대되고 있으며, 기업은 소비자가 제품 구매 이전에 느낄 수 있는 불안감의 해소에 대한 해결책으로 체험 마케팅을 실시함으로써 소비자에게 제품에 대한 확신을 심어주기 위한 마케팅 전략을 사용하기도 하고 사용을 통해 차별화된 제품의 우수성을 알리기 위한 판촉행사를 실시함으로써 소비자의 구매를 유도하기도 한다. 기업이 실행하고 있는 이러한 일련의 마케팅 활동은 궁극적으로 소비자가 제품의 구매에 따른 위험 요인에 대해 느낄 수 있는 불안감을 해소해주기 위한 기업 활동이라 할 수 있다.

6.2.9 소비를 통한 즐거움 창출

소비자 구매행동의 변화 요인 중 주목할 만한 소비패턴의 변화요인으로 소비를 통한 즐거움을 창출하고자 하는 소비자들의 욕구가 증대되고 있음을 들 수 있다. 매슬로우(A. H. Maslow)는 소비자 욕구와 관련한 동기이론을 통해 소비자들은 높은 수준의 욕구가 활성화되기 이전에 낮은 수준의 욕구를 먼저 만족시키는 행동을 하도록 동기화되며, 이러한 소비자의 동기 수준에 따라 원초적 욕구인 생리적 욕구(음식, 물, 주거, 성 등), 안전에 대한 욕구(보호, 안전, 안정 등), 사회적 욕구(애정, 우정, 인정 등), 자아에 대한 욕구(명성, 성공, 자존심 등), 그리고 마지막 단계인 자아실현에 대한 욕구(자아성취)의 5단계로 소비자의 욕구가 나누어진다고 설명하고 있다. 이러한 소비자의 욕구에 대한 동기화는 낮은 수준의 욕구가 성취되면 소비자가 보다 높은 수준의 욕구를 성취하기를 원하고 있음을 의미한다. 일반적으로 소비자들은 소비자가 현재 처해 있는 상태와 희망하는 목표 상태 간의 불일치가 존재하게 될 때 욕구를 인식하게 된다. 최근 변화하고 있는 소비자들의 소비행동의 특징 가운데 하나로 다양한 정보의 접근에 대한 용이성과 제품 표준화를 통한 가격의 비차별화 등의 요인들로 인해 소비자들이 희망하는 구매와 소비활동에 대한 욕구가 계층적으로 향상되고 있음을 알 수 있다. 이전의 소비자들은 구매와 소비 활동이 오직 기본적인 생활의 충족을 위한 생리적 욕구의 만족을 추구하기 위한 단계에 머물러 있었으나 최근의 소비자들은 소비자 주권의 향상으로 구매와 소비 활동을 통해 만족할 만한 수준의 결과를 얻기 원하며, 궁극적으로 소비자들은 구매와 소비 활동이 소비자의 가치를 향상시키기 위한 자아실현에 대한 욕구로 이어짐으로써 소비를 통한 즐거움이 창출되기를 바라고 있다.

6.3 소비자 가치의 변화

2008년 후반 신용등급이 낮은 저소득층을 대상으로 주택자금을 빌려주는 미국의 주택담보대출 상품인 서브프라임 모기지(subprime mortgage)가 미국 내 부동산 경기의 버블 현상이 붕괴되기 시작하면서 금융시장의 유동성 부족으로 미국발 금융위기를 초래하였고 세계는 글로벌 경제위기에 직면하게 되었다. 하지만 세계의 경제는 미국발 금융위기 이전에도 이미 1990년대 초반의 급격한 경기침체와 2000년에 시작된 경기하락으로 지속적인 경기침체 상태에 놓여 있었으며, 이러한 영향으로 기업의 생산활동은 저성장 국면에 접어들었고 소비자의 구매력도 급격히 저하되는 현상을 나타나고 있다. 오늘날 소비자들은 지속적인 경기침체 상황에 대처하기 위해 소비행동에 있어 다양한 부분에서 변화된 모습을 나타내고 있는데, 소비자들이 가장 민감한 변화를 보이고 있는 부분이 소비자 가치와 관련한 구매패턴의 변화라 할 수 있다. 소비활동에 있어 소비자 가치의 변화를 나타나고 있는 현상들을 살펴보면 다음과 같다.

6.3.1 교차쇼핑객(Cross Shopper)

교차쇼핑객이란 물품의 구매에 있어 한 가지 브랜드와 특성에 집착하지 않고 소비를 통한 욕구의 충족에서 가치를 찾기 위해 쇼핑의 형태를 달리하는 소비자들을 지칭하는 것으로 경기침체에 따른 수입의 저하로 제한된 구매의 효율성을 높이기 위해 자신의 사회적 입지와 명성을 나타내는 물품의 구매를 위해서는 브랜드를 고려한 지출을 과감히 실행하지만 일반적인 소모품 및 생필품의 구매를 위해서는 브랜드의 중요성보다 실용성이 강조된 제품을 구매하는 교차쇼핑객들이 증가하고 있는 추세이다. 이러한 교차쇼핑객들이 편향적인 구매행동을 통해 보여 주고 있는 소비의 이중성은 소비자들이 특정 제품군 내에서 브랜드 제품과 비브랜드 제품 모두에서 가치를 인식하고 있음을 나타내는 것으로, 이는 소비자들의 과시적 요구와 실용적 요구에 대한 가치가 필요에 따라 변할 수 있음을 의미하는 것이라 할 수 있다.

6.3.2 가격보다 품질의 가치에 민감한 소비자

외식 분야에서 시작된 웰빙(well being)에 대한 관심의 고조는 산업의 전반적인 분야에서 웰빙과 관련된 다양하고 혁신적인 제품의 생산을 통해 새로운 소비문화를 제시하며 극심한 경기침체 속에서도 소비를 주도하고 있다. '웰빙족'이란 몸과 정신의 건강을 동시에 추구하면서 인생을 풍요롭고 아름답게 영위하려는 사람들로서 자연·건강·안정·여유·행복 등의 단어로 특징지을 수 있으며, 가격보다는 품질을 우선시하는 경향이 있다. 이처럼 소비자들은 경기침체 속에서도 자신의 건강, 여가, 자녀 등과 같은 삶의 가치를 높여줄 것 이라고 기대하는 제품 및 서비스의 구입 시 가격보다는 품질의 가치에 민감하게 반응하고 있다. 소비자들의 품질지향적인 소비 형태가 의미하고 있는 것은 경기불황으로 수입의 저하나 제한을 겪으면서 소비자들은 가치를 유발할 수 있는 제품과 서비스에는 소비를 집중하지만 즉각적인 구매가 필요치 않은 제품 및 서비스에는 지출을 극도로 제한하는 형태의 소비활동을 말한다.

6.3.3 쇼핑 시간과 장소에 따른 가치의 효용성

주5일제 근무의 확산으로 소비자들의 여가 시간이 증가한 듯 보이나 경기 침체의 지속으로 일상생활에서 여유 있는 시간을 갖기란 힘든 상황이다. 특히 가족 구성원의 변화로 독신 여성 및 편부·편모 가정의 증가는 생활의 여유를 더욱 찾기 힘들게 하고 있고, 이러한 사회적 환경은 쇼핑을 위해 할애해야 하는 시간과 장소에 대한 가치의 효용성에 소비자들이 민감하게 반응할 수밖에 없도록 하고 있다. 정보기술과 결재시스템의 발달로 인터넷 쇼핑을 통한 구매가 점차 더 용이해지고 케이블 TV를 이용한 홈쇼핑의 다양하고 우수한 상품의 소개는 시간과 가격을 절약한 효율적인 쇼핑을 가능하게 하고 있다. 또한 인터넷 쇼핑, 홈쇼핑 등과 같은 새로운 쇼핑 형태의 등장인 Door to Door 시스템, 화물 추적 장치 등을 기반으로 하는 물류시스템의 진전으로 시간에 쫓기는 현대인들에게 가정과 직장에서의 편리한 쇼핑을 통해 구매에 필요한 시간과 장소에 대한 불편함을 극복하고 가치의 효용성을 극대화할 수 있는 쇼핑을 가능케 하고 있다.

6.3.4 구매정보의 범람에 따른 차등적 가치 부여

현대의 소비자들은 넘치는 정보의 홍수 속에 살고 있다. 맥킨지(McKinsey) 사의 조사결과에 의하면 1999년 미국의 경우 하루 평균 120억 개의 옥외광고, 3백만 개의 라디오 광고, 30만개의 TV광고가 소비자들에게 전달되었다고 보고하고 있으며, 특히 2000년대 중반을 넘어서면서 인터넷과 스마트폰의 보급으로 광고를 통한 정보 제공은 가히 폭발적으로 증가하고 있다고 할 수 있다. 소비자들의 구매활동과 관련해서 소비자들은 인터넷이라는 가상의 공간을 통해 가격 비교부터 제품의 기능에 대한 상세한 설명까지 쇼핑에 필요한 모든 정보를 실시간 제공받고 있으며, 이를 통해 소비자들은 구매활동에 필요한 정보를 시간과 장소에 구애받지 않고 편리하고 용이하게 이용할 수 있게 되었다. 하지만 무차별적이고 무제한적인 정보의 제공이 소비자에게 항시 유용하게 작용하는 것만은 아니다. 정보 제공을 위한 매체의 형태가 전통적인 Off-line 미디어의 경우 옥외 광고, 신문, 라디오, TV, 그리고 다이렉트 마케팅의 순으로 무게중심이 이동된 것과 같이 디지털 시대의 가장 촉망받는 정보 제공매체인 인터넷 역시 초창기의 인터넷 포털 중심에서 배너광고, 그리고 보다 세분화된 고객과의 접촉점을 찾기 위한 일대일 마케팅 역할을 할 수 있는 e-mail 순으로 정보제공의 패턴이 변화되고 있다. 이러한 기술적 환경에 노출되어 있는 소비자로서는 스팸이라 불리는 광고 e-mail에 대한 극도의 불신 속에 소비자다 정보를 찾고자 할 때 신뢰성 있는 정보를 제공하는 사이트 및 커뮤니티에 차등적 가치를 부여하기 시작했으며, 기업은 이러한 소비자의 정보에 대한 차등적 가치 부여에 따른 대응책으로 퍼미션 마케팅(permission marketing) 또는 'Opt-in-mail'이라고 불리는 새로운 인터넷 마케팅 기법을 도입하여 원치 않는 정보의 스트레스에 높여 있는 소비자들에게 접근해 가고 있다.

6.3.5 보다 세분화된 제품에 대한 욕구

고객 욕구의 다양화로 기업은 소비자를 동질의 특성과 욕구를 지닌 세분화된 집단으로 분류하고 이들 집단의 특성과 욕구에 맞는 제품과 서비스를 제공함으로써 소비자의 만족을 높이기 위해 노력하고 있다. 그러나 기업의 이러한 노력에도 불구하고 최근의 소비자는 세분화된 시장 내에서 더욱 세분화되기를 바라고 있으며, 오직 자신에게만 적합한 제품과 서비스에 관심을 높여 가고 있는 경향이 있다. 고객들의 개별화된 제품에 대한 욕구는 프로슈머(prosumer)와 같이 제품의 생산에 직·간접적으로 관여하는 소비자의 출현을 가져올 만큼 최근의 소비자들은 자신이 소비자하고 있는 제품과 서비스에서 보다 차별화된 소비활동을 통해 가치를 찾으려 하고 있다. 소비자들의 차별화된 고객화의 욕구로 인해 각 기업들은 고객의 변화된 요구를 충족시키기 위해 소량 다품종 생산체제의 유지로 세분화된 고객과의 접점에서 고객에게 최대의 만족을 제공함으로써 지속적인 관계 구축을 꾀하려 하기도 하고 기존의 고객 집단을 대상으로 하는 마케팅 개념을 한 단계 뛰어넘어 고객 하나하나를 만족시키기 위한 일대일 마케팅(one-to-one marketing) 전략을 수립함으로써 개별화된 고객화(customization)를 실현하기 위해 노력하기도 한다. 이러한 각 기업들의 개별화된 고객화 전략의 실현은 소비자의 만족도를 충족시키는 데는 성공적이라 할 수 있지만 생산단가, 유통비용, 판매 루트의 개척 등 개별화된 고객욕구의 충족을 위해 발생되는 추가

비용의 해결을 위해서는 기업들은 해결해야 할 많은 문제점을 지니고 있다고 할 수 있다. 하지만 치열한 시장경쟁 하에서 개별화된 고객에 대한 만족의 제공 없이 각 기업들은 경쟁에서 살아남을 수 없으므로 최근 많은 기업들은 첨단 정보기술을 이용한 사이버 마케팅을 통해 표적화된 소비자를 발굴하고 이들에게 더 많은 혜택이 돌아가게 함으로써 개별화된 고객을 만족시키기 위한 전략의 수립에 주력하고 있다.

6.3.6 제품에 대한 감성적 가치의 중요성

소비행동에 있어 새로운 소비 코드로 자리잡고 있는 소비자들의 가치변화 가운데 하나가 감성적 가치의 중요성에 대한 제고 현상이다. 특히 쿨한 소비자로 대변할 수 있는 신세대 소비자들은 기존의 것과는 차별화된 컨셉을 가진 독특한 아이디어가 돋보이는 제품에 매료되고 있으며, 이러한 아이디어 상품은 타깃 집단인 또래들의 감성적 문화를 반영하고 있음을 알 수 있다. 소비자들의 감성적 가치를 이용한 성공적 사례로 미국 음료시장에 독특한 마케팅 기법으로 소비자에게 감성적 가치를 제공한 존스소다(Jones Soda)는 1996년 피터 반 스포크(P. B. Spoke)에 의해 설립된 회사로 미국 신세대의 문화 및 특성을 가장 잘 이해하여 성공한 회사로 꼽히고 있다.

존스소다가 인기를 얻게 된 이유는 단순히 과일주스의 맛 때문만은 아니며, 인터넷을 통해 음료수를 팔면서 신세대의 사진이나 글을 음료수의 라벨에 붙여주는 독특한 아이디어로 신세대 소비자들에게 감성적 가치를 제공해 주었기 때문이다. 나만의 음료수를 만들고자 하는 신세대가 자신이 원하는 음료수를 선택한 후 디지털 카메라로 찍은 자신, 친구, 애견, 풍경 등 다양한 사진을 회사에 보내면서 가지게 된 호기심과 기대가 제품에 대한 애호도로 변하게 된 것이다. 또한 존스소다보다는 오프라인 판매에 있어 타겟 소비자가 가장 많이 밀집하는 서핑보드, 스노우보드, 스케이트보드 매장에서만 제품을 판매하는 차별화된 정책과 회사로 격려 편지를 보내주는 고객에 대한 CEO의 감사 전화 등 소비자의 감성적 가치를 높일 수 있는 세심한 마케팅 전략으로 성공적 성과를 거들 수 있었다.

이와 같은 감성적 가치에 민감한 소비자는 비단 신세대에 한정된 것만은 아니다. 최근 소비자들은 트렌드는 세련되고 멋진, 그리고 신선하면서도 유행에 어울리는 소비활동에 점점 더 민감해져 가고 있으며, 이제 소비자는 구체적인 유형의 제품을 구매하기보다는 테마나 메시지, 상징과 컬트, 체험 등과 같은 추상적이고 감성적인 가치를 구매하고자 한다.

6.3.7 트레이딩 업(Trading Up)-트레이딩 다운(Trading Down)

미국 보스톤 컨설팅 그룹의 마이클 실버스타인과 닐 피스크는 소비 행동의 새로운 변화를 예고하는 소비의 새 물결을 통해 중산층 소비자가 고품질이나 감성적인 만족을 위해 비교적 신명품 브랜드(new luxury brand)를 소비하는 경향인 '트레이딩 업'에 대해 설명하였다. 상향 구매로 정의되는 트레이딩 업은 중산층의 소득 수준이 높아지면서 더 나은 삶을 추구하기를 희망하는 소비자들의 심리가 반영된 것이라 할 수 있으며, 좀 더 싸고 많은 양의 제품을 선호하는 소비 패턴으로 실속을 위해 저렴한 상품을 구매하는 경향인 트레이딩 다운과 상대되는 개념이라 할 수 있다. 주로 고소득층에 의해 이루어지고 있는 소비 형태인 가격에 구애받지 않고 브랜드의 고가 상품을 구매하는 명품 구매에 비해 트레이딩 업은 자신이 관심을 두는 특정 영역의 준명품 브랜드 제품을 구매하는 것으로 이를 위해 다른 지출은 줄인다.

트레이딩 업의 사례로 니트나 청바지는 동대문에서 구매해도 겨울 코트는 명품과 같은 비싼 브랜드를 구매하거나 일반 화장품은 저가 화장품을 쓰지만 에센스류는 고급 화장품을 사용하고 청소기와 냉장고와 같은 가전제품은 한 번 구매하면 오래도록 사용하지만 노트북과 핸드폰과 같은 제품들은 최신형으로 교체하는 것 등을 들 수 있다. 트레이딩 업을 하는 소비자들은 소비 선택을 하는 데 있어 합리적이면서 감성적인 판단을 동시에 하는 것이 특징이며, 무엇보다도 중요한 것은 트레이딩 업과 트레이딩 다운이 한 개인에게 동시에 일어난다는 것이다.

세계 각국의 기업들은 1990년대 말부터 미국에서 유행하기 시작하여 전 세계적으로 파급되고 있는 소비 행동의 변화인 트레이딩 업에 대응하기 위해 신명품 브랜드의 생산을 통해 브랜드 가격의 폭을 넓힘으로써 소비자의 적극적인 선택을 유도하기 위한 마케팅 전략을 사용하고 있으며, 특히 대중(mass)과 명품(prestige product)을 조합한 매스티지(masstige)의 개발을 통해 가치를 추구하는 소비자를 만족시키기 위해 노력하고 있다.

6.4 소비자 정보활동의 변화

창업 환경에 영향을 미치는 요소 중 인터넷의 등장은 정보화 사회를 주도하며 소비자의 구매행동에 결정적 변수로 작용하고 있다. 20세기 후반에 등장한 인터넷은 21세기를 열어가는 정보통신 및 지식정보의 기반으로서 중대한 역할을 감당하고 있다. 정보화 시대에 속한 정보화 사회는 컴퓨터 기술과 정보통신 기술이 결합된 혁신적인 인터넷 기술을 바탕으로 정보가 사회의 주된 재화 또는 생산 요소로 등장하는 사회로 소비자에게 보다 유익하고 윤택한 생활을 영위할 수 있도록 정치, 경제, 사회, 문화 등 소비자가 활동하고 있는 전반적인 분야에서 가치 있는 정보를 창출하고 제공함으로써 정보의 사회적 중요성이 점차 증대되는 사회를 일컫는다. 이러한 정보화 사회 속에 살고 있는 소비자들은 넘쳐나는 정보의 홍수 속에서 소비 욕구를 충족시키기 위한 세분화된 정보의 탐색을 통해 삶의 가치를 높여 나갈 수 있게 됨으로써 정보에 대한 의존도의 비중이 갈수록 높아지고 있다. 이렇듯 소비자의 의식구조와 소비행동의 변화를 초래하게 된 정보화 사회의 기반은 인터넷이라는 가상의 공간을 통해 형성되어졌을 뿐만 아니라 이러한 가상의 공간은 시대의 흐름을 따라 지속적으로 진화되고 있다.

6.4.1 창업에 따른 인터넷의 활용

예비창업자가 창업을 준비하기 위해 필요한 정보를 수집하는 매체로 이전에는 전통적인 매체와 가맹본부의 오프라인 활동 및 창업박람회를 통한 정보의 수집이 주로 활용되어 왔다. 그러나 인터넷을 기반으로 하는 정보화 시대의 도래로 창업을 준비하는 과정에 인터넷의 활용이 가장 중요한 역할을 하게 됨으로써 대부분의 예비창업자는 창업에 앞서 인터넷을 통해 자신이 필요로 하는 정보를 수집하게 되었다. 사이버 공간상에 참여하고 있는 모든 기업들은 최대한 자사의 제품과 서비스에 대한 장점 및 시장의 반응을 웹 사이트를 통해 소비자에게 실시간으로 제공하고 있을 뿐 아니라 해당 기업의 제품과 서비스에 대한 소비자의 직접적인 반응도 웹 사이트를 통해 확인할 수 있으므로, 예비창업자는 창업을 준비하는 과정에서 인터넷을 성공

창업을 준비하는 최적의 도구로 가장 우선적으로 고려해야 한다.

이처럼 인터넷이 창업을 준비하는 최우선적인 도구로 고려되어야 하는 이유는 인터넷을 통해 창업 준비에 필요한 정보를 수집하는 과정이 다른 매체를 통한 정보의 수집 과정에 비해 정보의 다양성과 시간의 절약이라는 측면에 있어 예비창업자에게 상당한 이점을 제공하고 있기 때문이다. 흔히 인터넷을 '정보의 바다'라고 한다. 이는 인터넷상에 존재하는 무한한 정보로 인해 예비창업자가 얻고자 하는 정보의 깊이와 넓이가 사이버 공간 내에 측정할 수 없을 만큼 무수히 축적되어 있으며, 예비창업자의 노력 여하에 따라 정보의 바다에 존재하고 있는 필요한 정보들을 건져내어 창업에 적절히 활용함으로써 보다 용이하게 성공적인 창업을 준비할 수 있기 때문이다. 또한 인터넷을 활용한 창업은 시간의 절약이라는 측면에서 타 매체에 비해 절대적인 우위를 갖고 있으며, 시간에 대한 절대적 우위성은 예비창업자에게 창업의 준비 과정에 소요되는 시간을 절약할 수 있도록 함으로써 창업의 절차를 간소화하도록 할 수도 있고 창업에 필요한 더 많은 기회 요인들을 찾는 데 소요되는 시간적·경제적 비용을 줄여 나가게 하기도 한다.

물론 인터넷의 활용으로 인해 얻을 수 있는 커다란 이점에도 불구하고 창업이라는 것은 그것이 갖고 있는 여러 가지 특성상 온라인상에서의 준비과정만으로는 창업에 필요한 모든 문제를 해결할 수 없으며, 온라인상에서 제공되는 정보의 한계점으로 인해 예비창업자가 또 다른 오프라인상의 준비 과정을 통해 해결해야 할 많은 과제들도 반드시 존재하기 마련이다. 만일 예비창업자가 소규모 외식업에 진출하기 위해 점포를 모색 중이거나 진출을 고려하고 있는 지역의 상권특성을 알고자 한다면, 예비창업자는 온라인상에 존재하고 있는 정보를 검색함으로써 예비창업자가 필요로 했던 정보를 어느 정도 찾아낼 수 있다. 하지만 이러한 정보는 보편적이고 일반적인 차원에서 수집되어 제공되는 정보로서 예비창업자가 진출하고자 하는 업종이나 정확한 예비점포의 위치에 적합한 상권분석이 아니므로 예비창업자는 오프라인상의 활동을 통해 부족한 정보와 해결해야 할 문제들에 대한 답을 찾아나가야 한다.

이와 같이 창업에 있어 인터넷의 등장은 업종에 대한 정보의 제공, 경쟁 상황의 분석, 소비자의 반응 등을 온라인상에서 확인하고 필요한 추가 정보의 수집이 가능케 함으로써 창업의 준비 과정을 간소화하고 보다 정확한 정보를 수집할 수 있게 하는 데 커다란 기여를 하고 있다.

예비창업자는 창업을 준비함에 있어 인터넷이 제공하는 다양한 이점과 오프라인 상에서 해결해야 할 수많은 과제들의 적절한 해결 방안에 대한 솔루션을 결합하여 창업에 활용함으로써 온라인과 오프라인의 통합으로 인해 발생할 수 있는 시너지 효과를 최대한 창업에 반영할 수 있는 전략을 수립하고 이를 실무에 적용함으로써 성공적인 창업을 이루어 갈 수 있다.

토 의 과 제

1. 오늘날 start-up 기업이 당면하게 될 환경 변화요인을 거시환경 요소별로 정리해 보시오.
2. M. Poter가 제안한 산업환경 분석모델을 바탕으로, 주변에 start-up 기업 하나를 선정하여 경쟁요인별로 창업 환경을 분석해 보시오.
3. 4차 산업 시대의 소비자들의 라이프스타일은 어떻게 변화할지 검토해 보시오.
4. 통계청의 각종 통계자료를 활용하여, 향후 새로운 인구통계적 특징을 지닌 시장의 출현가능성을 검토해 보시오.

Chapter 4 창업과정

◈ 학습내용

01 기본적 창업 과정
02 창업 절차
03 창업 업종의 선정
04 업종별 창업절차

◈ 학습목표

창업을 위한 기본적인 절차를 이해하고, 창업업종의 선정 시 고려요인과 업종별 다양한 창업절차를 학습한다.

〈시작이야기〉

'20조 잠자리 혈투'. 야놀자 '이수진' vs 여기어때 '심명섭'

모텔에 대한 부정적 인식 깨고 신시장 개척… 나란히 레저·해외 진출 경쟁 2라운드

이수진 야놀자 대표(왼쪽), 심명섭 위드이노베이션(여기어때) 대표

① '더 높이뛰기 위한 준비 끝' 이수진 야놀자 대표

이수진 야놀자 대표(40)는 자수성가한 '흙수저 창업가'로 유명하다. 충남 충주에서 태어나 스무 살이 되던 해에 처음 서울로 올라온 이 대표는 모텔 청소부로 일을 시작했다. 사업자 길을 걷게 된 것은 2002년 우연히 다음 카페 '모텔이야기'를 만들면서부터다.

당시 모텔 지배인, 모텔 용품 납품업자 등 회원 1만 명이 모여 2005년 기업간거래(B2B) 사업을 시작했다. 연매출 6,000만 원을 올렸지만 지출이 1억 5,000만 원, 적자였다. 사업을 접을까 고민하던 찰나에 '모텔투어'라는 다음 카페를 인수했다. 1만 명이던 카페 회원은 1년 6개월 만에 30만 명으로 늘었다. 그 카페를 토대로 2007년 시작한 것이 지금의 야놀자 전신인 야놀자닷컴이었다.

야놀자를 설립했을 때만 해도 부정적인 인식이 강했다. 모텔이 불륜 온상지로 여겨지던 시절. 지금의 아내인 당시 여자친구도 이 대표의 사업을 반대했지만 사람들이 숙박시설을 정상적으로 이용할 수 있게 만들겠다는 집념 하나로 버텼다. 야놀자 지난해 매출은 1,005억 원. 결국 이 대표 뜻이 통했다.

최고의 연매출을 달성했지만 내실이 부족하다는 평가가 강하다. 야놀자는 지난해 110억 원 영업손실을 기록했다. 여기에 후발주자인 여기어때가 무섭게 추격해오는 상황. 이 대표는 "지난해 4차 산업혁명 시대, 미래 여가 산업을 이끌어 가기 위한 준비에 주력했다"며 "올해에는 그간의 노력이 현실에 반영돼 사업이 성장하는 모습을 보여 드리도록 최선을 다할 것"이라고 말했다.

야놀자는 그간 '최저가 보상제'를 실시하고, '마이룸', '코텔' 등 숙박시설을 직접 관리하면서 값이 저렴하면서 질 좋은 공간을 공급하는 것에 주력했다. 이제는 사업 시야를 넓힐 계획이다. 지난 3월 국내 최대 레저액티비티 중개업체 '레저큐'를 인수하며 레저산업 진출을 본격화했다. 2016년 중국 최대 여행기업 '씨트립'과 계약을 맺어 해외 진출 물꼬를 튼 데 이어, 지난 3월 서울 삼성동 사옥에서 기자회견을 열고 '글로벌 진출 공식 발표' 입장을 내놨다.

야놀자 관계자는 “야놀자는 자회사 수익구조가 튼튼하다. 온라인뿐 아니라 오프라인에서 벌어들이는 수익도 상당하기 때문에 규모 면에서 업계 비교할 만한 상대가 없다”며 “부가적인 사업을 진행할 때 시너지를 낼 것이라 기대한다”고 설명했다. 실제 야놀자 자회사 ‘야놀자 에프엔지’, ‘야놀자 디자인랩’, ‘와이시너지’ 등 8개 자회사 지난해 매출이 606억 원에 달한다. 계열사인 ‘야놀자 트래블’과 ‘봉봉랩’, 여기에 ‘민다’와 협력할 수 있다는 장점도 있다.

② ‘무엇을 즐길까가 우리의 비전’ 심명섭 위드이노베이션 대표

심명섭 위드이노베이션 대표(41)는 2014년 혜성처럼 숙박업계에 등장했다. 현재 앱 이용자 38만 명, 월평균 200만 명 이용, 누적 객실 거래 수 1,000만 건을 기록한 숙박앱 여기어때와 함께 말이다. 지난해 매출 518억 원, 영업이익 61억 원이었다. 시장 진출 3년여 만에 일군 성과다.

여기어때의 2016년 매출은 216억 원, 영업손실 124억 원, 객실 거래 수는 300만 건이었다. 1년 만에 거래는 600만 건으로 두 배가 늘고 매출은 그 이상 증가했다. 첫 흑자전환도 눈에 띈다. 규모는 업계 라이벌 야놀자의 절반이지만 영업이익, 누적거래 수, 이용자 수는 모두 앞질렀다.

이는 이용자 수가 급증했기 때문으로 풀이된다. 여기어때 관계자는 “2016년 12월부터 모텔뿐 아니라 호텔, 펜션, 게스트하우스, 캠핑 등 숙소 카테고리를 확장하면서 숙박제휴점을 1만 7,000여 점 더 늘렸다”며 “전체 매출의 90%에 해당하는 제휴점 광고와 예약 수수료 매출이 동반 상승한 결과”라고 했다.

한 가지 놀라운 건 심 대표가 지난해 4월 ‘주 35시간 근무제’를 도입했다는 점이다. 위드이노베이션 직원은 매주 월요일 오후 1시에 출근한다. 화요일부터 금요일까지는 오전 9시 출근이다. 퇴근은 오후 6시이고, 점심시간은 1시간 30분이다. 일을 적게 시키면서 구성원 능력치를 최대로 끌어올린 것이다. 임금 감소도 없었다. 위드이노베이션 관계자는 “IT기업이라면 위드이노베이션의 근로 시간 단축 성공 사례가 충분히 참고할 만할 것”이라고 전했다.

여기어때가 집중하고 있는 다음 목표 또한 레저액티비티 산업과 해외 진출이다. 시기상조가 아니냐는 우려에 심 대표는 자신감을 보인다. 그는 “이미 오래 전부터 여기어때의 미래를 구상하면서 액티비티에서 가능성을 봤다”며 “액티비티 시장에 대한 면밀한 타당성 검토를 진행했고 지금 진출하면 충분히 시장을 선점할 수 있다. 올 여름에 국내 액티비티 서비스를 런칭할 예정”이라고 밝혔다.

자금력이 충분하지 못한 약점이 있다. 여기어때는 2016년 사모펀드 JKL파트너스에게 200억 원을 투자받았다. 2015년 투자금까지 330억 원을 유치했지만 대부분 지출했을 것으로 보인다. 최근 신규 직원 200명을 채용하겠다고 밝히기도 했다. 액티비티 시장에 뛰어들기에 앞서 돈을 끌어올 단계인 것이다.

심 대표는 “여행 시 어디에서 숙박하고, 무엇을 즐길지 포털이나 소셜 채널이 만족스런 답을 제시하지 못한다”며 “여기어때가 ‘주말이나 퇴근 후 가족과 연인, 친구와 무얼 하며, 즐길까’라는 질문에 가장 명확한 답변을 제공하는 서비스가 될 것”이라고 여기어때의 비전을 제시했다.

01 기본적 창업 과정

창업은 기술지향과 고객욕구지향에 따라 방법이 다르다. 기술지향은 기술의 공백을 찾아 기술을 개발하고, 이를 제품이나 필요로 하는 업체에 적용하는 과정이다. 고객욕구지향은 고객의 욕구를 찾아 이를 제품개발에 적용하는 과정이다. 기술이나 고객욕구지향은 근본적으로는 시장의 공백을 찾는다는 점에서는 동일하지만, 제품개발 프로세스는 다소 차이가 많이 있다. 기술지향이든 고객지향이든 창업의 과정은 대체로 준비절차와 본 절차로 구분된다. 준비절차에서는 기회를 확인하여 아이디어를 탐색하고, 해결안을 도출하여 제품을 개발하는 과정이 포함된다. 준비절차는 착실하게 충분한 기간을 거치는 것이 좋다. 준비되고 성공적인 토대가 마련된 후에 창업을 하는 것이 바람직하다. 이러한 과정을 거치는 창업자는 많은 자금과 자원을 낭비하지 않아 초조하지 않고 제품개발에 전념할 수 있다.

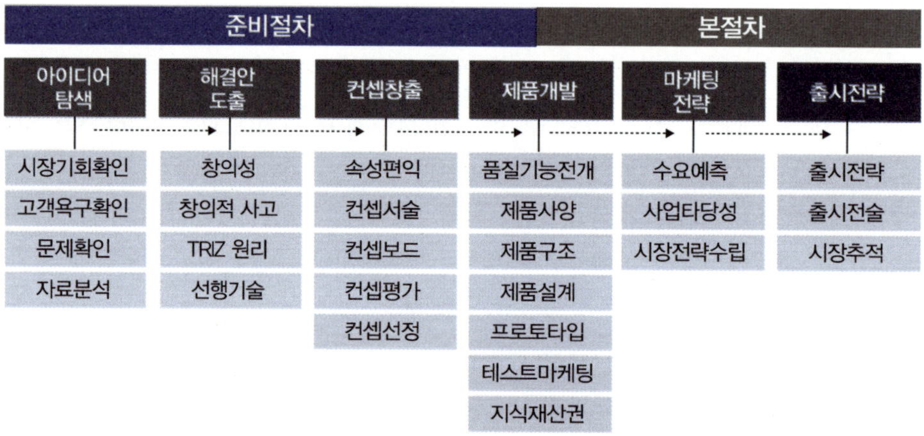

▲ **그림 4.1** 창업의 과정

2.1 창업 인·허가

창업 시 업종을 선정하고 사업계획을 수립하면, 다음으로 해당 업종이 인·허가 대상인지를 파악한다. 법령에 의해서 인·허가 등록 및 신고를 해야 사업을 개시할 수 있는 업종은 사전에 주무관청이나 시·군·구에 인·허가 등록 및 신고를 하여야 한다. 일반적으로 사업의 인·허가 신청은 관할 시·군·구청의 해당 부서에 필요한 서류를 작성하여 제출한다. 관할 행정기관은 현장확인이나 서류를 통하여 허가 여부를 결정할 수 있다. 그러나 인·허가 업종이 아닌 경우 사업자등록만으로 사업을 개시할 수 있다. 인·허가는 허가, 신고, 등록, 지정, 면허, 인정 등이 있다. 인·허가의 내용은 시설기준, 자격기준, 준수사항 등이 있다. 인·허가 내용은 법률에 있고, 절차는 시행령에 있으며, 신청서 서식은 시행규칙에 있다. 사업장 임대차계약 전에 인·허가 내용을 검토한다.

- 면허업종 : 대통령령으로 정하는 시설기준과 그 밖의 요건을 갖추어 해당 기관의 면허를 받아야 한다.
- 허가업종 : 법령에서 정한 일정한 요건을 갖추어 허가 여부를 판단 받아야 한다.
- 지정업종 : 해당 기관에 해당 업종의 영업 행위가 가능한 업체로서 지정을 받아야 하는 업종을 의미한다. 대표적인 지정업종은 담배소매업(소비자에게 직접 판매)으로 관할 시장, 군수, 구청장으로부터 소매인의 지정을 받아야 한다.
- 등록업종 : 해당 기관의 법령에서 정한 일정 요건을 충족하여 영업등록증을 발급 받아야 한다. 사업자등록과 영업등록은 다르다.
- 신고업종 : 해당 기관에 사업의 내역을 신고하는 것으로 그 사업의 개시가 가능한 업종을 의미한다. 소규모 창업이 가능한 대부분의 사업은 신고업종에 해당한다. 대표적인 신고업종은 무역업, 체육시설업, 장례식장업, 목욕탕업, 이·미용업, 옥외광고업이다.

▼ **표 4.1 허가·면허업종 및 지정업종**

면허	• 주류판매업	• 양식어업, 정치망어업, 공동어업
허가	• 건강기능식품 제조업 • 낚시터업 • 신용정보업 • 화물자동차운송사업	• 일반게임 제공업(청소년 이용불가 게임몰) • 식품조사처리업, 유흥주점영업 • 의약품도매업
지정	• 담배소매업	

▼ **표 4.2 등록업종과 신고업종**

등록	게임 제작업, 게임 배급업, 청소년 게임 제공업, 인터넷 컴퓨터 게임 시설제공업, 복합유통 게임 제공업, 국제결혼중개업, 담배판매업, 건설기계대여업, 골재채취업, 공인중개사무소, 여행업, 관광숙박업, 관광객이용시설업, 국제회의업, 농약제조·판매·수입업, 자동차운전학원, 다단계판매업자, 부동산 개발업, 비료생산업, 시료제조업, 유아숲체험업, 수출입 목재 열처리업, 식품제조·가공업, 식품첨가물 제조업, 액화석유가스 위탁운송사업, 비디오물 시청제공업, 안경업소, 폐자동차 재활용업, 유료 직업소개소, 학원, 선불식 할부거래업자
신고	숙박업, 목욕탕업, 이용업, 세탁업, 위생관리 용역업, 승마시설, 산후조리업, 방문판매업, 전화권유판매업, 저수조청소업, 수상레저 교육사업, 즉석판매 제조·가공업, 식품운반업, 식품소분·판매업, 식품냉동·냉장업, 용기·포장류 제조업, 휴게음식점, 일반음식점, 위탁급식업, 제과점, 양곡가공업(제분, 제조, 도정), 음반·음악영상물 제작 및 배급업, 온라인 음악서비스 제공업, 의료기기 수리업 및 판매업, 이러닝사업자, 인쇄사, 통신판매업, 직업정보제공사업, 요트장업, 조정장업, 카누장업, 빙상장업, 승마장업, 종합체육시설업, 수영장업, 체육도장업, 골프연습장업, 체력단련장업, 당구장업, 썰매장업, 무도학원업, 무도장업, 축산물운반업, 판매업, 교습소

2.2 개인기업의 창업절차

신규로 사업을 대시하는 자는 법령에 의하여 인·허가 등록 및 신고가 필요한 업종인지 사전에 확인한다. 필요한 업종이라면 인·허가 등록 및 신고를 득하고 새로 사업을 시작하려는 사업장이 소재하는 관할 세무서 민원 봉사실에 사업자 등록을 신청하면 대체로 신청일 즉시 사업자 등록증을 교부받는다. 개인사업자 등록은 설립절차가 간단하고, 연간 매출액에 따라 일반과세자나 간이과세자 등에 선택할 수 있다. 사업자등록 신청 시 구비서류로는 사업자등록신청 시 1부, 법령 규정의 업종인 경우는 사업 인·허가증 사본 1부, 주 사업장 매매계약서 또는 임대차계약서 사본 1부, 대표자 주민등록 등본 1부 등이 필요하다.

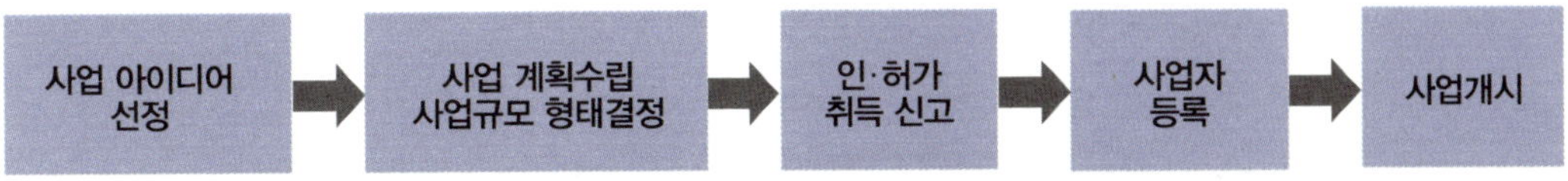

▲ **그림 4.2** 개인기업의 창업절차

▼ **표 4.3** 과세자별 구분

	일반과세자	간이과세자
대상	연매출액 4,800만 원 이상	연매출액 4,800만 원 이하
매출세액	공급가액 × 10%	공급가액 × 업종별 부가가치율 × 10%
세금계산서 발급	발급의무	발급불가
매입세액 공제	전액 공제	매입세액 × 업종별 부가가치율
대손세액 공제	가능	불가능
참고	간이과세자가 세금은 적으나 세금계산서 발급이나 부가세 환급불가	

2.3 법인의 경우 창업절차

대체로 사업을 운영하는 데는 개인기업보다는 법인기업이 유리한 점이 많기 때문에 주식회사를 설립하는 경우가 가장 일반적이다. 주식회사를 설립할 때는 대상 소재지의 법무사와 상의하는 것이 편리하다. 설립 형태는 발기설립과 모집설립이 있다. 발기설립은 발기인이 주식의 전부를 인수하는 경우이나, 모집설립은 발기인이 주식의 일부만을 인수하고 나머지는 주주를 모집하여 주식을 인수시키는 경우이다.

- 발기인 구성 : 발기인은 형식적으로는 정관에 발기인으로 기명날인한 자로 개인이나 법인도 될 수 있다. 발기인은 3인 이상이며(자본금 5억 원 이하의 경우에는 1인도 가능), 발기인은 1주 이상의 주식을 인수한다.
- 정관 작성 : 발기인은 정관을 작성한다. 정관에는 회사의 상호, 목적(업태, 종목), 본점 주소지, 1주의 금액, 설립 자본금 등을 기재한다.
- 주식 발행사항 결정 : 정관의 기재나 발기인의 결의에 의하여 주식의 종류, 액면 이상 발행사항, 청약과 납입기일, 납입 취급은행 등 주식발행사

항을 결정한다.

- 주식인수 : 발기설립은 주식의 전부를 발기인이 인수하나 모집설립은 주식의 일부를 발기인이 인수하고 잔여주식에 대해 주주를 모집하여 주식을 배정한다. 청약인은 1인이라도 되고, 청약인이 인수할 주식의 수는 그 제한이 없으므로 1주라도 무방하다. 주주를 모집하는 방법은 공모이든 연고모집이든 관계없다. 단, 50인 이상의 다수인 공모는 금융감옥위원회에 유가증권 발행인등록을 한다.
- 주금납입 : 발행주식의 총수가 인수된 때에는 지체없이 각 주식에 대한 인수가액의 전액을 취급은행에 납입하고, 취급은행으로부터 주금납입보관증명서를 받는다.
- 발기인총회, 창립총회 개최 : 발기설립은 발기인총회를 통하여 인수한 주식수의 과반수의 결의로 이사 및 감사를 선임하고, 모집설립은 창립총회를 통하여 발기인의 보고를 청취하고, 정관을 승인하고, 이사와 감사를 선임한다. 창립총회의 결의는 출석한 인수주식수의 2/3 이상이며, 인수주식총수의 과반수의 동의가 필요하다.
- 설립경과 조사 : 이사와 감사는 취임 후 회사의 설립에 관한 모든 사항을 조사하여 발기인(또는 창립총회)에 보고하며, 변태설립(變態設立)에 관한 사항 등은 공증인의 보고 등으로 갈음하거나 법원에 검사인의 선임을 청구한다.
- 대표이사 선임 : 선임 이사들이 이사회를 개최하여 대표이사를 선임한다.
- 설립등기 : 발기설립은 검사인의 조사보고와 법인의 변경처분의 절차가 종료된 때로부터 2주내에 모집설립은 창립총회가 종결된 날 또는 변태설립사항의 변경절차가 종료된 때로부터 2주 내에 설립등기를 한다.

03
창업 업종의 선정

3.1 업종선정의 필요성

업종은 시대변화를 가장 많이 반영한다. 특히 예비 창업자들은 어떤 업종을 선택하느냐에 따라 미래의 사업 전개방향이 나온다. 업종의 세대 교체주기가 빨라짐에 따라 여러 가지로 검토해야 할 사항들이 있다. 즉, 기존 점포수의 증가나 업종 수명주기의 단축, 빠른 세대교체, 소비자의 소득수준 변화 등이 업종을 다양하게 변화시킨다. 변화를 알고 업종을 신중히 선택했을 때 실패의 확률이 작다.

3.2 업종선정 시 고려사항

■ **트렌드(Trend)** 비즈니스는 고객과의 관계에서 성패가 좌우된다. 특히 점포사업의 경우에는 고객의 비즈니스가 신속하고도 상당한 영향을 미치게 된다. IMF 구제금융 시기에 무점포 소호사업이 인기를 끌더니 경기회복과 함께 교육관련 사업과 외식업, 여가관련업종이 강세를 보이고 있으며, 퓨전 아이템도 확산되었다.
트렌드를 제대로 읽는 지혜, 바로 창업주가 갖추어야 할 중요한 덕목이다. 최근의 통계에 의하면 10~20대 디지털세대가 소비의 중심이라고 한다. 결국 이들의 감성과 생활패턴, 커뮤니케이션, 문화를 공감할 수 있는 감각과 노력이 필요하다.

■ **소비성향** 트렌드와 함께 고객의 소비성향에 대한 냉철한 분석이 필요하다. 소득양극화가 심화됨에 따라 중산층이 없어지고 서민층의 주머니 사정이 넉넉지 않다. 5,000만원~1억 원 사이의 창업 희망자들이 많지 않다는 현장의 목소리가 이를 반영한다. 소비의 거품이 빠지면서 형식보다는 실리를 중시하는 선진국형 소비패턴이 정착되고 있다. 특히 경제권을 갖고 있는 30대 이상의 연령층이 알뜰 소비성향을 나타내고 있으며 남성전용미용실, 찜질

방, 할인점, 공동구매쇼핑몰 등이 강세를 보이고 있는 이유가 여기에 있다. 물론 서구화에 길들여진 30대 이하의 신세대들에게는 이성보다는 감성을 자극하는 아이템 승부가 중요하다. 패밀리레스토랑, 테이크아웃커피점, 패스트푸드점, 아이스크림전문점, DVD방 등이 이들을 겨냥한 것이다.

■ **경쟁력** 종로의 귀금속 전문점, 명동의 패션숍, 아현동의 드레스숍, 중곡동의 가구점 등 동종업종끼리 일정한 세력으로 형성된 상권이 있는가하면, 대부분의 다운타운 상권은 이종업종간의 결합으로 구성되어 있다. 업종선정을 할 때 타 업종간의 경쟁관계나 보완관계의 여부에 따라 종종 성패가 좌우되는 경우를 볼 수 있다.

패션상권에 분식점, 호프, 커피숍 등은 보완관계에 속하지만 극장, 유흥주점, 당구장 등은 경쟁관계에 속한다. 즉, 일정 시간대를 쇼핑에 할애해야 하는 고객이 영화관람이나 음주, 여가활동 때문에 부담이 될 수 있기 때문이다. 업종 경쟁력은 크게 우세업종과 틈새업종으로 접근할 수 있는데, 우세업종이란 해당 상권에서 타 업종에 비해 강세를 보이고 있는 업종을 말하며, 유효 수요는 충분하지만 경쟁이 심하지 않는 업종을 틈새업종이라 한다. 결국 우세업종이면서도 시장의 수요가 충분한 아이템 선정이 바람직하다.

■ **적합성** 분명 창업은 인생을 바꾸어 놓을 수 있는 중요한 의사결정이다. 따라서 신중한 판단이 요구된다. 자신의 경력이나 선호도, 가족의 동의와 자금여력 및 성격 등을 동시에 고려한 최선의 결정이 요구된다. 혈액형이 A형인 경우에는 소매업종이나 패스트푸드, O형인 경우에는 외식업이나 유통관련 업종에 유리하다. 부부창업인 경우에는 사전에 배우자의 선호나 적성 그리고 집까지의 거리, 자녀문제 등을 염두에 두어야 한다. 가능하면 커리어창업이 바람직하지만 사전준비만 철저히 한다면 색다른 분야에 도전해 보는 것도 괜찮은 전략이라 할 수 있다.

■ **입지궁합** '돈 버는 자리가 따로 있다'는 말처럼 창업에 있어서 입지가 차지하는 비중은 두말할 것이 없다. 점포의 경우, 시설투자비 이외에 바닥권리금이라는 것이 권리금의 명목으로 형성되어 있어서 단순히 목이 좋다고 해서 점포를 물색해 보면 여지없이 높은 임대료에 기가 죽게 된다. 이는 토

지와 건물의 차별적 가치 때문인데, 실제 사용가치보다 교환가치가 높은 이유이다. 현실적으로 점포 구입비가 전체 창업비용에서 50%를 상회하기 때문에 섣부른 점포구입은 곤란하다. 여기에 반드시 짚고 넘어가야 할 점은 업종마다 입지조건이 매우 상이하다는 것이다. 무의식적인 소비가 강한 업종은 역세권이나 시내중심가가 유리하지만 의식적 소비의 경우에는 주거지를 배우지로 한 입지전략이 필요하다. 생활밀착형 업종이나 배달업종, 중저가 소매업종의 경우에는 주거지에 입지하는 것이 유리하다는 뜻이다.

■ **수익성** 소자본 창업이라 하더라도 분명 사업은 사업이다. 사업의 최고 가치는 이윤의 창출이고 이문을 남기지 못하는 업주는 베버(M. Webber)가 말하는 신의 명령을 어기는 죄인이라는 평가를 면하기 어렵다. 그 만큼 창업자의 결연한 의지가 필요하다는 것이다. 이런 측면에서 전체 창업자의 80~90%는 다시 한 번 자신의 위치를 재점검해 볼 필요가 있다.
흔히 마진율이라는 것이 수익성의 지표로 사용된다. 외식업의 경우에는 30~40%, 소매업은 20~25%가 마진으로 남는다. 여기에 임대료와 인건비, 기타경비를 제외하면 점주의 순이익으로 돌아가는데, 1년으로 환산하여 권리금 수준과 비슷하면 업종선정을 제대로 한 셈이다. 만약 이에 미치지 못한다면 과감하게 '포기하는 미학'을 겸허히 받아들이는 자세 또한 필요하다. 덧붙이자면 투자수익률을 반드시 사전에 따져보아야 한다. 1억 원(점포구입비 제외)을 투자하여 연간 5천만 원을 번다면 연간 수익률이 50%로 그리 좋지 않은 실적에 만족해야 한다. 업종 간 다소 차이는 있지만 연간 수익률 100% 정도를 올릴 수 있어야 성공했다는 평가를 받을 수 있다.

■ **라이프사이클(Life Cycle)** 노래방, PC게임방, 편의점, 커피숍, 당구장 등을 사양업종, 찜닭, 패밀리레스토랑 등을 성장업종이라 한다. 생고기전문점, 제과점, 김밥전문점, 보쌈전문점, 화장품점, 아동복할인점 등은 시대의 큰 변화 없이 꾸준한 인기를 구가하고 있다. 어떤 경우에는 불과 명 개월 사이에 반짝하더니 사라지는 아이템이 있고, 10년이 지나도 꾸준한 성장을 보이는 업종이 있다. 특히 10~20대를 주 고객층으로 한 아이템은 타 업종에 비해 라이프사이클이 짧기 때문에 수익률, 양도여부, 전업의 가능성 등을 사전에 고려해 두어야 한다.

■ **시장진입 가능성** 한동안 우동전문점이 후끈 달아오른 적이 있다. 일식 돈까스전문점도 그러하고 칸테일생맥주전문점과 테이크아웃커피전문점이 그러하다. 대부분 프랜차이즈형태로 빠르게 시장을 형성하기 때문에 독립점포를 열기란 여간 쉽지 않다. 브랜드파워와 시스템, 고도의 마케팅전략에 이르기까지 개인사업자의 시장진입은 상당한 장애를 받는다. 만약 가맹점 지원사항 등을 충분히 점검해 본 후에 경쟁력이 있다고 판단되면 브랜드를 선택하는 것이 바람직하며, 독립점포사업을 원한다면 프랜차이즈가 치열하지 않은 틈새업종으로 창업이 유리하다.

04 업종별 창업 절차

4.1 제조업 창업

제조업은 제품 자체를 생산하여야 하기 때문에 도·소매업에 비해 풍부한 경험과 많은 자금을 필요로 하는 업종이다. 그러므로 제조업 창업은 전문지식과 경험을 갖춘 인력이 필요하며, 제품생산을 위한 기계설비와 이를 설치할 공장 확보비용이 다른 업종에 비해 초기에 많이 필요 하다. 제조업 창업은 예비 창업자가 최소한 제조업체에 직접 근무한 경험이 있거나, 간접적으로 깊은 관계가 있는 경우에 선택하여야 할 것이다. 특히 공장을 새로 설립하여 창업하려는 경우 그 절차가 복잡하고 공장을 건축하는 데도 상당한 기간이 소요됨으로 업종선정, 입지선정, 시장분석, 자금조달계획 등 창업 준비사항에 대해 충분한 시간을 가지고 검토하여야 한다.

제조업 창업에 있어서 창업자가 특별히 유의하여야 할 과제는 공장설립과정이다. 처음부터 새로 공장을 건축하여 창업하는 것보다 기존공장을 매입하거나 임차하여 생산활동을 시작하는 것이 오히려 수월한 방법일 수도 있다. 기존공장을 매입하거나 임차하는 경우에도 유의해야 하지만, 특히 공장을 새로 신축하려는 창업자는 공장입지와 관련된 규제사항 및 인·허가시항을 사전에 파악하여 공장설립 기본계획을 수립하고 계획에 따라 공장설립을 추진하는 것이 필요하다. 그리고 제조업 업종 중에는 허가, 신고, 등록 등의 인·허가가 필요한 업종과 인·허가 없이도 생산활동을 할 수 있는 업종이 있으므로, 창업자는 창업준비단계에서 자신이 창업하려는 업종이 인·허가 없이도 생산활동을 할 수 있는 업종인지의 여부를 확인하여야 한다. 만일 개별법에 의해 인·허가가 필요한 업종임에도 불구하고, 인·허가를 받지 않고 창업을 하였을 때에는 벌금형 등 제재조치뿐만 아니라 그로 인해 창업이 지연되고 생산활동도 할 수 없는 경우가 발생하기 때문이다.

전체적인 창업과정은 일반적으로 사업에 관련된 아이디어를 탐색하여 선별하는 착상단계와 사업성을 분석하고 평가하며, 이를 기초로 사업계획서를 작성하고, 기업형태를 결정하는 계획단계를 거쳐, 회사를 설립하여 생산·영업을 개시하는 실행단계로 진행된다. 제조업의 일반적인 창업절차는 [그림 4.3]과 같다.

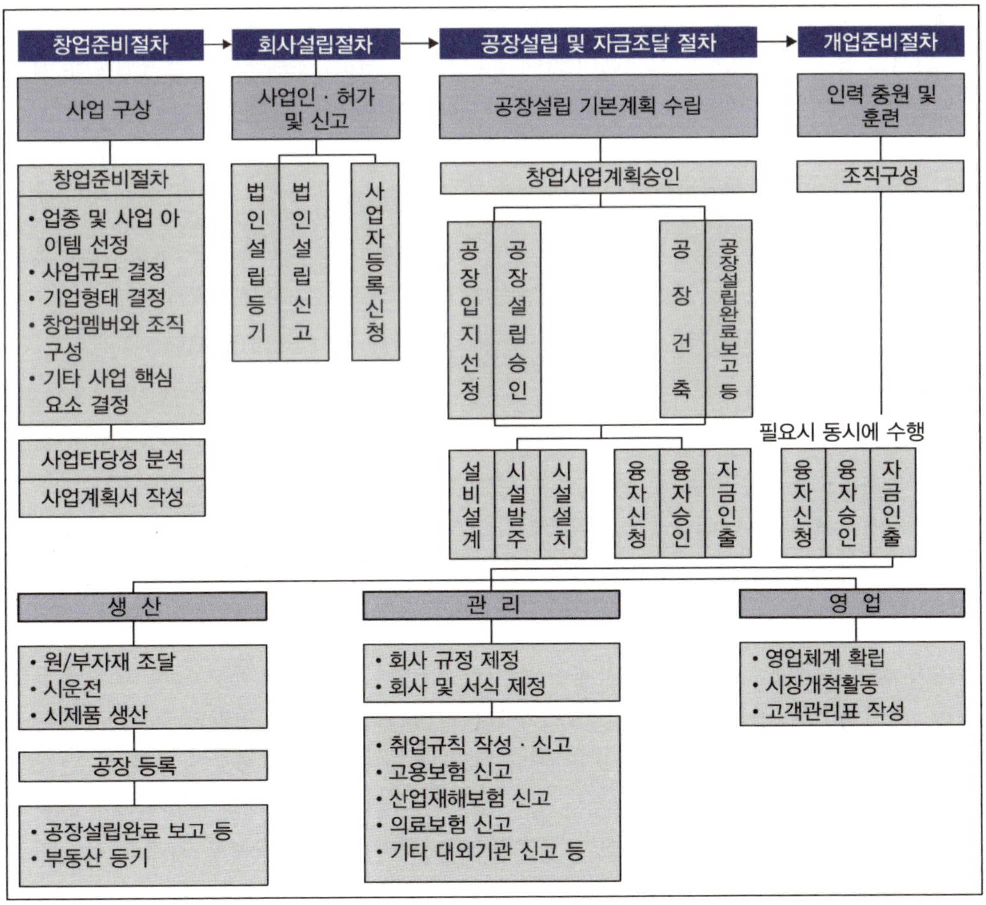

▲ **그림 4.3** 제조업의 창업절차

[성공창업, 상권을 보라] 효율성 극대화…점포도 공유경제

공유주방으로 복수 브랜드 운영 창업비용 적고 리스크 관리 쉬워

'한 점포에 2개의 브랜드'

예전에는 한 점포에서 한 브랜드만 운영하는 것이 정석이었다. 그러나 최근 새로운 변화들이 일어나고 있다. 공간의 효율성에 대한 고민들이 시작되었고, 일부 외식브랜드들에서 한 매장에 복수 브랜드를 입점시킨 '복합 형태'의 매장들이 생겨나기 시작했다. 그리고 이는 다시 '공유주방'으로 발전하고 있다. 공유주방. 하나의 주방을 여러 브랜드가 공유하는 개념이다. 이는 다시 크게 2가지 형태로 나뉜다. 첫째는 한 주방의 집기·시설을 복수의 브랜드가 공유하는 형태이며, 두 번째는 한 공간을 복수의 주방으로 쪼개고 복수의 브랜드를 입점시키는 형태이다.

첫번째 공유주방은 숍인숍 브랜드를 운영하거나, 한 사업자가 한 주방에서 복수의 브랜드를 운영하는 형태이다. 대표적인 사례로 '놀부'를 들 수 있다. 놀부는 놀부보쌈, 놀부부대찌개 등의 기존 브랜드에서 운영할 수 있는 숍인숍 솔루션을 개발했다. 주방시설을 그대로 활용하여 추가 투자비용이 들지 않고, 원재료 등을 공유하므로 오퍼레이션(매장운영)도 간단하다. 브랜드가 추가될수록 매출이 증가되기 때문에 가맹점 만족도도 높다. 현재 놀부의 대다수 매장이 숍인숍 솔루션을 도입하고 있다. 이러한 방식은 주방공간 활용을 효율성을 높이고, 정해진 고정비로 추가적인 매출을 창출할 수 있다는 장점이 있다. 브랜드를 추가하더라도 투자비가 크게 들지 않아 창업 리스크 관리에도 유리하다.

두번째 공유주방은 임대료가 높은 중심상권의 공실화된 대형 2층, 지하공간을 전체 임대 혹은 매입하고 기본적인 주방시설 및 기기를 셋업하는 형태이다. 각 주방 공간은 5평에서 6평 내외로 구성되며, 개별사업자가 플랫폼 사업자와 기간별 임대 계약을 체결 후 이용하게 된다.

이는 공유 오피스와 유사한 플랫폼 비즈니스로도 볼 수 있는데, 대표적인 사례는 클라우드키친, 위쿡, 배민키친 등이 있다. 임대기간 동안 입점 사업자는 O2O 가입 및 운영, 청소서비스, 마케팅 컨설팅 등 다양한 서비스를 제공받을 수 있다(물론 공유주방 플랫폼 마다 약간의 차이는 있다). 고정비는 대부분 월 고정 임대료에 매출 대비 수수료를 더하는 방식으로 운영된다. 주로 강남, 홍대 등의 중심상권에 입점하며 O2O 배달 플랫폼 기반으로 매출을 창출한다. 초기 창업비용을 절감할 수 있고, 다양한 부가 서비스도 받을 수 있어, 창업 초보자들이 접근하기 쉬운 방식이다.

이제 단순히 좋은 상권에 입점하는 것이 끝이 아니라, 얼마나 상권과 공간을 입체적, 효율적으로 활용하는가도 중요해졌다. 숍인숍, 공유주방은 해마다 높아지는 임대료, 인건비 등 고정비용 구조를 해결할 수 있는 유용한 전략이다. 이는 또한 배달 O2O 플랫폼의 성장, 배달의 호황 등 현재의 트렌드와도 맥을 같이 한다. 물론 이러한 추세는 향후 또 다른 방향으로 언제든 진화할 수 있다. 그러나 하나의 공간을 보다 입체적으로 밀도 있게 활용하고, 정해진 고정비 내에서 최대의 성과를 만들어내기 위한 노력들은 계속될 것으로 보인다.

4.2 서비스업 창업

▪ **서비스의 특성** 유형의 제품과 비교해 볼 때 서비스는 다음과 같은 네 가지 기본적 특성을 가지고 있다.

① **무형성** 보거나 만질 수 없다. 서비스의 기본적 특성은 형태가 없다는 것이다. 객관적으로 누구에게나 보이는 형태로 제시할 수 없으며, 물체처럼 만지거나 볼 수 없다. 따라서 그 가치를 파악하거나 평가하는 것이 어렵다. 법률서비나 의료서비스 등이 이런 특성을 잘 반영하고 있다. 서비스의 무형성(intangibility)은 두 가지의 의미를 갖는다. 첫째는 실체를 보거나 만질 수 없다는 의미를 갖는다. 둘째는 보거나 만질 수 없기 때문에 그 서비스가 어떤 것인가를 상상하기 어렵게 된다는 주관적인 의미이다. 이러한 서비스의 무형성으로 인한 서비스 상품은 진열하기 곤란하여 그에 대한 커뮤니케이션도 곤란하다. 따라서 무형성으로 인한 이와 같은 문제점을 해결하기 위해서는 실패적인 단서를 강조하고, 구전 커뮤니케이션을 자극하며 강력한 이미지를 창출하고 가격설정에 있어서 원가회계 등의 비용정보를 이용하고 구매 후 커뮤니케이션에 신경을 써야 한다.

② **비분리성** 생산과 소비가 동시에 일어난다. 서비스 제공자에 의해 제공되는 것과 동시에 고객에 의해 소비되는 성격을 가진다. 제품의 경우에는 생산과 소비가 분리되어 일단 생산한 후 판매되고 나중에 소비된다. 그러나 서비스의 경우 생산과 동시에 소비되기 때문에 소비자가 서비스 공급에 참여하는 경우가 많다. 그리고 다른 소비자도 서비스 생산과정에 참여하므로 고객들이 형성하는 분위기가 하나의 서비스 내용이 될 수 있다. 또한 고객들이 참여하기 때문에 집중화된 대량생산체제를 구축하기 어렵고, 제품의 경우에는 구입 전 소비자가 시험해 볼 수 있다. 그러나 서비스의 경우에는 구입 전 시험할 수 없다. 또 제품의 경우처럼 품질 통제하기 곤란하다. 서비스의 비분리성(inseparability)에 따른 여러 가지 문제점을 해결하기 위해서는 고객과 접촉하는 서비스 요원을 신중히 선발하고 철저히 교육해야 한다. 또 고객관리의 중요성을 잊지 말아야 하고 고객이 원활히 서비스를 받을 수 있도록 서비스 시설의 다양한 입지를 제공해야 한다.

③ 이질성 품질이 고르지 않다. 서비스의 생산 및 인도과정에서는 여러 가변적 요소가 많기 때문에 고객에 대한 서비스가 다음 고객에 대한 서비스와 다를 가능성이 있다. 예를 들어, 같은 서비스업체에서도 종업원에 따라서 제공되는 서비스의 내용이나 질이 달라진다. 또 같은 종업원이라도 시간이나 고객에 따라서 다른 서비스를 제공할 수 있다. 심지어는 종업원이 아니라 기계를 사용하는 경우에도 서비스 질이 달라질 수 있다. ATM을 사용할 때 스크린의 지시사항을 잘 이해하지 못한 고객이 경험하는 서비스 질은 다른 고객과 다를 것이다. 즉, 서비스는 동질적이 아니도 변동적이어서 규격화, 표준화하기 어렵다. 서비스의 이질성(heterogeneity)은 문제와 기회를 동시에 제공한다. 서비스 질의 균일화가 어렵기 때문에 기업으로서는 어떻게 서비스를 일정수준 이상으로 유지하는가, 또는 표준화시키는가가 큰 문제이다. 반면에 서비스의 이질성은 고객에 따른 개별화의 기회, 즉 개별고객으로부터 주문을 받아 서비스를 제공할 수 있는 기회를 제공한다. 보통 서비스의 효용은 소비자의 주관으로 평가하는 경우가 많으므로 제공되는 서비스의 개성화를 통해 다양한 고객욕구에 대응할 수 있다.

④ 소멸성 판매되지 않는 서비스는 사라진다. 판매되지 않은 제품은 재고로 보관할 수 있다. 그러나 판매되지 않은 서비스는 사라지고 만다. 즉, 서비스는 제고로 보관할 수 없다. 이와 같이 서비스의 생산에는 제고와 저장이 불가능하므로 재고 조절이 곤란하다. 또 구매된 서비스라 하더라도 1회로서 소멸하며, 그와 동시에 서비스의 편익도 사라진다. 반면에 제품은 구입된 후에 그 상품의 물리적 형태가 존재하는 한 몇 회라도 반복하여 사용할 수 있다. 이러한 서비스의 소멸성(perishability)으로 과잉생산에 의한 손실과 과소생산으로 인한 이익 기회의 상실이라는 문제가 발생한다. 따라서 이를 해결하기 위해서는 수요와 공급 간의 조화를 이루는 전략이 필요하다. 구체적으로는 수요에 따라 생산계획을 변동하고, 임시직원의 채용을 통해 유연성을 확보하고, 유휴시설이나 장비의 새로운 용도를 개척하며, 종업원에게는 여러 직무에 대한 교육을 시행해 유사시 서로 도울 수 있는 기반을 만들어야 한다. 수요측면에서는 수요를 형성시켜야 하고 대기나 예약 같은 형태로 수요를 재고로 보관할 수 있어야 한다. 예를 들어, 은행의 번호표나 치과에서의 진료시간예약 등이

그런 전략을 사용한 것이다.

■ **서비스업 창업절차**   급속한 기술혁신과 정보화로 서비스에 대한 소비자 니즈가 다양화, 고급화, 전문화됨에 따라 서비스산업 자체의 영역이 확대되고 끊임없이 분화되고 있다. 특히 무엇보다도 소비자의 니즈가 복잡, 다양화됨에 따라 창업기회도 많아져 창업자의 창업욕구를 북돋우고 있다. 우리나라는 소득과 여가시간의 증가에 따라 건강관련 서비스업, 외식산업 등이 크게 성장하고 있으며, 기업환경의 변화와 부응하여 금융서비스, 정보서비스, 사업관련 서비스 등의 수요가 괄목할 만큼 증가하고 있다.

서비스업은 일반적으로 개인서비스업과 사업서비스업으로 구분된다. 개인서비스업은 일반 개인을 주요 고객으로 하여 각종 서비스를 제공하는 경우로, 이에는 부동산관련 서비스업, 여행 알선업, 수리업, 음식점 등이 속한다. 반면에 사업서비스업은 주로 사업체를 대상으로 하여 각종 서비스를 제공하는 사업으로, 이에는 전기통신업, 보관창고업, 경영상담, 광고업, 시장조사, 정보처리 및 기타 컴퓨터운용 관련업, 엔지니어링 및 관련 기술서비스업, 교육서비스업, 고용 알선업 등이 속한다. 이들 서비스업종 중 개인서비스업보다는 사업서비스업이 규모면에서 더 크며, 업무 자체도 더 전문적이고 복잡하다. 그러므로 사업서비스업은 법인 형태로 설립되는 경우가 많기 때문에 제조업과 똑같이 법인설립절차가 필요하며, 고객 왕래가 빈번한 장소 등 사무실 입지가 비교적 중요하다.

서비스업 창업자는 제조업 창업자와는 다른 적성과 자질을 필요로 한다. 특히 서비스업은 창업자의 능력 자체가 사업의 핵심요소가 되는 경우가 많다. 그러므로 서비스업을 영위하기 위해서는 창업자 자신이 업무수행에 필요한 자격요건이나 능력을 보유할 필요까지는 없으나, 최소한 사업 분야의 전체적인 흐름에 대한 이해를 할 수 있는 수준 이상이어야 한다.

서비스업의 창업도 도·소매업의 창업과 마찬가지이나, 제조업의 경우에 비해서는 창업절차가 매우 간단명료하다. 서비스업 창업은 그 영역이 광범위하고 다양하여 한 가지 모델을 정하여 창업절차를 설명하기가 용이하지 않으나, 일반화시켜 보면 대체적으로 제조업의 창업절차에서처럼 창업준비 절차, 회사설립 절차, 사무실 입지 선정절차, 개업 준비절차 등으로 분류해 볼 수 있을 것이다. 이러한 서비스업 창업의 기본적인 절차는 [그림 4.4]와 같다.

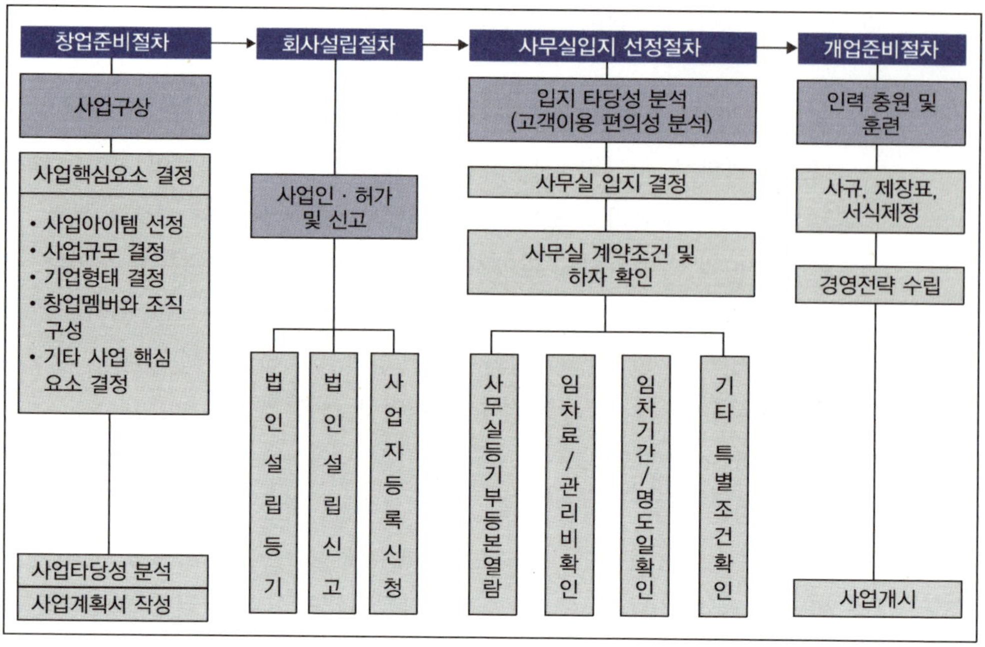

▲ **그림 4.4** 서비스업 창업절차

4.2.1 창업준비절차

창업준비절차는 창업예비단계로서 사업구상, 사업핵심요소에 대한 검토를 통해 사업타당성을 사전 분석하는 과정으로, 창업자가 다른 사람이 모방하는 어려운 독자적인 아이디어나 기술 및 경험을 가지고 있을 경우 보다 유리한 조건이 될 수 있다.

■ **사업핵심요소의 결정** 생활양식의 변화, 여가시간의 증가, 기대수명의 연장, 생활의 중요성 등에 따라 소비자의 요구수준은 점차 다양화, 고급화, 개성화되어 가고 있다. 그러므로 서비스업종을 창업하고자 하는 자는 창업업종과 관련된 사회적 환경 및 소비자 생활양식의 변화 등 급속하게 변하고 있는 시대흐름을 잘 파악하여야 한다. 또한 창업자는 서비스업이 갖고 있는 특징을 잘 파악하여 그 특성에 맞게 경영노하우를 개발하고 고객을 창출하기 위한 노력을 끊임없이 하여야 한다.

서비스업에서 가장 중요한 것은 서비스의 질이라고 할 수 있다. 즉, 서비스의 품질을 높이는 것은 고객에게 편리함이나 편익 제공을 통해서 고객의 만족감을 극대화하는 것이다. 그러므로 창업자는 성공적인 경영을 위하여 품질 좋은 서비스를 제공할 수 있도록 고객만족을 목표로 하는 경영전략을 수립하여야 한다. 서비스업을 창업하기 위하여 창업자가 기본적으로 알아야 할 사항은 다음과 같다.

① 서비스 내용을 충분하게 설명을 하여야 한다.

서비스업은 기계시설보다는 주로 인력에 의하여 서비스가 제공될 뿐만 아니라 생산과 동시에 소비되어 버리는 특성을 가지고 있다. 그러므로 서비스를 구입하는 고객은 일반제품을 구입할 경우보다 서비스 품질의 파악이 어렵기 때문에 불확실한 입장에 처하게 되므로 서비스 내용을 충분히 설명하여야 한다.

② 지속적인 종업원 교육과 차별화된 전략을 수립하여야 한다.

서비스업은 창업자나 종업원의 경험, 지식을 토대로 하여 소비자에게 서비스를 제공하는 것임으로 양질의 서비스를 제공하기 위하여서는 종업원에 대한 교육을 지속적으로 실시하여야 하며, 서비스 질의 향상을 위하여 창업자는 창업업종의 특징을 파악하여 차별화된 전략을 수립하여야 한다.

③ 서비스 창업은 창업자의 철학을 필요로 한다.

소비자 만족과 종업원을 중시하는 기업의 자세는 창업자의 서비스 철학에서 시작되는 것이다. 또한 이러한 경영자의 철학은 고객과 종업원의 만족을 이끌어내어 성공적인 기업경영을 할 수 있는 밑바탕이 된다.

④ 서비스 수준을 관리하여야 한다.

고객은 일정수준 이상의 서비스를 원하고 있기 때문에, 경영자는 기대와 욕구를 파악하여 자사와 경쟁사와의 서비스수준을 비교하고 고객이 만족할 수 있는 서비스를 유지 및 관리할 수 있도록 하여야 한다.

⑤ 지속적인 홍보가 필요하다.

서비스업을 창업하여 사업기반이 확립되기까지 서비스 내용 및 서비스 수준에 대한 홍보가 지속적으로 이루어져야 한다.

⑥ 소비자가 만족할 수 있는 서비스를 제공하여야 한다.

창업자는 서비스업에서 가장 중요한 서비스의 품질을 향상시켜 소비자가 제공되는 서비스에 만족할 수 있도록 하여야 한다.

■ **사업타당성 분석**　두 개 이상의 아이템을 대상으로 관련 정보와 전문가의 조언을 구한 뒤에 창업자는 창업업종에 대한 사업타당성분석을 실시하여야 한다. 특히 사업타당성분석은 그 결과에 따라 창업을 결정하게 되는 최종적인 분석인 만큼 어느 것 하나에도 소홀함이 없이 정밀분석을 실시하되, 그 내용에는 사업아이템의 적합도, 사업입지의 타당성, 시장성과 판매전망, 수익성, 성장성과 투자의 위험성 및 경쟁업체, 자신이 선택하려는 업종이 과연 성장가능성은 있는지, 시기적으로 신규창업이 적합한지 등에 대한 비교분석을 실시한다.

이 모든 과정을 거쳐 작성된 사업타당성 분석결과를 토대로 하여 창업자는 자신에 맞는 업종 및 사업아이템을 최종적으로 선택하게 되며, 이때 한 번 더 컨설턴트의 최종자문을 받는 것이 바람직하다.

4.2.2 회사설립

서비스업도 제조업 및 도·소매업과 마찬가지로, 창업자가 사업자등록이나 법인신고만으로 영업활동이 가능한 업종과 사업을 영위하기 위해서는 필요한 시설과 자격을 갖추고 관련 정부기관에 인·허가를 받아야 하는 인·허가 업종으로 분류할 수 있다.

특히 서비스업은 정보화 사회가 도래함에 따라 상상할 수 없을 만큼 빠른 속도로 그 영역이 확대되고, 서비스의 수요도 다양해지고 있기 때문에 창업영역은 무궁무진하다고 할 수 있다.

그러므로 창업자는 자신이 창업하려는 업종이 관련법에 의해 허가, 등록 또는 신고가 필요한 업종인지 여부를 파악하여 창업준비를 하여야 한다. 공중위생과 관련이 있는 업종, 사행행위 등 행정규제가 필요한 업종, 전문적 지식이 요구되는 서비스업 등에 대하여는 개별법령에서 시설기준 및 자격요건 등을 규정하여 국민생활을 보호하고 있다.

회사설립 절차에서는 수행해야 할 핵심요소에는 창업예정업종에 대한 정보의 인·허가 또는 신고의 이행, 사업을 수행하기 위하여 세법에서 규정하고 있는 사업자등록신청, 그리고 법인설립의 경우 법인설립등기와 법인설립신고 등의 절차를 이행해야만 되는 것이다.

또한 창업준비 절차에서 기업형태가 결정되어 법인(주식회사)을 설립하여야 하는 경우에는 자본규모의 결정, 주주구성 등을 결정한 후 상법 등에서 규정하는 절차에 따라서 법원에 법인설립등기를 하고, 법인설립등기 후 발급되는 법인등기부등본 등을 첨부하여 관할 세무서에 법인설립신고와 사업자등록신청을 함으로써 일단 법적으로는 회사가 성립되는 것이다.

법인설립신고에는 법정등기사항이 있기 때문에 이들 사항이 누락되는 일이 없도록 하는 것이 중요하며, 법인설립 신고 시에는 향후 회사경영상 회계처리기준이 되는 고정자신 등의 감사상각방법을 사전에 신고하도록 하고 있어서 향후 경영방침과 연관시켜서 신고하여야만 하는 것이다.

물론 법인이 아닌 개인기업 설립 시에는 법인설립등기와 법인설립신고가 필요 없고, 사업인·허가와 사업자등록만으로 사업수행을 위한 법적절차를 수행할 수 있게 되는 것이다.

이렇듯 회사설립절차에는 법적으로 회사가 설립되는 과정이기 때문에 법적 요건에 흠결이 없도록 세심한 주의가 필요하다.

4.2.3 사무실 입지선정

사무실 입지선정단계는 고객에게 서비스를 제공하기에 가장 적절하다고 판단되는 장소를 찾는 과정이다. 사무실의 입지를 결정할 대는 계획하고 있는 입지가 창업할 업종 및 업태와의 적합성 여부를 먼저 확인하고 다음의 내용을 충분히 검토하여야 한다.

서비스업의 입지조건은 고객들이 얼마나 편하게 그 회사와 거래할 수 있는지를 결정하는 핵심적인 요인이다. 즉, 고객이 쉽게 접근이 용이한 곳이 좋다. 예를 들어, 세탁소나 미용실에 가기 위해 집에서 수 킬로미터나 떨어진 곳에 가야 한다면 이를 이용하는 사람은 거의 없을 것이기 때문이다. 또한 비용 등의 문제도 고려하여 결정하여야 한다. 제공되는 서비스의 종류에 따라 고객이 찾아오는 업종이라면 가급적 교통이 편리한 곳에, 고객이 통신수단을 주로 이용하고 서비스 제공자가 고객을 방문하는 업종이라면 공간비용이 저렴한 곳에 입지하는 것이 좋다.

4.2.4 개업준비

개업준비단계는 특정 서비스를 제공하는 데 필요한 인력을 충원하고 각종 요소를 마련함으로써 사업에 착수하는 과정이다. 개업준비단계에서는 본격적인 영업활동에 돌입하기 위하여 필요한 관리, 영업직원을 충원하고 훈련하는 일에서부터 체계적인 조직의 구성으로 이어진다.

회사실정에 맞는 조직이 구성되면 판매원, 종업원의 교육과정을 거친 후 본격적인 생산에 돌입하여 한다. 그리고 이어서 공장등록, 공장설립 완료보고, 부동산등기 등의 절차도 이행하여야 한다.

관리분야에서는 급여규정, 회계규정 등 각종 회사내규의 제정, 업무에 필요한 각종 장표와 서식 제정과 더불어 직원연수도 집중적으로 실시하여야 한다. 대외기관에 신고하여야 할 각종 사규, 즉 취업규칙신고, 사업장설치계획신고, 고용보험 가입, 기타 대외기관 신고 등을 이행하여야 한다.

영업 분야에서는 영업체계의 확립, 시장개척활동 및 시장조사 등을 병행하여 실시함으로써 본격 영업에 대비하여 자사 서비스제품을 홍보하고, 소비자 반응을 체크하여 제품의 성공가능성을 타진해 보는 등 보다 더 좋은 서비스제품으로 발전할 수 있도록 다양한 측면에서 소비자반응을 살피는 일이 중요하다. 그리고 종업원에 대한 정신무장과 함께 영업직에 대한 자긍심제고 노력 및 직원에 대한 연수도 병행하는 일도 잊어서는 안 된다.

4.3 도·소매업 창업

■ **도·소매업의 개념** 유통업으로도 불리는 도·소매업은 1차 산업의 생산물, 즉 농·림·수산물과 2차 산업의 광·공업 제품을 수요자에게 직접 공급(판매)하기까지 과정을 맡아서 하는 산업이다. '유통업'이라고 말할 때는 도·소매업자가 담당하는 범위, 즉 생산물을 매매하고 그 소유권을 이전시키는 활동인 사적거래와 생산물이 최종 수요자에게 이전하기까지 수송이나 보관의 과정인 물적유통이 모두 포함되는 개념이다. 그러나 일반적으로 유통경로라고 할 때는 상적 유통경로를 뜻한다.

■ **도·소매업의 창업절차** 도·소매업은 흔히 제조업이나 서비스업에 비해 비전문가가 도전하기 용이한 분야로 창업절차가 대체적으로 간단하다. 도·소매업은 업종의 특성상 인·허가 사항이 적으며 창업절차가 간단하기 때문에 일반적으로 점포를 확보하고 사업자등록을 하면 영업을 할 수 있다. 즉, 먼저 공장설립에 따른 복잡한 절차가 필요 없으며, 일반적으로 소규모로 시작하기 때문에 법인설립절차가 필요 없는 경우가 대부분이다. 그리고 개업 준비 절차도 제조업과는 달리 간편하다.

그러나 담배, 양곡과 같이 유통질서 확립이 필요한 제품과 의약품처럼 전문지식을 필요로 하는 업종의 경우에는 개별법에서 시설기준 및 자격요건 등을 규정하고 있다.

그러므로 창업자는 업종을 선정하고자 할 때 자신이 창업하려는 업종이 법에 의해 허가 등록 또는 신고가 필요한 업종인지 여부를 파악하여 창업 준비를 해야 한다.

도·소매업이라 하더라도 창업을 준비함에 있어서는 점포의 입지선정, 취급할 품목의 선정, 자금조달능력 등을 종합적으로 검토하여야 할 뿐만 아니라, 이와 함께 상권분석과 영업방법 등에 대한 충분하고 세밀한 연구가 반드시 필요하다. 예를 들면, 의류를 취급하려면 유동인구가 많은 곳으로, 생필품은 아파트 단지 등 거주인구가 많은 장소 등에서 성공확률이 높다. 시장분석은 물론, 품목별로 판매대상, 장소, 시기와 방법 등을 복합적으로 검토하여야 한다. 특히 도·소매업의 경우에는 점포의 입지가 매우 중요하다. 점포의 입지가 어디에 입지하고 있느냐에 따라서 사업성패가 좌우되기 때문에 특별히 신경을 써야 한다. 그래서 도·소매업의 창업에 있어서는 반드시 사업품목과 점포입지를 선정할 때부터 자료조사와 현장 시장조사를 실시하여야 한다.

도·소매업의 창업절차는 크게 창업준비절차, 점포입지 선정절차, 그리고 개업준비절차로 분류하여 볼 수 있는데, 각 단계별 창업절차의 흐름은 [그림 4.5]와 같다.

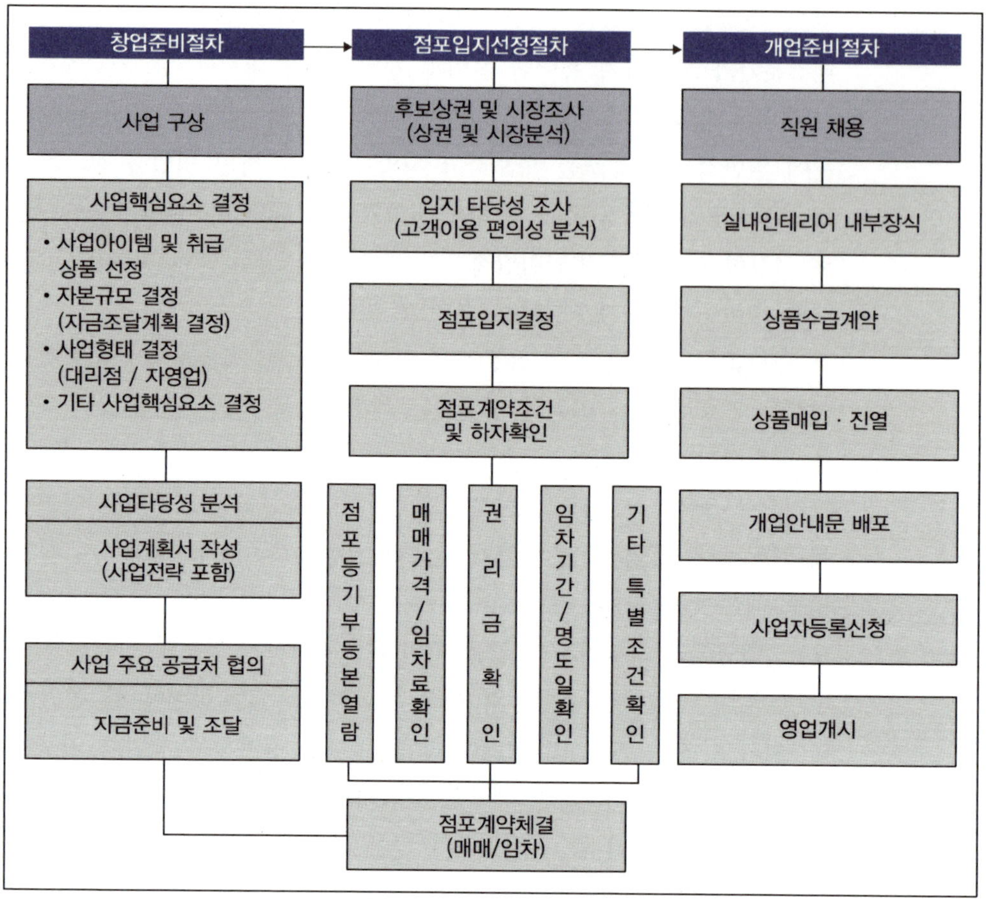

▲ **그림 4.5** 도·소매업의 창업절차

4.3.1 창업준비절차

▪ **사업아이템 선정** 사업아이템 선정, 즉 어떤 품목을 취급할 것인가 하는 문제가 창업자에게 가장 중요한 과제인 것은 도·소매업뿐 아니라 모든 산업에 공통된 것이다. 창업의 성패가 바로 여기에 달려 있다고 할 수 있는 사업아이템 선정은 서두르지 말고 신중한 자세로 다양한 정보와 자료를 분석하며 실제 상황확인인 시장조사과정을 거쳐 결정되어야 한다.

정보의 수집방법은 자신의 경험과 지식을 먼저 체계적으로 정리한 후에 창업할 아이템에 전문지식을 갖고 있는 동료나 전문가의 조언, 관련 서적 등을 통해 수집하고, 특히 도·소매업을 경영하고 있는 점포를 순회하며 개별 면담과 영업실태를 시간대별로 관찰하여 기초자료를 확보한다. 이때는 가급적이면 여러 개의 아이템을 대상으로 하는 것이 바람직하다.
기초자료분석과 영업실태 관찰을 통해 어느 정도 확신을 갖게 되면 구체적인 자료수집에 착수하여야 한다. 구체적인 정보수집대상은 상품의 공급처(도매상, 대리점, 제조원, 수입상 등), 창업하고자 하는 아이템이나 취급상품과 관련된 협회 등 전문단체, 상품시장을 전문적으로 조사하는 민간연구기관, 소상공인지원센터 등이 있다.

■ **사업타당성 분석** 제조업이나 서비스업 창업에서와 마찬가지로 두 개 이상의 아이템을 대상으로 관련 정보와 전문가의 조언을 구한 뒤 창업자는 사업아이템에 대한 타당성분석을 실시하여야 한다. 특히 사업타당성분석은 그 결과에 따라 창업을 결정하게 되는 최종적인 분석인 만큼 어느 것 하나에도 소홀함이 없이 정밀하게 분석하되, 그 내용에는 사업아이템의 적합도, 사업입지의 타당성, 시장성과 판매전망, 수익성, 성장성과 투자의 위험성 및 경쟁업체, 자신이 선택하려는 업종이 과연 성장가능성은 있는지, 시기적으로 신규창업이 적합한지 등에 대한 비교분석을 실시한다.
이 모든 과정을 거쳐 작성된 사업타당성분석 결과를 토대로 하여 창업자는 자신에 맞는 업종 및 사업 아이템을 최종적으로 선택하게 되며, 이때에 한 번 더 컨설턴트의 최종 자문을 받는 것이 바람직하다.

■ **사업유형의 결정** 창업자는 사업아이템을 최종적으로 선정함과 동시에 사업의 유형, 즉 도·소매업의 형태를 결정하여야 한다. 그 형태는 당연히 도매인가, 소매인가에서 비롯하여 대리점, 체인점, 편의점, 독립점, 전문점 등 각종 형태의 점포들이 종합적으로 검토대상이 된다. 이 경우에도 자금동원능력을 함께 고려하여야 한다.

■ **사업규모의 결정** 사업규모는 사업아이템 및 사업유형에 따라 결정하되, 그 내용이 자기자금 조달능력의 범위 내에서 소요자금의 용도 및 필요시기 등을 고려하여야 한다. 창업초기의 소요자금은 주로 점포구입비(또는 임대보증금), 점포권리금, 시설비(필요시), 내·외 장식 및 레이아웃, 상품구입비, 상품 또는 대리점 보증금 등에 차질 없이 지출되어야 하고 직원 임금, 점포유지비, 물류비, 각종 공과세금, 조달자금이자 등 6개월 내지 1년까지의 운영자금을 확보하고 있어야 한다.

■ **사업계획서 작성** 사업계획서는 창업자의 창업계획을 체계적으로 정리한 것으로서 소규모의 소매업이라도 창업자 및 업종의 특성에 맞는 창업계획서를 작성하여 실행해 나가야 한다. 사업타당성분석을 바탕으로 작성하는 사업계획서는 사업전략과 사업수익목표를 구체적으로 제시하는 창업자 자신의 사업에 대한 청사진으로서 창업과정을 계획성 있고 차질 없이 추진할 수 있게 하며, 창업기간을 단축시키고 경비를 줄여주며, 창업 성취율을 높여줄 수 있는 가장 중요한 교과서이다.
아울러 사업계획서는 창업에 도움을 줄 제3자, 즉 동업자, 출자자, 금융기관, 매입처, 매출처, 일반고객에 이르기까지 사업과 관련 있는 자들의 의사결정 자료로 활용되기 때문에 정확하고 객관적이며, 창업할 업종에 대한 전문적인 지식과 향후 사업 추진내용에 있어서 기존의 점포들과 차별화된 독창성이 있어야 한다. 사업계획서는 창업자 자신이 가지고 있는 목표 아이템을 제3자에게 설득력 있게 납득시킬 수 있도록 보편타당하게 작성되어야 한다. 아울러 시장조사기관 등의 증빙자료를 근거로 시장수요조사와 점포입지에 대한 분석을 실시하고, 예상되는 매출액과 수익성도 합리적인 방법으로 객관성 있게 추정하여야 한다.

자금조달 운용계획은 구체적으로 실현가능성이 확실하여야 한다. 창업자 자신이 조달 가능한 현금과 예금 및 담보 등에 의한 도달금액이 구체화되어 공급자 또는 조력자 등의 제3자에게 자금조달능력의 신뢰성을 인식시킨다. 또한 자금조달범위 내에서 정확한 소요자금사정이 명시되어야 한다. 계획사업이 잠재되어 있는 문제점과 향후 발생 가능한 위험요소를 심층 분석하고, 예기치 못한 사정으로 창업이 지연되거나 불가능하게 되지 않도록 다각도에 걸친 점검이 필요하다. 특히 종업원 확보, 강력한 경쟁상품이나 업체의 출현, 급격한 가격인상, 상품의 품질과 관련된 문제제기의 가능성 등에 대해서도 사업계획에서 확실히 짚어 두어야 한다.

4.3.2 점포입지 선정절차

■ **상권 및 시장분석**

① 상권의 개념 : 도·소매업의 창업자는 자신에게 적합한 아이템을 선정할

때 그 아이템에 맞는 상권을 설정하여야 한다. 상권이란 점포 또는 집단에 관계된 고객이 분포하고 있는 지리적 범위로서 구체적으로는 당해 상점가가 고객 흡인력이 있고, 취급하는 상품에 대하여 상시로 당해 상점에서 구입하는 고객이 분포하고 있는 지역을 말한다.

한 지역의 상권은 단계적인 계층적 구조로 이루어져 있다. 가장 큰 개념은 도시의 행정구역과 거의 일치하는 개념으로 도시 내의 모든 유통기관들의 상권의 합인 지역상권(general trading area)이 있고, 그 다음으로 지역상권 내의 후보입지가 속하는 상업지역이 가지는 상권으로 지구상권(district trading area)이 있으며, 대형백화점과 유명전문점의 존재여부, 그리고 관련 점포들 간의 집적여부에 따라 상권의 크기가 결정되며, 가장 작은 상권을 구성하는 것으로 각각의 개별 점포들의 상권인 점포상권(individual trading area)이다. 이러한 상권은 고객들의 거주 및 활동지역을 거리를 중심으로 일반적으로 1차상권, 2차상권, 3차상권으로 구성된다. 1차상권(primary trading area)은 전체 점포 이용객의 60~70%를 포함하는 지역범위를 말하며, 고객들이 다른 상권의 고객들보다 상점에 가장 근접해 있으며, 고객 수나 고객 1인당 판매액이 가장 높은 지역으로 해당지역의 소비수요 중 30% 이상을 흡입할 수 있는 지역이다. 도보로 5분 이내의 거리이면서 반경 약 500m 이내를 일컫는다. 그리고 2차 상권(secondary trading area)은 1차상권 외곽에 위치하며 전체 점포 이용객의 20~25%를 포함한다. 1차상권에 비해 고객들이 넓게 분산되어 있으며, 고객의 접근성이 떨어진다. 도보로 15분 이내의 거리로 반경 약 1km 이내이다. 반면에, 3차 상권(third trading area)은 1, 2차 상권에 포함되는 고객 이외의 나머지 고객들이 거주하는 상권범위로 한계상권(fringe trading area)이라고도 한다. 고객들이 거주지역은 광범위하게 분산되어 있고, 편의품의 고객들은 거의 존재하지 않으며 선매품이나 전문품을 취급하는 점포의 고객들이 5~10% 거주한다.

한편, 상권을 입지특성별로 나누어보면 주택가 상권, 아파트 단지 상가, 대로변 중심상권, 대학가 상권, 번화가 상권 등으로도 구분할 수 있다. 이러한 상권은 고정 불변하는 것이 아니라 지하철 개통과 같은 새로운 교통시설의 추가와 주거단지, 대형 상업시설의 신축, 지역개발 계획 등

정책변경에 따라 변화되기도 한다.

② 상권의 선택 : 상권에 따라 성별, 연령별 유동인구의 특징이 따르기 때문에 어느 상권에 어떤 아이템이 좋을지를 철저하게 분석해야 한다. 그래야만 창업의 실패 가능성을 줄일 수 있다. 창업자는 신설점포의 입지선정과정에서 기존 상권을 선택할 것인가 아니면 스스로 독자적인 상권을 개발할 것인가의 문제에 부딪치는데 그 결심여하에 따라 경영전략이 근본적으로 달라진다. 그러므로 독자적인 상권을 개척하기로 결심하게 되면 점포 신설지역에서 창업아이템에 대하여 새로운 경영환경을 창조하고, 고객층을 새로 형성시키기 위한 공격적 마케팅전략을 수립하여 확장위주의 경영계획을 추진하여야 한다.

그러나 기존상권에 진입하는 경우에는 이미 형성되어 있는 상권이 분위기에 적절히 대응하고 고객의 기호나 니즈에 적응하기 위한 마케팅을 통해 기존고객을 신설점포로 수렴해 들이는 전략이 중심이 되므로, 신설점포의 차별성을 부각시키기 위한 점포의 면적, 점포간 거리는 물론 광고, 홍보전략도 달라져야 한다.

창업업종에 맞는 적절한 상권을 선택하기 위해서는 주요 수요층, 유동인구, 도로상황, 경쟁점포 유무 등을 분석한다. 창업업종의 매출성장가능성 및 지역개발가능성 등 상권에 영향을 줄 수 있는 요인들을 파악하여 장기적인 안목을 가지고 상권을 선택한다. 이미 지역상권이 형성된 곳이나 동종업종이 모여 있는 상권, 업종 특성에 적합하고 시장개척가능성이 높은 상권을 선정한다.

■ **점포 입지선정** 도·소매업의 기본적인 특성은 소비자와의 직접적인 접촉, 즉 소비자가 점포에 직접 찾아오지 않으면 상품을 팔 수 없으므로 입지선정이 사업성공의 70～80%를 점유한다고 할 수 있다. 점포의 입지는 상권 내에 소비 대상인구가 많고 장래에도 인구가 증가할 것이 예상되며 소득수준 및 소비성향이 높고 구매력이 왕성한 연령층의 거주자, 즉 계획업종 및 업체에 적합한 소비자가 다수 존재하는 곳을 선택하여야 한다. 또한 도로, 지하철, 버스노선 등 교통체계를 비롯하여 다수의 소비자를 유인할 수 있는 시설이 주변에 존재하고 기존 상권이 형성되어 있는 곳이 경험이 적은 창업자에게는 유리하며, 도매업인 경우 유사업종 상권이 형성된 곳을 선정하여야

한다. 최근 번창하고 있는 인터넷 판매나 통신판매 같은 경우에는 사무실만 확보하고 별도 점포를 갖추지 않는 것이 일반적이다.

① 점포 입지선정 시 고려사항 : 창업자는 점포입지를 선정하는 데 있어서 점포용도를 확인하여 창업업종의 영업활동이 가능한 점포를 선정하여야 한다. 도·소매업종은 대개의 경우 중간 내지 최종소비자와 직접 접촉하여야 하는 분야이므로, 어떤 업종 못지않게 고도의 친밀성과 시장 감각이 필요한 분야임을 창업자는 명심하고, 이에 적절한 대응을 하여야 한다. 이와 같은 좋은 점포의 입지를 선정하기 위하여 고려해야 할 기본적 사항은 다음과 같다.

- 계획입지와 계획업종 및 업태와의 적합성이다. 일반적 관점에서 아무리 좋은 입지라도 계획업종 및 업태와 연결되지 않는다면 좋은 입지라 볼 수 없기 때문이다. 이를 테면 우리나라 제 1의 상권이라 볼 수 있는 명동에 수산물 도·소매업 입지를 선정한다면 결코 적합한 입지 선정이라고 볼 수 없다. 명동은 수산물 소비자가 거주하고 있는 주거지가 아니기 때문이다.
- 후보지의 환경에 대하여 구체적인 조사가 이루어져야 한다. 해당 상권의 인구수, 인구 구성, 세대수, 소득수준, 소비수준, 목표 소비자의 수 등을 창업자가 직접 현장에 나가서 같은 상품 판매처의 고객 수 등을 심층적으로 조사·분석해 볼 필요가 있는 것이다.
- 후보지의 장래성을 조사하는 일이다. 후보입지의 현황만 보고 입지를 선정하는 것은 상당한 위험이 뒤따른다. 후보입지의 장래성은 시가지 형성 상황, 주변 도시의 인구증가 속도, 신도시 계획 및 도시개발 계획의 유무, 도로의 신설·변경, 대형점의 출점계획 유무 등의 파악은 장래 발생할지도 모를 경영환경의 변화를 미리 예측함으로써 사업실패를 방지할 수 있는 지름길이 되는 것이다.
- 자금조달능력의 검토이다. 입지선정의 실제에 있어서는 좋은 점포입지의 경우 보증금도 많지만, 상당한 권리금도 존재하는 것이 현실이다. 따라서 아무리 좋은 입지라 하더라도 거기에 상응한 자금조달능력이 없다면 그 창업자에게는 그림의 떡에 불과하다. 그런 의미에서 자기자본 수준에 맞는 점포입지가 어떻게 보면 당해 창업자에게는 최적의 입지라 볼 수도 있을 것이다.

Check Point

상권의 조사방법

1. 상권조사의 개념

상권조사는 포괄적인 주위환경 및 시장의 배경과 특성을 조사하는 시장조사와 상권 내 인구의 동태적분석 및 자기점포 상권세력의 강·약도를 작성하고, 이를 판단하고 평가하여 고객 개척의 기본방향을 결정하는 상권의 보유 범위를 조사하는 것이다.

2. 상권조사의 절차

1) 제1단계 : 상권 내 지역정보의 수집
- 관광서의 인구통계자료
- 상업통계 자료
- 특정기관의 조사정보(방송사, 신문사, 조사업체 자료 등)
- 지역 관련 점포조사(점포수, 위치 등)

2) 제2단계 : 지역상권 지도의 작성(상권 중심부를 기준으로 최소반경 500m)
- 지구별 세대수
- 교통기관별 표시(역, 정류장 등)
- 관련 유통점 표시
- 지형적 특성
- 집객력이 있는 지역시설(체육관, 금융기관, 관공서 등)
- 경쟁점 표시

3) 제3단계 : 상권내 지역도보 관찰
- 연령별 생활방식 표시
- 소득수준 파악(거주지, 주거형태, 거주연수, 차량보유 등을 활용)
- 상권의 넓이 파악(교통이용 현황을 활용)
- 혼잡 점포 및 인기 점포 파악
- 쇼핑도로 파악
- 고객들의 생활방식 및 상품의 구매행동 파악

4) 제4단계 : 주요시설의 하루 이용객 수 조사
- 해당 상권에 영향을 미치는 유통시설, 관광서, 학교 등의 이용객 수 조사

5) 제5단계 : 유동인구 조사(요일별, 시간대별 2~3곳에 연령별 조사)
- 평일 12~13시, 16~17시 조사
- 주말 13~4시, 17~18시, 19~20시 조사

6) 제6단계 : 해당상권의 개발계획 조사(해당상권 관할 구청에서 조사)
- 아파트 신축, 아파트재개발 등 건축계획, 도로정비, 관광서 건축계획 등

7) 제7단계 : 상권의 급지 구분 및 점포임대시세 조사
- 상권의 상, 중, 하급지 구분
- 급지 구분은 지도상에 표시함

- 사업장 규모의 적합성 및 경쟁성이다. 일반적으로 자신의 점포인근에 경쟁점포가 없으면 그것만큼 좋은 입지는 없다. 그러나 그 상권에 꼭 알맞은 업종이라면 적어도 1～2곳의 경쟁점포가 있기 마련이다. 이런 경우에는 아무리 좋은 위치라 하더라도 인접한 경쟁점포와 비교하여 규모가 작다면 소비자의 심리상 작은 가게에 들어오지 않기 때문에 입점하는 데 심사숙고하여야 한다. 따라서 좋은 입지란 취급하고자 하는 상품을 보기 좋게 진열하고 판매할 수 있는 정도의 적정 규모 확보의 필요성이 있는 것이며, 주변 여타 점포에 비해 규모면에서 빈약하거나 경쟁력이 없다면 결코 경쟁에 이길 수 없을 것이다.
  경쟁업종이 아니더라도 확인하여 할 것이 또 하나 있다. 인근주변의 점포가 나에게 도움이 되는 업종인지, 손해가 되는 업종인지를 따져봐서 입점하여야 한다. 이를 테면 유흥가주변상권에서는 오락사업이나 주류사업은 도움이 되지만 아동교육사업은 절대 도움이 안되는 사업인 것이다. 하나 더 모여 있으면 시너지 효과를 내는 업종들이 있다. 이런 업종인 경우에는 꼭 밀집되어 있는 상권으로 가야 성공가능성이 높다고 할 수 있다.

② 점포입지 결정시의 확인사항 : 신규 점포후보지를 확정하게 되면 계약에 앞서 점포의 상태와 소유주의 의도를 파악하는 것이 중요하다. 점포를 완전히 사서 입주하는 경우는 창업자의 의사에 따라 입주 후의 개선이나 준비절차를 자유롭게 추진할 수 있으나, 전세 또는 월세로 임차하여 입주하는 경우는 점포소유자가 권리금 상쇄를 위한 일시적 임대인지 아니면 인근에 대형점포를 신축하기 위한 확장 이전인지를 확인하여야 한다. 또한 점포의 상태, 즉 전력, 용수, 배수시설, 누수나 침수, 환기, 쓰레기 등 고객주차장 확보대수, 광고간판 설치 공간 등도 확인하여야 한다.

■ **점포계약시의 조건 및 하자확인** 점포입지에 대한 계약과정에서 창업자는 점포매매 또는 임차를 위한 조건과 하자의 내용을 확인하여야 한다. 해당 대지와 건물에 대한 법적 주인과 계약 체결자와의 관계, 근저당, 가등기 등 가압류 여부는 등기부등본을 발급받아 확인하고, 도시계획에 따른 용도는 도시계획확인원, 토지대장, 건축물대장을 발급받아 무허가나 가건물인지의 여부와 함께 도시계획상의 철거대상인지 아닌지를 확인한다.

이와 함께 창업자는 계약조건에 대해서도 철저히 확인하여야 한다. 즉, 임차보증금의 조건, 월 세액, 각종 공과금 및 세금납부 의무 등이 계약서상 명시되어야 하며, 계약할 대 인수할 품목과 비품 목록, 계약기간, 명도일, 계약기간 만료 후 재연장조건, 향후 사업성패에 따른 업종 변경할 때의 제약조건 여부, 월세금 지불방법, 연체시의 이자, 해약조건, 하자보수 등도 명시해야 한다. 계약금, 중도금, 잔금, 중계료의 액수 및 지급일 그리고 권이금, 보증금 등을 일괄 인수할 때에 권리승계 및 인증 유무를 명시하고 매도인, 매수인, 중개인의 이름, 주소, 연락처, 날인상태를 확인하여야 한다.
마지막으로 등기부상의 법률상 주인과 바르게 계약한 것인지 주민등록증을 상호 보호해줌으로써 본인 여부를 확인하는 것이 바람직하다.

4.3.3 개업준비절차

■ **직원채용** 판매업의 특성은 고용의 정착성이 낮아서 직원들의 이직률이 높고, 시간제 근무가 가능하며, 성수기에는 임시직을 파트타임으로 활용할 수 있다는 점이다. 그러므로 창업점포는 가급적 직원의 수를 최소화하고 경우에 따라서는 가족경영형태를 취하며, 시간제 파트타임 직원을 최대한 활용하도록 하고, 특별히 경험이 있는 종업원이 필요하다고 판단될 때는 사전에 채용조건을 결정하여 확보하도록 한다. 도·소매업에서는 특히 종업원의 의식구조와 능력은 판매액에 직접적인 영향을 끼치므로 신뢰를 바탕으로 인간적인 유대관계가 형성·유지되도록 하여야 한다. 특히 창업자는 직원의 능률을 높이기 위해서 적절한 목표를 수립하고, 직원의 능력에 확신을 가지며, 권한을 위임하고, 긍정적으로 생각하도록 애쓰며, 유머감각을 가지고 직원의 말을 경청하며, 인간중심이 되도록 노력하여야 한다.

■ **상품수급계약** 상품의 약정된 품질수준으로 적정가격에 안정적으로 공급받도록 문서로 계약하되, 주문방법, 납품방법, 가격, 발주 후 입고까지의 시간, 하차 및 진열유무, 선수금, 하자 반품조건, 결제방법, 재고품의 반품방법, 유사상품을 취급할 때의 계약조건, 계약기간, 수급해약조건, 위약금 등을 계약서에 명시하여 책임소재를 명확히 하고, 자금조달범위 내에서 적정한 상품종류와 적정구매량을 발주한다. 판매계획에 따라 투자액과 예상목표

이익액을 비교하여 판매목표액을 결정하고 판매액 달성을 위한 상품구색 또는 상품구성을 결정한다.

■ **매장 시설공사 및 인테리어장식** 개업에 앞서 매장 시설공사와 실내 내부장식은 투자계획에 따라 예상투자비가 초과하지 않는 범위 내에서 추진하되, 매장시설은 전문업체와 일괄계약이 유리(허가관련 처리가 용이)하며, 체인점이나 대리점인 경우는 본사에 직접 의뢰하거나 본사에서 제공하는 설계에 따라야 한다. 점포외관의 디자인은 고객이 노력하지 않고도 쉽게 발견할 수 있게 구성하고, 고객흡인형 점포는 고객이 외부에서 점포 내의 분위기를 느낄 수 있도록 설계하여 고객흡인기능을 중시하여야 하고, 고객선별형 점포는 목표고객만이 점포내로 들어오도록 점포성격을 알릴 수 있는 외관설계에 치중하여야 한다. 내부디자인은 고객의 구매욕구를 높이기 위해 점포 내의 분위기를 즐겁게, 상품을 보다 매력적으로 느낄 수 있도록 설계하며, 내부면적의 배분은 매장 및 비매장면적의 비율과 매장면적을 상품구색별로 구분하여 가장 효율적인 비율로 구성하는 것에 신경 써야 한다.
점포의 바깥조명은 고객을 흡인하고 인도하며, 영업시간 외에도 점포의 존재를 기억시키는 역할을 할 수 있도록 하고, 점포 안의 조명은 고객으로 하여금 상품에 시선을 끌게 하여 품질과 가격 검토에 도움을 주어 구매의욕을 일으키게 설계하는 등 상품을 돋보이게 하는 색체 배합과 상품의 분위기에 맞는 상품 색체를 선정하여 고객의 구매심리를 적극적으로 유발시키는 것이 중요하다.

■ **상품 매입과 진열** 상품매입은 고객을 만족시킬 수 있는 상품을 구매하는 것으로 찾아온 고객이 원하는 상품을 위주로 하는 상품구색과 재고수량을 감안하여 상품매일을 결정하고, 관련품목을 중점 취급하는 상품매입처를 다수 확보하되, 상품매입처는 상품과 판매자세 및 기업 자체의 경영적 배경을 검토하여 평가한다.
상품진열은 고객의 눈에 구매하고자 하는 상품이 가장 잘 보이도록 진열하는 것이 원칙이다. 그러므로 상품진열의 구성요인인 상품(무엇을), 진열량과 수(얼마만큼), 진열면, 진열의 위치, 진열의 형태를 신중히 검토하여 선택하여야 한다. 상품판매량에 정비례하는 진열방식은 상품회전율을 높이고 많이 팔리는 상품의 품절 방지와 비인기 상품의 재고감소효과를 주게 되며, 또한 고객이 즐겁게 가격수준을 비교하여 구매할 수 있게 동일 상품당 가격라인의 수는 3~5개로 제한하여 진열하는 것이 좋다.

고객이 원하는 상품구색을 충분히 갖추고 적정수준의 재고를 유지하기 위해서는 재고관리를 계획하여야 한다. 특히 기초재고, 상품구색 재고, 신규재고를 적정선에서 유지하려면 매장과 창고가 있는 상품수량, 상품별 판매빈도, 주문상품의 유형과 수량에 관한 정확한 데이터가 확보되어야 하고, 재고부족의 원인이 되는 부정확한 판매예측, 매입처로부터의 상품공급 지연, 매입자금의 부족, 예상치 못한 고객수요 등에 대한 대응책도 아울려 마련되어야 한다. 그러므로 적정 재고관리를 위해서는 컴퓨터를 활용하여 1일 매출과 매입 및 재고수준을 기록하고 주간, 월간 실적을 대비시켜 과학적인 통계에 의한 재고조정방안을 체계화할 필요가 있다.

■ **촉진활동의 수행** 점포 개업을 전후하여 광고, 홍보, 인적판매, 판매촉진활동 등 다양한 형태의 촉진활동을 적극적으로 전개하여야 한다.

■ **사업자등록 신청** 창업자는 창업업종이 인·허가를 필요로 하는 업종인지 아닌지를 확인하여야 한다. 인·허가를 받아야 하는 업종은 개별법에 의하여 인·허가 처리기관 및 처리절차, 소요기간 및 경비, 시설기준 및 자격요건과 구비서류를 정확히 파악하여 소정의 절차에 따라 관할 세무서(민원봉사실)에 사업자등록을 신청하여 인·허가를 취득하여야 하며, 인·허가가 필요 없는 업종은 사업개시일로부터 20일 이내에 사업자등록을 마침으로써 영업활동을 시작할 수 있다.

토 의 과 제

1. 최근에 창업한 잘 아는 업체를 선정하여, 창업절차를 도식화해 보시오.
2. 자신이 희망하는 창업업종을 선정하여, 창업과정에서 그 업종만의 차별화된 특성이 무엇인지 찾아보시오.
3. 최근 창업과 더불어 창직(創職 : job creation)에 대한 관심도 고조되고 있는데, 창직이 무엇인지 설명하고, 주변에 창직한 업종을 찾아서 그 내용을 설명해 보시오.

Chapter 5

창의적 아이디어 개발과 비즈니스 모델

◈ 학습내용

01 아이디어와 창의성
02 창의적 사고기법
03 아이디어 선별
04 비즈니스 모델의 이해
05 비즈니스 모델 캔버스 작성하기

◈ 학습목표

사업개발을 위한 창의적 아이디어를 개발하는 방법을 학습한다. 또한 비즈니스 모델의 의미와 필요성, 구성요소 등을 학습하여, 비즈니스 캔버스 또는 린캔버스를 직접 작성하면서 비즈니스 모델을 이해한다.

〈시작이야기〉

포털이 따라한 당근마켓의 인기비결

당근마켓은 요즘 네티즌들 표현대로 '핫'하게 뜨고 있는 스마트폰용 소프트웨어(앱)다. '당신의 근처에 있는 마켓'의 줄임말인 당근마켓이 인기 앱으로 부상한 이유는 이름처럼 동네 위주의 중고거래 때문이다.

중고거래는 굳이 당근마켓이 아니어도 인터넷에서 흔히 볼 수 있다. 하지만 이곳이 다른 점은 이용자의 생활공간을 기반으로 하고 있다는 점이다. 즉, 이용자의 집 주변을 중심으로 가까운 동네 사람들끼리 거래를 할 수 있도록 도와준다.

동네 주민 사이에 이뤄지는 거래는 여러 가지로 편리하다. 우선 물건을 사고파는 사람들이 모두 같은 동네에 살다 보니 멀리 이동할 필요가 없다. 그만큼 시간과 장소를 손쉽게 정해서 바로 거래를 할 수 있다. 이 때문에 당근마켓은 결제 시스템을 따로 갖고 있지 않다. 현장에서 바로 결제할 수 있기 때문이다.

당근마켓의 김재현 공동대표는 "동네를 기반으로 한 커뮤니티와 중고거래 사업이 핵심"이라고 밝혔다.

그만큼 신뢰도 높다. 돈 떼일 염려도 적고 이웃 주민이어서 서로 낯붉힐 만한 일을 하지 않는다.

이용 방법은 간단하다. 아이폰과 안드로이드폰용 앱을 내려 받아 스마트폰에 설치한 뒤 문자 인증만 받으면 바로 이용할 수 있다. 이때 거주 지역을 입력하면 자동으로 해당 동네모임에 소속된다.

◇ 중고거래부터 동네 품앗이까지 활발

이 같은 장점 때문에 당근마켓에는 중고 물품 뿐 아니라 각종 동네 품앗이가 활발하게 이뤄진다. 예를 들어, 집을 비운 사이에 반려견 산책을 시켜줄 사람을 찾거나 제빵 교실 회원 모집, 조기 축구회 구성원을 찾는 글까지 다양하게 올라온다. 즉, 중고거래 장터에 머물지 않고 본격적인 동네 커뮤니티로 자리매김을 했다. 이 점이 당근마켓과 다른 중고거래 사이트의 가장 큰 차이점이다.

이 앱을 개발한 곳은 같은 이름의 신생(스타트업) 기업인 당근마켓(공동대표 김재현, 김용현)이다. 두 사람은 2015년 7월에 당근마켓을 공동 창업했다. 김재현 대표가 개발을 맡고 김용현 대표는 기획과 마케팅 등을 주로 한다. 30일 서울 강남역 부근에 위치한 당근마켓 사무실에서 김재현(41) 대표를 만났다. 김 대표는 "이름은 비슷하지만 형제는 아니다"라며 "둘 다 지역 관련 사업을 하고 싶어 창업을 했다"고 말했다.

원래 김재현 대표는 대학에서 컴퓨터공학을 전공하고 셋톱박스 개발업체에 다니다가 네이버로 이직해서 3년간 검색 개발 등을 담당했다. 이후 쿠폰모아라는 회사를 창업했는데 카카오에서 2012년에 인수하면서 카카오에 합류해 3년간 카카오 플레이스 등을 개발했다. 김용현(42) 대표도 비슷한 시기에 네이버와 카카오를 거쳤고 카카오 플레이스 서비스를 하며 김재현 대표를 만났다.

두 사람은 국내 대형 포털인 카카오와 네이버를 다니며 사업에 대한 영감을 얻었다. 김 대표는 "네이버와 카카오에는 직원들을 위한 사내 장터 게시판이 있는데 같은 건물에 있는 직원들끼리 거래하니 만나기 쉽고 믿을 수 있어 너무 편했다"며 "이를 동네에 접목한 것이 지금의 사업"이라고 설명했다.

뿐만 아니라 환경 문제에 대한 고민도 사업에 녹아 들었다. 김 대표는 "아파트 단지에서 매주 분리수거 할 때 보면 쓸 만한 물건들을 너무 쉽게 버려 안타까웠다"며 "환경을 위해 쓰레기를 줄일 수 있는 일을 해보자는 생각을 했다"고 말했다.

이들의 계획은 창업과 함께 편리한 앱 개발로 이어졌다. 김 대표는 "2주 만에 개발을 마치고 서비스를 시작했다"며 "이용자가 빠르게 증가해 8월 기준으로 650만 명"이라고 밝혔다. 월간 순 방문자만 314만 명, 월 거래규모는 500억 원에 이른다.

김 대표는 중고거래를 넘어 동네 커뮤니티에 초점을 맞춘 것을 성공 요인으로 보고 있다. 그는 "동네 생활이라는 메뉴에 피아노 레슨을 받고 싶다는 글, 반찬을 각자 만들어 나눠 갖는 반찬모임을 하고 싶다는 등 동네 생활 관련 글들이 많이 올라오고 실제 활동으로 이어진다"고 전했다.

아직까지 본격적인 동네 기반 커뮤니티가 없다는 것도 당근마켓의 인기에 한 몫 했다. 포털에 번개 장터가 있지만 동네를 기반으로 한 것은 아니며 지역 카페는 상당수 폐쇄적으로 운영돼 접근이 쉽지 않다.

반면 당근마켓은 누구나 쉽게 이용할 수 있도록 개인 정보를 요구하지 않는 등 문턱을 낮췄고 대신 신뢰를 높이기 위해 '매너 온도계'라는 독특한 기능을 도입했다. 매너 온도계는 중고장터 이용자들의 평가를 온도로 반영했다. 사람의 체온인 섭씨 36.5도에서 시작해 좋은 평가를 받을 때마다 0.1도씩 올라간다. 김 대표는 "중고장터 구매자들이 판매자의 신뢰도를 판단할 수 있게 해주는 기능"이라며 "온도가 높은 사람들에게 '거래하는 기쁨' '시간은 금' 등 재미있는 이름의 표찰도 준다"고 말했다.

그렇다 보니 이용자들의 반응이 좋다. 김 대표는 "월 130만 건의 거래 후기가 올라오는데 3단계로 평가하는 이용자 평가에서 가장 낮은 평가는 월 9,000건에 불과하다"며 "이상한 사람들이 있으면 동네 주민들이 신고하며 악의적으로 이용한 사람에게는 1년간 이용을 정지시킨다"고 설명했다.

◇이용자와 소상공인들의 가려운 곳을 긁어준 동네 광고가 수익 모델

수익 모델은 광고다. 이들은 거래 수수료를 받지 않는다. 대신 이용자들의 게시물 사이에 청소, 실내장식, 미용실, 부동산 등 동네 소상공인들의 광고를 노출한다. 김 대표는 "오로지 동네 광고만 받는다"며 "그래서 이용자들도 광고를 정보로 인식한다"고 강조했다. 실제로 어떤 광고의 경우 이용자들이 문의한 댓글이 70개 이상 올라왔다. 그만큼 실생활과 밀접하다는 뜻이다.

재미있는 것은 광고비 산정 방식이다. 김 대표는 "1원 단위로 계산되는 광고비는 지역별 이용자 숫자에 따라 다르다"며 "이용자가 많은 동네에 노출하면 광고비를 더 받는다"고 말했다. 소상공인들은 몇 백원 단위로 광고비를 집행할 수 있으며 광고 횟수, 노출 기간과 지역 등 필요한 요소들을 쉽게 선택할 수 있도록 자동화 돼 있어 간단하게 광고를 내보낼 수 있다. 그래서 당근마켓은 광고 영업을 위한 인력이 없다.

현재 당근마켓에 노출된 광고는 약 1,600개에 이른다. 주로 대형 포털에 광고를 할 여력이 되지 않는 소상공인들이 이용한다. 그만큼 당근마켓의 동네 기반 광고가 소상공인들과 이용자 모두의 가려운 곳을 긁어준 셈이다. 김 대표는 "돈을 많이 버는 것보다 이용자들에게 동네에 있는 정보를 제공하는 것이 더 값지다는 생각으로 롱테일 광고를 하는 것"이라며 웃었다.

01 아이디어와 창의성

1.1 아이디어

문제는 현재 상태에서 개선된 상태로 변환이 가능한 상황으로 현재 상태와 이상적인 상태간의 차이를 말한다. 기회는 기업에 신제품이나 사업을 위한 욕구창출에 호의적인 환경이다. 사업기회는 제품수요를 증가시키거나 변화추세를 이용할 수 있는 유리한 조건이다. 따라서 경쟁우위를 얻기 위해 이용하거나 문제를 해결할 수 있는 현재 상황과 잠재적 미래에 존재하는 확인된 사업이나 기술의 공백이다. 아이디어는 정신적 이해, 인식이나 활동의 결과로써 마음속에 존재하는 구상이다. 아이디어는 욕구나 문제를 발견하고, 문제해결에 관한 생각이다. 아이디어는 의도가 있어야 생성되지만, 무심코 생성될 수도 있다.

- 문제 : 현재 상태와 이상적인 상태간의 차이
- 기회 : 기업에 신제품이나 사업을 위한 욕구창출에 호의적인 환경
- 사업기회 : 제품수요를 증가시키거나 변화추세를 이용할 수 있는 유리한 조건
- 아이디어 : 욕구나 문제를 발견하고, 문제해결에 관한 생각

아이디어는 기회와 문제에서 얻을 수 있다. 제품 아이디어는 고객의 미충족 욕구를 해결하는 해결책이 있고, 수익성이 기대되는 아이디어이다. 따라서 제품 아이디어는 다른 기업이 충족시키지 못하는 소비자들의 욕구와 필요를 탐구하는 과정에서 창출된다. 제품 컨셉은 소비자들이 제품사용으로부터 얻는 편익으로 제품 아이디어를 언어, 상징, 디자인 등으로 표현한 것이다. 따라서 시장기회의 진화는 시장에서 문제를 확인하고, 기회를 발견하여, 제품 아이디어를 착상하고, 고객에게 편익을 제공할 제품컨셉을 창출하여 신제품으로 변화하는 과정이다.

- 제품 아이디어 : 미충족 욕구를 해결하는 해결책이 있고, 수익성이 기대되는 아이디어
- 제품 컨셉 : 제품 아이디어를 언어, 상징, 디자인 등으로 표현한 것

예를 들면, 도둑이 벽을 타고 올라와 집에 있는 물건을 훔쳐 달아나는 사건은 문제이지만, 기회는 이 문제를 인식하고 신상품이나 서비스를 위한 욕구

를 창출할 수 있는 호의적인 환경이다. 문제를 인식하고 해결안을 찾을 수 있는 환경이 발생할 때 기회는 오는 것이다. 따라서 방범과 퇴치장치를 생각했다면 아이디어가 된다. 이 아이디어를 발전시켜 도둑이 접근하는 것을 감지하여 퇴치할 장치가 바로 제품 아이디어이다. 접근할 때 소리로 퇴치하고, 녹화하여 증거로 남기는 굉음과 녹화기능 CCTV가 제품컨셉이 되고, 이를 제품으로 개발하면 '도둑 끝 CCTV'신제품이 된다.

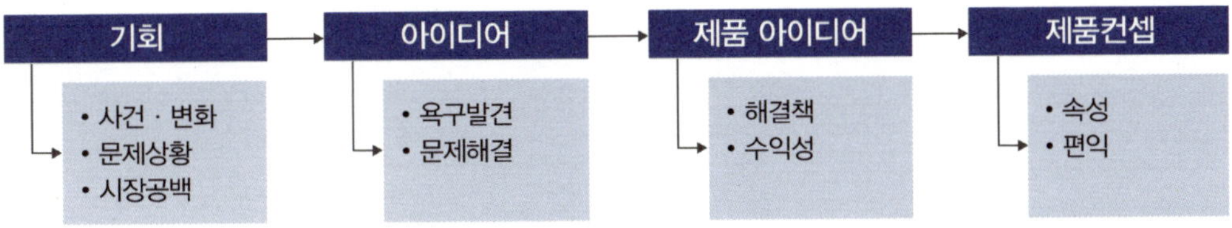

▲ **그림 5.1** 기회의 진화

1.2 창의성

창의성이란 사물을 새롭게 탄생시키거나, 새로운 사물에 이르게 하는 개인의 지적 특성인 동시에 새롭고, 독창적이고, 유용한 것을 만들어 내는 능력이다. 따라서 창의성은 확산적 사고(divergent thinking)와 수렴적 사고(convergent thinking)를 포함하는 다양한 지적능력, 인성, 지식, 환경의 총체적인 관점이다. 창의성은 의식적 사고나 노력뿐만 아니라 무의식적인 사고와 노력의 영향을 받아 일어나기도 한다. 창의성은 모든 사고가 총체적으로 결합되어 나타나는 가장 고차적인 사고능력이다. 과학과 공학에서 창의성은 새로운 아이디어, 컨셉의 창출이나 기존 아이디어 간의 새로운 연상을 포함하는 정신적 과정이다. 따라서 창조적 사고는 신제품을 창조하거나 문제해결과 현상을 설명하는 데 필수적인 과정이다.

■ **창의성의 구성요소** Maslow는 창의성을 일상생활 전반에 넓게 나타나며 매사를 보다 창의적으로 수행해 나가는 어디에서나 볼 수 있는 성향이라고 하였다. 즉, 자신이 맡은 일에서 얼마만큼 창의적으로 사고하고 행동할

수 있느냐를 기준으로 삼는다. 창의성의 구성요소는 유창성, 융통성, 독창성과 정교성을 포함한다.

- 유창성(fluency) : 많은 아이디어를 내는 능력
- 융통성(flexibility) : 유창성의 연장으로 사물을 다른 각도에서 볼 수 있는 능력, 여러 관점에서 상황을 볼 수 있는 능력
- 독창성(originality) : 아이디어의 양보다 질적인 측면, 소재의 독특함
- 정교성(elaboration) : 아이디어를 정교하게, 세밀하게 하거나 재미있고, 아름답게 꾸미는 능력, 기존의 지식이나 원래의 생각에 추가하고 확장시키는 능력

Check Point

창의성을 방해하는 요소

- 평가 : 평가받는다는 것에 대한 스트레스
- 과다한 보상 : 보상이 너무 심한 경우 내적 동기가 사라질 위험
- 경쟁 : 심리적으로 불안정한 상태에서 창의성이 충분히 발휘되지 않는다.
- 선택권의 제한 : 스스로 선택할 수 있는 기회를 주어야 창의성이 증진된다.
- 창의성을 저해하는 말 사용 : 부정, 비웃음, 비난, 무시, 경멸, 핀잔

02 창의적 사고기법

제품개발에서 창의성은 새로운 아이디어를 창출하기 위한 다양한 범위와 문제해결을 위한 접근법으로부터 지식과 경험의 요소를 결합하는 능력을 말한다. 이것은 생각의 구조와 패턴을 미리 극복하는 것을 뜻한다. 창의성 기법은 향상원리로 새로운 아이디어를 얻는 절차이다. 창의성을 향상하는 방법에는 해결책의 직관적 개발을 위한 연상과 전환, 새로운 접근법의 체계와 분석적 생성을 위한 추상화와 결합이 있다.

수직적 사고는 어떤 아이디어나 제안의 옳고 그름을 따지기 위한 선택적 사고이며 논리의 규칙에 맞추어 따져보는 사고이다. 이와 달리 수평적 사고는 옳고 그름을 판단하는 것이 아니라 통찰력이나 창의성을 발휘하여 기발한

해결책을 찾는 사고방법을 말한다. 창의적 사고는 생산적 사고라고도 하며, 이전에는 관계가 없었던 사물이나 아이디어의 관계를 재형성시키는 역동적인 힘이다. 따라서 과거의 경험을 이용하여 미지의 새로운 결론이나 새로운 발명을 끌어내는 사고 과정이다. 이는 고차적 정신능력을 제공하는 다양한 결과를 산출해 내는 능력으로써 확산적 사고와 수렴적 사고가 동시에 요구된다. 확산적 사고기법은 주어진 문제에 대한 가능한 많은 해결책을 창출하는 기법이다. 유의미하고 새로운 연결을 만들고 표현하는 사고기법으로 아이디어를 생성해내는 사고 과정이다. 반면 수렴적 사고는 주어진 문제에 대한 최적의 해결책을 창출하는 사고기법으로 아이디어들을 분석하고, 다듬고, 선택하는 사고과정이다. 따라서 창의적 사고과정은 확산적 사고기법을 통하여 가능한 많은 아이디어를 창출하고, 그런 다음 수렴적 사고기법을 통하여 최적의 아이디어를 선별하는 것이다.

확산적 사고기법은 주어진 문제에 대해 가능한 많은 해결책을 창출하는 기법이다. 유의미하고 새로운 연결을 만들고 표현하는 사고기법으로 아이디어를 생성해내는 사고과정이다. 따라서 많은 아이디어를 산출함으로써 최적의 아이디어를 선택할 수 있다.

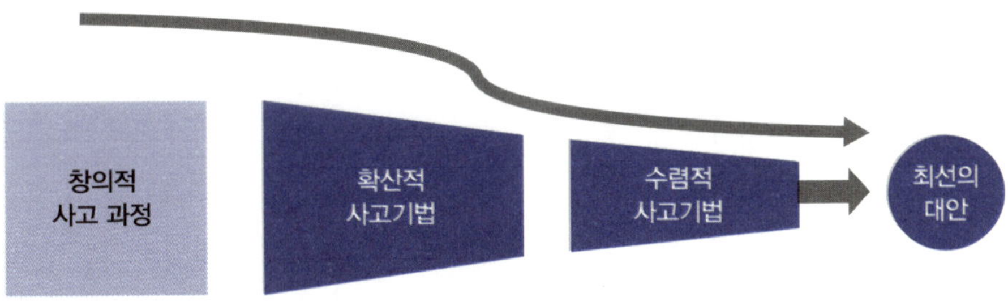

▲ 그림 5.2 창의적 사고기법에 의한 아이디어 선별과정

▼ 표 5.1 창의적 사고기법의 종류

구분	의미	사고기법	
확산적 사고	가능한 많은 아이디어 창출 다량의 아이이어 생산	브레인스토밍 스캠퍼(scamper) 마인드맵(mind map) 연꽃기법	브레인라이팅 시네틱스(synectics) 속성열거법
수렴적 사고	아이디어의 분석, 정교화, 선택 소수의 최적안 선택	P-P-C 기법 쌍비교분석법	고든법 역 브레인스토밍

반면, 수렴적 사고는 주어진 문제에 대한 최적의 해결책을 창출하는 사고기법으로 아이디어들을 분석하고, 다듬고, 선택하는 사고과정이다. 확산적 사고기법에 의해 산출된 다량의 아이디어 중에서 소수의 최적안을 선정하는 기법이다. 본 서에서는 예비창업자들에게 유용하면서 가장 보편적인 방법인 브레인스토밍, 브레인라이팅, 스캠퍼 그리고 고든법을 소개한다.

■ **브레인스토밍(Brain Storming)** 브레인스토밍은 아이디어 창출을 위해 가장 많이 이용되는 기법으로, 집단의 문제해결을 위한 새로운 아이디어를 창출하려는 일종의 회의방식으로, 하나의 구체적인 과제를 부여하여 일정한 규칙 하에 집단적으로 아이디어를 만들어 내는 회의방법이다. 구성원은 주로 10명 내외의 전문가와 비전문가로 구성하는 것이 일반적이다.

브레인스토밍은 대표적인 확산적 사고기법 중 하나로, 여러 사람이 모여 어떤 한 주제나 문제에 대하여 두뇌에서 폭풍이 몰아치듯이 생각나는 아이디어를 만들어내는 진단발상기법이다.

브레인스토밍 기법은 광고대리점을 운영하던 오스본(A.F. Osbon)이 1953년 "창의력을 펴라"(applied imagination : principle and procedures of creative problem solving)라는 그의 저서에서 광고관계 아이디어를 내기 위한 회의방식에서부터 개발되었다. 구성원은 주로 10명 내외의 전문가와 비전문가로 구성하는 것이 일반적이다. 브레인스토밍의 회의진행과 방법으로 다음과 같은 것들이다.

① 모든 사람들이 문제를 정의하는 방법에 동의하여야 한다. 즉, 타인의 아이디어에 대해서는 절대로 비판해서는 안 된다.
② 많은 아이디어의 획득을 위하여 다량의 아이디어를 요구한다.
③ 모든 구성원이 참여토록 하여 자유로이 나온 아이디어를 환영한다.
④ 토의를 위압하거나 지배하지 말고 각 참여자에 반응하지 말아야 한다.
⑤ 타인의 아이디어를 변경, 개선, 결합하여 새로운 아이디어를 제안하는 것을 환영한다.

이러한 회의방식에 따라 회의를 진행하면 어려운 문제의 해결이나 또는 기발하고 특출한, 평범하게는 생각될 수 없는 아이디어를 창출해 낼 수 있는 것이다. 따라서 오늘날 각 기업이나 조직에서는 이러한 브레인스토밍의 기법을 많이 사용하게 되고, 더욱이 이 기법을 개선하고 확대하여 예컨대 분임토의 등 변형된 형태로도 크게 발전하고 있다.

■ **브레인라이팅(Brain Writing)** 브레인라이팅(brain writing)은 브레인스토밍과는 반대로 서로 말을 하지 않고 생각을 글로 써내도록 하는 것이다. 집단의 문제에 대해 시종 침묵한 채로 참석자들에게 발상을 하도록 하면서, 집단 발상의 장점도 살리는 사고방법 중 하나이다. 이의 특징은 6명이 참가하여 각자 아이디어 3개씩을 생각하고 5분 내에 용지에 기입하는 6·3·5법이 대표적이다. 참석자 전원이 무언으로 발상 작업을 하고(침묵의 브레인스토밍) 또 모든 사람이 평등하게 사고하고 발상을 하게 하는 것이다.

진행방법으로는 사전 준비단계에서 사회자를 정해두고 참가자는 6명을 원칙으로 하며 주제를 확인한 후 준비된 브레인라이팅 용지를 전원에게 나눠주고, 표제란에 주제를 기입하게 한다. 그런 후 다음의 방식으로 진행한다.

① 처음 5분간 참가자는 각자 3가지 아이디어를 용지의 가로 첫 번째 줄에 나열된 A, B, C칸에 써 넣는다.

② 5분 후, 용지를 왼쪽 옆 사람에게 건넨다.

③ 각자 5분간 세 가지의 아이디어를 오른쪽 사람이 건네준 용지의 두 번째 줄에 기입한다.

④ 각자 앞의 사람이 기입한 첫 번째 줄의 아이디어를 보면서, 이것을 발전시킨 것과 완전히 새로운 아이디어를 두 번째 줄에 써넣는다.

⑤ 또 5분이 경과하면 용지를 돌리고, 세 번째 줄에 아이디어를 기입한다.

⑥ 이하 마지막 줄까지 같은 작업을 반복한다.

⑦ 전원이 아이디어 평가를 실행한다.

만일 개인으로 실행할 경우에는 5분간 A, B, C칸에 기입하고 5분 후 두 번째 줄에 기입하는 등 이 과정을 반복한다. 브레인라이팅의 장점으로는 지위가 높은 사람 혹은 목소리가 큰 사람에게 주도권을 빼앗기지 않을 수 있고, 첫 대면하는 사람들과 발상 회의를 할 때 효과가 높다. 이러한 기법을 통해 사내 여행기획, 신상품 개발, 네이밍, 판매전략의 입안 등에 사용할 수 있다.

■ **스캠퍼(Scamper)** 스캠퍼는 제품개선이나 신제품개발에 많이 활용된다. 이것은 대치(substitute), 결합·혼합(combine), 적용(adapt), 수정(modify), 확대(magnify), 축소(minify), 다른 용도 사용(put to other use), 제거(eliminate), 재배치(rearrange) 등의 두 음자를 결합한 기법이다.

▼ **표 5.2** Scamper의 활용

단계	질문	예
대치	대신 사용할 수 있을까?	종이컵, 나무젓가락
	누구? 무엇? 성분? 장소?	고무장갑, 태양전지, 물침대
결합·혼합	무엇을 결합할 수 있을까?	전화기, 카메라와 컴퓨터 결합 → 핸드폰
	혼합하면? 조합하면?	스팀청소기, 코펠
적용	조건·목적에 맞게 조절할 수 있을까?	장미덩굴 → 철조망
	번안하면? 각색하면? 비슷한 것은?	산우엉 가시 → 벨크로(velcro)
	적용하면?	돌고래 → 수중음파 탐지기
수정·확대·축소	색, 모양, 형태 등을 바꿀 수 없을까?	Post-it, 워크맨, 노트북
	확대? 축소? 변형? 빈도를 높이면?	마트로시카 인형
	생략? 간소화? 분리? 작게? 짧게?	소형 냉장고
다른 용도 사용	다른 용도로 사용할 수 없을까?	폐타이어 → 발전소의 원료
	수정하면? 맥락을 바꾸면?	톱밥 → 버섯 재배
제거	삭제, 제거할 수 있을까?	씨없는 수박
	없애면? 줄이면? 압축시키면?	알뜰폰, 반값 TV
	낮추면, 가볍게 하면?	압축기
재배치	순서를 바꿀 수 없을까?	장갑 → 다섯 발가락 양말
	거꾸로? 반대로? 바꾸면?	발전기, 선풍기, 양수기
	위치를 바꾸면? 원인과 결과를 바꾸면?	가속기, 감속기

■ **P－P－C기법** P-P-C기법(Positive-Possibilities-Concerns)은 의심스러운 생각이 드는 아이디어에 대해 긍정적인 면, 가능성이 있는 면, 의심스러운 면으로 구분하여 이야기해 보는 대화기법이다. 이 기법을 사용하면 너무 성급하거나 극단적으로 판단하는 것을 막을 수 있으며, 아이디어가 가지고 있는 모순점을 보완하여 문제해결을 위해 보다 완벽한 계획을 세울 수 있다.

▼ 표 5.3 P-P-C **기법의 기록표**

구분	설명
P (positive)	긍정적인 면
	제시된 아이디어의 훌륭한 면을 칭찬해 준다.
P (possibilities)	가능성이 있는 면
	아이디어를 구체적으로 응용할 수 있는 상황을 항목별로 작성한다.
C (concerns)	의심스러운 면
	없애려면 어떻게 하면 좋을 것인가?

■ 고든법(Gordon Technique) 고든법(gordon technique)은 진정한 문제가 무엇인지를 모른다는 상태에서 출발한다. 주제와 전혀 관계없는 사실로부터 발상을 시작해서 문제해결로 몰입하는 것이다. 브레인스토밍과 달리 문제를 바로 제시하지 않고 문제와 직접적으로 관계가 없는 멀고 폭넓은 추상적인 문제를 제시하여 시작한다. 문제를 알고 있는 사람은 리더뿐이며, 리더는 크고 추상적인 문제로부터 작고 구체적인 문제로 구성원을 유도해 나간다. 다음은 고든법의 진행절차이다.

- 참가하는 사람은 해결하려고 하는 문제의 성질, 그 문제해결에 필요한 지식, 기술에 있어서 전문성을 가진 사람으로 구성한다.
- 리더가 문제를 이해한다.
- 리더는 팀원들이 자유롭게 발언하도록 한다.
- 리더는 해결이 가까워질 때가지 팀원들에게 문제를 알리지 않는다.
- 생각이 날 때까지 계속한다.
- 리더는 해결이 가까워지면 팀원들에게 문제를 알려 실현 가능한 아이디어를 형성한다.
- 문제에 대한 해결점을 찾는다.

■ 쌍비교분석법 쌍비교분석법(paired comparison analysis)은 많은 대안들이 모두 중요해서 무엇을 먼저 실천하거나 처리할지를 판단하고자 할 때 사용되는 기법이다. 즉, 우선순위를 정하여 대안을 선택하고 결정할 때 사용하는 기법이다. 모든 대안들에 대하여 한 번에 한 쌍씩 비교하여 상대적인 중요성을 결정한다. 이 기법은 노력과 시간이 많이 들지만, 아이디어들이

모두 중요해서 우선순위를 매기기 힘들 때 적절하게 사용할 수 있다. 다음은 쌍비교분석법의 진행절차이다.

- 주어진 아이디어로부터 만들 수 있는 2개의 쌍들에 대해 우열을 비교함으로써 아이디어별 점수를 계산한다.
- 가로축과 세로축에 아이디어를 기입한다.
- 세로축의 아이디어가 더 좋으면 +1, 같으면 0, 나쁘면 −1 ⓐ안이 ⓑ안보다 좋으면 +1, 같으면 0, 나쁘면 −1을 기록한다.
- 아이디어의 개수가 5~10개 정도인 경우 효과적이다.

▼ **표 5.4** 쌍비교분석의 기록표

ⓐ \ ⓑ	출력	정숙성	안정성	연비	합계	순위
출력	0	−1	1	1	1	2
정숙성	−1	0	1	1	1	2
안정성	1	1	0	1	3	1
연비	−1	−1	1	0	−1	4

03 아이디어 선별

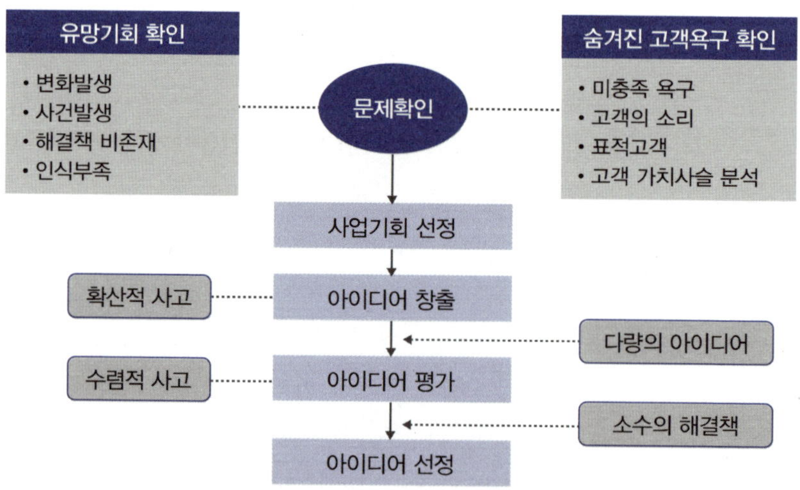

▲ **그림 5.3** 제품 아이디어 선별과정

〈Start-up Highlight〉

창의적 아이디어 발상의 핵심, 문제 정의하기!

"과학자들은 항상 더 좋은 아이디어를 찾으려 노력하는데, 좋은 아이디어는 널려있다. 다만 정확한 문제를 찾지 못했을 뿐이다" 이 말은 벨 연구소의 초대 소장인 "프랭크 볼드윈 주잇(Frank Baldwin Jewett)"의 말이다. 다시 말해 아이디어가 없는 것은 문제가 잘 정의되지 못한 것 때문이라는 것이다. 그만큼 아이디어 발상 과정에서 가장 중요한 것은 문제를 명확히 정의하는 것이다.

올바른 문제 정의는 문제를 해결하는 출발점이 되기 때문이다. 만약 여러분들에게 지구를 구할 1시간이 주어진다면 문제정의와 해결에 각각 얼마의 시간을 쓰겠는가? 대부분의 사람들은 문제 해결에 더 많은 시간을 할애 한다고 말한다. 그러나 아인슈타인은 달랐다. 문제를 정의하는데 55분 보낼 것이며, 나머지 5분을 해결책 찾기에 쓴다고 했다. 그만큼 문제를 제대로 정의하는 것이 중요하다는 것이다.

예를 들어보도록 하자. 1869년 수에즈 운하를 건설해 영웅이 된 프랑스 엔지니어 "페르디낭 레셉스(Ferdinand Marie de Lesseps)"는 1881년 파나마 운하에 도전하게 되었다. 그런데 열대우림인 파나마는 건설이 시작되자 황열병과 말라리아가 극성을 부려 건설인력들이 병에 걸리기 시작했다.

이 질병을 막기 위해 당시 사람들을 괴롭혔던 개미를 문제의 원인으로 규명하고 "개미 퇴치"라는 문제정의를 한 것이다. 그들은 개미가 침대 위로 올라오지 못하게 침대 다리를 모두 물그릇 속에 담가놓는 조치를 취했다. 그러나 말라리아는 더욱 극성을 부렸고 2만여 명이라는 희생자를 만들어 냈다. 결국 운하는 완공하지 못했다.

나중에 안 사실이지만 말라리아의 원인은 개미가 아니라 모기였다. 침대 다리 밑 물그릇은 모기의 왕성한 번식만 도운 것이다. 여기서 문제는 무엇인가? 생각해 보자. 많은 사람들은 건설인력의 질병이 문제라고 생각한다. 하지만 더 정확한 문제는 "모기"였던 것이다.

운하를 건설해야 하는 레셉스에게는 운하건설을 하지 못하는 것이 문제였다. 그 원인을 찾아가 보니 건설인력들이 질병 때문에 일을 못하게 되었고, 그 질병의 원인은 모기 때문이었다. 결국 모기를 없애면 문제가 해결 되는 것이었다. 이 상황에서 명확한 문제의 정의는 "질병의 원인이 되는 모기를 어떻게 없앨 것인가?" 였다. 이렇듯 문제정의 과정에서 본질적인 문제를 해결하기 위한 질문 제작이 반드시 병행되어야 한다.

3.1 사업기회의 선정

창조적인 제품은 새로움과 유용성이 있어야 한다. 새로움은 독창성과 관련이 있다. 유용성은 사회적 가치의 의미에서 창조성에 종종 이바지한다. 제품 아이디어 선별 과정은 유망기회의 확인과 숨겨진 고객욕구의 확인을 통하여 문제를 확인하고, 아이디어를 창출하여 아이디어를 선별하는 과정을 거친다.

3.1.1 유망기회의 확인

기회는 기업에게 신제품, 서비스나 사업을 위한 욕구를 창출하는 일련의 호의적인 환경이다. 어떤 변화나 사건이 사회에 발생하였는데 이를 해결할 대상이 존재하지 않는다거나 있더라도 부족하다면 사업기회가 되는 것이다. 이러한 현상은 시장을 불완전하게 정의하거나 기회를 인식하여 포착하지 않았기 때문에 발생할 수 있다. 기회는 현실적인데 아직까지 시장에 해결책이 제시되어 있지 않다면 매우 좋은 여건이다. 새로운 역량이나 기술, 충분히 이용하지 않거나 제공되지 않은 자원은 잠재고객을 위한 새로운 가치를 창출할 수 있는 좋은 조건이다. 그러나 아무리 좋은 아이디어라도 사회문화적으로 수용하기 어렵고 법적 규제가 있다면 초기에 탈락시키는 것이 바람직하다.

3.1.2 숨겨진 고객욕구 확인

욕구는 고객의 행동을 유발시키는 동기의 직접적인 원인이 된다. 경쟁자와 차별하기 위해서는 소비자의 숨겨진 욕구를 발견하는 것이다. 미충족된 시장욕구, 제공되지 않은 상품이나 서비스, 정의하지 않은 기술, 발명이나 제품 아이디어 등은 모두 시장기회가 된다. 고객욕구의 확인과정은 표적시장의 고객에 대한 정보를 정확하게 수집·분석하여 고객의 미충족욕구, 숨겨진 욕구, 과소제공이나 미제공욕구와 불만족한 욕구 등을 확인하여 시장기회를 찾는 과정이다. 숨겨진 욕구의 탐구는 혁신적이고, 비약적인 제품을 창출할 수 있는 기회이다. 회사가 숨겨진 욕구를 처리한다면 고객욕구의 충족과 차별화의 경쟁력을 갖기 때문에 소비자의 욕구를 끊임없이 처리·개발하고 해결책을 창출해야 한다. 만일 이를 처리하지 않는다면 고객의 소리를 무시하는 결과가 된다. 다음과 같은 질문에서 해답을 찾는다.

- 숨겨진 욕구는 무엇인가?
- 제공되지 않은 욕구는 무엇인가?
- 고객이 원하는 것은 무엇인가?
- 불만족은 무엇인가?
- 불완전한 만족은 무엇인가?
- 고객은 과연 구매할 것인가?

3.1.3 문제확인

근원적인 고객문제를 해결하기 위해서는 징후가 아니라 원인을 다루어야 한다. 징후는 나타난 현상이지만 원인은 문제이다. 예를 들면, 열병으로 아스피린을 복용한다면 원인이 아니라 징후를 처리하는 것이다. 이것은 임시적 안도를 경험할 수 있으나, 원인이 해결되지 않은 채로 남아있기 때문에 열병은 다시 되돌아올 것이다. 제품판매와 관련된 문제도 마찬가지이다. 예를 들면, 제품의 판매가 저조할 때 제품력이나 포지션을 개선하기보다 판매촉진에 집중하는 경우 일시적인 매출증가를 가져올 수 있으나 그 효과는 단기에 그칠 수 있다.

사업기회는 문제를 해결하기 위하여 체계적으로 시작해야 한다. 적합한 제품 아이디어를 얻는 것은 제품개발 초기단계에 제품판매의 불확실성을 감소시키기 위해 매우 중요하다. 고객욕구의 확인과 기술적 기반으로 이루어지는 새로운 해결책은 고객의 새로운 사용계획을 유발하고, 표적 집단을 개발하는 것이다. 따라서 기회확인은 시장에 있는 공백을 찾는 것이다. 그러나 시장에 있는 공백은 고객의 욕구가 있는 시장이지만, 소매상이나 제조업자에게 이익이 되는 충분히 큰 시장을 의미하지는 않는다. 따라서 고객의 욕구가 있고, 충분히 규모 있는 시장의 공백이어야 매력적이다.

3.2 아이디어 창출

아이디어 창출은 시장기회와 고객의 숨겨진 욕구에서 찾아낸 정보와 자신의 영감을 회사의 사명과 목적에 적합한 아이디어로 변환하는 것이다. 경영자, R&D 직원, 마케팅 직원들은 내부 원천이나 외부 원천으로부터 영감을 찾음으로써 활발하게 새로운 아이디어를 탐색한다. 시장기회와 고객욕구 확인을 통해서 제공되지 않은 문제에 대한 해결책이 바로 아이디어가 된다. 이러한 아이디어는 확산적 사고를 통해서 많은 아이디어를 생산하고, 수렴적 사고를 통해 최적의 아이디어를 선별한다. 창조적 사고기법은 확산적 사고와 수렴적 사고를 모두 포함한다.

집단이나 개인에게 적당한 방법을 통하여 아이디어를 생성한다. 문제중심 질문은 아이디어 창출을 위한 좋은 출발이다. 내·외부 원천으로부터 수집한 정보를 아이디어로 변환하려면 이를 자극하는 요인을 활용하는 것이 효과적이다. 기회와 고객욕구의 탐색을 통해 문제점을 해결하기 위한 자극 요인으로는 차원 수, 수량, 순서, 시간, 원인결과, 특성, 형태, 상태나 신시장 적용 등의 요소들이 있다.

▼ 표 5.5 아이디어 자극 요인

구분	요소
차원 수	큰, 작은, 긴, 짧은, 두꺼운, 얇은, 깊은, 얕은, 수평위치, 십자형, 경사, 병렬, 계층화, 반전, 역으로
수량	더 많은, 더 적은, 비율변경, 세분, 결합, 추가, 완성
순서	배열, 우선순위, 시작, 조립, 분해, 집중
시간	빠르게, 느리게, 더 짧게, 연대기, 영속적, 동시, 기대, 갱신, 반복, 교대
원인결과	자극, 격려, 강화, 더 크게, 부드러운, 변경, 파괴, 영향상쇄
특성	강한, 약한, 변경, 변환, 대체, 교환, 안정화, 반전, 탄력, 균일, 저렴한, 비싼 색상추가, 색상 변경
형태	동적, 고요, 가속, 감속, 방향, 이탈, 매력, 격퇴, 인정, 금지, 해제, 감소, 회전 정지, 동요, 진동, 주기, 간헐
상태	더운, 추운, 경화, 연화, 성형, 개폐, 부드럽게, 일회용, 통합, 부분, 전체, 액화 기화, 분쇄, 미모, 윤활, 대소, 건조, 절연, 거품, 응고, 신축성
시장 적용	기존시장, 신시장, 국내시장, 해외시장, 남성, 여성, 아동, 직장인, 장년, 노년, 신혼, 독신

3.3 아이디어 평가

창출된 아이디어가 많을수록 좋은 아이디어를 많이 생산할 수 있지만, 아이디어가 양적으로 많다고 해서 모두 다 좋은 아이디어라 할 수 없다. 그렇기 때문에 아이디어를 선별할 필요가 있다. 일차선별의 목적은 초기에 열등한 아이디어를 제거하는 것이다. 선별할 때 중요한 점은 오류가 발생하지 않는 것이다. 즉, 좋은 아이디어를 제거하는 탈락오류와 불충분한 아이디어를 제품개발과 상업화로 진행하는 진행오류이다.

3.3.1 아이디어의 일차평가

아이디어 평가 방법은 현재 경쟁자 제품이나 자사 제품을 기준으로 하여 기준안을 만들고, 기준안보다 우수하면 +1점을, 동일하면 0점을, 열등하면 −1점을 주어, 총합하여 순위를 정한다. 전체 안에 대한 개략적인 평가에 지나지 않기 때문에 각 안별로 비교하여 비교적 우수한 안을 적정한 숫자만큼 선별한다. [표 5.6]의 아이디어 1차 평가표를 활용한다.

▼ 표 5.6 아이디어 1차 평가표

평가질문	기준안	1안	2안	3안
기회가 현실적이다.	0			
시장에 있는 공백이다.	0			
숨겨진 욕구이다.	0			
제공되지 않은 욕구이다.	0			
고객을 위한 문제해결이다.	0			
아직까지 해결책이 제시되지 않았다.	0			
불만족을 해결한 것이다.	0			
제공할 만한 가치가 있다.	0			
소비자가 구입할 것이다.	0			

평가질문	기준안	1안	2안	3안
충분한 잠재적 수익을 제공한다.	0			
완전히 새로운 아이디어이다.	0			
새로운 방법으로 결합한 아이디어이다.	0			
모방한 아이디어이다.	0			
제품, 서비스나 공정을 개선한 것이다.	0			
합계				
순위				

3.3.2 아이디어의 최종평가

참으로 좋은 아이디인가? 필요한 것과 불필요한 것을 많은 아이디어 중에서 선별하는 과정이 최종평가 과정이다. 이 단계에서 과제는 추가적인 탐색을 위한 적절한 아이디어를 확인하고 결정하는 것이다. 아이디어 선별목표는 성공할 가능성이 낮은 제품 아이디어를 제거하고, 최선의 아이디어를 선택하는 것이다. 아이디어의 분석과 평가는 단계가 많을수록 성공과 실패에 대한 확신성은 높아지나 상대적으로 비용과 시간이 많이 소요되는 상충관계이다. 따라서 최적해를 탈락하는 오류와 불량해를 선택하는 오류를 범하지 않기 위하여 평가기준을 사용하는 것이 효과적이다. 이 단계는 이전단계에서 얻은 새로운 정보에 근거하여 아이디어를 재평가하는 것이다. 진행결정은 아이디어를 사업 분석으로 이동하는 것으로 시간과 돈에서 더 높은 투자를 필요로 한다. 여기서는 최종평가를 위해 가중치를 둔 평가표를 사용할 수 있다. [표 5.7]은 아이디어 최종 가중치 평가표를 활용하여 각각의 평가항목에 대해 10점 척도를 사용하는 것이다. 1～2차에서 넘어온 각안을 평가하고 비교하여 득점이 많은 안을 선택할 수도 있고, 각각의 안에서 우수한 평가 요소를 결합할 수도 있다.

▼ **표 5.7** 아이디어 최종 가중치 평가표

평가항목		가중치	점수	가중 평가치
전략	회사 전략과의 적합성			
	회사 이미지 일치성			
	법적 제약성			
	수익성			
기술	기술개발 능력			
	기술개발 기간			
	기술개발 비용			
마케팅	고객가치			
	고객편익			
	제품차별성			
	경쟁상황			
	시장규모			
	타제품과의 잠식 여부			
	매출 기여도			
생산	생산원가			
	생산인력			
	생산능력			
	원자재 조달능력			
OO안	합계	100		
	순위			

04 비즈니스 모델의 이해

창업 아이디어를 어렵게 발굴하였지만 아이디어만으로 수익을 창출할 수는 없다. 수익을 창출하기 위해서는 창업아이디어를 가지고 사업화 할 수 있는지를 검토하여 방법을 찾아내야 한다. 즉, 비즈니스 모델(business model)을 개발해야 한다. 본 절에서는 비즈니스 모델의 의미와 필요성, 구성요소 등을 살펴보고 비즈니스 캔버스의 작성을 통해 비즈니스를 이해한다.

4.1 비즈니스 모델이란?

비즈니스모델이란 개념은 인터넷 전자상거래가 등장하면서 아마존 같은 기존과는 전혀 다른 사업모델이 출현하자, 1988년 티몬스(Jeffrey A. Timmons)가 이를 유형별로 체계적으로 분류하면서 시작되었다. 이후 비즈니스 모델은 신제품이나 신기술 없이도 기존 자원을 새롭게 재구성하여 차별화된 사업모델을 의미하는 개념으로 사용되었다.

애플의 아이튠즈는 MP3 플레이어에 저장되어 잇는 음악만을 듣는 것이 아니라, 아이튠즈 플랫폼에 저장되어 있는 음악을 다운로드해서 감상할 수 있는 새로운 비즈니스 모델을 개발하였다. 그 결과 대성공하였고 후발주자인 아이팟(iPod)이 새로운 강자로 부상하는데 결정적으로 기여하였다. 그 뿐만 아니라 아이폰(iPhon)과 아이패드(iPad)에도 새로운 방식을 적용함으로써, 제품의 혁신을 더해 기존보다 약 30배 큰 시장을 만들어 냈다.

전통적인 컴퓨터 시장에서 다양한 기능을 통해 새로운 소비자를 끌어들인 애플의 사례에서처럼 비즈니스 모델은 중요한 역할을 한다. 비즈니스 모델을 통해 기존 기업은 경쟁우위에 설 수 있는 기회를 가지고, 창업을 계획하고 있는 스타트업 기업은 치열한 경쟁환경에서 생존할 수 있는 기회를 찾을 수 있다.

이같이 비즈니스 모델은 인터넷과 정보기술의 발전을 배경으로 인터넷 닷컴 기업들이 출현하기 시작하면서 비즈니스 실무에서 확산된 개념이다. 인터넷 기업들은 전통적인 오프라인 기업과 비교해 가치와 수익을 창출하는 방식이 근본적으로 달라서 이러한 차이를 '비즈니스 모델'이라는 용어로 설명하였다. 이외에도 다양한 관점에서 비즈니스 모델을 종합적으로 정의하면 '사업아이디어를 가지고, 어느 시장에서, 누구에게, 어떤 가치를 어떤 방법으로 전달하고 어떻게 수익을 창출할 것인지에 대한 전반적인 방향과 방법'으로 정의할 수 있다.

4.2 창업기업에게 비즈니스 모델이란?

새로운 사업 아이디어만으로는 수익을 창출할 수 없다. 따라서 사업 아이디어를 기반으로 수익을 창출할 수 있는 구체적인 방법을 설계해야 한다. 수익 창출 방법은 집을 짓는 것에 비유하면 쉽게 이해할 수 있다. 새로운 집을 짓고자 할 때, 건축가는 고객이 원하는 요구 사항을 들은 뒤 기본 설계를 한다. 기본 설계를 고객에게 보여준 뒤, 고객의 요구사항이 충분히 반영되었는지, 추가로 필요한 사항은 없는지, 수정·보완해야 할 사항은 없는지 검토한 후 최종안을 확정한다. 이후에는 최종안을 토대로 자세히 설계하여 실제 집을 건축하는 단계로 발전한다. 만약 설계도 없이 집을 짓는다면 어떻게 될까? 그렇게 완성된 집은 고객이 원하는 바를 누락했거나, 얼마 지나지 않아 문제가 발생하기도 하고, 심각한 경우에는 붕괴될 수도 있다. 즉, 비즈니스 모델은 집에 대한 기본 서례와 같은 역할을 한다. 사업 아이디어를 토대로 어떻게 수익을 창출할 수 있는지에 대한 기본 설계를 통해 수익모델에 대한 구체성을 향상시키고 부족하거나 미처 파악하지 못한 부분을 보완하여 수익 창출을 위한 구체적인 모습을 그릴 수 있다. 기본 설계 없이 집을 지을 때 자칫 붕괴될 수 있듯이, 비즈니스 모델 없이 사업을 시작하면 실패할 가능성은 그만큼 높아진다.

이처럼 비즈니스 모델은 사업 아이디어를 활용해 수익을 창출하는 방법을 설계하여 "What is the profit model?"에 대한 답을 제시하는 것인 반면, 사업계획서는 "How to execute the business model"과 같이 비즈니스 모델의 구체적인 실행계획을 수립하는 것이다.

4.3 비즈니스 모델의 구성요소

4.3.1 경쟁력 있는 비즈니스 모델

비즈니스 모델은 경쟁력이 있어야 한다. 과연 경쟁력 있는 비즈니스 모델은 어떤 요소로 구성되어 있을까? 학자들마다 그 구성요소를 조금씩 다르게 제시하고 있는데, 가장 단순하게 설명하면 경쟁력 요소와 지속성 요소로 구분할 수 있다.

■ 경쟁력 요소 치열한 경쟁환경에서 생존하기 위해서는 경쟁력 있는 요소가 필수적이다. 경쟁력 요소는 크게 차별화된 명확한 가치를 제안할 수 있는지, 수익을 창출할 수 있는 메커니즘이 있는 지로 구분된다. 명확한 가치제안(value proposition)이란 제품이나 서비스 자체를 말하는 것이 아니라, 고객의 관점에서 문제를 해결하고 니즈를 충족시킬 수 있는 해결방안을 제공한다는 의미이다. 수익 메커니즘(revenue mechanism)이란 기업이 비즈니스를 통해 여러 가지 수익을 낼 수 있는 방법을 말한다. 기업은 이윤 하나만으로 성공적인 기업이 될 수 없으며, 투자 자본에 대한 투자 대안들보다 더 높은 수익을 내야만 성공적인 기업이 될 수 있다.

■ 지속성 요소 경쟁력 있는 요소라도 어느 정도 기간이 지나면 경쟁회사가 모방 또는 추월함에 따라 경쟁우위는 사라지고 경쟁에서 도태될 수 있다. 따라서 경쟁력 요소를 얼마나 지속 가능하게 유지할 수 있는가 하는 점이 중요하다. 선순환 구조(virtuous cycle)는 급변하는 시장과 고객 가치에 기업이 적시에 대응할 수 있도록 기업 내·외부 조직과 시스템을 효과적으로 설계하는 것을 말한다. 고객에게 신속하게 제품을 공급하고, 낮은 가격에 구매할 수 있도록 기업 공급망을 분리 또는 통합하는 것을 예로 들 수 있다. 한편, 비즈니스 모델은 마크 존슨(Mark W. Johnson), 클레이턴 크리스텐슨(Clayton M. Christensen)과 해닝 카거만(Henning Kagermann)에 의해 비즈니스 모델의 구성요소가 체계적으로 정리되기 시작했는데, 그들의 비즈니스 모델은 다음과 같다.

- 고객가치제안(customer value proposition) : 목표고객, 가치제안, 문제해결을 위한 작업내용
- 수익공식(profit formula) : 수입, 지출, 이익, 자원관리 등
- 핵심자원(key resource) : 사람, 기술, 장비, 정보, 유통채널, 핵심 파트너, 브랜드 등
- 핵심 프로세스(key process) : 주요 경영활동(마케팅, 생산, 디자인 등), 규칙(신용, 투자, 리드타임, 공급규정 등)

이와 같은 비즈니스 모델의 구성요소를 삼성경제연구소에서는 다시 가치제안, 목표고객, 가치사슬/조직, 전달방법 설계, 수익 흐름으로 제시하였다. 즉, 제품과 서비스를 제공할 목표 시장을 선정하고, 목표 시장의 고객에게 자사의 제품과 서비스를 구입해서 얻게 되는 혜택인 고객 가치를 명확히 하여 고객이 기꺼이 돈을 지불하고 구매하도록 유도하는 전략을 수립하는 것이라고 할 수 있다.

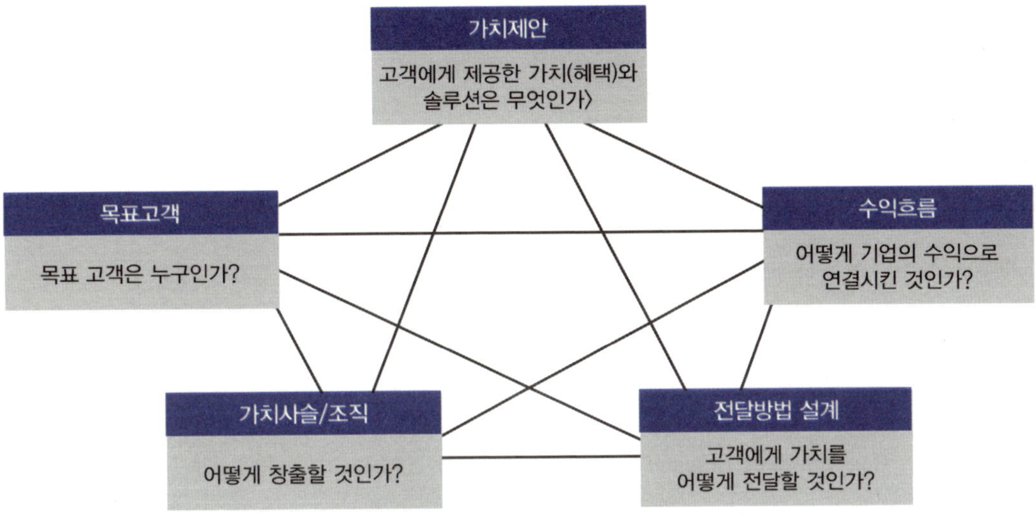

▲ **그림 5.4** 비즈니스 모델의 구성요소

05 비즈니스 모델 캔버스 작성하기

일반적으로 창업 초기에는 다양한 배경을 가지고 있는 사람들이 참여하게 된다. 각자의 전공이 다르고 경험도 다르다. 당연히 수익을 창출하는 방법에 대해서도 의견이 다를 수 있고 커뮤니케이션의 어려움에 직면할 수 있다. 따라서 각 구성원들이 비즈니스 모델 구성요소와 각 구성요소가 어떻게 유기적으로 연계되어 차별화된 가치를 생산하고, 고객에게 제공할 수 있으며, 수익을 창출할 수 있는지를 쉽게 모델링할 수 있는 도구가 필요하다.

비즈니스 모델 캔버스는 비즈니스 모델을 구성하는 핵심요인을 9가지로 표현하기 때문에 '나인 캔버스(9 canvas)' 또는 '나인 빌딩 블록(The 9 building blocks)'으로 불린다. 나인 캔버스는 오스터 왈더의 박사학위 논문에서 탄생한 개념으로, 8년에 걸쳐 다양한 전문가로부터 피드백을 받아 완성되어 오늘날 비즈니스 모델의 모델링 도구로 전 세계에서 가장 널리 사용되고 있다. 나인 캔버스는 고객 세그먼트(customer segmentation), 가치제안(value proposition), 채널(channels), 고객관계(customer relationship), 수익원(revenue streams), 핵심자원(key resources), 핵심활동(key activities), 핵심 파트너십(key partnerships), 비용구조(dost structure)로 구성되어 있다. 이와 같은 9가지 핵심 요소들을 순서대로 파악하고 각 핵심요소 간의 연계성을 정의하면 비즈니스 모델을 체계적으로 수립할 수 있다.

▼ **표 5.8 비즈니스 모델의 9가지 블록**

기본영역	비즈니스 모델 블록	내 용
제품(product)	가치제안(value proposition)	고객을 위한 제품과 서비스의 가치에 대한 종합적 관점
고객접점 (cusromer interface)	목표 고객(target customer)	가치를 제공하기 원하는 소비자를 세분화
	유통/채널 (distribution channel)	고객을 연결하는 수단
	고객관계(relationship)	자사와 고객을 지속적으로 유지하는 방법
인프라 관리 (infrastructure management)	가치형태 (value configuration)	고객을 위한 가치를 창조하기 위해 필요한 활동과 지원 등 준비상태
	역량(capability)	고객을 위한 가치를 창조하기 위해 필요한 활동 실행 능력
	파트너십(partnership)	고객의 가치를 창출하기 위해서 2～3개의 기업과 협력관계를 형성
재무적 측면 (financial aspects)	비용구조(cost structure)	비즈니스 모델을 실행하기 위한 모든 비용을 산출하는 것임
	수익모델(revenue model)	기업에서 다양한 수익 흐름을 통해 수입을 창출하는 방법 묘사

나인 캔버스 작성은 한 번에 끝나는 것이 아니고, 나인 캔버스를 벽에 붙여 놓고 포스트잇 등을 활용해서, 각 블록별로 토론을 통해 아이디어를 수집하서 정리하고, 다시 현장조사를 통해 수정하는 등 일련의 과정을 거쳐 완성된다.

■ **고객 세그먼트(Customer Segmentation)** 고객 세그먼트, 즉 고객 세

분화에서는 목표로 하는 고객을 좀 더 구체적으로 구분하여 규정한다. 즉, "내가 만든 물건(서비스)을 구매할 사람은 누구인가?"에 대한 예상 답을 적어 보는 것이다. 우리의 주 고객층이 누가 되느냐에 따라 제품 또는 서비스의 모습이 변할 것이다. 명함관리 앱 '리멤버'의 경우, 고객 세그먼트는 다음과 같다.

✓리멤버의 고객 세그먼트

- 명함 입력 서비스(소량) : 명함을 주고받는 직장인, 사업가 등의 일반인을 목표고객으로 규정
- 명함 입력 서비스(대량) : 명함을 많이 주고받는 직장인, 사업가 등 명함을 일일이 촬영하여 저장하기 번거로운 사람을 고객으로 규정

이처럼 리멤버에서 제공하는 서비스에 따라 같은 직장인이나 사업가라도 소량의 명함 정리를 필요로 하는 사용자인지, 대량의 명함 정리를 원하는 사용자인지에 따라 고객이 다르게 규정된다. 또한 고객 세그먼트는 크게 기업과 개인 소비자로 구분될 수 있지만, 구분하지 않고 리멤버의 경우처럼 전체를 대상으로 하는 매스마켓(mass target)으로 설정할 수도 있다.

■ **가치제안(Value Proposition)** 특정 고객 세그먼트가 정해졌다면, 이제는 그 고객이 필요로 하는 것을 파악해야 한다. 기존 경쟁업체가 제공하지 못하는, 그래서 고객이 필요로 하는 그 모언가가 바로 '가치제안'이다.

✓리멤버의 가치제안

- 편리성 : 직장인들은 굳이 명함인쇄소에 갈 필요 없이 스마트폰 어플리케이션 '리멤버'를 통해 신청이 가능하며, 고객 DB 관리를 통해서 정보 업데이트가 간편하게 이루어짐
- 정확성 : 명함을 촬영하면 타이피스트가 직접 입력하는 서비스
- 정보 보안 안전성 : 이중 암호화를 통해 명함 DB를 관리하여 향후에 무단 도용 및 악용되지 않음
- 저렴한 가격 : 명함 100장당 1만원의 저렴한 가격에 서비스 제공

■ **채널(Channels)** 고객 세그먼트와 전달할 가치가 결정되었다면, 그 가치를 고객에게 어떻게 효율적으로 전달할 것인지에 대해 파악해야 한다. 아

무리 좋은 상품과 서비스를 개발하더라도 이를 고객에게 효과적으로 전달하지 못한다면 사업은 성공할 수 없다. 대표적인 채널의 유형을 살펴보면 오프라인 측면에서는 대리점, 마트, 신문·잡지 등이 있으며, 온라인 측면에서는 웹(web), 앱(app) 등이 있다.

✓ 리멤버의 채널

- 기본적으로 명함관리 서비스를 모바일 애플리케이션을 통해 제공하고 있으므로 채널은 '모바일 애플리케이션'이 된다.

■ **고객관계(Customer Relationship)** 창업기업은 기존 고객이 없는 상황에서 사업을 시작하므로 신규 고객확보가 특히 중요하다. 그리고 확보한 신규 고객을 충성도가 높은 고객으로 향상시키고 유지하는 것이다. 따라서 고객과의 관계를 어떻게 효과적으로 관리할 것인지를 파악하고 결정해야 한다.

✓ 리멤버의 고객관계

- 명함 수정 시 자동 업데이트 서비스
- 대량의 명함을 저렴한 가격으로 관리를 대행해 주는 서비스
- 회식비 지원 등 다양한 판매촉진 프로모션

■ **핵심자원(Key Resources)** 창업기업은 자금, 원자재 등 자원이 풍족하지 못한 경우가 일반적이다. 하지만 최소한의 중요한 핵심자원을 확보할 필요가 있다. 핵심자원의 유형에는 물적 자원, 지적 자산, 인적 자원, 재무적 자원 등이 있다.

✓ 리멤버의 핵심자원

- 지적 자산 : 다양한 명함관리 애플리케이션
- 인적 자원 : 명함관리 전문 인력
- 물적 자원 : 명함관리 서비스를 위한 플랫폼, 시설, 장비 등
- 재무적 자원 운영 및 유지·보수를 위한 자금 등

핵심자원은 기업의 여러 측면에서 생각해 볼 필요가 있다. 기업이 제공하는 가치를 위해서는 어떤 핵심자원이 필요한가? 기업이 제공하는 제품 및 서비스를 생산하기 위해서 핵심적으로 필요한 자원이 무엇인가? 세그먼트된 고객과의 관계를 유지하기 위해서는 어떤 자원이 필요한가? 결정적으로 수

익원을 유지하기 위해서는 어떤 자원이 핵심이 되는가? 이와 같은 질문에 답이 되는 자원이 바로 핵심자원이다.

■ **핵심활동(Key Activities)** 핵심활동은 기업이 지속적으로 유지하기 위해 필요한 활동을 말하며, 그 중에서도 특히 수익원을 유지하기 위한 활동을 말한다. 같은 자원과 가치, 고객, 채널, 관계 등을 가지고 있어도 핵심활동이 무엇인가에 따라 기업의 존속 여부가 결정된다. 따라서 비즈니스 모델에서 핵심활동은 핵심자원만큼 중요한 역할을 한다.

핵심활동은 기업이 비즈니스를 위해 꼭 해야 하는 중요한 활동을 말한다. 즉, 제조업의 경우 제품 생산이 가장 중요한 활동이고, 서비스업의 경우 고객이 처한 문제에 대해 새로운 해결책을 찾는 것이 가장 중요한 활동이 된다. 리멤버의 경우 플랫폼 중심의 비즈니스이므로 네트워크와 관련된 핵심활동에 의해 비즈니스 모델이 지배된다.

✓ **리멤버의 핵심활동**

- 편리한 명함관리 애플리케이션 개발 및 유지·보수
- 고객확보 및 유지·관리를 위한 고객관리활동
- 홍보활동

■ **핵심 파트너십(Key Partnerships)** 핵심 파트너십은 비즈니스 모델을 원활히 작동시켜 줄 수 있는 공급자와 파트너간의 네트워크를 말한다. 핵심 파트너십을 구축하는 이유는 크게 3가지로 구분된다. 첫 번째, 최적화와 규모의 경제를 구현하기 위해서이다. 구매와 공급자 관계의 가장 기본적인 형태는 자원이나 활동의 배분을 최적화하기 위해 설계된다. 한 기업이 모든 자원을 보유하고 모든 활동을 하는 것은 굉장히 비효율적이다. 두 번째는 리스크와 불확실성의 감소다. 파트너십은 불확실성을 줄일 수 있는 가장 확실한 방법이다. 전략적 동맹을 통해 불확실성을 줄인 사례는 다양한 기업에서 나타나고 있다. 전략적 동맹을 통해 불확실성을 줄인 사례는 다양한 기업에서 나타나고 있다. 세 번째는 자원과 활동의 획득이다. 자사가 보유하지 못한 자원과 활동을 파트너십을 통해 확보하여 비즈니스 모델을 실현할 수 있다.

✓리멤버의 핵심 파트너십

- 리멤버 애플리케이션을 유지하기 위한 하드웨어 제조업체
- 명함정보 보안을 위한 보안관리업체
- 대량 명함관리 서비스를 이용하는 소비자의 명함을 수거하고 전달하기 위한 물류업체

■ **수익원(Revenue Streams)** 수익원은 고객에게 가치제안을 통해 창출할 수 있는 수익의 원천을 의미한다. 수익원으로는 제품 판매로 생기는 마진, 서비스를 이용함으로써 발생하는 이용료, 회원가입을 통한 가입비(연회비), 제품을 대여해줌으로써 발생하는 대여료, 공간을 제공함으로써 발생하는 임대료, 특허를 빌려 줌으로써 발생하는 라이센싱 수익료, 아마존닷컴과 같은 중개서비스를 통한 중개수수료, e-커머스에서 흔히 일어나는 광고 수익과 같은 유형이 있다. 이처럼 수익의 유형은 매우 다양하지만, 기업이 제공하는 제품 및 서비스, 세그먼트된 고객, 제공되는 가치의 유형에 따라 다양한 수익원으로 정의될 수 있다.

✓리멤버의 수익원

- 명함관리 서비스 수수료
- 광고수익

■ **비용구조(Cost Structure)** 비용구조는 비즈니스 모델을 운영함에 있어 발생하는 비용을 말한다. 즉, 세그먼트된 고객들에게 전달할 가치의 생산 및 전달, 고객과의 관계 유지, 핵심자원 확보, 핵심활동 유지, 핵심 파트너십을 만들어 내기 위한 모든 비용을 말한다.

기업이 설계한 비즈니스 모델을 유지하기 위해 가장 중요한 비용은 무엇일까? 그리고 어떤 핵심자원을 확보하는 데 가장 많은 비용이 드는가? 어떤 핵심활동을 수행하는 데 가장 많은 비용이 드는가? 이러한 3가지 질문에 대해 생각해 볼 필요가 있다.

특히 비용구조는 고정비와 변동비의 비율을 염두에 두어야 한다. 업종과 비즈니스 모델에 따라 고정비와 변동비의 비율은 크게 달라진다. 예를 들어, 제조업의 경우에는 생산에 필요한 서비스와 시설을 갖추는 것, 고정인력을 유지하기 위한 인건비 같은 고정비의 비중이 높다. 하지만 서비스업의 경우

서비스의 사용에 따라 서비스 생산에 필요한 비용이 발생하기 때문에 변동비의 비중이 크다. 워터파크의 경우 여름에는 고객이 많아져 서비스(놀이기구 운영, 안전요원 배치 등) 유지비용이 증가하지만, 겨울에는 고객이 없어 비용이 줄어든다.

✓ 리멤버의 비용구조

- 고객에게 리멤버 애플리케이션을 홍보하기 위한 마케팅 비용
- 핵심자원인 애플리케이션을 유지하기 위한 비용
- 다양한 명함관리 애플리케이션을 지속적으로 개발하기 위한 비용
- 인건비

■ **비즈니스 모델 작성 사례** 앞서 파악한 리멤버의 사례를 종합적으로 정리하면 다음과 같은 비즈니스 모델 캔버스가 완성된다.

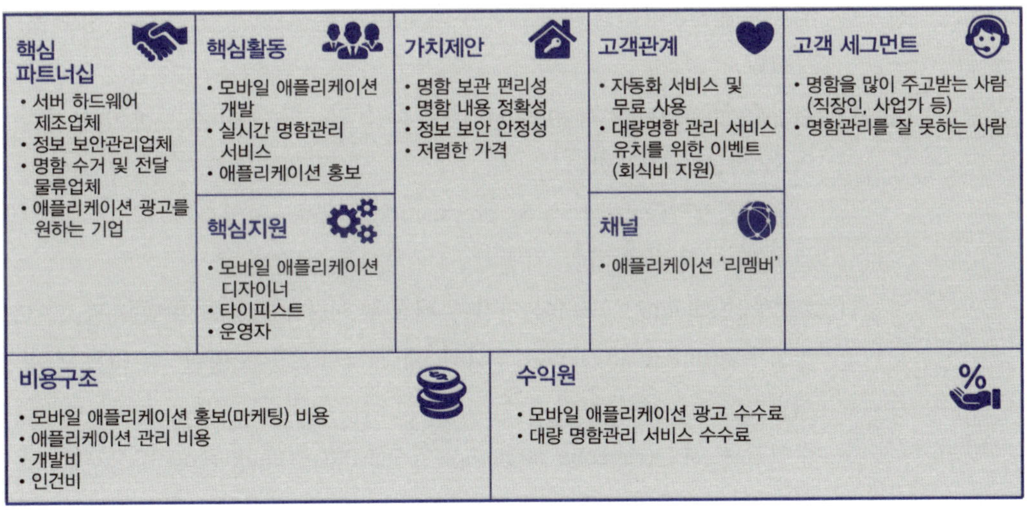

5.1 린캔버스 작성하기

비즈니스 모델을 개발하는데 있어 전 세계적으로 많이 사용되고 있는 방법이 알렉산더 오스터 왈더(Alenxander Osterwalder) 등이 개발한 '비즈니스

모델 캔버스'이다. 오스터 왈더는 실제 기업모델 그리고 기업인, 교수 등 전문가와의 인터뷰를 통해 취합한 자료를 바탕으로 비즈니스 모델을 9개의 핵심요소로 재구성하였다. 그런데 비즈니스 모델 캔버스가 이미 창업한 기업들에게는 유용하지만 스타트업과 창업자들에게는 적용하기 어려운 측면이 있다. 이러한 배경에서 나온 것이 린캔버스(Lean Canvas)이다. 린캔버스는 애시 모리아(Ash Maurya)가 오스터 왈더의 비즈니스모델캔버스에서 영감을 받아 만든 것으로, 기존의 비즈니스모델캔버스를 스타트업과 창업자에게 최적화하려는 목적으로 개발한 것이다.

린캔버스는 실행에 옮길 수 있는 한 페이지짜리 사업 계획으로서 사업이 진행됨에 따라 내용도 계속 바뀌게 된다. [그림 5.5]에서 볼 수 있듯이 린캔버스는 한 장의 종이 위에 그려진 아홉 칸의 상자로 구성되어 있으며 사업의 가장 중요한 요소를 한눈에 살펴볼 수 있도록 설계 된다.

✓린캔버스 작성 방법

① 해결문제(problem) : 대상고객이 가지고 있는 주요 문제 3가지 정도를 작성한다.

② 대상고객(customer segments) : 창업자가 만들고자 하는 제품이나 서비스의 고객군을 기재한다.

③ 고유가치제안(unique value proposition) : 제품·서비스가 줄 수 있는 단순하고 명확한 가치와 차별적인 메시지를 개발한다.

④ 해결방안(solution) : 고객이 가진 문제점을 해결하기 위한 방법을 제시한다.

⑤ 경쟁우위(unfair advantage) : 다른 제품/서비스가 모방할 수 없는 특징을 개발한다.

⑥ 수익창출 흐름(revenue streams) : 수익모델(revenue model), 고객생애가치(customer life time value), 수익(revenue), 매출총이익(gross margin) 등을 기재한다.

⑦ 비용구조(cost structure) : 고객확보비용(customer acquisition costs), 유통비용(distribution costs), 호스팅(hosting)비용, 인건비 등(people, etc.)

⑧ 핵심지표(key metrics) : 측정해야 할 핵심 활동을 기재한다.

⑨ 채널(channels) : 해당 제품을 고객에게 판매할 수 있는, 혹은 알릴 수 있는 경로를 말한다.

린캔버스를 작성하는 데 꼭 순서를 지켜서 작성할 필요는 없다. 특히 해결문제와 대상고객, 비용구조와 수익창출 흐름은 같은 선상으로, 순서가 있는 것은 아니며 편의상 구분한 것이다.

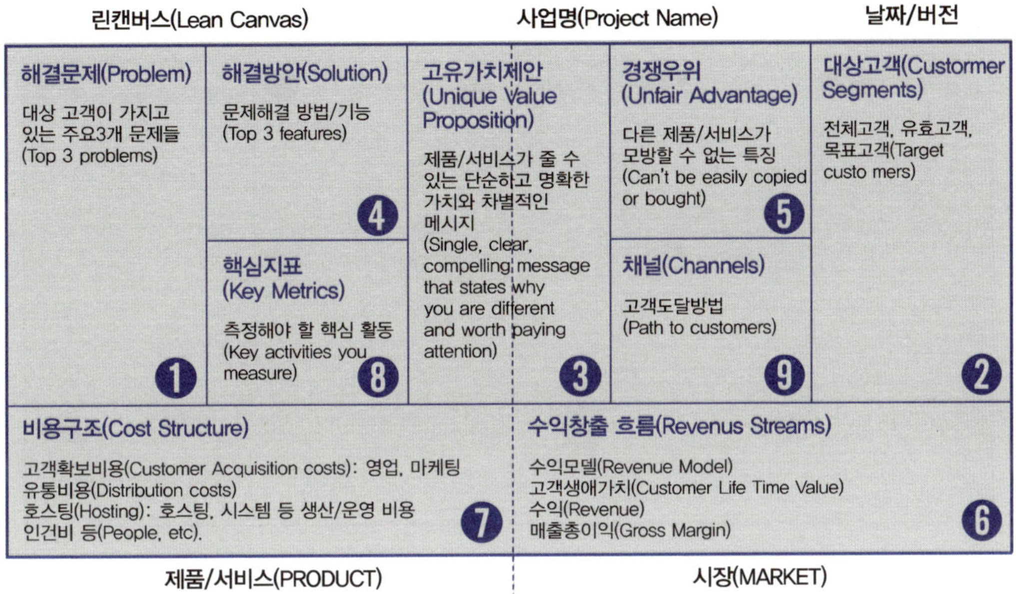

▲ 그림 5.5 린캔버스 작성 내용

기업에서 린스타트업을 적용하기 위해서는 어떻게 해야 할까? 첫째, 린스타트업을 적용하려면 경영진과 팀원들이 모두 이 개념을 이해하고 그 적용과정에 공감하며 적극적으로 참여해야 한다. 둘째, 수많은 논의보다 빠른 MVP(최소기능제품) 출시가 우선이다. 셋째, 효과적인 학습을 하기 위해서는 분석 툴의 체계적인 적용과 핵심지표(key metrics)의 선정이 무엇보다 중요하다. 이 과정에서 지표들을 선정하고 측정하여 그 측정결과에서 유효한 내용을 추출할 수 있는 역량은 기업마다 다르다. 넷째, BMI사이클을 통해 측정하고 학습하여 제품·시장 적합성이 검증되었다면 다음 단계로 재빨리 규모를 확장하며 자원 투자를 늘려가야 한다.

Workbook 비즈니스 모델 캔버스

여러분이 생각하고 있는 창업 아이템을 비즈니스 모델 캔버스를 활용하여 정리해 보자.
(창업 아이템이 아직 없다면, 기존의 기업 중 하나를 골라 작성한다)
창업 아이템 : ____________________

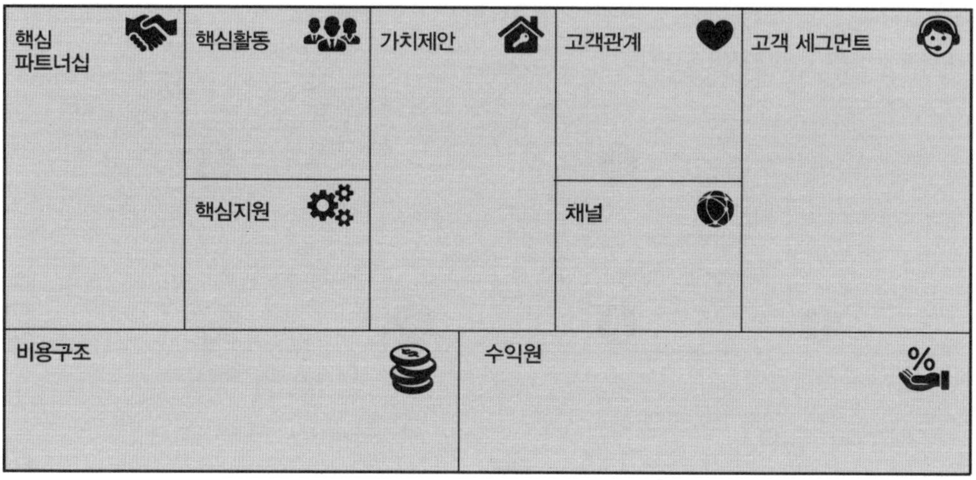

토 의 과 제

1. 창의적인 사고를 위한 여러 가지 기법들 가운데, 자신의 창의력 향상을 위해 가장 적합한 것은 무엇이며, 그 이유는 무엇인지 설명해 보시오.
2. 팀원들과 함께 여러 가지의 혁신적인 창업 아이디어를 제안한 후 아이디어 1차 평가와 최종 가중치 평가지를 작성하여 최적의 아이디어를 선별해 보시오.
3. 최근에 창업한 사업아이템을 찾아서 비즈니스 모델 캔버스를 작성해 보시오.
4. 팀활동 과정에서 제출된 최적의 창업 아이디어를 두 개 선정하여, 린캔버스를 작성해 보시오.

Chapter 6

사업타당성 분석과 사업계획서 작성

◈ 학습내용

01 사업타당성 분석
02 사업계획서 작성

◈ 학습목표

창업아이템을 선정하기 위해서는 창업자의 사업수행능력, 시장성, 기술성 그리고 수익성 등 사업타당성을 분석하여야 한다. 또한 사업의 방향과 목표를 달성하기 위한 행동지침인 올바른 사업계획서를 작성할 수 있어야 한다.

〈시작이야기〉

"당신의 옷장을 공유하라"… 잠자는 옷으로 수익 내고, 환경 보호하고

성주희 클로젯셰어 대표 "옷장에 옷이 가득 차 있는데도 사람들은 '입을 옷이 없다'고 말한다"며 "더는 입지 않는 옷들의 수명을 연장할 방법을 고민하다가 '공유'에서 답을 찾았다"

글로벌 컨설팅업체 PwC에 따르면, 국제 공유경제 시장 규모는 2013년 150억 달러(약 17조 4,000억 원)에서 2025년 3,350억 달러(약 388조 5,000억 원)로 커질 전망이다. 더 나은 미래는 폭발적으로 커지는 공유경제 분야에서 '질적 성장'을 도모하는 소셜벤처·사회적기업 등을 차례로 살펴보는 기획을 마련했다. 첫 번째 주자는 패션공유플랫폼 '클로젯셰어'다. 개인 간 의류 대여를 중개하는 소셜벤처로 옷을 빌려주는 사람과 빌리는 사람, 플랫폼이 이익을 나눠 갖고, 패션 재화의 낭비를 막아 환경보호에도 이바지한다는 평가를 받는다.

'셰어러'와 '렌터' 연결해 패션의 수명을 늘리다

문화 행사 기획자로 일하는 30대 여성 신모씨는 지난달 클로젯셰어에서 디자이너 브랜드 다이앤 본 포스텐버그의 드레스를 빌려 연말 파티에 입고 갔다. 구매하려면 50만원 넘게 내야 하는 옷이지만, 일주일간 대여 비용으로 낸 돈은 4만 4,000원에 불과했다. 신씨는 "인스타그램에 드레스를 입은 사진을 올리고 나서 옷 예쁘다는 칭찬을 100번은 들었다"며 만족감을 보였다.

2017년 2월 서비스를 시작해 올해로 사업 3년 차에 접어든 클로젯셰어는 '셰어러(Sharer·옷을 빌려주는 사람)'와 '렌터(Renter·옷을 빌리는 사람)'를 연결한다. 헌 옷을 거둬들여 에코백으로 업사이클링해 재판매하는 소셜벤처 '위브아워스'가 전신이다. 위브아워스가 업사이클링을 통한 패션 재화의 수명 연장을 꾀했다면, 클로젯셰어는 개인 간(P2P) 거래를 솔루션으로 들고 나왔다.

셰어러는 잘 입지 않는 옷을 플랫폼에 위탁하고서 대여료를 받고, 렌터는 구매하기는 부담스러운 옷을 저렴하게 빌릴 수 있다. 플랫폼은 의류 보관·관리·세탁·배송·결제대행 등 서비스를 제공하고 거래 수수료를 가져간다. 플랫폼과 플랫폼 이용자가 모두 이익을 보는 구조다. 지난해 12월 기준으로 약 3,000명의 셰어러가 활동하고 있고, 의류 누적 대여는 6만 건을 돌파했다. 셰어러는 평균적으로 한 달에 3만원의 대여료를 받고 있다. 상위 20%의 셰어러는 월평균 64만원을 번다. 누적 수익 2,500만원을 올린 셰어러도 있다.

클로젯셰어의 미션은 '패션 재화의 낭비로 인한 환경 파괴를 막는 것'이다. 환경부에 따르면 2017년 기준 하루에 버려지는 의류는 전국에서 193만 t이 넘는다. 의류 생산 단계에서 배출되는 폐섬유도 하루에 224t이나 된다. 이 때문에 영국 비영리단체 옥스팜은 패션 산업을 기후 위기를 초래한 원인 가운데 하나로 지목하기도 했다. 성주희 클로젯셰어 대표는 "패션 산업이 지구의 지속 가능성을 해치지 않으려면 활용 가치가 있는 패션 재화가 버려지거나 방치되는 걸 막아주는 '회수 시스템'을 갖춰야 한다"면서 "클로젯셰어를 통해 이런 시스템을 구축했다"고 설명했다.

최근 클로젯셰어는 디쓰리쥬빌리파트너스, 산업은행, 스파크랩벤처스, 500스타트업 등으로부터 총 44억 원 규모의 시리즈A 투자를 유치했다. 사업성과 사회적 가치 부문에서 모두 높은 평가를 받았다. 투자에 참여한 이덕준 디쓰리쥬빌리파트너스 대표는 "패스트 패션으로 인한 자원 낭비 같은 환경 문제를 해결할 수 있는 새로운 대안이 될 수 있다는 점이 인상적이다"고 평가했다.

"패션 테크"로 소셜 임팩트 극대화할 것"

패션 공유는 우리나라에서는 이제 막 걸음마를 뗀 분야이지만, 해외에서는 성공 사례를 흔하게 찾아볼 수 있다. 지난 2009년 하버드대 경영대학원 출신 제니퍼 하이먼과 제니퍼 플라이스가 세운 '렌트더런웨이(Rent The Runway)'가 대표적이다. 연간 매출액이 1억 달러(약 1,160억 원)가 넘어 '패션계의 넷플릭스'로 불린다. '포시마크(Poshmark)' '스레드업(Thredup)' '스타일렌드(Stylelend)' 등 기업도 이 분야의 강자로 꼽힌다.

국내에서도 클로젯셰어 이후 '윙클로젯' '원투웨어' '코렌탈' 등 스타트업이 패션공유플랫폼을 운영했지만, 모두 성과를 내지 못한 채 문을 닫았다. 이에 대해 권지현 수원대 디자인학부 교수는 "신뢰성 측면에서 교환·환불 정책이 미비해 소비자 불만이 나왔고, 공유 자원의 품질 관리도 미흡했다"며 "기술성 측면에서도 물품 검색에 많은 시간이 소요된다는 문제가 있었다"고 밝혔다. 권 교수는 패션공유플랫폼이 성공하기 위해서는 ① 플랫폼의 기술성 강화, ② 공유 자원의 철저한 관리, ③ 물류 관리, 배송 체계 구축 등이 이뤄져야 한다고 조언했다.

클로젯셰어는 사업 초기부터 '마케팅'이 아닌 '기술력'에서 돌파구를 찾았다. 스스로 '패션 테크' 기업을 표방한다. 시드 투자 단계부터 원천 기술 개발에 나섰다. 셰어러가 위탁한 제품을 사진으로 촬영하면 자동으로 색상과 세부 사이즈, 디자인 특징 등이 플랫폼에 입력되는 소프트웨어를 독자 개발했다. 제품을 받아서 대여를 시작하기까지 5분도 걸리지 않는다. 데이터베이스에 누적된 6만 건의 대여 자료를 바탕으로 ① 선호 품목, ② 지역, ③ 고객 특성 등을 분석해 물류 시스템도 최적화했다. 올 상반기 안으로는 고객의 취향을 분석해 의류를 맞춤형으로 추천하는 서비스도 제공할 예정이다.

01 사업타당성 분석

1.1 사업 타당성 분석의 의의

사업 타당성은 제품이나 서비스가 적정 수준 이상의 수익을 창출하여 사업화를 통한 성공 가능성을 의미한다. 따라서 사업 타당성 분석이란 사업계획서를 작성하기 전에 사업자의 사업역량 평가와 함께 시장성, 기술성, 수익성의 측면에서 사업모델(business model)의 가치를 평가하는 것을 말한다. 반면 사업계획서는 사업 타당성 분석 후 사업 타당성이 인정된 경우에 작성하는 것으로 사업의 내용, 경영방침, 기술성, 시장성 및 판매전망, 수익성, 필요자금조달 운영계획, 충원계획 등을 일목요연하게 작성한 서류를 말한다.

창업 성공을 위한 사업 타당성 분석을 하는 이유는 다음 네 가지로 요약할 수 있다.

첫째, 계획사업에 대한 객관적이고 체계적인 사업 타당성 검토는 창업의 성공률을 높일 수 있다.

둘째, 계획사업의 제반 사항을 파악하게 되므로 창업 기간을 단축할 수 있고, 효율적인 창업업무를 수행할 수 있다.

셋째, 계획사업의 사항을 자세히 분석 및 제시함으로써 미처 깨닫지 못한 사항을 사전에 알게 하여 효율적 창업을 할 수 있다.

넷째, 창업자의 경영능력 향상에 도움을 주고, 계획사업에 대한 지식습득과 보완해야 할 사항을 미리 확인하여 예방조치를 취할 수 있다.

▼ **표 6.1 사업타당성 분석 요소**

평가요소	세부평가항목	
사업수행능력 및 적성 분석	• 사업적성 및 자질(적성 또는 흥미, 추진력, 건강 등) • 경험과 지식(창업 분야 관련) • 사업수행 능력(아이디어, 기획능력, 영업력, 상황판단, 지속적인 친절능력 등) • 기타 창업자의 경영능력	
시장성 분석	• 사업아이템의 국내·외 동향, 잠재수요 • 동종업계 현황 및 실적분석(유사상품 포함) • 시장 규모 추정 및 특성분석 • 유통구조 및 특성분석 • 동종업계 판매조직 및 판매전략 • 예상소비자 특성분석(소득수준, 구매형태, 변화추세, 고객의 해당상품 수용 가능성 등) • 상권분석(수요예측, 통행인구, 소비형태, 점포분포 현황, 교통조건, 경쟁점포 수, 공공기관, 잠재고객 등) • 점포 및 입지여건(건물상태, 주변 환경, 주거환경, 지형·지세, 동선 적합 여부) • 판매전망	
기술성 분석	• 기존제품에 대한 비교 우위성 • 생산능력 및 조업도 • 기술 및 기능인력 확보	• 시설계획 및 생산시설 규모 • 원재료 조달원 • 예상 불량률 및 개선 가능성
수익성/경제성 분석/재무 분석	• 투자비용 분석 • 수익전망 • 단기·장기 채산성 분석 • 자금조달, 운용계획표 작성 • 사업계획에 대한 위험요소 분석	• 자금조달 능력 검토 • 손익분기점 분석 • 필요자금의 조달 가능성 • 차입금 상환능력 검토 • 성장 가능성

1.2 사업수행능력 분석

창업자의 계획사업에 대한 수행능력 및 적합성 여부는 창업의 성패를 좌우한다. 창업하고자 하는 계획사업의 성패는 창업자의 적성과 자질, 창업자의 계획사업 수행능력 및 해당 업종에 대한 적합도에 따라 평가할 수 있다. 소자본 창업의 경우 창업자의 새로운 사업계획 수행능력과 경영하고자 하는 업종에 대한 경험, 지식 그리고 열성과 노력이 필요하다. 따라서 사업 타당성 분석에 있어 먼저 검토되어야 할 사항이 바로 창업자의 계획사업수행능력과 해당 업종과 창업자와의 적합성이다. 계획사업 수행능력 및 적합성 평가요소는 크게 나누어 창업자의 선천적 적성과 자질, 그리고 창업자의 경험과 지식, 경영능력 등 후천적 자질로 구분할 수 있다.

1.2.1 적성과 자질분석

창업자의 선천적 적성 및 자질의 세부 평가항목으로는 모험심, 가능성에 대한 집념, 규모, 통솔력, 의지력, 기타 창업자의 성격·체질·체력 등으로 분류할 수 있다. 아무리 좋은 사업이라도 창업자가 성공에 대한 확신이나 강한 집념과 의지력이 없다면 성공적인 창업이 될 수 없다. 물론 체력적으로 그 사업을 충분히 감당할 수 있는 건강도 중요하다.

1.2.2 창업 분야의 경험과 지식분석

후천적 경험 및 지식의 평가항목으로는 창업 관련 분야에서의 경험, 학문과 지식, 창업자의 자격, 사회적 지위 및 신용, 교제 인물의 폭과 깊이, 창업환경 분석 등의 요소가 있다.

성공적 창업을 위해서는 자신의 경험과 선행지식이 풍부한 분야로의 창업이 유리하며 그렇지 않으면 전문적 지식을 빨리 습득하거나 창업자를 대신하여 이러한 업무를 수행할 수 있는 인원의 확보가 필요하다. 그뿐만 아니라 창업환경을 둘러싸고 있는 거래처나 인간관계의 폭이 넓다면 유리한 창업이 될 수 있다.

1.2.3 창업자의 경영능력 평가

창업자가 얼마만큼의 기술혁신능력이 있으며 환경변화에 대처할 수 있는 경영분석력이나 판단능력의 정도를 분석하는 것이다. 창업자의 통솔력(leadership)은 조직구성원에 대한 통제능력을 결정짓고 예기치 않은 변화에 순발력 있게 대처해야 하는 매우 중요한 요소이다.

창업자의 경영능력 평가항목으로는 가정유지능력, 창업구성원 구성 및 통제능력, 서비스 및 기술혁신능력, 경영·경제적 환경적응노력 그리고 경영분석·판단능력 등의 요소가 있다.

1.2.4 업종선택의 적합성

성공적 종목(item) 결정은 창업의 성공률을 높여준다. 시기적으로 맞는 업종선택은 기존시장의 진입을 쉽게 해 준다. 정확한 예측력을 가지고 유망한 업종을 선택하는 것은 경영자의 능력이다.

▼ 표 6.2 사업수행능력 분석

평가요소	세부평가항목	
적성 및 자질 (선천적 자질)	• 모험심 • 규모 • 의지력	• 가능성에 대한 집념 • 통솔력(leadership) • 기타 창업자의 성격·체질·체력 등
경험 및 지식 (후천적 자질)	• 창업 관련 분야에서의 경험 • 창업자의 자격 • 창업환경을 둘러싸고 있는 인간관계	• 학문과 지식 • 교제인물의 폭과 깊이
업무수행능력 (경영능력)	• 가정유지능력 • 서비스 및 기술혁신능력 • 경영·경제적 환경적응능력 및 경영분석·판단능력	• 창업구성원 구성 및 통제능력

1.3 시장성 분석

시장성은 제품 및 서비스를 시장에 판매할 수 있는 정도, 즉 판매 가능성을 말한다. 아무리 품질이 우수한 신제품이라 하더라도 판매가 되지 않으면 사업에 성공할 수 없다. 좋은 제품을 만들고서도 매출이 제대로 되지 않거나, 매출액 증가율이 높지 않아 손익분기점 매출액에 이르는 기간이 너무 길어 사업이 본 궤도에 진입하지 못하고 도산하는 경우가 많다. 따라서 철저한 시장성 분석이 선행되어야 한다.

시장성 분석은 구체적 목표에 따라서 신제품개발에 필요한 정보 수집을 위한 시장분석, 미래수요예측을 위한 시장분석, 유통경로 발굴을 위한 시장분석 및 광고전략 수립을 위한 시장분석 등으로 구분해 볼 수 있다. 그러나 어떤 경우든지 시장성 분석의 최종목표는 계획제품에 대한 판매예측, 즉 앞으로 생산할 제품이 시장에서 얼마나 팔릴 것인가? 향후 수요증가추세는 어떻게 변할 것인가? 등을 분석하는 것이다.

시장성 분석에 가장 중요한 일은 계획제품의 시장성을 분석하기 위한 구체적인 목표를 설정하는 것이며, 이는 제품의 종류, 용도나 특성에 따라 달라진다. 따라서 계획제품의 수요처가 많지 않고, 경쟁사의 정보가 잘 알려져 있다면 목표 설정과 시장성 분석 자체가 비교적 쉽다. 그러나 제품 용도가 일반 대중적이고, 유통구조가 복잡하며, 경쟁사가 많은 경우에는 시장분석을 위한 작업이 매우 복잡해지므로 목표설정 과정에서부터 상세하고, 체계적인 계획을 세우지 않으면 안 된다.

시장성 분석의 최종목표는 제품이 얼마나 팔릴 수 있는가를 조사·분석하는 것으로 전체시장 규모와 동종 및 유사제품과의 경쟁 상태에서 경쟁 시장 침투 가능성, 그리고, 자사가 점유할 수 있는 시장의 규모를 추정하는 일련의 과정에 따라 세부적인 분석목표를 설정하여야 한다.

▼ **표 6.3 시장성 분석 항목**

구 분	분 석 요 소
전반적인 시장동향 분석	• 시장규모 분석 • 시장의 특성 및 구조 • 소비자분석, 잠재고객 발굴
제품성 분석	• 제품의 강·약점 분석 • 제품의 생명주기(life cycle) 및 보급률 분석
경쟁적 지위분석	• 재무상태 비교 • 생산능력 및 실적 비교 • 주요 경쟁요소 비교
제품의 채산성 분석	• 제품원가 및 마케팅 비용 분석 • 이윤율(percent margin) 분석 • 제품가격 분석
수요예측	• 예상시장 점유율 분석, 중요 수요처 • 판매량 증감요인 분석 • 판매 전망 • 불황 적응도 및 계절성 분석
시장 및 제품 환경 분석	• 자원 환경 요인, 유통경로, 판매조직 • 기술적 환경요인 • 마케팅 환경요인, 영업형태와 방식
판매전략	• 판촉 및 광고전략, 광고형태와 방식 • 영업전략, 고객특성

1.4 기술성 분석

기술성은 제품 및 서비스를 효율적으로 생산할 수 있는 기술 보유 여부를 의미한다. 기술보유 여부는 자사뿐만이 아니라 협력업체를 포함하여 고려해야 하며, 사업 아이디어가 아무리 우수하더라도 실제로 구현할 수 없거나 구현은 가능해도 개발비 혹은 생산비용이 너무 큰 관계로 제품/서비스 가격이 너무 비싸 시장수요가 부족한 경우 사업화에 어려움이 있다. 기술성 분석에는 제품/서비스의 생산 가능성과 관련된 요소들을 대상으로 한다. 기술성 분석을 위해 조사해야 하는 내용은 다음과 같다.

① 제품의 특성 : 제품의 용도, 물리적·화학적 특성

② 제조공정 : 채택하고자 하는 공정, 채택 이유, 세부적인 공정 흐름 분석

③ 기계와 장비 : 구매하고자 하는 규격, 성능, 신뢰성, 제조자, 가격, 대금지급방식, 사후관리(A/S), 부품조달, 인도방식과 일정 등

④ 원자재 : 종류, 가격, 수량, 공급자, 공급자 위치, 공급방법, 물리적·화학적 특성 등

⑤ 건물 : 필요한 건물의 크기 및 특성

⑥ 대지 및 위치 : 필요한 대지의 크기, 형태, 가격, 위치 등

⑦ 동력과 용수 : 전기·가스·공업용수 수요량, 조달방법, 관련 비용 등

⑧ 인력 : 직접·간접 노동력, 기술 수준, 임금 등

1.5 수익성 분석

수익성 분석은 사업 타당성에 가장 중요한 부분으로, 수익성이 보장되지 않으면 사업을 할 이유가 없는 것이다. 수익성 분석은 수익전망과 손익분기점 분석으로 구분할 수 있다. 수익전망은 일정 기간의 매출액을 추정한 추정손익계산서, 추정재무상태표를 작성하고 이에 근거하여 수익성을 검토하는 것이다. 손익분기점 분석은 창업 후 기업의 수익과 비용이 같아지는 손익분기점 매출액을 도출하여 이익 실현이 가능한 시점을 판단하는 것이다.

1.5.1 수익전망 분석

수익전망분석은 일정 기간의 추정손익계산서와 추정재무상태표의 작성을 통해 수익을 예측하는 것을 의미한다. 이를 위해 창업자는 설계한 수익모델을 기반으로 매출액을 추정하고 제조원가명세서, 추정손익계산서, 추정재무상표를 작성해야 한다. 추정손익계산서와 추정재무상태표를 통해 수익전망뿐만 아니라 기업의 유동성, 안전성, 시장성 등도 분석할 수 있다.

■ **매출액 추정** 기존매출이 발생하고 있는 경우에는 전년도 대비 증가율 등을 고려하여 산출하면 쉽게 매출액을 산출할 수 있지만, 사업을 시작하기 전에 사업에 대한 매출 및 수지 예측을 하는 것은 쉬운 일은 아니다. 특히 모든 내용을 계수화하여 산출근거를 작성하기란 예비창업자의 경우 실전경험 부족으로 어려움이 크지만, 투자 대비 이익률을 계산하거나 점포권리금의 적정 여부 등을 판단하는 데 활용할 수 있는 유용한 데이터가 되기 때문에 사업을 시작하기 전에 반드시 작성해봐야 할 과정이다.

① 시장점유율에 의한 방법 : 시장점유율법은 두 가지 변수값을 구할 수 있어야 사용 가능한 매출액 추정방법이다. 하나는 해당 상권에서의 해당 업종이나 업태의 매출액 또는 소비 지출액 총액이고, 다른 하나의 변수는 창업자가 달성 가능한 시장점유율이다. 예를 들어, 어떤 상권을 이용하는 소비자들이 지출하는 총 외식비가 월 1억 원이라고 가정하고, 이 상권에서 어떤 창업자가 10%의 시장점유율을 달성할 수 있다고 한다면 이 창업자가 해당 상권에서 달성 가능한 추정매출액은 월 1천만 원이 된다.

② 경쟁점포 방문객 수 비교법 : 경쟁점포 방문객 수 비교추정법은 명칭에서 의미하고 있듯이 자신이 창업하려는 점포와 가장 유사한 경쟁점포를 찾아내고 이 점포의 매출액을 추정함으로써 사진의 예상 매출액을 추정해 보는 방법이다.

이 기법은 '1일 내점객수 × 1인 구매단가(객단가) × 월 영업일 수' 공식을 이용하게 되므로 경쟁점포의 1일 평균 내점객 수는 물론이고 평균 객단가를 자세히 파악하는 것이 중요하다. 상권과 입지가 유사한 경쟁점포의 자료를 비교적 상세하게 파악하고 있는 경우에 사용이 가능한 방법으로 1일 방문객수와 객단가를 정확하게 파악 가능한 경우에만 사용을 고려해야 한다. 물론이 방법을 쓰더라도 획일적인 계산을 하기보다는 상품력, 서비스 수준, 브랜드 인지도 등을 참작하여 추정해야 한다. 외식업의 경우 창업을 고려하는 업종, 업태와 가장 유사한 경쟁업체를 대상으로 조사하는 경우 매우 효과적인 방법이므로 전문가가 아니더라도 쉽게 사용할 수 있다는 장점이 있다. 다만 이 방법을 통해 경쟁점포를 조사할 때는 평일, 주말, 공휴일, 점심, 저녁, 심야 등 다양한 시기에 조사해서 평균값을 구해야 하고, 계절적인 변화와 조사대상 업체의 수명주기도 고려하는 세심함이 필요하다. 수명주기를 고려한다는 것은 해당 점포가 도입기의 점포인지 아니면 성장기, 성숙기, 쇠퇴기인지를 확인하여야만 매출액의 신뢰성을 높일 수 있다는 의미이다. 예를 들어, 조사대상 경쟁점포가 도입기나 쇠퇴기의 상태라면 추정한 매출액을 성장기와 성숙기를 고려하여 수정하는 등의 작업이 추가로 이루어져야 한다.

③ 통행 인구의 내점률에 의한 추정법 : 통행인구 내점률에 의한 추정법은 편의점과 같은 소매업에서 사용하기에 매우 적절한 매출액 추정법이다. 이 방법으로 월 매출액을 추정하기 위해 '통행인구 수 × 내점률 × 객단가 × 월 영업일 수'와 같은 공식을 이용한다. 구체적으로는 1일 통행인구 수를 조사하여 그 중 가게에 오는 인구를 예측하고 아이템에 다른 실구매율 조사를 해야 한다. 주로 유동인구 중심형 상권에 적합한 추정법이지만 흘러가는 유동인구의 경우 오류의 가능성이 있으므로 주의가 필요하다. 이 방법을 이용하여 매출액을 추정하는 사례를 들어보면 다음과 같다.

- 점포 앞을 지나는 통행인구 수가 하루 평균 1,000명
- 통행인구 중 100명이 점포를 방문 : 내점률 = 100/1,000 × 100 = 10%
- 점포 방문자들의 평균 구매액 10,000원 : 객단가 10,000원
- 월 영업일 수 : 30일
- 월 매출액 추정 : 1,000명 × 10% × 10,000원 × 30일 = 30,000,000원

▪ 업종별 매출액 추정법 도소매업, 음식업과 서비스업으로 업종을 크게 나누어 매출액을 추정하는 방법은 다음과 같은 간단한 계산방식으로 개략적으로 추정해볼 수 있다.

① 도소매업종

<계산방식> 1m²당 매출액(품목별) × 매장면적

② 음식업종

<계산방식> 객 단가 × 설비 단위 수(테이블 수) × 회전수

③ 서비스업종(미용실의 경우)

<계산방식> 객 단가 × 설비 단위 수(의자개수) × 회전수

전문음식점의 매출액 추정사례
전문 음식점의 조건 • 4인 테이블이 10개인 음식점의 총 좌석 수는 40석이다. • 4인 테이블에 동석하는 고객의 평균수가 점심 3인, 저녁 2인이라면, 점심 좌석점유율은 3/4(75%), 저녁 좌석점유율은 2/4(50%)이다. • 점심시간에 10개 테이블이 2회전, 저녁 시간에 10개 테이블이 1.5회전한다. • 객 단가는 점심시간에는 10,000원, 저녁 시간에는 25,000원이다. • 월 영업일 수는 주 1회 휴무한다고 가정하면 월평균 25일 영업한다. 위 조건을 기초로 한 월 추정매출액 • 월 점심 매출액 = 40 × 0.75 × 2 × 10,000 × 25 = 15,000,0000원 • 월 저녁 매출액 = 40 × 0.5 × 1.5 × 25,000 × 25 = 18,750,000원 • 월 매출액 합계 = 15,000,000 + 18,750,000 = 33,750,000원

음식점의 월 매출액 추정의 예를 보면, '좌석 수 × 회전율 × 객 단가 × 월 영업일수'로 할 수 있으며, '테이블 수 × 테이블 단가 × 회전율 × 월 영업일 수' 공식으로도 산출할 수 있다. 아직 창업하지 않은 자신의 점포 매출액을 추정하기 위해서는 구상 중인 자신의 점포와 가장 유사한 경쟁점포를 찾는 것이 무엇보다 중요하다. 동일 상권 내의 유사한 입지의 경쟁점포가 없다면 다른 지역의 유사한 상권과 입지에서 조사대상 경쟁점포를 물색하는 것도 대안이 될 수 있다. 가장 유사한 경쟁점포를 3곳 정도 찾아서 좌석점유율, 점심시간과 저녁 시간의 회전율, 점심시간과 저녁 시간의 객 단가 등을 조사한다. 그리고 좌석 수, 월 영업일 수 등의 나머지 변수는 자신이 창업예정인 점포를 기준으로 계산하면 된다.

■ **제조원가명세서** 제조원가는 제조에 소요된 공장원가를 말하고 재료비, 노무비, 경비로 구성된다. 재료비를 산출하기 위해서는 원재료 소요량을 알아야 한다. 이는 제품 1개당 원재료별 소요량에 예정 생산량을 곱해서 산출한다. 여기에 다시 재료구매 단가를 곱하면 최종적으로 재료비를 산출할 수 있다.

원재료 소요량 = 제품 1개당 재료별 소요량 × 예정 생산량
재료비 = 원재료 소요량 × 재료구매 단가

노무비는 생산직 종업원의 임금, 상여, 수당, 퇴직금으로 구분한다. 노무비는 동종업계의 인건비를 조사해서 업계 평균으로 산출한다. 제조경비는 재

료비와 노무비를 제외한 제조와 관련이 있는 항목으로 전력비, 가스수도료, 소모품, 통신비, 감가상각비, 복리후생비, 여비교통비, 잡비 등을 포함한다. 당기 총제조비용은 재료비, 노무비, 경비를 합한 제조원가를 의미한다. 재공품은 생산에 투입은 되었으나, 완성되지 않고 생산설비에 걸려 있는 재고자산을 말한다. 이는 기초 재공품 재고액과 기말 재공품 재고액으로 구분한다. 기초 재공품 재고액은 제품완성을 위해 기초일 현재를 기준으로 전기에 이월된 것으로 당기에 추가가공이 필요한 것을 말하며 기말 재공품 재고액은 결산일 이후, 즉 차기에 가공이 필요한 것을 말한다.

당기 제품제조원가는 당기 중에 제품생산을 위해 소요된 총비용으로서 제품 매출원가를 의미한다. 이는 당시 총제조비용에서 기초 재공품 재고액을 더한 후 기말 재공품 재고액을 배서 산출한다.

▼ 표 6.4 추정 제조원가명세서

		창업 지출액	연도별추가지출액		
			1년	2년	3년
1. 재료비	가. 기초 원재료 재고액				
	나. 당기 원재료매입액				
	다. 기말 원재료재고액				
	소계(가+나−다)				
2. 노무비					
3. 경비	공장 전력비				
	원재료 운반비				
	감가상각비				
	기타				
4. 당기 총제조비용(1+2+3)					
5. 기초재공품 재고액					
6. 기말재공품 재고액					
7. 당기 제품제조원가(4+5−6)					

매출원가는 제품(직접 생산하는 품목), 상품(타사가 만든 제품), 용역 등의 매출액에 직접 대응하는 원가로서 제품매출원가, 상품매출원가, 용역매출원가로 구성한다. 만약 기업에 제품매출만 있으면 매출원가는 제품매출원가이지만 상품매출도 있다면 매출원가는 제품매출원가와 상품매출원가의 합이다. 만약 용역매출도 있다면 매출원가는 제품매출원가, 상품매출원가, 용역매출원가의 합이다. 제조업은 제품매출원가, 유통업은 상품매출원가, 서비스업은 용역매출원가의 비중이 크게 차지한다. 한편 서비스업은 매출원가는 없다고 간주하고 판매비와 관리비에 포함되기도 한다.

▪ **추정손익계산서** 추정손익계산서는 기업이 영업 활동을 통해 획득하게 될 이익과 이익을 얻기 위해 지출하게 될 모든 비용을 추정한 손익계산서이다. 이를 통해 연도별 매출액 규모는 얼마나 되고 비용은 얼마인지, 당기순이익은 어느 정도인지를 파악할 수 있다. 다음은 (추정)손익계산서에 포함되는 각 항목을 설명한 것이다. [표 8.5]는 추정손익계산서 사례이다.

▼ **표 6.5** 추정손익계산서

단위 : 원

구분	금액	산출내역
일 매출액	450,000	객 단가 × 명(15,000원 × 30명)
I. 월 매출액	11,700,000	일 매출액 × 영업일수(450,000원 × 26일)
II. 월 재료원가	4,680,000	원가 비율 × 월 매출액(40% × 11,700,000원)
III. 월 매출이익	7,020,000	I-II
IV. 일반관리 및 판매비	5,600,000	
	2,500,000	고정급료 아르바이트생 포함
	500,000	복리후생비
	1,000,000	월 임차료
	200,000	발생액 기준(지급이자)
	1,400,000	점포공사비/36개월(50,000,000원/36개월) – 감가상각비
V. 영업이익	1,420,000	III-IV
VI. 영업 외 수익	0	수입이자 등
VII. 영업 외 비용	200,000	지급이자, 이자 기회비용 : 연 이자/12개월

구분	금액	산출내역
VIII. 세전이익	1,220,000	V + VI − VII
IX. 각종 제세	122,000	세전 이익의 10%
X. 세후 순이익(월 이익)	1,098,000	VIII − IX

- 매출액 : 제품이나 상품을 판매함으로써 나타나는 재화나 용역의 가치
- 매출원가 : 영업 활동에서 영업수익을 올리는 데 필요한 비용 또는 판매하기 위하여 사들인 상품의 구매가격
- 매출총이익 = 매출액 − 매출원가, 생산 활동 결과 발생한 비용만 포함되어 있기 때문에 공장이익 혹은 생산이익이라고도 함
- 영업이익 = 매출총이익 − 판매 및 일반관리비, 매출총이익에서 판매활동에 소요되는 비용인 영업 활동의 결과로서 산출된 이익
- 판매비 : 상품과 용역의 판매 활동 결과로 발생하는 비용(변동비)
- 일반관리비 : 기업의 관리와 유지 등 회사의 일반관리활동 결과로 발생한 비용(고정비)
- 세전 이익 = 영업이익 + 영업 외 손익(= 영업 외 수익 − 영업 외 비용)
- 영업 외 손익 : 영업 활동 이외에서 발생한 것으로 주로 회사의 재무활동과 관련하여 발생한 금액
- 각종 제세 : 법인세, 주민세 등 각종 제세
- 세후 순이익(당기순이익)

1.5.2 손익분기점 분석

손익분기점이란 일정 기간의 매출액과 그 매출액을 실현하기 위해 지출된 총 비용이 일치하는 시점을 말한다. 즉, 영업이익이 영이 되는 매출을 찾는 것으로 사업에 있어서 수익총액과 비용총액이 일치하게 되는 이익도 손실도 없는 영업 상태를 말한다. 따라서 매출이나 지출과 관련된 각종 정보가 정확히 확보되어 있지 않으면 분석할 수 없다. 손익분기점 분석은 자금수급계획의 지침이기 때문에 자금조달계획을 미리 수립하기 위한 척도로써 활용할 수 있다. 손익분기점 분석이 필요한 이유는 사업을 시작한 뒤에 영업상황이 제 궤도에 진입했는지를 확인할 수 있는 중요한 근거가 되기 때문이다.

사업을 하면서 장기적인 계획 없이 그때그때 상황에 따라 자금 운영계획을 진행하는 것만큼 위험한 일은 없다. 매출이 발생하면 어떤 식으로 발생했고 지출은 어떤 항목으로 어느 정도 발생했는지 늘 검토하며, 필요 없는 지출을 줄여 수익을 극대화하기 위해 노력하는 것이 사업자의 기본자세이다. 손익분기점 분석을 하는 이유도 바로 여기에 있다.

손익분기점 분석을 위해서는 전체적으로 발생하는 비용 가운데 매출액 변동과 관계없이 항상 일정하게 발생하는 고정비와 매출액 변동에 비례해서

발생하는 변동비를 정확히 구분하는 것이 좋다. 손익분기점을 지나면 판매 시 발생하는 비용보다 수익이 커지게 된다. 이는 그래프를 통해 쉽게 이해할 수 있다. [그림 6.1]은 손익분기점 분석을 나타내는 그래프로써 X축은 판매량, Y축은 비용을 나타낸다.

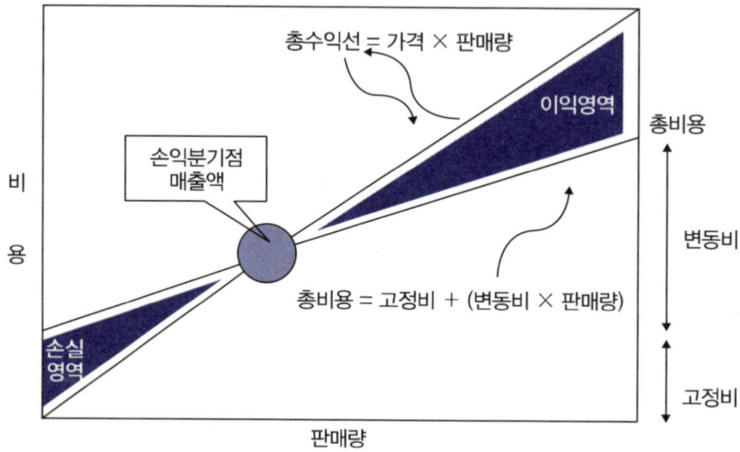

▲ **그림 6.1** 손익분기점 분석도

손익분기점 매출액은 총수익선과 총비용선이 같아지는 손익분기점 판매량을 구함으로써 얻을 수 있다.

i) 손익분기점 매출액 = 단위당가격 × 손익분기점 판매량

총수익 − 총비용 = 0

[단위당가격 × 수량] − [고정비 − (단위당변동비 × 수량)] = 0

(단위당가격 − 단위당변동비) × 수량 = 고정비

ii) 손익분기점 판매량 $= \dfrac{\text{고정비}}{(\text{단위당가격} - \text{단위당변동비})}$

iii) 손익분기점 매출액 = 단위당가격 $\times \dfrac{\text{고정비}}{(\text{단위당가격} - \text{단위당변동비})}$

손익분기점 분석의 총비용은 고정비와 변동비로 구분한다. 고정비는 생산량과 관계없이 항상 필요한 일정 비용이다. 변동비는 생산량의 변화에 비례하

여 변하는 비용이다. 고정비와 변동비로 각각 구분하여 계산하는 것이 원칙이나 업종에 따라 고정비와 변동비를 엄격히 구분하는 것은 어려우므로 다음과 같이 개괄적으로 계산하는 것이 편리하다.

> 고정비 = 판매비와 관리비 + 영업외비용 + 제조경비 중 고정경비(감가상각비 등) + 고정노무비(연봉/월급제 정규직원) + 기타 고정비
>
> 변동비 = 재료비 + 제조경비 중 변동경비(전기요금, 수도요금 등) + 변동노무비(생산직 일용직원 급여, 초과근무수당 등) + 기타 변동비

이처럼 손익분기점 분석을 통해 손실을 면하기 위한 최소 매출액이 얼마인지 예측할 수 있다. [표 6.6]은 손익분기점을 계산한 예이다.

▼ 표 6.6 손익분기점 계산

구분	산출방식(월 기준)		금액(원)
매출액(S)	월 평균 매출액		11,700,000
변동비(V)	월 재료 원가	4,680,000	4,880,000
	수도광열비	200,000	
고정비(F)	급료	2,500,000	5,600,000
	복리후생비	500,000	
	입차료	1,000,000	
	감가상각비	1,400,000	
	지급이자	200,000	
변동비율 V / S × 100	(변동비 / 매출액) × 100		(4,880,000/11,700,000) × 100 = 41.7%
손익분기점매출액	F ÷ (1 − V/S)		5,600,000/(1 − 41.7) = 9,605,488
손익분기점 비율	손익분기점매출액/실제매출 × 100		(9,605,488/11,700,000) × 100 = 82%
평가			

〈Start-up Highlight〉

원칙없는 사업확장 '100전 100패'

벤처기업의 실패사례 분석을 통해 향후 벤처기업을 운영하고자 하는 예비 벤처사업가, 그리고 현재 벤처기업을 운영하고 있는 경영진에게 다음 네 가지 시사점을 제안한다.

① **철저하게 사업모델을 정립하라.** A회사는 사이버 교육업체로서 차별화된 학습 컨텐츠 없이 초·중등학생을 대상으로 순수 인터넷을 통한 사업을 구상했으나 실질적으로 초·중등학생이 관리지도 없이 순수 인터넷을 통해 자율학습에 의한 학습성취 향상이 가능한 것은 약 10% 미만인 것을 사전에 파악하지 못했다. 그 결과 교육 및 학습시장에 순수 인터넷을 유통채널로서 자의적으로 결합시키는 잘못된 사업모델을 선정함으로써 결국 막대한 광고비만을 지출하는 결과를 초래했다. A회사의 사례에서 명확한 고객의 니즈분석에 기반한 사업모델의 설정이 얼마만큼 중요한지 실감할 수 있다.

② **핵심역량에 기반해 사업 포트폴리오를 선정하라.** B기업은 단기적으로는 사업에 있어서 성공적이었다고 판단할 수 있는 기업이었다. 하지만 B기업은 중장기 사업전략의 부재로 인해 기존 사업에서 적잖은 성과를 거두고 자본 잉여금의 확보라는 호조건 속에서도 사업에 박차를 가하지 못하고 원칙 없는 사업의 확장으로 인한 실패 및 사업 철수 등의 뼈저린 아픔을 경험했다. C기업은 기존사업과 신규 사업의 혼동 속에서 모든 사업을 모두 운영하는 방향으로 설정했다. 외형적으로는 더 없이 균형 잡힌 사업 구도였으나 구체적인 사업 실행계획이 없는 무모한 사업전략을 따른 것이다. C기업은 인적자원 및 투자자금의 제약, 사업위험성, 시장 매력성, 경쟁 우위성 등의 판단기준에 기초해 C기업은 마침내 몇 가지 사업을 정리할 수밖에 없었다. B기업과 C기업의 사례는 벤처기업이 단기적 성공에 자만해서는 안 된다는 점과 보다 중장기 사업비전을 바탕으로 사업 포트폴리오 선택과 집중을 통해 경영성과를 극대화해야 한다는 점을 보여주었다.

③ **효과적이며 효율적인 조직을 확립하라.** D사는 인터넷 관련 엔지니어 위주의 경영진을 중심으로 벤처사업을 전개해 나가며 사업성과도 목표치에 부합할 정도가 됐다. 이에 따라 사업성공에 박차를 가하기 위해 조직 구성원들을 확충하며 조직을 재구성했다. 그러나 뜻하지 않게 창립자로 구성된 1세대 조직에서 느끼지 못한 다양한 조직적 문제들이 제기되기 시작했다. 업무 프로세스의 비효율성, 부서 이기주의, 계층 간의 갈등, 조직문화의 변질 등으로 인해 D사는 사업에 막대한 차질을 빚은 후에야 변화관리(change management)의 중요성을 인식하기 시작했다. 사업이 번성하면 조직 또한 빠르게 기업의 사업방향에 맞게 변모돼야 한다. 이를 위해서는 조직구조, 프로세스, 조직문화에 있어서 미래 지향적인 관점을 견지하는 것이 필요하다.

④ **Time to Market을 활용하라.** E기업은 제품의 상용화가 아직 완성되지 않은 상태로 벤처비즈니스 사이클상 1세대에 속하는 기업이었다. 이미 제품 시장에서는 시장의 수요가 증가하고 있음에도 불구하고 E기업은 결함이 없는 제품을 출시하겠다는 방침 아래 상용화시기를 늦추고만 있었다. 결국 타사제품이 먼저 출시돼 시장을 잠식하기 시작했다. E기업은 완벽하지 않은 제품이라도 먼저 출시한 뒤 제품의 알파, 베타버전을 출시해 나가면서 시장을 선도할 수 있었으나 적절한 제품출시시기(time to market)를 놓침으로써 제품이 출시되기도 전에 제품의 사양화를 맞이하게 된 것이다. E기업의 사례는 시점을 고려한 제품 및 서비스의 상용시기는 기업의 기술단계, 그리고 시장 및 경쟁 환경을 총체적으로 고려해 결정해야 한다는 점을 극명하게 보여준다.

02 사업계획서 작성

2.1 사업계획서의 개념

성공적인 창업을 하기 위해서는 활동에 대한 사업계획서가 필요하다. 사업계획이 어떤 방향으로 가고 있으며 어떻게 목표에 도달할 수 있는가에 대해 설득력 있게 설명하는 행동지침이며 문서로 만들어진 회사 창업에 대한 자료이다. 창업과정에 있어서 사업계획서의 작성은 계획사업 내용(업체의 일반현황 및 창업자 현황), 제품시장의 구조적 특성, 소비자의 성격, 시장확보를 위한 마케팅 전략, 계획제품의 기술적 특성, 생산시설, 입지조건, 아이템에 대한 수익전망, 투자의 경제성, 계획사업에 대한 필요자금 규모 및 조달계획, 조직 및 인력계획 등 창업에 관련되는 제반 사항을 객관적·체계적으로 작성한 자료이다.

사업계획서는 계획적인 창업을 가능케 하여 창업 기간을 단축하고, 계획사업의 성취에도 큰 효과를 가져다준다. 그리하여 창업자 자신을 위해서 사업성공의 가능성을 높여주는 효과가 있다. 또한, 창업에 도움을 줄 제삼자인 동업자, 출자자, 금융기관, 거래처, 고객에 이르기까지 관심과 설득자료로 활용도가 매우 높다. 이렇게 볼 때 사업계획서 작성은 정확하고 객관성이 유지되어야 하며 전문성과 독창성을 갖춘 보편타당한 사업계획서가 되어야 한다. 간단해 보이는 사업도 계획을 세우지 않고 즉흥적으로 행동하면 실패하기 쉽다. 그러므로 창업자 단독으로 사업을 추진하는 경우라 하더라도 사업계획은 작성하는 것이 바람직하다. 사업계획은 문서로 만들어야 한다. 사업체의 규모가 커지면 창업자 자신뿐만 아니라 타인을 움직여야 하므로 기록으로 표현된 행동지침인 문서로 만들어진 사업계획이 필요하다.

2.2 사업계획서의 필요성

창업을 성공적으로 추진하기 위해서는 사업에 필요한 구체적 사항들을 합리적이고 체계적인 방법으로 사업계획서가 필요하다. 사업계획서의 필요성은 다음과 같다.

2.2.1 시행착오

창업의 시행착오를 줄여준다. 사업계획서를 작성하다 보면 미처 깨닫지 못한 사업의 결점을 발견하게 된다. 전체적 사업계획의 윤곽이 드러나면서 사업의 전반적 강점과 약점을 알게 되고 이에 대한 효과적 대처방안을 다시금 마련하게 되어 창업의 시행착오를 줄여준다. 또한, 계획하고 있는 사업이 과연 타당성이 있는 사업인지를 검토할 기회를 가질 수 있다.

2.2.2 지침서

창업 초기의 지침서가 될 수 있다. 창업 초기의 업무추진계획서의 역할도 한다. 일단 사업이 시작되면 업무의 증가와 함께 여러 가지 대안의 검토와 세부적 계획수립 등으로 시간에 쫓기게 된다. 애초 추구하고자 한 사업의 기본방향이나 목적 등의 장기계획을 잊어버릴 수도 있다. 이때 사업계획서는 사업추진의 기본 방향을 제시해 주는 유용한 행동지침이 된다.

2.2.3 동반자 설득활용

투자자, 동업자, 후원자를 찾을 수 있는 자료가 된다. 계획사업이 혼자만의 힘으로는 추진하기 어렵다고 판단될 때 투자자, 동업자, 후원자를 찾아야 하는데 이를 위해서는 단순히 말로서가 아닌 구체적인 사업계획서가 효과적이고 설득력이 있다. 논리정연하고 설득력 있는 사업계획서를 제시하게 되면 마음을 쉽게 움직이게 할 수 있기 때문이다. 금융기관으로부터의 대출을 받을 때도 마찬가지이다.

2.2.4 인허가 자료

인·허가기관에 대한 제출용 자료가 된다. 업종에 따라 차이는 있지만, 관계기관으로부터 인·허가를 받을 때 제출하는 양식으로써 사용한다. 중소기업창업 지원법 시행규칙 제 8조의 규정에 따라 공장을 설립하고자 하는 창업자는 관할 시·군·구에 사업계획서를 공장설립 허가신청용으로써, 공업배치 및 공장설립에 관한 법률 제 38조에 의해 공업단지에 입주하고자 하는 창업자는 해당 시·군·구에 사업계획서가 공업단지 입주신청용으로써 사용된다.

2.2.5 인재 영입

유능한 인재를 영입할 수 있는 자료가 된다. 창업회사들이 능력 있는 인재들을 구하는 데 어려움을 겪고 있다. 인재들에 있어 높은 임금도 중요하지만, 회사의 장래성과 장래의 비전(vision) 역시 중요하다. 도전정신이나 창의성을 가진 유능한 인재의 영입에 있어 사업계획서는 이를 뒷받침할 수 있다.

2.2.6 홍보용

대외홍보용 자료가 된다. 계획사업의 경제 효과, 고용 효과, 간접 효과 등을 설득력 있게 홍보함으로써 사업추진을 원만히 할 수 있다.

2.3 사업계획서의 용도

2.3.1 창업자 입장

■ **창업의 성공 가능성 타진** 사업계획서를 작성하는 것은 성공 가능성을 점검할 기회가 된다. 계획을 작성하는 과정에서 사업의 문제점을 발견하게 되고 동시에 사업성을 검토하게 된다.

■ **의사소통의 수단** 사업계획을 구두로 설명하려면 관계자들로부터 충분한 이해를 얻기 어렵다. 짜임새 있게 작성된 사업계획은 주변의 사람들을 움직이는 중요한 수단이 된다.

■ **초기의 행동 지침** 사업계획서는 창업초기의 업무추진 계획이다. 사업이 일단 시작되면 처리해야 할 업무가 많고 시간이 부족하여 가능한 여러

가지 대안들을 검토하고 세부적인 계획을 수립하는 일에 많은 시간을 보낼 수 없게 되는데, 이때 사업계획서는 유용한 행동지침이 될 수 있다.

2.3.2 투자자 입장

■ **투자사업의 타당성을 판단하는 자료** 사업계획서는 투자자가 투자에 관한 의사결정을 하는 데 사용하는 가장 기본적인 자료이다. 이것은 사업계획을 평가하는 가장 기본적인 자료임을 의미한다.

■ **창업자와 경영진의 능력평가 자료** 투자자들은 사업계획서를 통하여 창업자가 계획사업을 성공시킬 능력을 갖추었는가에 관심이 있다. 그리고 사업계획서에 나타난 여러 가지 내용, 예를 들면 업계의 동향, 시장의 추이, 경쟁상태, 사업의 독창성, 필요자금, 대상기업의 현재 재무상태 등에 대하여 사실 확인을 하고 사업의 타당성을 평가한다.

2.4 사업계획서의 종류

사업계획서의 형식이 고정되었는지에 따라 고정형식 사업계획서와 자유 형식 사업계획서로 나누고 있다.

2.4.1 고정형식 사업계획서

고정형식 사업계획서란 사업계획서 형식이 미리 정해져 있는 사업계획서를 말한다. 즉 창업투자회사, 금융기간, 정부 기관 등에서는 사업계획서 양식을 미리 작성해놓고 신청자들이 주어진 형식에 따라 사업계획서를 작성하도록 한다.

2.4.2 자유 형식 사업계획서

자유 형식 사업계획서란 사업계획서 작성자가 임의로 결정한 형식에 따라 작성한 사업계획서를 말한다. 사업계획서에 포함되어야 할 내용은 고정형식 사업계획서의 경우와 유사하다. 자유 형식 사업계획서를 작성하는 경우에 포함되어야 할 내용과 형식은 그 구성형식에 따라 약식 사업계획서와 완전 사업계획서로 구분할 수 있다.

■ **약식 사업계획서** 약식 사업계획서란 사업계획의 모든 내용을 요점만 간략히 정리한 사업계획서를 말한다.

■ **완전 사업계획서** 완전 사업계획서는 사업계획의 모든 사항을 상세히 포함하는 사업계획을 말한다.

2.5 사업계획서 작성

사업계획서는 그 목적, 용도 및 제출기관에 따라 내용상 차이가 있으며, 첨부 서류도 조금씩 다르다. 사업계획서 작성 전에 미리 기본계획과 작성순서를 정하여 차례로 작성하여야 시간과 노력을 절약할 수 있으며 내용도 충실해질 수 있다. 효율적인 사업계획서 작성을 위해 사업계획서를 작성하기 전에 미리 준비할 사항과 사업계획서 작성의 기본 순서를 알아두는 것이 필요하다.

2.5.1 사업계획서 작성의 기본요점

사업계획서가 창업자 자신을 위한 것이며 다른 이해관계자들과 접촉하는 수단이라는 점에서 그것을 작성할 때는 기본적으로 신뢰성, 잠재능력, 독창성을 갖추어야 한다. 이들에 대하여 설명하면 다음과 같다.

■ **신뢰성** 사업계획서는 그 내용이 믿을 만한 것이라는 생각을 하도록 작성되어야 한다. 이를 위해서는 참고자료, 자료의 출처, 권위 있는 등을 동원할 수 있다.

■ **업무수행능력과 잠재력** 창업자와 경영진은 사업을 성공적으로 경영할 수 있는 능력이 있음이 나타나도록 하여야 한다. 경력, 과거의 경험, 학위, 발명, 수상경력 등을 자세히 명시하여야 한다.

■ **독창성** 사업계획서는 계획사업이 기존의 다른 사업과 다른 점을 설명하여야 한다. 예를 들면 특허, 제품의 성능, 경영방법, 표적 시장 등에서 기존의 사업과 차이점을 명시하여야 한다.

2.5.2 세부적인 유의사항

사업계획서는 타인이 이해할 수 있고 강점과 부족한 부분의 보완점 등을 구체적으로 작성할 수 있어야 한다.

■ **살아있는 계획** 사업계획서는 살아 있어야 한다. 사업계획서는 구체적이고 객관적이어야 한다. 많은 자료와 근거를 제시하여 상대방에게 신뢰감을 느끼게끔 해야 한다.

■ **논리적 계획** 논리적으로 명료하게 작성되어야 한다. 자신감을 바탕으로 객관성 있는 정확한 자료에 의해 작성되어야 한다. 객관성이 모자라서는 안 된다.

■ **창업 동기** 창업하게 된 동기와 그에 따른 기대효과를 구체적으로 기술하여야 한다. 창업자의 강점과 부족한 점, 자금조달 능력, 창업 전 경력, 창업기업과의 관계 등을 구체적으로 기술하여야 한다.

■ **핵심내용** 핵심내용을 강조하고 전문용어의 사용을 피한다. 차별화되는 사업아이템의 핵심을 중점적으로 부각하고, 투자자나 관련 당사자가 알기 쉽게 보편적 용어로 작성하여야 한다.

■ **자금계획** 자금조달 운용계획은 정확하고 실현 가능성이 있어야 한다. 사업계획서에 있어 자금조달과 운용 부분에 있어서는 가정이나 예상은 피해야 한다. 추상적 결론이나 추측에 의한 결론은 회피하도록 해야 한다.

■ **신뢰성과 일관성**　신뢰성 있는 데이터를 사용하며 일관성을 유지한다. 사업계획의 근거가 되는 데이터는 객관적으로 검증된 것이거나 투자자나 관계자가 이해할 수 있는 범위의 것을 일관성 있게 사용해야 한다.

■ **위험요소분석**　향후 발생 가능한 위험요소에 대한 분석이 있어야 한다. 예기치 못한 사정으로 예정 일자에 창업할 수 없게끔 되지 않도록 잠재된 문제점에 대해 여러모로 점검할 필요가 있다.

2.6 사업계획서 구성 및 내용

2.6.1 사업계획서 구성

사업계획서의 구성은 다음과 같은 항목으로 구성되어 있다.

① 일반사항 : (가칭)상호, 업종, 창업자 인적사항, 사업장의 위치 및 주소, 주주현황, 기술진 인적사항

② 사업의 개요 : 사업의 내용과 목적, 사업의 기대효과(고용 효과, 자원 활용 효과, 부대사업 촉진 효과, 기타)

③ 생산제품의 소개 : 주 생산품 소개, 기타 생산품, 제품설명

④ 제품의 시장현황 : 동종업계의 전반적인 현황(제품의 시장현황, 주요 국내 경쟁업체 현황, 수출입 동 총 예상시장 규모, 예상시장 점유율, 시장 진입 방법)

⑤ 생산계획 : 생산공정, 자체 생산계획

⑥ 판매계획 : 판매방법, 가격책정, A/S 계획 내수 판매계획

⑦ 설비투자계획 : 생산, 기계설비 명세서, 기계설비 구매명세서

⑧ 인력수급계획 및 조직표 : 업무수행 체계도와 부서별·직책별 소요 인원, 고용계획

⑨ 재무계획 : 추정손익계산서, 추정 재무상태표, 추정 현금흐름표, 손익분기점 분석

⑩ 사업계획추진 일정표

2.6.2 사업계획서의 내용과 형식

현재 사용되고 있는 각종 사업계획서의 내용은 그 해당 용도에 따라 여러 가지의 계획내용을 포함하고 있으나 종류별 사업계획서의 형식은 전체적으로 거의 유사하다. 그러므로 여러 종류의 사업계획서 내용은 공통으로 객관적인 관점에서의 충분한 이해와 관심을 엿볼 수 있도록 표현되어야 한다.

다음 사업계획서의 목차와 내용은 일반적인 것이며 때에 따라 적절한 변화를 취하여 사용할 필요가 있다.

▼ **표 6.7 기본 사업계획서**

1. 일반현황 가. 창업자현황 나. 회사 일반현황 2. 계획사업의 개요 가. 개발 동기 나. 사업내용 다. 생산제품의 특성 라. 기대효과 3. 시장현황 가. 동종업계 현황 나. 시장의 규모와 전망 다. 시장점유율과 경쟁 관계 라. 계획제품의 침투 가능성 4. 판매계획 가. 판매전략 및 판매형태 나. 가격정책 다. A/S계획 라. 국내 판매계획 마. 수출계획 5. 생산계획 가. 제조공정도 나. 자체 생산계획 다. 외주 생산계획 6. 설비투자계획 가. 적정규모의 제조설비 및 명세서 나. 구매처, 수량, 가격	7. 인원 미 조직계획 가. 업무흐름별 조직체계도 나. 직무별·직위별 소요인원 8. 원·부자재 조달계획 가. 국내 조달계획 나. 수입 자재 조달계획 9. 재무계획 가. 추정손익계산서 나. 추정재무상태표 다. 추정현금흐름표 라. 손익분기점 분석 10. 자금계획서 가. 총 필요자금 명세서 나. 조달계획 또는 차입계획 다. 차입금상환계획 11. 사업추진 일정계획 12. 부속자료 가. 인건비 명세서 나. 감가상각비 명세서 다. 제조원가 명세서 라. 경영진 이력서 마. 제품설명서 바. 특허권 사본 사. 제공 가능 담보물 내용 아. 설비구매 견적서

소자본 창업의 내용과 규모에 적당한 소점포 사업용 사업계획서는 단순한 내용의 사업계획서이다. 다음은 소점포용 사업계획서 형식이다.

▼ **표 6.8 소점포용 사업계획서**

1. 기업현황	• 회사 개요(설립예정)	• 창업자 인적사항
2. 일반적인 사업계획	• 사업개요	• 종업원 채용 계획 및 조직도
3. 소요자금 및 조달 계획	• 필요자금 • 원부자재 조달계획	• 자금조달계획
4. 입지 및 상권분석	• 입지상권분석	
5. 환경 분석과 마케팅 전략	• 일반적인 환경 분석 • 마케팅전략 • 내부핵심역량분석	• SWOT분석 • 경쟁업체분석
6. 판매 및 재무 분석	• 판매계획 • 추정손익계산서	• 손익분기점 분석
7. 사업추진 일정계획 첨부 서류	• 현금흐름 분석 • 임대차계약서 등 • 등기부 등본	• 사업자등록증사본 • 월별 사업추진일

토 의 과 제

1. 최근에 개봉한 영화의 총제작비를 확인하여 관객 수를 추정 후 손익분기점을 계산해 보시오.
2. 여러분 주변에 최근 창업한 점포를 방문하여 해당 업체의 사업타당성을 분석해 보시오.
3. 자신이 하고 싶은 창업 아이템을 생각해보고 사업계획서를 작성해 보시오. 사업계획서에는 요약, 회사설명, 마케팅계획, 생산과 연구개발계획, 재무계획 등이 포함되어야 합니다.

Chapter 7

창업자금 조달과 세무지식

◈ 학습내용

01 예비창업자를 위한 회계 기초지식
02 창업 시의 세무실무
03 창업 후의 세무실무
04 정부기관의 창업지원제도의 활용

◈ 학습목표

본 장에서는 창업에 필요한 자금조달 방법과 창업자가 기본적으로 알아야 할 회계 및 세무지식을 공부한다. 특히 창업자금을 조달하기 위해 정부기관의 창업지원제도의 활용에 대해 이해한다.

〈시작이야기〉

크라우드 펀딩으로 투자 받기는 쉬워요··· 문제는 그 다음부터

크라우드 펀딩으로 창업해보기

외국계 의료기 회사에서 제품 디자이너로 일하던 이연택(35)씨는 빈 병에 꽂아 울림통 효과를 이용하는 병마개 형태 소형 블루투스 스피커 '코르크 스피커'로 2016년 열린 정부 주최 '도전! K-스타트업 경진대회'에서 6,000여 팀 중 7위로 입상했다. 그해 10월 직장을 떠나 스타트업 이디연을 설립하면서 본격 창업 시장에 뛰어들었지만, 마땅한 투자자를 찾기 어려웠다. 이때 문을 두들긴 곳은 크라우드 펀딩 플랫폼 '와디즈'였다. 이 대표는 "처음엔 인터넷에 제품 소개를 한 것만으로 사람들이 돈을 보내올지 의문이었다"며 "하지만 7차례 펀딩에 성공해 2억 원이 모이는 걸 보고 많이 놀랐다"고 말했다.

이 대표 말처럼 크라우드 펀딩 창업은 '이래도 되나' 싶을 정도로 쉽다. 모든 과정이 온라인으로 진행된다. 크라우드 펀딩 플랫폼 사이트에 회원 가입을 한 뒤 온라인으로 펀딩을 신청하면 된다. 사업계획서와 창업가·제품 소개, 목표 금액 등을 보내면 10~14일 정도의 심사를 거친다. 심사 통과 후 펀딩이 시작되는데, 플랫폼 사이트 방문자들이 제품이 마음에 들면 결제 예약을 하는 방식이다. 목표 금액만큼 돈이 모이면 자동 결제되고, 그렇지 않으면 펀딩이 무산된다. 플랫폼 수수료는 약 10~30% 수준이다.

2018년 한 해 와디즈에서 진행된 펀딩만 8,000여 건이다. 전문가들은 크라우드 펀딩이 '전가의 보도'는 아니라고 말한다. 신동원 성신여대 교수는 "펀딩 이후에도 신제품을 개발하고, 공격적인 투자 유치를 계속해야만 살아남을 수 있다"며 "자금이 말라붙는 순간 창업은 실패한 것"이라고 말했다.

박주영 숭실대 벤처중소기업학과 교수는 "디지털 펀딩이 늘어나면 '가짜 펀딩' 같은 조작도 생겨날 수 있어 창업자와 이용자 모두 주의를 기울여야 한다"고 말했다.

☞ 크라우드 펀딩(crowd funding)

불특정 대중으로부터 자금을 모은다는 뜻이다. 인터넷에 자신이 생산하고 싶은 제품·서비스 등을 올리고, 그걸 구매하고 싶은 사람들로부터 돈을 모은다. 그렇게 모은 돈으로 제품·서비스를 만들어 돈을 낸 사람에게 제공한다. 돈이 없어도 창업이 가능하고, 재고가 남지 않는다.

크라우드 펀딩으로 창업해보기

- **1단계: 크라우드 펀딩 사이트에 회원가입**
- **2단계: 창업 아이템을 펀딩 사이트 회사에 신청**
  →시제품, 창업자 소개서 등 제출
- **3단계: 사업 아이템 심사 받음**
  →약 2주 소요
- **4단계: 펀딩 시작**
  →목표액과 시작·마감일 선택(최장 60일)
- **5단계: 모금 마감**
  →목표 달성 시 수수료 10% 제외하고 펀딩 금액 받음. 실패 땐 펀딩 해산
- **6단계: 제품 생산 및 배송**
  →제품을 만들어 펀딩 금액에 따라 신청자에게 배송

자료=와디즈 기준

01 예비 창업자를 위한 회계 기초지식

절세는 사업의 기초 공사이고, 장사 준비 비용도 세금 감면 대상이며, 적자가 나더라도 부가세는 꼭 내야 하는 것이다. 흔히 창업을 하게 되면 세금에 관한 용어조차 생소한 게 보통이지만 세금 문제를 소홀히 했다간 심하면 세무조사까지 받을 수 있다. 창업 준비자가 알아야 할 세무 지식을 알아본다.

▪ 사업 형태부터 정하라 창업할 때 개인기업으로 할지, 법인으로 할지를 정해야 한다. 개인기업은 설립이 간단하고 기업 자금을 개인적으로 써도 거의 불이익이 없다. 하지만 규모를 키우기가 쉽지 않고 기업 채무에 대해 무한책임을 진다. 반면 법인은 설립등기를 해야 하고, 최소한 5,000만 원 이상의 자본금이 필요하다. 채무자에 대해 유한책임을 지고, 사업을 양도할 때 주식 양도에 대해서는 낮은 세율의 양도소득세가 부과된다.

▪ 사업 시작은 사업자등록부터 사업을 시작하는 날부터 20일 이내에 관할세무서에 신청하면 사업자등록증을 내준다. 이때 흔히 놓치는 부분이 준비기간 중의 비용 지출이다. 신청하는 날로부터 20일 이전의 기간 중 사업 관련 지출이 있으면 사업자의 주민등록번호를 이용해 세금계산서를 받을 수 있다. 세금계산서란 나중에 부가가치세를 줄이기 위해 꼭 필요한 서류다.

▪ 돈 벌면 내야 하는 소득세·법인세 1년간 번 소득에 대해 개인사업자는 소득세를, 법인은 법인세를 낸다. 두 세금 모두 중간예납제도가 있어, 세금을 두 번에 걸쳐 내도록 돼 있다. 두 세금 모두 벌어들인 돈에서 필요경비와 소득공제 등을 뺀 뒤 나오는 과세표준에 세율을 곱해 산정된다. 세율은 과표에 따라 다르다.

▪ 적자가 나도 내야 하는 부가가치세 이 세금은 사업자가 아니라 소비자가 부담하는 세금이다. 즉, 상품을 판매하거나 서비스를 제공할 때 판매자가 물건 값에 10%의 부가세를 더해 징수했다가 국가에 내게 된다. 국세청 관계자는 "가끔 부가가치세를 받아내기가 귀찮다며 부가가치세를 빼고 물건 값을 받으면 안 되느냐고 묻는데, 부가가치세는 꼭 받아서 내야 하는 필수 사항"이라고 말했다.

연 매출액 4,800만 원을 기준으로 그 이상이면 일반사업자, 그 미만이면 간이과세자가 돼 부가세 계산 방법이 다르다. 일반과세자를 기준으로 부가가치세는 매출세액에서 매입세액을 차감하는 방법으로 계산된다. 예를 들어, 호프집을 운영하는 사업자가 도매상으로부터 100원의 맥주를 사올 때 상품가격(100원)에 부가가치세(10원)를 더한 110원을 주고 사온다. 이때 사업자의 매입세액은 10원이 된다. 110원에 사온 맥주를 주인이 160원에 팔려고 하면 그 금액의 10%인 부가가치세(16원)는 호프사업자가 6원을 국가에 납부하고, 나머지 10원은 도매상이 납부해 정확히 일치하게 된다. 사업자가 원재료를 사올 때 세금계산서가 없으면 공제를 받을 수 없는 만큼 세금계산서를 잘 챙겨야 한다.

■ **장부 기재 습관을 들인다.** 창업 초기부터 장부 쓰는 습관을 들이는 게 좋다. 연매출이 4,800만 원 이상만 되면 장부를 작성해 비치해야 세무상 불

Check Point

세금 절약 노하우

세금을 내는 게 사업자의 피할 수 없는 운명이라면 한 푼이라도 절약하는 게 상책이니 절세 요령을 알아본다.

- 동업을 활용하라＝개인별로 세금이 매겨지는 소득세는 누진세율 구조로 되어 있어 동업자가 있으면 세금도 줄어든다. 단, 동업자가 가족 등 특수 관계인인 경우 지분이 가장 큰 사람의 소득으로 본다.
- 거래 증빙을 챙겨라＝일정 규모 이상이 됨에도 장부를 작성하지 않는 경우에는 기준 경비율이 적용되는데, 이때 기본적인 경비는 증빙 서류가 있어야 인정받는다. 따라서 세금계산서나 영수증을 꼼꼼하게 챙겨야 세금 부담을 줄일 수 있다. 거래처 경조사 등의 청첩장도 모으면 1장당 5만원까지 접대비로 인정받을 수 있다.
- 통신요금도 공제 받아라＝휴대전화와 일반전화 요금에 부가가치세가 포함되어 있어 매입세액 공제를 받을 수 있다. 통신회사에 사업자임을 신고하고 사업자등록증을 팩스로 보내면 납부고지서의 '공급받는 자 등록번호란'에 사업자등록번호를 기재해 보내준다. 이것을 세금계산서 대용으로 활용하면 절세가 가능하다.
- 대손세액공제제도 활용＝미처 받지 못한 외상매출금에 대한 납부 부가세를 환급받게 한 제도다. 거래 상대방으로부터 부가세를 징수하지 못한 채 세금을 납부했을 때 부담을 줄여주는 것으로, 간이과세자가 아닌 일반과세자만 자격이 있다.

이익을 당하지 않는데 이를 몰라 세금의 20%를 무기장가산세로 납부하는 사례가 많다. 단 소규모 영세 상인을 위해서 있는 간평장부 제도도 활용할 수 있다. 간편장부를 작성하면 종합소득세를 신고할 때 연간 100만 원 한도 내에서 산출세액의 10% 세액공제를 받는다.

02 창업 시의 세무실무

2.1 회사주체의 선정

창업을 하려면 먼저 하고자 하는 사업 아이템을 선정한 후 이에 대한 사업계획을 수립한다. 당해 업종이 인·허가를 필요로 하는 경우 당해 업종(음식·숙박업, 여행업 등)을 담당하는 관청에 사업인·허가를 받아야 한다. 그 다음에 개인 또는 법인 형태로 사업주체를 결정하여 법인기업의 경우, 법원에 등기한 후 관할 세무서에 사업자등록신청을 하여야 한다. 이때 회사형태를 개인기업으로 할 것이냐, 법인기업으로 할 것이냐가 문제가 될 수 있다.
따라서 소규모로 사업을 시작하는 사람은 우선 개인기업으로 출발하여 경험을 축적하고 영업의 신장, 사업의 성격, 기업의 장래성 등을 감안하여 적당한 시기에 법인으로 전환을 하는 것이 좋다.

▼ **표 7.1 개인기업과 법인기업의 일반적인 특징**

개인기업	1. 기업과 기업주가 동일하기 때문에 기업이윤은 곧 기업주의 이윤이 된다. 2. 기업설립이 용이하며 초기 창업자금이 적게 소요된다. 3. 기업 활동상의 의사결정이 신속하다. 4. 긴밀한 인적조직체로 이루어지기 때문에 기밀유지가 가능하다. 5. 기업경영상 발생하는 모든 부분에 기업주가 무한책임을 진다. 6. 투자 및 차입 등 자본조달 능력에 한계가 있다. 7. 일정업종의 경우 법인만이 가능한 경우가 있다.
법인기업 (주식회사)	1. 설립 시 자본조달이 용이하고 대자본을 형성하기가 쉽다. 2. 투자자본의 범위 내에서 유한책임을 진다. 3. 전문경영인을 두어 소유와 경영의 분리가 가능하다. 4. 법인에 대한 공신력이 높아 영업 활동에 유리한 경우가 많다. 5. 설립절차가 복잡하고 초기 창업비용이 개인 기업에 비해 많이 소요되는 경우가 일반적이다. 6. 경영의사 결정시 주주총회, 이사회의 결정이 있어야 되는 경우가 많아 의사결정이 신속하지 못하다.

▼ **표 7.2 개입기업과 법인기업의 세법상 차이점**

내용	개인기업	법인기업
적용세법	소득세법	법인세법
과세소득	총수입금액에서 필요경비를 차감한 금액	익금의 총액에서 손금의 총액을 차감한 금액
과세범위	법에서 열거한 소득만 과세되며 특정소득에 대해서는 원천징수만으로 분리과세	법에서 제외하지 않는 한 모든 소득에 대해 과세되며 분리과세가 인정되지 않음
이중과세 여부	하나의 원촌소득에 대해 이중과세되지 않음	부동산등의 양도 시 법인세와 특별부가세가 과세되고, 주주의 경우 배당소득에 법인세와 소득세가 이중과세되는 경향이 있음
과세표준 확정방법	사업자의 자진신고에 의해 결정됨	사업자의 자진신고에 의해 결정됨
세율	소득금액에 따라 9～36%의 초과누진세율구조 소득세의 10%를 주민세로 납부	소득금액에 따라 15～27%의 초과누진세율구조 법인세의 10%를 주민세로 납부
납세지	개인기업주의 주소지 또는 거소지	법인등기부상의 본점 또는 주사무소
기장의무	수입금액에 따라 간이기장의무자, 복식기장의무자로 구분	수입금액에 관계없이 복식기장의무자
대차대조표 공고의무	대차대조표공고의무 없음	외감대상 법인의 경우 법인세법상 삭제되었으나 상법상 남아 있음
과세기간	1월 1일부터 12월 31일까지	정관에서 정하는 회계기관

2.2 개인기업의 설립 및 사업자등록

2.2.1 설립

개인기업을 설립하는 것은 상법상 별도의 절차가 필요하지 않아 그 설립절차가 간편하고 휴·폐업이 비교적 자유롭다. 정부의 인·허가 업종을 제외하면 관할세무서에 사업자등록증만 교부받으면 언제나 영업이 가능하다.

2.2.2 사업자등록

개입기업의 경우 사업장을 선정 후 사업자를 관할하는 세무서 납세지원 신고등록계에 사업자등록을 신청하여야 한다. 부가가치세가 면세되는 경우 소득세법상의 면세사업자로 사업자등록을 하여야 하며, 동일 사업장에 면세업종과 과세업종을 겸업하는 경우 부가가치세법상의 사업자등록신청만 하면 된다. 사업장이 2곳 이상인 경우 사업장마다 등록신청을 하여야 하며, 사업개시일부터 20일 이내에 하여야 한다. 다만, 사업개시 전이라도 상품이나 시설기자재 등을 구입하여 세금계산서를 교부받고자 할 경우에는 사업개시 전이라도 사업자등록 신청이 가능하다. 사업자등록증은 특별한 하자가 없는 한 신청 즉시 발급된다. 사업시작 후 법정기간 내에 사업자등록을 하지 않는 경우 가산세를 부담할 뿐만 아니라 매입세액을 공제 받을 수 없는 등 불이익을 당하게 되므로 주의하여야 한다. 개인사업자등록 시 구비서류는 다음과 같다.

- 사업자등록신청서
- 사업허가증사본(음식, 숙박업 등 허가나 등록을 요하는 경우)
- 사업허가신청서사본이나 사업계획서(사업허가 전 등록 시)
- 2명 이상의 공동으로 사업을 하는 경우 이를 입증할 수 있는 서류(동업계약서 등)

2.3 법인기업(주식회사)의 설립 및 사업자등록

2.3.1 설립

법인기업은 개입기업과는 달리 법원에 설립등기를 하여야 한다. 법인 설립에는 발기인 3인 이상이 참여하여야 하며 각각의 발기인은 1주 이상의 주식을 인수하여야 한다. 또한, 3인 이상 이사와, 1인 이상의 감사 취임하여야 한다. 상호의 경우 동일 특별시, 광역시, 시, 군에서는 동일 업종의 경우 중복상호의 사용이 불가능하므로 사전에 상호 등기의 여부를 확인하는 것이 좋다. 법인 설립 시 자본금은 5천만 원(벤처기업의 인증을 받은 경우 2천만 원) 이상이어야 하며, 납입 자본금의 0.4%(대도시에서 법인 설립 시 3배 중과세)를 등록세, 등록세의 20%를 교육세로 납부하여야 한다.

현금납입 대신 현물출자에 의해 법인설립도 가능하다. 이 경우 현물평가액이 5천만 원 이상이어야 하며, 현물출자자산에 토지, 건물, 자동차 등 취득세 과세대상자산이 포함되어 있는 경우 취득세를 신고 납부하여야 한다.

일반적으로 현물출자에 의한 법인설립은 현금납입보다 검사인을 선임해야 하는 등 그 절차가 복잡하고 까다로울 뿐만 아니라 설립비용도 많이 소요되어 실무에 있어서는 특별한 경우를 제외하고는 선호되지 않는다. 실무상 법인등기의 경우 법무사에 의뢰하여 일을 처리하는 것이 대부분이다.

2.3.2 사업자등록

법인기업은 법인설립등기 후 사업자등록신청을 하여야 한다. 사업자등록신청은 개인기업과 절차가 같으며 다만, 첨부서류에 있어서 차이가 있다. 법인기업의 사업자등록신청 시 필요서류는 다음과 같다.

- 법인설립신고 및 사업자등록신청서
- 법인등기부등본
- 정관사본
- 주주 및 출자자명세서
- 개시대차대조표
- 사업허가증(해당 기업에 한함)

03 창업 후의 세무실무

3.1 개인기업

3.1.1 부가가치세

■ **부가가치세 개요** 부가가치세란 상품의 거래나 서비스의 제공과정에서 얻어진 부가가치에 대하여 내는 세금이며 다음과 같은 방법에 의해서 계산된다.

> 납부세액(부가가치세) =
> 매출세액(매출액의 10%) − 매입세액(매입 시 부담한 세액 10%)

따라서 부가가치세는 물건을 사면서 부담한 세금과 물건을 팔면서 다른 사람으로부터 받은 세금의 차액만을 일정기간 계산하여 내는 것으로 결국은 소비자가 부담하게 된다. 따라서 부가가치세의 부담은 최종소비자가 된다.
개인사업자의 경우 부가가치세를 계산하는 방법과 신고납부방법 등은 부가가치세 과세유형에 따라 달라지는데 과세유형은 크게 일반과세자와 간이과세자로 나뉜다.
부가가치세는 6개월을 과세기간으로 하여 신고납부하게 되며 각 과세기간은 다시 3개월로 나누어 중간에 예정신고제도를 두고 있다.

▼ **표 7.3** 각 과세기간과 신고납부기간

신고구분		제 1 기	제 2 기
예정신고	대상기간	1. 1～3. 31	7. 1～9. 30
	신고납부	4. 1～4. 25	10. 1～10. 25
확정신고	대상기간	4. 1～6. 30	10. 1～12. 31
	신고납부	7. 1～7. 25	1. 1～1. 25

■ **간이과세자의 부가가치세 처리**

① 간이과세자적용대상자 : 간이과세제도는 사업규모가 상대적으로 작은 중

소개인사업자에 대하여 세 부담을 덜어주고 부가가치세 신고납부철차를 간소화하여 납세자의 편의를 도모하기 위한 제도이다. 간이과세자는 1년의 매출액이 4천 8백만 원 미만인 사업자가 해당된다. 그러나 제조업, 광업, 도매업, 부동산매매업을 운영위하는 사업자는 매출액에 관계없이 간이과세자가 될 수 없다.

② 세액계산방법 : 간이과세자의 세액계산방법은 매출액에 업종별 부가가치율과 10%의 세율을 적용하여 납부세액을 계산한 다음 세법상 인정되는 각종 세액공제액을 차감하여 부가가치세액을 계산한다.

간이과세자의 부가가치세 =
{매출액(공급대가) × 업종별 부가가치율(10～40%) × 10%} − 각종세액공제액

③ 신고납부방법 : 간이과세자는 1～6월, 7～12월까지의 거래실적을 각각 7월과 다음해 1월의 1일과 25일 사이에 부가가치세를 신고납부하면 된다. 이를 확정신고라 한다. 예정신고기간에 대한 세액은 별도의 신고 없이 직전기간의 거래실적을 기준으로 사업장관할 세무서에서 발부된 예정고지서상의 금액을 납부하면 된다.

④ 기타 세무처리 시 유의사항 : 간이과세자는 거래 시 영수증을 발행하여야 하며 세금계산서는 발행할 수 없다. 세금계산서를 발행하려면 간이과세자포기신고를 사업장관할 세무서에 제출하여야 한다. 간이과세자가 세금계산서를 교부받으면 교부받은 업종별로 세금계산서상의 매입세액의 20～30%를 세액공제 받을 수 있다. 신용카드를 가맹하고 신용카드 매출분에 대하여는 매출액의 2% (500만 원 한도)에 상당하는 금액에 대해 세액공제를 받을 수 있다. 1과세기간의(6개월)의 매출액이 1천 2백만 원 미만인 경우 부가가치세의 납부의무가 면제된다.

⑤ 신고 시 첨부해야 할 서류 : 간이과세자가 신고 시 제출할 서류는 다음과 같다.

- 간이과세자부가가치세신고서
- 매입처별 세금계산서 합계표 또는 매입세금계산서(해당자에 한함)
- 신용카드 매출전표 발행집계표(해당자에 한함)

■ **일반과세자의 부가가치세 처리**

① 적용대상자 : 부가가치세과세사업자 중 간이과세자 이외의 사업자는 모두 일반과세자이다. 간이과세자에 해당하는 사업자도 간이과세포기신고를 한 사업자는 일반과세자가 된다. 따라서 1년의 매출액이 4천 8백만원 이상인 사업자와 제조업, 광업, 도매업, 부동산매매업을 영위하는 개인사업자는 모두 일반과세자로 취급된다.

② 세액계산방법 : 일반과세자는 매출세액(공급가액 × 10%)에서 매입세액(매입 시 부담한 세액)을 차감하여 납부세액을 계산한 다음 각종 세액공제를 하여 계산한다.

③ 신고납부방법 : 일반과세자의 신고납부방법은 간이과세자의 신고납부 방법과 동일하다.

④ 기타 유의사항

- 부가가치세는 매출세액에서 매입세액을 차감하여 계산하므로 매입세액이 매출세액보다 클 경우 환급세액이 생기며, 이 경우 환급세액을 납세자가 돌려받을 수 있다.
- 신용카드 세액공제는 간이과세자와 동일하나 소규모사업자의 부가가치세 면제와 수령한 세금계산서에 대한 세액공제는 매입세금계산서상의 세액의 매입세액으로 공제되므로 일반과세자에게는 해당되지 않는다.

⑤ 신고 시 첨부해야 할 서류 : 일반과세자의 부가가치세 신고 시 서류는 다음과 같다.

- 일반과세자 부가가치세신고서
- 매출처별 세금계산서 합계표와 매입처별 세금계산서 합계표 영세율 첨부서류 : 수출대금입금증명서 등
- 대손세액공제신고서
- 의제매입세액 공제신고서
- 사업설비 투자실적명세서
- 신용카드 매출전표 발행 집계표

3.1.2 소득세

■ **개요** 소득세는 여러 가지 생산활동을 통하여 얻는 개인의 소득에 대하

여 납부하는 세금이다. 이때 '소득'이라 함은 연간 총수입금액에서 지출된 모든 비용을 공제한 순수이익을 의미한다. 그리고 소득은 종합소득금액, 퇴직소득금액, 양도소득금액, 산림소득금액으로 나뉘며, 종합소득금액에는 이자, 배당, 부동산임대, 사업, 근로, 일시재산, 기타소득이 모두 포함된다.

소득세의 납세의무자는 매년 1월 1일부터 12월 31일까지의 기간에 상기의 소득이 있는 모든 사람이다. 이러한 납세의무자는 다음 해 5월 31일까지 다음에서 설명하는 방법에 의해 거주지관할세무서에 소득세 신고를 하고, 해당세액을 납부하여야 한다. 그리고 사업소득자의 경우 11월 30일까지 직전년도 납부세액의 1/2을 선납하는 중간예납제도가 있다. 이하에서는 사업소득자를 위주로 세무처리에 대하여 살펴본다.

■ **소득세의 계산방법** 소득세의 계산방법은 다음과 같다.

필요경비 중 접대비나 기부금 등은 일정한도 내의 금액만 필요경비로 인정되는 경우가 있으며, 업무와 관련이 없는 비용이나 벌금, 과태료 등은 세법상 필요경비로 인정되지 않는 부분이 있으므로 유의하여야 한다.

총수입금액
−필요경비
소득금액(이자, 배당소득 등 모든 종합소득금액이 합산된다)
−기본공제 등(배우자, 부양가족 등)
과세표준
×세율
산출세액(여기에 다시 소득세의 10%가 주민세가 가산된다)

▼ **표 7.4 소득세의 세율**

과세표준	세율
1천만 원 이하	10%
1천만 원 초과 4천만 원 이하	100만원+1천만 원 초과금액×20%
4천만 원 초과 8천만 원 이하	700만원+4천만 원 초과금액×30%
8천만 원 초과	1천 9백만 원+8천만 원 초과금액×40%

■ 소득세의 신고방법

① 구분 : 소득세의 신고방법은 크게 장부를 작성하여 이를 근거로 신고하는 방법과 세무서에서 정한 표준소득률에 의해 신고하는 추계신고방법이 있다. 장부를 기초로 신고하는 방법은 그 사업의 종류 및 규모에 따라 간편장부 대상 사업자와 복식부기의무자로 다시 나뉜다. 그 부분은 다음과 같다.

► 간편장부 대상 사업자의 범위

• 당해 연도에 신규로 사업을 개시한 사업자

• 직전년도의 수입금액이 다음의 금액에 미달하는 사업자

- ㉠ 농업, 수렵업, 임업, 어업, 광업, 도소매업, 부동산매매업, 기타 ㉡ ㉢에 해당하지 아니하는 업 : 3억 원

- ㉡ 제조업, 숙박 및 음식점업, 전기가스 및 수도사업, 건설업, 소비자용품수리업, 운수창고 및 통신업, 금융 및 보험업 : 1.5억 원

- ㉢ 부동산임대업, 사업서비스업, 교육서비스업, 보건 및 사회복지업, 개인 및 사회 서비스업, 가사서비스업 : 7천 5백만 원

► 복식부기의무자

상기의 간편장부 대상 사업자 외의 사업자

② 추계신고방법 : 연간매출액에 세무서에서 업종에 따라 정하고 있는 표준소득률을 곱하여 계산된 금액을 소득금액으로 보아 이에 세율을 곱하여 소득세신고를 하는 방법이다.

③ 간편장부 대상 사업자 : 상기의 기준에 해당하는 사업자는 다음에서 설명하는 복식부기에 의하지 않고, 가계부와 작성형식에 비슷한 간편장부를 기재하고 이를 근거로 소득을 계산하여 소득세신고를 한다.

④ 복식부기의무자 : 복식부기의무자는 전표처리를 통한 정상적인 회계장부를 작성 비치하고, 이를 근거로 작성된 대차대조표, 손익계산서, 합계잔액시산표를 첨부하여 종합소득세신고를 해야 한다.

⑤ 각종 소득지급 시 원천징수 처리 : 사업자가 직원에게 급여(일용근로자 포함)를 지급하거나 이자소득을 지급하는 경우에는 소득 지급 시 법에서 정한 일정액을 원천징수하여 세무서에 신고 납부하여야 하고 원천징수한 세액의 10%를 주민세로 지방자치단체에 신고 납부하여야 한다. 원천징수는 징수한 달의 다음달 10일 전까지 신고 납부하여야 하며 이를

이행하지 아니하면 가산세가 부과된다. 소득별 원천징수세율(주민세포함)은 다음과 같다.

- 이자소득 : 지급액의 24.2%(비영대금이익 27.5%), 법인에게 지급 시 22%
- 근로소득 : 근로소득에 대한 간이세액조견표상의 금액(일용근로자는 10%)
- 사업소득 : 지급액의 3.3%
- 기타소득 : 지급액의 22%

⑥ 사업장 현황신고 : 부가가치세 면세사업자의 경우 과세기간 종료 후 31일 이내에 사업장 관할세무서장에게 사업장에 대한 현황(기본경비, 자산현황 등)을 신고하여야 한다.

3.1.3 특별소비세

다음 사업을 하는 사업자는 특별소비세를 내야 한다.

- 나이트클럽, 카바레, 요정, 디스코클럽 등 과세유흥장소
- 귀금속판매, 모피의류 제조 등

특별소비세는 부가가치세와 별도로 매월 말일까지 자진 신고하여야 한다.

▼ 표 7.5 특별소비세의 내용

과세범위	납세의무자	과세표준
과세물품	판매자	보석 및 귀금속제품은 판매장에서 판매가격 중 기준가격을 초과하는 가격
	제조장 반출자	
수입신고인	수입신고시의 가격	보세가격 + 관세 + 통상이윤상당액
기타관세 납세자	물품의 제조장 반출시의 가격	
입장행위	과세장소경영자	경마장·증기탕·투전기 시설장소·골프장·카지노장, 경륜장의 입장요금 및 인원
유흥음식행위	과세유층장소경영자	유흥주점요금

3.2 법인기업

3.2.1 부가가치세

법인기업의 부가가치세도 개인기업의 일반과세자와 비슷하다. 즉, 부가가치세 계산방법과 신고서 작성방법, 첨부서류는 개인기업과 같다.

법인기업과 개인기업의 차이점은 다음과 같다.

- 법인기업은 간이과세제도가 없다. 따라서 모든 법인사업자가 일반과세자이다.
- 법인기업은 예정고지제도가 없다. 따라서 모든 법인은 확정 신고는 물론 4월과 10월에 예정신고를 하여야 한다.
- 법인기업은 신용카드매출분에 대한 세액공제 제도가 없다.

3.2.2 법인세

■ **개요**　내국법인과 국내사업장이 있는 외국법인은 사업연도 종료일로부터 3월 내에 본점 소재지 관할세무서에 법인세를 신고 납부하여야 한다. 이때 법인의 사업연도는 당해 법인이 사업자등록 시 신청하여야 하며, 신청이 없는 경우에는 1월 1일부터 12월 31일까지로 한다. 또한 법인은 토지 등을 양도하는 경우에 특별부가세를 법인세신고 시에 함께 신고하여야 하는데 이하에서는 이에 대하여 간단히 살펴본다.

■ **법인세의 신고**

① 회계장부의 결산 : 법인세의 신고를 위해서는 먼저 상기의 개인사업자 중 복식부기의무자의 경우와 같이 기업회계기준에 따라 회계장부를 작성하여야 한다.

과세표준을 산출하기 위한 기본절차는 소득세와 유사하다. 이를 근거로 사업연도의 종료 후 장부를 마감하고 합계잔액시산표, 대차대조표, 손익계산서, 제조(공사)원가명세서 등을 작성한다.

▼ **표 7.6 영리법인 법인세의 세율은 다음과 같다.**

과세표준	세율	누진공제
2억 원 이하	과세표준의 10%	-
2억 원 초과~200억 원	20%	2,000만 원
200억 원 초과	22%	39억 8,000만 원

② 세무조정 : '세무조정'이란 기업회계와 세법과의 차이를 조정하여 세무상의 이익을 계산하는 일련의 과정을 의미한다. 즉, 기업회계에 의해 계산된 수익과 비용을 세무상의 익금과 손금으로 재계산하는 절차를 뜻한다. 이때 대부분의 법인들은 세무사나 공인회계사의 조정 지도를 받았다는 외부조정계산서를 첨부하여 법인세 신고를 하게 된다.

③ 법인세의 신고 및 납부 : 법인은 다음의 서류를 첨부하여 사업연도 종료일로부터 3월 이내에 본점소재지 관할세무서에 법인세 과세표준 신고서를 제출하여야 한다.

- 대차대조표, 손익계산서, 합계잔액시산표, 제조(공사)원가명세서
- 이익잉여금 처분계산서
- 세무조정계산서
- 기타 부속서류

④ 각종소득 지급 시 원천징수처리 : 각종소득을 지급하는 경우 개인과 동일하게 원천징수를 하여야 한다.

⑤ 법인세의 중간예납 및 특별부가세

► 중간예납 : 사업연도가 6월을 초과하는 법인은 사업개시일로부터 6개월간의 기간에 대하여 중간에 법인세를 납부할 의무가 있는데, 이를 법인세중간예납제도라 한다. 법인은 중간예납기간 종료일로부터 2월 내에 당해 중간예납세액을 신고 납부하여야 한다.

► 특별부가세 : 법인이 토지, 건물, 부동산에 관한 권리 외 특정주식을 양도함으로써 얻는 양도차익에 대하여는 25%(미등기는 40%)의 세율에 의한 특별부가세를 법인세와 함께 신고 납부하여야 한다.

⑥ 특별소비세 : 법인사업자도 개인사업자와 동일하게 특별소비세를 납부하여야 한다.

3.3 기타 세무업무 처리

3.3.1 가산세 가산금제도

세법에서 정한 각종 의무를 이해하지 않으면 각각에 대하여 가산세가 부과된다. 가산세는 신고납부 이행하지 않은 것에 대한 가산세와 각종 첨부서류의 제출 등 협력의무를 이행하지 않은 것에 대한 가산세 등으로 나눌 수 있다. 또한 세금을 납부하지 않거나 미달하게 납부하는 경우에는 가산금(5% 또는 매월 1.2%)이 추가된다.

3.3.2 세액공제, 소득공제제도

세법에서는 신규투자나 과세형평을 도모하기 위하여 각종 세액공제나 소득공제제도를 두고 있다. 따라서 전문가에 문의를 하여 각 사업에 해당되는 세액공제나 소득공제를 이용하면 많은 부분 세금을 절세할 수 있다.

3.3.3 신고를 잘못하였을 경우 처리방법

▪ **수정신고(과소 신고한 경우)** 이미 신고한 세금이 실제보다 적게 신고한 경우에는 세무서에서 잘못 신고 된 내용을 결정, 경정하여 통지하기 전까지 관할세무서에 정정신고를 할 수 있는데 이를 수정신고라 한다. 법정신고기한이 경고한 후에 6개월 이내에 수정신고를 하고 추가로 낼 세금을 같이 납부하는 경우 가산세가 50% 감면된다.

▪ **경정청구(과대 신고한 경우)** 이미 신고하거나 세무서에서 결정, 경정하여 고지한 세금이 실제 납부할 세액보다 과다한 경우 이를 관세관청에 정정해주도록 청구하는 것을 말한다.
경정청구는 법정신고 기한 경과 후 1년 이내에 하여야 하며 경정청구를 받은 세무서장은 청구 받은 날부터 2개월 이내에 그 결과를 통지하여 준다.

04 정부기관의 창업지원 제도의 활용

정부지원사업은 기업들의 상품 및 기술개발 또는 사업화를 위하여 무상으로 자금을 지원해주는 사업을 말한다. 지원분야는 R&D, 국내외 인증비, 전시 및 박람회 참가비, 광고 마케팅비, 국내외 판로개척, 일자리안정자금 및 고용지원금 등으로 다양하며, 전액을 지원해주는 사업은 드문 편이며, 지원 형태에 따라 10~50%의 자기 부담금이 생길 수 있다.

▪ 정부지원사업 유형

① 창업 기업 지원 : 창업가의 사업 성공을 위해 창업 교육, 전문가 멘토링, 마케팅 등 사업화 과정에 필요한 부분들을 성장 단계별로 지원한다.

- 성공적인 창업 : 시제품 제작과 사업화 비용을 지원하여 시장에서 자리잡을 수 있게 한다.
- 창업 기업 데스벨리 극복 : 창업기업이 어려운 시기를 극복할 수 있도록 시장전문가 멘토링, 사업모델(bussiness model) 혁신, 아이템 보강 등을 지원한다.
- 국내 창업가의 해외 진출 : 해외 액셀러레이터와 창업기업을 매칭하여 글로벌 진출과 매출 증대 도모한다.

② 중소기업 성장 지원 : 국내 기업들의 생산성 향상과 경쟁력 강화를 위해 기업역량 고도화, 사업자금 지원, 유통 판로 구축을 지원한다.

- 기업역량 고도화 : 제조 공정 혁신과 기술의 사업화 등을 지원하여 기업 성장을 도모한다.
- 사업 자금 지원 : 기업의 규모와 현황에 맞는 자금 지원으로 경영 기반 확보할 수 있도록 한다.
- 유통 판로 구축 : 마케팅 분야를 강화하고, 판로와 인력 자원을 지원해주므로써 사업 확장 도모한다.

③ 해외수출 지원 : 수출 가능성이 높고, 잠재력을 가지고 있는 기업들이 글로벌 기업으로 도약할 수 있도록 수출 전략 컨설팅, 수출 인큐베이팅, 해외 마케팅을 지원한다.

- 수출 전략 컨설팅 : 경영 멘토링과 수출전략 수립 등을 도와 기업이 해외시장에서 입지를 다질 수 있게 한다.
- 수출 인큐베이팅 : 수출과 관련된 법률, 자금, 인력 등 인큐베이팅하여

해외시장에 안정적으로 정착할 수 있게 한다.

- 해외 마케팅 지원 : 바이어 발굴과 해외전시회 참가 지원을 통해 해외 시장 판로 개척을 돕는다.

■ **정부지원사업 절차**

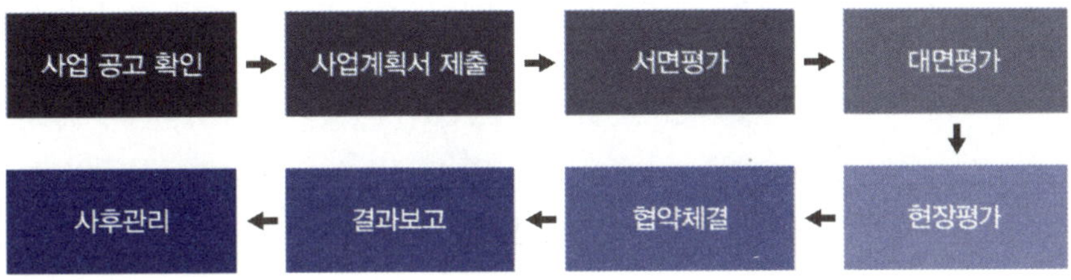

4.1 정부의 창업지원제도

정부창업지원사업은 초기창업단계에 있는 기업뿐 아니라 젊은 청년 창업자의 지원에도 심혈을 기울이고 있다. 특히 청년창업사관학교로 알고 있는 창업성공패키지 사업은 대표적인 초기창업자를 위한 지원프로그램이다.

창업성공패키지 사업은 만 39세 이하의 젊은 창업자가 그 대상이며 기술경력을 보유하고 있을 경우 45세까지도 지원가능하다. 고강도의 멘토링이 지원돼 최근 청년창업사관학교 출신의 사업성공률이 높은 것도 유의미한 결과로 감안할 만하다.

이외에도 초기창업자의 시제품 제작과 투자유치, 판로개척 등의 성장지원 프로그램을 지원하는 '초기창업패키지', 4차 산업혁명 분야 등 창업을 준비 중인 예비창업자의 초기 사업화를 위한 자금 및 전담멘토 등을 지원하는 '예비창업패키지'사업도 눈여겨 볼만하다. 창업기업의 데스밸리(death valley) 극복 및 성과창출을 위해 사업화·성장촉진 등에 소요되는 자금 및 서비스를 지원하는 '창업도약패키지사업도' 초기창업기를 넘은 스타트업이 지원해볼 만한 정부창업지원 사업 중의 하나이다. 아래 사업들의 주관부서는 중소벤처기업부 기술창업과와 중소기업진흥공단 창업지원처이다.

■ **창업성공패키지–청년창업사관학교** 대표적인 정부창업지원사업이라고 할 수 있다. 일명 '청년창업사관학교'라고도 불리는 '창업성공패키지'는 우수한 창업 아이템과 고급기술을 보유한 초기 창업자를 발굴하고, 창업 全 단계를 패키지방식으로 일괄 지원하여 성공창업 기업을 육성한다.

지원대상은 제조업 및 지식서비스 업종 영위 기업으로서 만 39세 이하인 자로 창업 3년 이하 기업의 대표자이다. 단, 신청과제와 관련된 기술경력 보유자의 경우 정원의 10% 내에서 만 49세 이하까지 지원 가능하다. 지원예산 및 규모도 922억 2,200만원으로 대규모이며 지원대상 기업도 1,000개사로 많다. 사업화지원 성격이 짙으며 공간, 코칭, 교육, 기술, 사업비 등 다양한 분야로 나누어 지원한다. 우선 지원대상에 선정되면 청년창업사관학교 내 창업 준비공간(개별·공동)을 제공한다. 이들에게는 전담 전문코칭인력을 배치하여 진도관리 및 창업 전 과정에 걸쳐 지원한다. 교육 또한 빼놓지 않는데 기술사업화 및 전문지식 등 단계별 교육을 실시한다.

기술지원적 측면에서는 CAE·역설계 등의 제품설계에서부터 시제품제작 등 제품개발 관련 기술 및 장비 지원한다. 사업비는 기술개발 및 시제품제작비를 1년간 최대 1억 원, 총 사업비의 70% 이내 지원한다.

또한 기술정보활동비도 지원하는데 지재권 취득 및 인증비, 마케팅비 등 용도로 활용할 수 있다. 아울러 청년창업사관학교 졸업기업의 성장 촉진을 위한 후속연계지원도 그치지 않는다. 주로 정책자금, 투·융자, R&D연계, 마케팅·수출, 투자유치, 보육·코칭 등이 그것이다.

■ **초기창업패키지** 초기창업패키지는 우수한 창업지원 역량을 보유한 대학, 공공기관 및 민간단체(기업)를 통해 고급기술 및 유망 창업아이템을 보유한 초기창업자의 시제품 제작과 투자유치, 판로개척 등의 성장지원 프로그램을 지원한다. 지원대상은 제조 및 지식 서비스 분야 창업 3년 미만 기업이다. 성장지원 프로그램의 경우 각 주관기관 별 프로그램 운영 요건에 따라 상이하다. 지원예산 및 규모는 1,027억 원의 자금을 850개사 내외의 창업기업에 지원한다.

지원내용은 사업화 자금과 성장지원 프로그램으로 나뉘는데 사업화 자금의 경우 시제품 개발, 지재권 출원·등록, 마케팅활동 등 창업사업화에 소요되는 자금을 기업당 최대 1억 원까지 지원한다. 성장지원 프로그램 지원은 투자유치, 판로개척, 기술확보 및 보호 등 초기창업기업의 성장과 권역별 산업연계를 위한 프로그램 지원하며 각 주관기관 별 별도로 운영한다.

■ **예비창업패키지** 4차 산업혁명 분야 등 창업을 준비 중인 예비창업자의 초기 사업화를 위한 자금 및 전담멘토 등을 지원한다. 지원대상은 예비창업자면 누구나 가능하며 총 1,010억 5,000만 원의 예산으로 1,700명 내외 창업기업에 지원한다. 주요 지원내용으로는 예비창업자의 창업사업화에 소요되는 비용을 기업당 최대 1억 원까지 지원하며 창업교육을 실시하고, 전담멘토를 매칭하여 사업 관리 및 창업·경영 자문 서비스를 제공한다.

■ **창업도약패키지 지원사업** 창업도약패키지 지원사업은 창업기업의 데스밸리(death valley) 극복 및 성과창출을 위해 사업화·성장촉진 등에 소요되는 자금 및 서비스를 지원하는 사업이다. 지원대상은 창업 후 3년 이상 7년 이내 기업이며 총 840억 원의 예산으로 1,000개사 내외의 기업에 지원한다. 중복지원이 가능하며 성장촉진 프로그램에 포함된다.
사업화지원과 성장지원서비스로 나뉘는데 사업화 지원의 경우 창업기업의 사업화를 위한 사업모델 개선, 사업아이템 검증 및 보강에 주안점을 둔다. 최대 3억 원까지 사업화자금을 지원한다. 성장지원 서비스는 창업도약기 창업기업의 성과창출 및 성장지원을 위해 투자, 수출, 제품개선 등 서비스 지원하는 사업으로서 최대 1억 원까지 지원한다.

韓 기업하기 좋은 국가 세계 5위, 창업 · 자금조달 부분은 부족

우리나라가 세계 190개국 중 다섯 번째로 기업하기 좋은 나라로 평가 받았다. 이로써 한국은 2014년 이후 6년 연속 '톱5'를 달성하게 됐다. 24일 기획재정부에 따르면 세계은행(WB)이 발표한 기업 '환경평가(doing business 2020)'에서 우리나라는 5위를 차지했다. 이는 전년과 순위가 같고 역대 최고 순위인 2017년과 비교하면 한 계단 하락한 순위다. 주요 20개국(G20) 중에서는 작년에 이어 올해에도 1위를 유지했고 국제협력개발기구(OECD) 국가와 비교하면 뉴질랜드, 덴마크에 이은 3위를 달성했다. WB가 평가한 10개 부문을 세부적으로 보면 1개 부문에서 순위가 상승했고 5개는 하락했다. 나머지는 작년과 순위가 동일했다. 먼저 '세금납부' 부문에서는 순위가 3계단(24위 → 21위) 올랐다. 법인세와 부가가치세 신고 · 납부 때 편의성이 높아진 점을 인정받았다.

반면 '창업' 분야는 22계단(11위 → 33위) 하락했다. 기재부는 "창업 평가방식이 변경되면서 창업절차와 소요기간이 늘어났는데 온라인법인설립시스템 등 절차가 실질적으로 개선된 점은 평가받지 못했다"고 설명했다. '소액투자자 보호'도 23위에서 25위로 떨어졌는데 지배주주 거래에 대한 소액주주 권리 보호가 상대적으로 미흡하다고 평가 받았다. 건축인허가는 10위에서 12위로, '통관행정'은 33위에서 36위로, '자금조달'은 60위에서 67위로 주저앉았다. 자금조달과 관련해선 채무불이행 · 도산 절차 때 담보채권에 대한 우선변제권이 일부 제한된다는 평가를 받았다. 이 밖에 '법적 분쟁 해결'(2위), '재산권등록'(40위), '전기공급'(2위), '퇴출'(11위) 등은 순위가 유지됐다.

한편 국가별 순위로 보면 세계 1위는 작년에 이어 뉴질랜드가 차지했다. 이어 싱가폴(2위), 홍콩(3위), 덴마크(4위)가 각각 톱5 안에 진입했다. 작년의 경우 홍콩이 4위, 덴마크가 3위였는데 올해는 순위가 뒤바뀌었다. 주요국 순위를 보면 미국 6위, 영국 8위, 호주 14위, 태국 21위, 독일 22위, 일본 29위, 중국 30위, 프랑스 32위 등이다.

[기업환경평가 세부 순위]

평가 부문	'14	'15	'16	'17	'18	'19	
종합순위	5	4	5	4	5	5	-
1. 창업	17	23	11	9	11	**33**	↓22
2. 건축 인허가	12	28	31	28	10	**12**	↓2
3. 전기공급	1	1	1	2	2	**2**	-
4. 재산권 등록	79	40	39	39	40	**40**	-
5. 자금조달	36	42	44	55	60	**67**	↓7
6. 소액투자자보호	21	8	13	20	23	**25**	↓2
7. 세금납부	25	29	23	24	24	**21**	↑3
8. 통관행정	3	31	32	33	33	**36**	↓3
9. 법적분쟁해결	4	2	1	1	2	**2**	-
10. 퇴출	5	4	4	5	11	**11**	-

4.2 정부창업지원제도의 현황(2020년 3월 기준)

- '20년도에는 정부 16개 부처, 90개 사업을 통합공고(2개 부처, 21개 사업 추가)
  - 예산규모는 1조 4,517억 원으로 '19년 대비 3,336억 원(29.8%) 증가
  - 사업유형별로는 사업화(35개), R&D (8개), 창업교육(12개), 시설·공간(16개), 멘토링·컨설팅(13개), 행사·네트워크(6개)
  - 신청대상은 세부사업에 따라 창업자, 예비창업자 등으로 구분
    ※ 사업별로 신청자격이 상이할 수 있으므로 개별 사업공고를 반드시 참조
    ※ K-Startup (www.k-startup.go.kr), 기업마당(www.bizinfo.go.kr), 부처별 홈페이지 등
- 부처별
  - **중소벤처기업부가 87%(12,611억 원)**로 가장 높은 비중을 차지하고, 과기정통부(3.4%), 행정안전부(2.4%), 고용노동부(2.2%) 순
- 지원유형별
  - **창업 사업화(50.4%)**, 연구개발(35.3%), 시설·공간(8.7%), 창업교육(3.7%), 멘토링(1.5%) 순
- 신규·추가발굴 사업
  - 3대 신산업 분야[1] 기업을 대상으로 전주기 맞춤형 지원(중기부, 450억 원), 농식품 산업기반연구지원(농림부, 20억 원), 민간협력기반 ICT 스타트업 육성사업(과기정통부, 16억 원) 등 21개 사업
- 사업별 세부내역

사업명	지원대상	전담(주관)기관	사업규모 (억원)	소관 부처
◇ 사업화				
• 청년 등 협동조합 창업지원 사업	청년, 시니어 등 예비 창업팀	한국사회적기업진흥원	9.6	기재부
• 실험실특화형 창업선도대학 육성	기술혁신형 창업팀	한국연구재단	9.8	교육부

1) 시스템반도체, 바이오헬스, 미래차 등

사업명	지원대상	전담(주관)기관	사업규모 (억원)	소관 부처
• K-Global 액셀러레이터 육성	액셀러레이터 선발 창업팀	정보통신산업 진흥원	18.0	과기정통부
• K-Global 스타트업 공모전	예비창업자 및 창업 후 3년 이내 기업	정보통신산업 진흥원	10.0	과기정통부
• 관광벤처사업 발굴 및 지원	관광분야 예비창업자, 창업 초기기업	한국관광공사	34.0	문체부
• 콘텐츠 스타트업 창업육성프로그램	콘텐츠 예비창업자, 창업 후 3년 이내 기업	한국콘텐츠진흥원	30.0	문체부
• 스포츠산업 액셀러레이터	5년 미만 창업자	국민체육진흥공단	17.0	문체부
· 농산업체판로지원	창업 후 7년 미만 농산업체	농업기술실용화재단	9.6	농식품부
• 지역 클러스터-병원 연계 창업 인큐베이팅 지원사업	창업 후 7년 이내 기업	한국보건산업진흥원	2.4	복지부
• 사회적기업가 육성사업	예비 및 2년 미만 기창업자, 재도전창업자	한국사회적기업진흥원	280.6	고용부
• 공간정보창업지원	대학생, 예비 창업자	한국국토정보공사(LX)	4.0	국토부
• 해양수산 창업 투자 지원센터	예비창업자 및 유망 기업	테크노파크 등	45.0	해수부
• 해양신산업 인큐베이팅	예비창업자 및 유망 기업	해양수산과학 기술진흥원	19.0	해수부
• 초기창업패키지	창업 후 3년 미만 기업	창업진흥원	1,027.0	중기부
• 예비창업패키지	예비창업자	창업진흥원	1,010.5	중기부
• 창업성공패키지 (청년창업사관학교)	창업 후 3년 이하 기업 (만 39세 이하)	중소기업 진흥공단	922.2	중기부
• 창업도약패키지	창업 후 3년 이상 7년 이내 기업	창업진흥원	840.0	중기부
• 민관공동 창업자 발굴 육성(TIPS)	창업 후 7년 이내 기업	창업진흥원	247.0	중기부
• 재도전 성공패키지	예비 및 3년 이내 재창업자	창업진흥원	178.0	중기부
• 창업기업지원 서비스 바우처	창업 후 3년 이내 기업	창업진흥원	160.0	중기부

사업명	지원대상	전담(주관)기관	사업규모 (억원)	소관 부처
• 포스트 팁스(TIPS)	팁스(R&D) 성공(졸업) 기업 중 업력 7년 이내 기업	창업진흥원	100.0	중기부
• 사내벤처 육성 프로그램	사내벤처팀 및 3년 이내 분사창업기업	창업진흥원	100.0	중기부
• 글로벌 액셀러레이팅	예비 창업자 및 창업 7년 미만기업	창업진흥원	28.0	중기부
• 장애인 창업사업화 지원	장애인 예비 창업자 및 업종 전환희망자	(재)장애인기업 종합지원센터	12.0	중기부
• 장애인기업 시제품 제작 지원	장애인 예비창업자 등	(재)장애인기업 종합지원센터	5.6	중기부
• 스타트업 특허 바우처	창업 후 7년 미만 및 매출액 100억 미만	한국특허전략개발원	10.0	특허청
• 기상기후산업 청년창업 지원사업	만 34세 이하의 개인 또는 팀 단위(2~5인)	한국기상산업기술원	1.4	기상청
◇ R&D				
• 농식품벤처창업 바우처 지원	농식품 분야 예비창업자 또는 창업 초기기업	농림식품기술 기획평가원	26.0	농식품부
• 창업성장기술개발사업	창업 후 7년 이내 기업	중소기업기술 정보진흥원	3,733.0	중기부
• 재도전기술개발	재창업 후 7년 미만기업	중소기업기술 정보진흥원	38.0	중기부
◇ 창업교육				
• 대학창업 교육체제 구축사업	대학, 전문대학, 대학(원)생, 교수 등	한국연구재단 등	12.2	교육부
• 공공기술기반 시장연계 창업지원	대학(원)생, 연구원 등 실험실 (예비)창업팀	한국연구재단	65.8	과기정통부
• 스포츠산업 창업지원 센터	예비 창업가 및 3년 미만 창업자	국민체육진흥공단	27.3	문체부
• 농촌현장창업보육	예비 창업자 및 창업 후 5년 미만 기업	농업기술실용화재단	31.5	농식품부
• 신사업창업사관학교	소상공인 예비창업자	소상공인시장진흥공단	102.1	중기부
• 청소년 비즈쿨	청소년(초중고 및 학교밖)	창업진흥원	76.6	중기부

사업명	지원대상	전담(주관)기관	사업규모 (억원)	소관 부처
• 메이커 문화 확산	창작활동 관심 일반인	창업진흥원	61.8	중기부
• 실전창업교육	예비창업자	창업진흥원	57.0	중기부
• 대학기업가센터	대학생 등 (예비)창업인력	창업진흥원	18.0	중기부
• 장애인맞춤형창업교육	장애인 예비 창업자 및 업종 전환 희망자	(재)장애인기업 종합지원센터	9.7	중기부
• IP기반차세대영재 기업인 육성사업	중학교 1~3학년 또는 이에 준하는 연령(13~16세)	한국발명진흥회	9.0	특허청
◇ 시설·공간·보육				
• K-Global 빅데이터 스타트업 기술지원	빅데이터 기반 (예비)창업기업	한국정보화진흥원	8.6	과기정통부
• 지역주도형 청년일자리 사업(창업투자생태계 조성형-2유형)	만18~39세 미취업 청년	지자체	362.2	행안부
• 출판지식창업보육센터 운영	예비 창업자 및 창업 후 3년 미만 기업	한국출판문화 산업진흥원	2.0	문체부
• 지역혁신생태계 구축 지원(창조경제혁신센터)	예비창업자, 창업 후 3년 미만 기업	창업진흥원	379.7	중기부
• 메이커 스페이스 구축	창작활동 관심 일반인	창업진흥원	285.0	중기부
• 창업보육센터 운영지원	예비 및 3년 미만 창업자	한국창업보육협회	141.7	중기부
• 스타트업파크	예비 창업가 및 창업가	창업진흥원	125.7	중기부
• 판교밸리창업존 운영	예비창업자 및 7년 미만 창업기업	창업진흥원	61.6	중기부
• 1인창조기업지원센터 (1인창조기업활성화)	(예비) 1인 창조기업	창업진흥원	53.0	중기부
• 중장년기술창업센터	만 40세 이상 (예비)창업자 (창업 후 3년 이내)	창업진흥원	48.8	중기부
• 소셜벤처 육성	소셜벤처	기술보증기금	19.0	중기부

사업명	지원대상	전담(주관)기관	사업규모 (억원)	소관 부처
• 장애인기업 창업보육실 운영	장애인 예비창업자 또는 창업 후 3년 미만 기업	(재)장애인기업 종합지원센터	6.5	중기부
◇ 멘토링·컨설팅				
• K-Global 창업멘토링 (ICT 혁신기술 멘토링)	ICT분야 창업 후 7년 이내 기업	한국청년기업가정신 재단	29.9	과기정통부
• 실험실창업이노베이터 육성	고경력 과학기술인, 이공계 창업경력자 등	한국연구재단	10.0	과기정통부
• K-Global 클라우드 기반 SW 개발환경 지원	예비 창업자 및 3년 미만 창업자	정보통신산업 진흥원	9.1	과기정통부
• K-Global 시큐리티 스타트업	창업 후 3년 이내 기업	한국인터넷진흥원	1.0	과기정통부
• 농식품 크라우드펀딩 플랫폼 구축·운영	창업 초기기업	농업정책보험 금융원	6.6	농식품부
• 아이디어사업화 온라인플랫폼 운영	아이디어 보유 (예비)창업자	창업진흥원	44.3	중기부
• 생활혁신형 창업지원 사업	소상공인 예비창업자	소상공인시장진흥공단	19.0	중기부
• 여성벤처창업케어 프로그램	우수 아이디어 보유 여성 예비창업가	한국여성벤처협회	5.4	중기부
• IP 나래 프로그램	7년 이내 창업기업 및 5년이내 전환 창업 기업	한국발명진흥회	60.2	특허청
• IP 디딤돌 프로그램	예비창업자	한국발명진흥회	36.3	특허청
◇ 행사·네트워크				
• 예술창업아이디어 경진 대회(예술해커톤)	예술, 기술, 디자인, 등 각 분야 전문가 등	(재)예술경영지원센터	6.3	문체부
• 환경창업대전(Eco+ Start Up Fair)	전 국민, 업력 7년 미만의 창업기업	한국환경산업기술원	0.8	환경부
• 글로벌스타트업 페스티벌	(예비)창업기업, 일반인	창업진흥원	30.0	중기부
• 대한민국 창업리그	예비 창업자 및 창업 후 3년 이내기업	창업진흥원	28.0	중기부

사업명	지원대상	전담(주관)기관	사업규모 (억원)	소관 부처
• 여성창업경진대회	예비창업자 및 창업 후 5년 미만 기업(여성)	(재)여성기업종합 지원센터	0.9	중기부
• 장애인 창업아이템 경진대회	장애인 예비창업자 및 창업 3년 미만 기업	(재)장애인기업종합 지원센터	0.5	중기부

* 1) 세부내용은 변경될 수 있으며, 중소벤처기업부 사업별 모집공고(www.k-startup.go.kr 참고) 확인 필요

토 의 과 제

1) 개인기업 설립했을 때와 법인기업으로 설립했을 때의 기업운영상 차이점을 알아보시오.
2) www.k-startup.go.kr 사이트에 들어가서 창업자금을 지원받을 수 있는 사례 1가지를 발표해 보시오.
3) 부가가치세 일반과세자와 간이과제자의 차이를 설명해 보시오.

Chapter 8 경영전략

◈ 학습내용

01 경영전략의 성격
02 경영전략의 수립절차
03 경쟁우위의 종류와 원천
04 경영전략의 전개

◈ 학습목표

창업자가 기업의 목표를 달성하기 위해서는 경영전략의 수준과 적용영역 뿐만 아니라 경영전략의 수립절차를 충분히 이해해야 한다. 특히 전략적 목표수립을 위한 SWOT분석과 다양한 경영전략 기법에 대한 이해는 기업의 경쟁우위의 확보를 위해 지속적인 분석이 되어야 한다. 이 장에서는 성공적인 창업을 위해 기업수준의 다양한 전략과 어떠한 경쟁우위 요인을 고려해야 하는지를 다루고 있다.

〈시작이야기〉

불경기 창업전략, 매스티지 vs 위버 프리미엄

얇은 주머니 사정 공략… 가격파괴형 전문점

IMF 이후 종종 등장하는 가격파괴, 초저가, 세일 키워드는 친숙한 단어로 불리고 있다. 이런 저가시장 전략은 경기가 불황일수록 붐을 이루고 있다. 중산층의 얇은 주머니 사정을 공략하는 저가전략은 모든 분야로 확대되면서 2000년 이후에는 마케팅으로 확고한 자리매김을 한 상태다. 특히 외식업 부문에는 가격파괴형 전문점이 급속도록 팽창됐고, 2018년부터 프랜차이즈를 비롯해 창업시장에서 두각을 나타내고 있다.

가격파괴형 전문점은 고객의 입장에서는 싸서 좋고, 창업자 측면에서는 수익성이 다소 미온적이기는 하지만, 박리다매 방식을 영업 전략으로 채용해 안정적인 매출을 유지할 수 있는 장점이 있다. 그러나 소비자의 기호가 다양해지고, 매스티지 열풍 등 가치만족에 대한 기대치가 높아지면서 무조건적인 저가판매 전략을 고집한 아이템들은 성공하기 어려운 게 현실이다.

가격파괴형 아이템들은 최근 매스티지로 탈바꿈했다. '매스티지'란 비교적 값이 저렴하면서도 감성적 만족을 얻을 수 있는 고급품을 소비하는 경향을 말한다. 명품의 대중화 현상을 의미한다. 문제는 매스티지 창업도 생산성, 소비성, 수익성 등이 동시에 이뤄져야만 창업시장에서 살아남을 수 있다는 점이다. 따라서 저가격 전략을 유지하면서 고객의 입맛과 만족도를 충족시킬 수 있는 고품질을 유지하는 것이 중요하다. 경기불황과 맞물려 소비자들은 지출을 최소화하려는 반면 가치와 만족은 충족되기를 원하기 때문이다.

① 원재료비 절감으로 마진율 높여

매스티지 저가형의 또 다른 사업 핵심 포인트는 손익분기점이다. 종업원 등 인적 구성과 메뉴의 로스 등 불필요한 비용을 줄여야 한다. 콩나물과 돼지고기의 신선한 조합을 내세운 '콩불'은 저렴한 가격과 높은 고객만족도, 수익률이 장점이다. 콩불 관계자는 "투자금의 1년 내 회수의 실속 창업을 제시해 왔다"라며 "원재료비 절감으로 상대적 마진율을 높이고, 전문 주방 인력을 없애 인건비 부담을 줄였다"고 전했다. 콩불은 아삭하고 구수한 맛을 내는 의성 흑마늘 추출물을 먹고 자란 콩나물에 돼지고기의 앞다리살을 얇게 슬라이스한 메뉴를 제공하면서 10년 넘게 레드오션 외식창업시장에서 안정성을 인정받고 있다.

이 같은 가격파괴 매스티지 아이템에 반해 고품질의 메뉴를 강점으로 창업시장에서 특화생존 전략을 채택한 브랜드의 약진도 이어지고 있다. 일명 위버 프리미엄(ueber premium) 브랜드다. '위버 프리미엄'이란 '한정된 명품'을 선호하는 소비 형태다. 자기 자신만의 독특한 차별화를 추구하는 것에서 비롯됐다. 핵심은 저가에서 벗어나 상품과 서비스다. 고객에게 특권을 허용하고 그 특권을 누리고자 하는 소비심리를 만족시킨다.

맛과 멋이 있는 집으로 불리는 '곽만근 갈비탕'은 32년 조리인생 외길을 걸어온 곽만근 스타 셰프의 명성에 어울리는 맛으로 자부심을 강조한 브랜드다. 비법으로 깊이 우려낸 육수에 직접 갈비를 삶아

내 부드럽고 담백한 맛이 장점이다. 곽만근 대표는 2007년부터 세계적인 요리경연대회에서 금상 등을 수상한 스타 셰프다. 2011년에는 대한민국 100인의 조리인 한국인 대가로 선정되기도 했다. 총 4단계에 걸친 수작업으로 고기를 손질하고 각종 채소와 함께 24시간 우려낸 육수를 사용해 맛을 낸다. 명품 갈비탕과 갈비찜 외에도 소불고기, 전복갈비탕, 갈비전골 등 다양한 메뉴를 선보이고 있다.

② 소비자 욕구 파악 능력 중요

곱창·막창이 맛있는 집인 '토고리 옛날막창&소갈비살'도 천연과일 숙성 노하우로 냄새 없는 부드러운 막창이 인기다. 참숯 직화구이로 겉은 바싹하고 속은 촉촉하게 만들었다. 토고리 옛날막창&소갈비살의 장점은 본사 직영 One-Stop 키친팩토리시스템과 중앙조리시설(central kitchen)이다. 막창을 비롯해 육류, 소스류 등의 전용생산라인을 갖추면서 가격을 비롯해 한정된 명품의 공급 불확실성도 없앴다.

반찬가게 프랜차이즈 '진이찬방'은 즉석 요리주문시스템으로 위버 프리미엄족의 마음을 잡았다. 냉동식품이 아닌 원재료 본연의 맛으로 매장에서 직접 만들어 제공하는 게 특징이다. 가맹본사는 전국 산지 직송으로 신선도 높은 제철 식재료들을 가맹점에 공급하고 있다. 진이찬방 관계자는 "스마트한 소비자들의 다양한 니즈에 맞춰 앞으로도 트렌드에 맞는 뛰어난 품질의 간편 가정식을 개발해 선보일 것"이라고 전했다.

소비자들의 욕구와 니즈는 겉으로 드러나지 않으면서도 빠르게 변화한다. 따라서 소비자가 필요로 하는 욕구를 파악할 수 있는 능력을 창업자는 키워야 한다. 아이템의 특성을 파악하고 타깃 고객에게 어울리는 마케팅과 아이디어를 더해 이익 창출에 고심해야 한다. 매스티지나 위버 프리미엄 아이템도 고객이 원하는 것을 만족시켜 주는 게 목적이다. 이윤의 극대화를 위해서는 나만의 영업 전략이 있어야 한다.

01 경영전략의 성격

1.1 경영전략의 개념

경영학에 전략개념이 도입된 배경은 예측할 수 없는 환경변화에 대응하고, 거대해진 기업조직을 체계적으로 관리하기 위해서 기업전략의 이해와 전략적 경영이 요구되었기 때문이다. 현대 경영학에서 '전략'이란 장래의 방향을 결정하거나, 기업목적을 달성하기 위한 행동을 저해하거나 촉진시키는 과정에 중요한 요인이 되는 제반 문제를 해결하기 위한 의사결정규칙이라는 의미로 사용된다.

많은 학자들이 경영학에의 전략개념 도입을 통해 경영전략의 개념정립을 시도해 왔으나, 아직까지 통일된 개념은 없다. 일반적으로 볼 때 경영전략이란 "기업 내·외적인 끊임없는 환경변화와 도전에 대응하여, 기업이 생존하고, 목표를 달성하며, 더 나아가서 기업의 발전과 성장을 위한 모든 행위, 즉, 외부적 환경조건의 변화를 예측해서 그것에 적응할 수 있는 경영구조조건을 결정하고, 그것을 위해서 자원을 획득하고 효율적인 배분을 하는 것"이다. 경영전략이 장기간에 걸쳐 기업의 존속·성장·발전에 중요한 역할을 수행한다는 의미에서는 의견을 일치를 보이고 있으나, 구체적인 의미와 경영관리 내에서 수행하는 기능에 대해서는 학자들 간에 많은 차이를 보이고 있다.

이러한 경영전략의 다양한 개념들 중에서 공통적인 점들을 조합해 볼 때 경영전략은 기업의 비전을 달성하기 위하여 기업의 목표를 설정하고, 기업의 내부잠재력(강점과 약점)을 파악하고, 불확실한 외부환경(기회와 위협요소)에 대응하여 환경을 능동적으로 창조하거나, 환경에 효율적으로 적응하려는 기업 활동의 방향과 자원배분의 의사결정에 관한 종합적인 대안인 것이다. 이러한 경영전략은 환경적응에의 방식과 지침, 목표달성을 위한 기업과 환경과의 미래지향적인 상관방식과 기업 내 사람들의 의사결정의 지침이 되는 제 방안들의 조합들로서 구성된다.

1.2 경영전략의 수준과 적용영역

경영전략의 수준은 많은 학자들이 기업체의 규모와 업종, 그리고 전체적인 조직형태에 따라 달리 구분하나, 여러 가지 서로 다른 사업들을 동시에 수행하는 다종사업기업(multibusiness)의 경우는 일반적으로 전략이 수립되고 실행되는 조직의 수준에 따라 기업수준(corporate level), 사업부수준(business level), 기능별 수준(functional level)의 세 가지 계층으로 분류된다. 물론 기업이 초기단계이거나 성장을 하더라도 하나의 사업영역에서만 활동을 할 때는 기업이 하나의 사업부만으로 구성되기 때문에 기업수준과 사업부수준은 동일하게 된다.

▪ **기업전략(Corporate Strategy)** 기업전체의 경영을 지배하는 가장 상위의 경영전략이며, "우리는 어떤 사업에 참여하여야 하는가?" 하는 물음에 대답하는 전략이다. 기업전략의 핵심은 주로 기업의 전체목표를 정의하고, 무슨 사업에 참여하며, 어떻게 사업부들 간에 자원을 배분할 것인가에 두어진다. 따라서 전사적 수준의 기업전략은 새로운 사업영역의 선택, 기업의 합병과 취득, 산업의 진입과 철수, 기존사업의 포기, 성장의 우선순위 결정, 장기적 자본조달방안, 배당정책 등과 관련된 전략적 의사결정이 주류를 이루고 있다. 이러한 문제들은 기업 전체적인 관점과 장기적 시야를 필요로 하며, 잠재적 수익성이 높은 반면, 위험부담이 높은 것이 특징이다. 전사적 수준의 의사결정은 대개 최고경영자가 전략스텝의 조언을 받아 결정하거나 이사회의 결의를 통해 결정한다.

▪ **사업전략(Business Strategy)** 사업전략은 "전략적 사업단위(SBU : strategic business unit)가 특정산업이나 제품시장에서 어떻게 경쟁할 것인가?"하는 질문에 응답하는 전략으로서, 선정된 사업이나 제품영역에서 효과적인 경쟁을 하기 위해서는 어떻게 시장세분화를 하고 제품차별화를 하여야 하는지 등 가용자원을 활용하여 구체적인 경쟁방법을 결정하는 것이 주된 내용인 경쟁전략을 말한다.
기업전략이 전사적 관점에서 사업의 균형을 이루는데 주안점을 두는데 비해, 사업전략은 특정사업에 국한된 전략적 의사결정들을 주요 내용으로 한다. 즉, 이것은 전사적 수준에서 결정된 전략적 방향과 목표에 근거하여 개별 사업의 영위에 필요한 구체적인 전략들을 결정한다. 사업부수준에서의 전략적 의사결정은 시장세분화, 유통채널, 원가구조, 공장입지 등과 같이 상대적으로 구체적이고 경쟁우위의 확보와 관련된 것이 대부분이며, 개별 기능적 영역을 강조하면서 영역별 제반 자원을 할당하는데 역점을 두고 있다. 이 전략은 모든 조직에서 효율적인 경쟁방법으로 이용되고 있다.

■ **기능전략(Functional Strategy)** 기능전략은 사업전략(경쟁전략)을 구체화하기 위한 각 기능분야에서의 정책이나 방침, 즉 각 사업부서가 사업전략을 성공적으로 수행하기 위해 각 기능별(생산, 재무, 인사, 조직, 마케팅 등)로 설정한 활동계획을 말한다. 이 전략에서는 기능분야별로 배분된 자원의 생산성을 어떻게 극대화시킬 것인가와 기능별 전략 간의 유기적 통합을 이루기 위한 조정과 통합이 전략적 관심사로 다루어지게 된다. 기능별 수준에서의 의사결정은 사업부수준에서 결정된 전략을 실천하는 것과 직접 관련되어 있으므로, 이들과 일관성을 가져야 한다. 기능전략은 기업전략 또는 사업전략에 비해 단기적이며 보다 구체적이다. 즉, 주로 생산시스템의 효율성 제고, 적정재고 수준의 결정, 고객서비스의 질적 향상, 연구개발방법의 결정 등과 같은 실천적 문제를 다룬다.

이상의 경영전략의 계층, 경영전략별 적용범위와 관리초점을 요약하면 [그림 8.1]과 [표 8.1]과 같다.

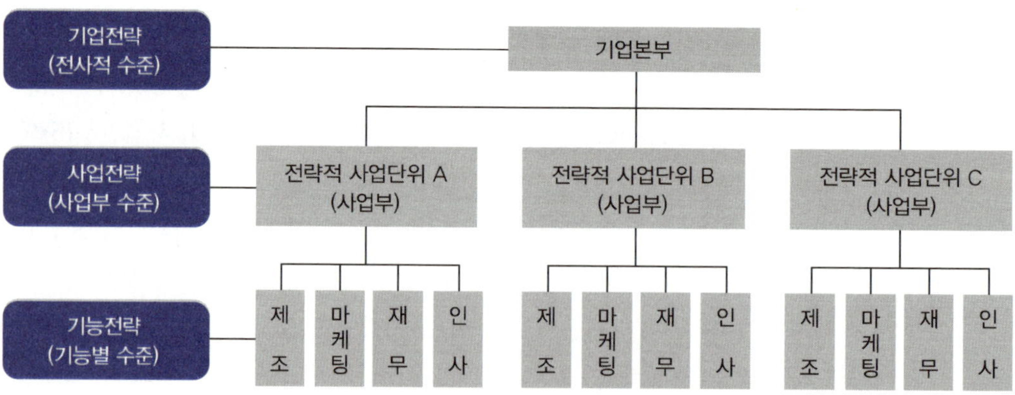

▲ **그림 8.1** 경영전략의 계층

▼ **표 8.1** 경영전략의 적용범위와 관리초점

전략계층	적용대상	전략의 초점
기업전략 (개인) (법인)	모든 조직 다중 사업조직	사명·목표와 목적·사회적 역할 사업과 사업간의 상호 관계성
사업전략	모든 조직	가장 효율적인 경쟁방법
기능전략	모든 조직	기능단위의 지원

1.3 경영전략의 과제

조직의 목표를 달성하기 위하여 제한된 자원을 효율적으로 배분하는 최적의 의사결정과정이라 할 수 있는 경영전략은 다음과 같은 세 가지 과제를 가지고 있다.

▪ **사업영역의 결정문제** 사업영역의 결정은 시장의 매력도를 고려하여, 기업이 보유하고 있는 강점을 최대한 활용함으로써, 기업이 시장경쟁에서 가장 유리한 위치를 차지할 수 있도록 장기적으로 이익잠재력이 큰 유망한 사업 또는 업종을 선택하는 문제이다. 예를 들어, 삼성그룹은 전자, 건설, 중공업, 자동차 등 여러 가지 사업영역(사업 포트폴리오)을 가지고 있는데, 각 업종별 시장의 매력도와 자사의 경쟁력을 고려하여 경쟁사에 비해 얼마나 유리한 위치에 있는지, 혹은 얼마나 열악한 위치에 있는지를 정확히 평가하여 가장 유리하고 우월한 위치에 설수 있도록 적절한 전략을 설정하여야 한다. 이와 같이 사업영역결정은 기업의 장기적인 성장과 이익이 어떤 사업영역을 선택하느냐에 따라 결정적인 영향을 받게 되기 때문에 전략수립의 핵심적인 문제라고 할 수 있다.

▪ **지속적인 경쟁우위의 확보문제** 지속적인 경쟁우위의 확보는 기업이 선택한 업종, 즉 자사의 사업영역에서 자신의 경쟁력을 높이기 위한 경쟁상의 우위를 확보하기 위한 문제이다. 경쟁우위의 대표적인 형태는 어떻게 하면 경쟁사보다 저렴한 가격으로 시장에 제품을 판매할 수 있느냐 하는 저원가

우위와 경쟁사보다 우수한 품질이나 특유한 품질로 경쟁할 수 있느냐 하는 제품차별화우위로 요약할 수 있다.

■ **실행계획의 확보문제** 실행계획은 경쟁력이 잘 발휘될 수 있도록 구체적으로 작성되어야 하며, 생산·재무·마케팅 등의 경영관리기능별 세부지침까지 마련되어야 한다. 이상의 세 가지 경영전략의 과제를 군사용어로 바꾸어 표현한다면, 사업영역의 결정문제는 유리한 고지의 확보문제, 지속적인 경쟁우위의 확보문제는 우세한 화력의 보유문제, 그리고 실행계획의 확보문제는 우세한 화력을 언제, 어느 곳에, 또 어떠한 방식으로 퍼부을 것인가 하는 전술계획의 문제라고 할 수 있다.
한편 이러한 세 가지의 경영전략과제는 각기 다른 차원의 의사결정을 필요로 한다. 즉, 사업영역의 결정문제는 장기적인 기업의 사활을 좌우하는 것이기 때문에 전사적 수준의 의사결정을 필요로 하며, 지속적인 경쟁우위의 확보문제는 특정사업 분야에서 자사의 강점을 최대한 유지할 수 있도록 사업별로 상이한 의사결정, 구체적인 실행계획을 위한 세부운영지침은 주어진 상황에 따라 기능별 의사결정이 필요하다.

1.4 경영전략 수립의 조건

■ **비전의 설정** 전략을 올바로 수립하기 위해서는 비전이 사전에 설정되어 있어야 한다. 그러면 비전이란 무엇인가? 비전(vision)은 미래의 성공에 대한 상, 포부(aspiration)를 성공적으로 충족시키는 결과치(결과에 대한 설명)이다. 즉, 비전은 항상 미래를 다루며, 비전속에 미래가 시작된다.
기업은 비전을 명쾌히 제시함으로써 기업 자신이 꿈꾸어 왔던 미래의 모습에 스스로 영향을 받으며, 존재하지 않았던 것을 존재하도록 노력하고, 미래상을 가지고 현실에 도전하는 것이다. 따라서 올바른 비전은 구성원에게 활력을 불러일으킴으로써 그들의 기술, 재능, 능력 등과 같은 핵심역량을 역동적으로 이용해 미래에 도약하게 만드는 것이다. 그러나 훌륭한 미래방향을 정하는 것은 어떤 순간적인 발상이나 영감을 통해 신비로운 것을 제시하는 것이 아니다. 이를 위해서는 어렵고도 힘든 정보 수집과 분석의 과정을 거쳐야 한다. 따라서 비전을 명료하게 표방하는 사람은 마술사가 아니라, 다양한 정보를 수집하는 사람이며, 또한 기꺼이 위험을 감수할 줄 아는 전략가인 것이다.

■ 기업사명의 설정 기업사명(mission)은 조직의 목적이다. 반면에 비전은 미래에 살아남기 위하여 조직이 수행하는 것과 그렇게 되기 위하여 하여야 하는 행위의 방법을 분명히 하는 것이다. 두 가지는 상호연관이 있으며, 현재와 미래의 가능성을 표현한다. 기업사명은 조직이 현재 존재하는 이유(가치), 서비스의 대상, 이러한 고객 혹은 조직에 봉사하는 방법을 분명하고 구체적으로 표현한다. 기업사명은 1페이지 정도의 분량이며, 가능한 한 짧은 단락이어야 한다. 그러나 그것은 종업원과의 관리자에게 바람직한 행위를 고취시키고, 동기 부여할 수 있어야 한다.

■ 목표설정 목표(goal)는 미래의 성공인 비전을 달성하기 위하여 의도적으로 하려는 것으로, 그것은 미래에 대한 안내도를 제공하며, 성공적인 최종결과 혹은 결과치로 가장 잘 설명된다. 목표는 정량적이고 정성적인 측정 가능한 구성요소(수행목표)를 가진다.

목표는 미래의 비전을 실현시키는 구체적인 노력에 대한 긍정적인 결과치 혹은 최종결과이다. 그들은 조직이 비전, 그리고 그 비전에 따른 성공의 개념으로 뒤에 행할 핵심활동을 연계시키는 청사진 혹은 안내도이다. 목표는 핵심활동의 과정을 가이드하며, 사업프로세스에 의해 행해진 전략으로 전환된다. 목표가 조직의 개별적인 부서 수준으로 직렬 연결될 때, 그들은 더 구체적으로, 그리고 더 용이하게 전략과 핵심활동계획으로 전환 가능하다.

목표를 설정하는 것은 여러 계층의 사고를 필요로 하고, 집중된 노력을 필요로 한다. 예를 들면, 부서의 목표는 조직의 목표를 부정하는 것이 아니라, 구체적인 기업사명의 범위 내에서 그들을 규정하고 정밀하게 고안하는 것이다.

02 경영전략의 수립절차

경영전략의 수립은 먼저 기본적인 장기목표, 즉 기업의 장기비전을 설정하고 이의 달성을 위해 제한된 자원을 어디에 투입하는 것이 좋은가를 결정하는 과정이다. 이때 전략대안은 기업의 사명을 바탕으로 외부환경 분석과 내부능력분석의 결과로부터 도출된다.

▪ **전략팀의 구성** 경영전략의 수립과정에 다른 부서와 다른 국가의 경영자들을 참여시키는 것은 전략성공에 절대적으로 필요하므로, 이에 참여시키는 사람들을 선택하는 것은 무엇보다 중요하다 하겠다. 이러한 전략팀에는 사업을 책임지고 있는 경영자, 사업관련 상급자, 주요지역의 총책임자, 주요부서의 총책임자 등과 같은 사람으로 구성될 필요가 있다.

▪ **장기비전의 설정** 신규 사업을 시작하거나 기존사업의 방향을 재정립하고자 할 때 가장 먼저 하여야 할 일이 기업의 비전을 정립하는 것이다. 기업의 비전은 기업철학을 구체화한 것으로, 기업이 미래에 나아가고자 하는 통일된 방향을 표현한다. 이러한 기업의 비전은 향후 전략대안의 개발과 평가를 위한 토대가 될 뿐만 아니라, 모든 차원의 관리자들에게 의사결정의 지침을 제공하게 된다.

▪ **외부환경분석** 외부환경분석의 단계는 기업이 직면할 수 있는 현재와 미래의 환경요인들의 기회(opportunities)와 위협(threats)을 평가는 과정이다. 모든 환경변화가 기업에게 결정적인 영향을 미치는 것은 아니므로, 중요한 영향을 미치는 핵심환경요인을 중심으로 외부환경을 분석하는 것이 평가를 용이하게 한다. 예를 들면 PEST분석은 정치적(political), 경제적(economic), 사회적(social), 기술적(technical) 분석의 앞 문자를 따서 표현한 것으로 외부환경을 세분화하여 핵심요인별로 간단히 분석하는 기법이다.

▪ **내부능력분석** 내부능력분석은 외부환경 분석에서 도출된 환경이 주는 기회와 위협에 대해 기업이 이를 얼마나 이용하고 이에 대처해 나갈 수 있는 강점(strength)과 약점(weaknesses) 등의 내부능력을 분석하는 것이다. 이 분석과정은 각 시장에서 기업이 보유한 경쟁역량을 확인하는 것이다. 그

러므로 이러한 기업의 강점과 약점을 분석할 때는 먼저 "우리 회사의 능력은 어느 정도인가", "우리의 능력을 기존의 경쟁기업 또는 잠재적 경쟁기업과 어떻게 비교할 것인가", "기업의 능력이 직무수행을 어떻게 지원해 줄 것인가"를 평가하여야 한다. 특히 기업의 내부능력분석에서 도출된 강점과 약점은 동종기업들 중에서 뛰어난 최우량 경쟁기업들과 비교하여 분석된 것이어야 한다.

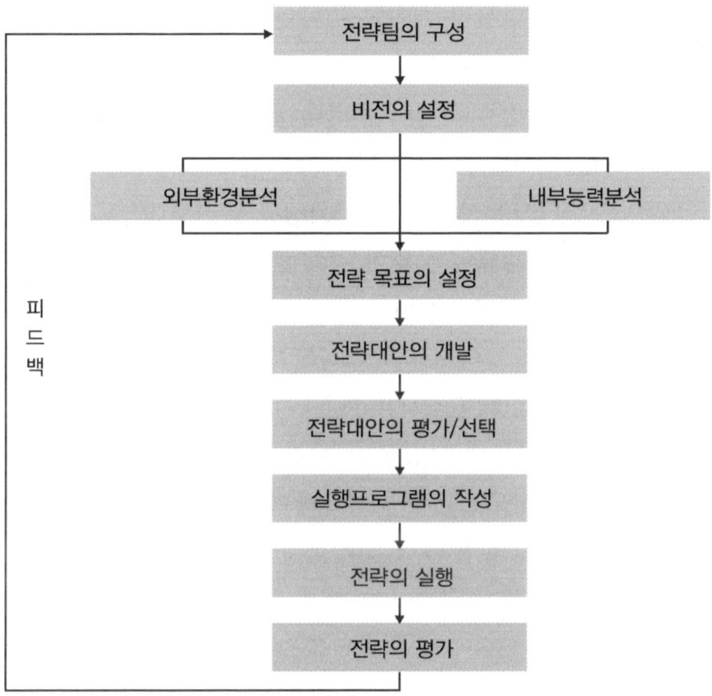

▲ **그림 8.2** 경영전략의 수립절차

일반적으로 기업의 내부능력분석은 재무적·물적분야, 조직적·인적분야, 그리고 기술적 분야, 그리고 기술적 분야 등 세 가지 분야가 그 주요 대상이 된다. 때로는 기업의 사업 또는 제품들에 대해 자원배분의 형태와 조직의 구조적 측면까지도 분석하여야 현재의 강점과 약점을 파악할 수 있다. 이상의 외부환경 분석과 내부능력 분석을 SWOT분석이라고도 한다.

SWOT는 강점(strength)과 약점(weaknesses), 기회(opportunities)와 위협(threats)의 약자이다. 외부환경의 기회와 위협, 그리고 기업의 강점과 약점을 알기 위하여 경영환경과 기업의 내부능력을 검토하고, 기업능력의 관점에서 주요 환경요인으로부터 기회나 위협을 도출하는 과정이 SWOT분석이다.

이러한 SWOT분석은 강·약점과 주요 환경요인을 경영자의 시각에 의하여 단순히 분석하는 것이 아니라, 전략수립에 기여할 수 있는 것을 얻을 수 있도록 체계적인 분석을 수행한다.

SWOT분석의 평가방법으로는 여러 가지가 있으나, 어떤 방법이든 객관적이라기보다는 전략수립가나 분석가의 주관적 방법에 크게 의존하게 된다. 그러므로 소수의 특정 개인의 평가와 더불어 전략수립과 관련이 있는 집단의 평가가 바람직하다. 이는 주요 환경요인에 대한 기회·위협여부의 판단에 공동인식을 얻는 과정이 전략대안을 유도할 때, 특히 전략 실행 시에 중요하기 때문이다.

다음으로 SWOT분서의 절차와 과정을 살펴보면, 먼저 환경분석 및 예측을 통해서 주요 환경요인이 얻어지고, 또 내부능력에 대한 평가를 통해서 강점과 약점이 얻어지면, 그 다음은 주요 환경요인이 기회로 작용할 것인지 아니면 이협이 될 것인지를 분석하여야 한다.

주요 환경요인이 어떤 기업에게는 기회가 되는가 하면 어떤 기업에게는 위협이 되기도 하기 때문에, 주요 환경요인이 기회인지 위협인지는 결국 자사의 강점과 약점을 결부시켜 판단하여야 하는 문제인 것이다. 예컨대, 네이버와 다음카카오의 SWOT 분석을 보면 네이버는 내부적으로 독보적인 검색 점유율을 가지고 있지만 메신저 시장에서는 낮은 점유율을 가지고 있고, 반대로 다음카카오는 검색 점유율은 낮지만 높은 메신저 점유율을 가지고 있음을 확인할 수 있다. 이러한 내부요인(S, W)과 외부요인(O, T)을 확인함으로써 그에 맞는 전략을 수립할 수 있다.

▼ **표 8.2** SWOT**분석의 중요 분석 항목**

구분	분야	항목사례
기회와 위협	시장	시장크기, 높은 성장률, 고객 관심, 좋은 반응, 새로운 고객, 가격 민감도, 불만도
	환경	정부규제, 부정적 의견, 경제성장률, 경쟁사 수, 경쟁사 판매력, 경쟁사 제품, 경쟁사 이미지
강점과 약점	제품	제품 효율성, 제품 신뢰성, 제품 포장, 제품 가격, 기술지원, 용도, 다양성, 인지도
	기업	영업력, 명성, 예산, R&D 능력, 인력, 유통망, 정보망

▼ **표 8.3** 네이버와 다음카카오의 SWOT분석

네이버	SWOT	다음카카오
• 독보적인 검색 점유율 • 막대한 빅데이터 확보	strength	• 합병 후 포털과 SNS 시너지 • 도보적인 모바일 메신저 점유율
• 국내 메신저 시장 낮은 점유율 • 북미, 유럽에서 라인 성장 미미	weakness	• 글로벌 시장 진출 미흡 • 검색 시장의 낮은 점유율
• 핀테크, O2O 등 사업다각화 • 게임 퍼블리싱 사업 확대 • 라인으로 해외 시장 진출	opportunity	• 핀테크, O2O 등 사업다각화 • 검색 점유율 상승 기대감
• 신규 서비스 수이고하 지지부진 • 라인 성장 시 주가 악재 가능성	threat	• 신규 서비스 수익화 지지부진 • 탈카카오로 게임 매출 감소 • 카카오톡 검열 등 보완 우려

▪ **전략적 목표의 설정** 전략적 목표의 설정은 외부환경분석과 내부능력분석을 끝낸 후에 시작된다. 앞의 두 가지 분석을 통하여 기업은 경영환경의 변화를 최대한 활용하고 자사의 강점과 약점을 충분히 반영한 전략적 목표를 설정하게 된다. 이러한 전략적 목표는 기업의 아주 기본적이고, 장기적으로 추구하여야 하는 목표로서 간결하고, 명백하고, 수량적으로 의미가 있고, 시간적인 베이스에서 실현가능한 것들이어야만 한다. 예를 들면, "3년 내 세계시장에서 5%의 시장점유율 향상"이나 "5년 이내에 100억 달러의 판매량 달성"등과 같은 것이다.

▪ **전략대안의 개발과 선택** 기업의 전략적 목표 설정이 끝난 후에 이루어지는 절차는 전략대안의 개발과 선택이다. 경영전략은 기업에 대한 환경의 압력과 기업의 자원능력, 목표의 성취를 전제로 한 기본적인 수단이다. 이때의 전제사항으로서 가장 먼저 고려하여야 할 것이 바로 기업이 나아가고자 하는 통일된 방향을 보여주는 기업의 비전에 비추어 그 타당성 여부를 평가하는 것이다. 전략대안의 평가 및 선택의 도구로서 대표적인 방법이 포트폴리오분석(portfolio analysis)이다. 이 분석은 기업이 활동하고 있는 시장(산업)성장률과 상대적 시장점유율을 양 축으로 하고 자사의 해당 시장에서의 매출액을 원의 크기로 표시하여 전사적 입장에서 효율적인 자원배분을 위한 최적의 사업 포트폴리오를 제시해 준다.

전략선택의 과정은 기업사명의 달성을 위해 한정된 자원을 어디에 투입하

는 것이 좋을지를 결정하는 것이다. 뿐만 아니라 이러한 전략선택은 실행가능성을 원칙으로 하며, 환경변화에 적합한 적시성을 가지고 있어야만 한다. 또한 전략대안은 이미 기업에서 실행하고 있는 기존 전략과의 관련 하에 도출되어야만 하며, 최고경영자의 의지 및 전체적인 차원에서 시너지효과와 조직의 실행능력 등을 충분히 고려하여 선택되어야만 한다.

■ **실행계획의 작성** 전략의 선택이 이루어지려면 전략의 집행을 위한 실행계획이 수립되어야 한다. 만일 선택된 전략이 새로운 제품시장에 진입하려는 것이라면 진입을 위한 수단으로서 신제품개발을 위한 체계적인 계획이 수립되어야 할 것이고, 새로운 설비와 인력을 확보하기 위한 계획이 뒤이어 작성되어야 한다. 이러한 실행계획이 수립되면 거의 동시에 필요한 자원량이 결정되고, 이에 따라 예산이 수립되게 된다. 예산기간은 일반적으로 실행계획의 수립기간과 같다.

경영전략이 대개 중장기적으로 경영활동의 전반에 대해 수립되는데 반하여, 실행계획은 이를 구체화하는 만큼 기간도 짧고 범위 역시 좁은 것이 보통이다. 실행계획은 보통 경영전략에서 기능별 전략 중의 하나 또는 그보다 더 좁은 경영관리기능에 대한 구체적인 계획이다.

■ **전략의 실행** "실행되지 않는 전략은 전략이 아니다"라는 말이 있을 정도로 전략의 실행은 경영전략에서 중요한 위치를 차지하고 있다. 이와 같은 전략실행의 첫 번째 단계는 단기적 목표를 수립하는 것이다. 두 번째 단계는 자본·인적자원·고정자산 등 기업자원을 할당하는 것이다. 셋째 단계는 기업이 선택한 전략을 실행하는데 적합한 조직형태를 완성해 내는 것이다.

■ **전략의 평가** 전략의 평가는 기업의 전략이 올바로 수행되었는지, 또한 전략적 목표에 일치하고 있는지를 확인하는 과정이다. 즉, 해당 전략이 환경상의 제반 조건과 기업의 내부능력과의 일관성을 유지하고 있는지를 판단하며, 전략이 수행한 실적치를 미리 설정된 목표와 자사의 과거실적, 그리고 경쟁사의 과거와 현재실적을 비교하는 것이다.

이러한 전략의 평가는 이를 피드백하여 전략의 수정 및 변경뿐만 아니라 기어브이 장기비전에도 반영되어 기업의 사업성기회를 지속적으로 창출하는데 활용하게 된다.

〈Start-up Highlight〉

약점을 매력으로 바꾸는 포지셔닝 전략

사람들의 마음속에 로봇에 대한 기대치를 낮추고, 정서적 애완견으로 인식

포지셔닝(positioning)은 소비자의 마음속에 자사 제품이나 기업을 표적 시장·경쟁·기업 능력과 관련하여 가장 유리한 포지션에 있도록 하는 과정이다. '마케팅의 아버지'라 불리는 마케팅의 대가 필립 코틀러는 '소비자의 마음속에 브랜드나 제품이 의도하는 위치를 차지하기 위해 마케팅 전략을 세워 실행하는 활동'말했다. 즉, 소비자가 구매한 제품이나 서비스는 명확한 타깃을 예측한 상품이라는 것이다.

약점을 매력으로 바꾼 사례가 있다. 소니의 아이보 로봇과 CJ제일제당의 '비비고 왕교자' 두 가지 성공 사례가 있다. 첫째는 소니에서 개발한 '아이보 로봇'이다. 아이보는 소니에서 1999년 6월에 시판된 세계 최초의 애완용 로봇이다. 리튬 이온 전지로 작동하며 인공지능을 탑재했고, 메모리스틱을 갖추고 있다. 기능적인 진화의 측면보다는 사람들에게 사랑받을 수 있는 개성의 측면을 부각시켰다. 다시 말해 사람과의 커뮤니케이션 능력을 향상하는 데 중점을 두고 개발되었다.

그러나 기능이 거의 없었고, 오작동이 많이 일어났다. 즉, 가정용 로봇으로는 크게 부족했다. 하지만 막대한 개발비를 들였기에, 상업적 판매를 성공해야만 했다. 소니는 아이보를 '가정용 로봇'이 아닌 '애완용 장난감'으로 재포지셔닝(repositioning)하였다. 사람들의 마음속에 로봇에 대한 기대치를 낮추고, 정서적으로 애완견과 같은 인식을 심어주었다. 아이보는 가끔 명령에 반응하지 않지만 놀라우며, 귀엽고, 즐거움을 주는 작은 생명체 같다고 소비자는 말한다. 약점을 매력으로 바꾼 성공 사례라고 볼 수 있다.

둘째는 CJ제일제당 '비비고 왕교자'이다. 1987년 출시된 고향만두는 만두 시장 최장수 브랜드이지만 후발주자인 CJ제일제당 '비비고 왕교자'에게 1위를 뺏겼다. 만두 하면 '고향만두'였는데 '비비고 왕교자'가 1등을 넘본 것이다. '비비고 왕교자'는 고급화를 지향했다. 조선시대 임금에게 진상(進上)하던 만두의 고급스러움을 재현했다. 또한 크기도 기존 만두와 차별화를 꾀하여 고급화 전략을 세운 것이다.

그리하여 '비비고 왕교자' 출시 1년 만에 냉동만두 시장 1위(2014년)로 올라섰다. 비비고 왕교자는 국민 만두로 자리 잡히며 누적 매출 4천억 돌파하며 후발주자에서 독보적 1위 시장지위를 확대하고 있다. 2019년 비비고 만두 매출액이 9,000억 원을 넘어섰다. 비비고는 '더 나은 제품'이 아닌 '새로운 카테고리의 제품'으로 포지셔닝 했다. 경쟁 제품의 연관성을 상쇄하는 포지셔닝 전략으로 성공했다고 볼 수 있다.

포지셔닝은 자사 제품을 경쟁 제품과 차별화시키는 차원이 무엇이냐에 따라 달라질 수도 있다. 지금까지 소속 제품군에는 없던 포지셔닝을 찾아 강점은 극대화하고, 약점은 매력으로 바꾸어야 한다.

03 경쟁우위의 종류와 원천

3.1 경쟁우위의 개념

경쟁우위의 확보는 전략경영에서 핵심적인 위치를 차지한다. 특정 기업이 경쟁이 치열한 시장에서 지속적으로 우수한 경영성과를 달성한다는 사실은 바로 확고한 경쟁우위를 확보하고 있다는 것을 의미한다. 경쟁우위(competitive advantage)는 어느 특정 기업이 다른 수많은 기업과의 경쟁에서 우위에 설 수 있는가를 판단할 때 사용하는 개념이다. 따라서 두 국가간 우위를 판단할 때 주로 사용하는 비교우위(comparative advantage)와는 다른 개념이다. 비교우위가 주로 임금, 금리, 환율, 부존자원 등의 거시변수를 가지고 특정 산업이나 분야의 국제경쟁력을 판단하는 개념이라면 경쟁우위는 개별기업에 한정된 개념이다.

기업이 이러한 경쟁우위를 확보하기 위해서는 기업 특유의 기술이나 탁월한 경영능력이 필요하며, 기업은 이러한 경쟁우위의 정도가 클수록, 그리고 경쟁우위를 누리는 기간이 길수록 높은 경영성과를 획득할 수 있게 된다. 기업이 누릴 수 있는 이러한 경쟁우위에는 원가우위(cost advantage)와 차별화우위(differentiation advantage)가 있다. 이들은 각각 경쟁기업과 비교한 상대적 원가와 고객이 지각하는 독특성에 근거를 두고 있다. 예를 들면, 원가우위는 규모의 경제나 효율적인 조립공정으로 인하여 경쟁기업에 비하여 생산원가가 낮을 때 발생하며, 차별화우위는 독특한 디자인이나 유명한 상표명으로 인하여 고객이 경쟁기업의 제품과 다르다고 인식할 때 발생한다.

3.2 경쟁우위의 원천

경쟁우위의 원천으로는 가치활동과 핵심역량을 들 수 있다. 이 때 가치 활동은 창조적인 경영활동을 의미하고, 핵심역량은 기업의 경쟁력 확보에 결정적인 역할을 하는 주요한 경영자원으로 자원능력(resource and capabilities)이라 할 수 있다. 경영활동은 경영자원을 기초로 이루어질 수 있으며, 반대로 경영자원은 경영활동을 수행함으로써 획득될 수 있기 때문에, 이 두 가지는 본질적으로 밀접하게 연관되어 있다. 예를 들면, 기업의 핵심역량이라 할 수 있는 기술능력은 연구개발이라는 경영활동을 통하여 축적될 수 있으며, 이렇게 축적된 기술력으로는 다시금 보다 나은 제품을 개발해 낼 수 있는 것이다. 그러므로 기업의 지속적인 성장과 발전은 경쟁기업에 비하여 특정 기업 활동이나 경영자원이 우위에 있어야 비로소 가능한 것이다.

■ **가치사슬** 기업의 경쟁우위의 원천을 분석하기 위해서는 기업이 수행하는 모든 활동을 점검해 보고, 또 이러한 기업 활동들이 어떻게 상호 작용하는가를 체계적으로 분석해 보아야만 한다. 왜냐하면 경쟁우위는 설계, 생산, 마케팅, 배달, 지원서비스활동 등 기업이 수행하는 수많은 개별 활동으로부터 나오는 것이므로 기업 전체적으로 보아서는 이해할 수 없기 때문이다. 기업 활동에 대한 체계적인 분석도구가 바로 가치사슬(value chain)이라는 개념이다. 가치사슬이란 기업의 활동을 전략적으로 연관성이 있는 몇 개의 활동들로 나누어 원가의 형태와 함께 겉으로 나타나거나 내재된 차별화의 원천을 이해하기 위하여 개발된 개념이다.

기업 활동은 제품의 설계, 제조, 판매, 유통, 지원서비스에 관해 수행하는 경제활동으로 구성되며, 또한 그러한 활동들은 고객에 대해 가치를 창조하는 활동이므로, [그림 8.3]에 제시하고 있는 것처럼 가치사슬을 나타내고 있다. 우선 기업의 활동은 크게 두 가지 그룹의 활동으로 대별되며, 구체적으로는 9가지 세부적인 활동으로 분류된다. 그 첫 번째가 '본원적 활동'이라 부르며, 제품이나 서비스의 물리적 창조 및 그것의 판매와 판매후의 지원에 관한 활동이다. 이것에는 구매물류, 생산, 출하물류, 판매·마케팅, 애프터서비스라고 하는 활동이 있다. 둘째는 '지원활동'이라 부르는 것으로 지원활동에 대한 지원이나 사회간접시설을 제공하는 활동이다. 이것에는 조달지원. 기술개발, 인적자원관리, 기업하부구조라고 하는 활동이 있다. 이 중에서 본원적 활동의 구매물류, 생산 등은 '상류활동'(upstream)이고 애프터서비스, 판매·마케팅 등은 '하류활동'(downstream)이다.

이러한 기업의 활동은 기업 전체적으로 보면 각기 독립적인 것이 아니라, 고객에 대해 가치를 창조하는 활동으로서 각기 연결되고 있다. 그러므로 기업의 활동은 가치사슬을 이루고 있는 것이다. 기업은 이 가치사슬의 활동을 통해서 경쟁우위를 확보하는데, 최근과 같은 글로벌경쟁의 시대에서는 그

가치사슬내의 활동의 입지, 담당기업의 선정, 개시타이밍 등의 결정이 극히 중요하게 된다. 즉, 기업 가치사슬내의 활동을 (a) 어느 국가에서 행할 것인가? (b) 자사가 독자적으로 수행할 것인가? 타사와의 제휴를 통해 수행할 것인가? (c) 지금 즉시 수행할 것인가? 3년마다 또는 5년마다 수행할 것인가 하는 결정이 중요하게 되는 것이다.

사실은 이러한 점에 관한 결정이 기업의 경쟁우위에 큰 영향을 미친다. 그러므로 Porter는 기업 가치사슬내의 각 활동들의 세계적 배치문제와 그 배치활동의 조정문제가 글로벌 전략의 가장 중요한 과제가 된다고 하였다. 어떻든 이러한 기업의 가치사슬 내의 활동배치와 조정방식에 따라 기업의 경쟁우위가 확보된다.

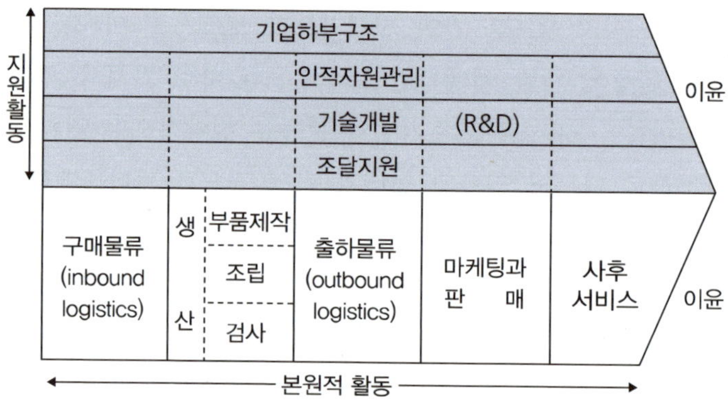

자료 : M. E. Poter, Competition in Global Industrial, Harvard Busienss School Press, 1986, p.21

▲ **그림 8.3** 가치사슬

▪ **경영자원** 기업의 경영자원은 차별역량의 원천이 된다. 차별역량이란 경쟁자가 쉽게 모방할 수 없는 기업의 독특한 강점을 의미한다. 강력한 경쟁우위를 창출하기 위해서는 기업이 보유하고 있는 자원이 가치가 있어야 하고, 희귀하고, 모방이 불가능하고, 대체물이 존재하지 않아야 한다.

기업이 보유하고 있는 경영자원 중에서 중요시 되는 자원으로는 핵심역량, 조직능력, 관리유산 등을 들 수 있다. 역심역량(core competence)은 경쟁기업에 비하여 특별히 뛰어난 자원이나 능력을 의미한다. 차별화된 기술적 능력, 뛰어난 학습능력, 보완적 자산 등을 그 예로 들 수 있다. 모든 기업이 핵심역량을 개발하기를 원하지만 이러한 능력은 차별성이 뒷받침될 때 가치가있다. 이는 경쟁적으로 독특하고 우월한 핵심역량만이 경제적 가치창출의 원천이 되기 때문에, 기업이 보유한 자원은 경쟁기업이 보유한 자원과 상대적으로 비교·평가되어야 한다는 것을 의미한다.

- 조직능력(organizational capability)이란 조직이 습득한 동태적 일상성으로서의 무형자산으로 기업의 효율성과 효과성을 지속적으로 개선하고 증진시킬 수 있는 능력을 의미한다.
- 관리유산(administrative heritage)은 설립자 또는 지배자의 카리스마적인 리더쉽 스타일과 비전, 조직의 전반적인 문화, 역사적인 상징적 행동, 조직구조 등을 의미하는 무형적 문화유산과 공장의 입지, 통신시스템, 기계장비 등을 의미하는 물질적 유산 등을 말한다. 이러한 관리유산은 의사결정에 영향을 주는 등 전략선택에 있어서 조직의 제약요인으로 주로 작용한다.

04 경영전략의 전개

4.1 기업전략의 수립

전사적 수준의 기업전략은 장기적인 이익을 극대화하기 위하여 기업의 성장과 발전을 적절하게 관리해 나가는 것을 말한다. 그러므로 기업전략은 기업의 최고경영자가 조직 전체의 이익과 행동을 원하는 방향으로 유도하기 위해 수립된다. 이 전략은 사업영역과 관련하여 단일사업에 집중할 것인가, 수직적 통합을 시도할 것인가, 아니면 새로운 사업 분야로 다각화할 것인가, 그리고 시장과 관련하여 국내시장만을 대상으로 할 것인가, 아니면 국제시장으로 적극 진출할 것인가 등 기업이 활동할 사업과 시장을 결정하는 것을 주요내용으로 한다.

4.1.1 그룩(Glueck)의 기업전략 유형

그룩은 모든 기업의 전략을 다음의 기본적인 네 가지 유형으로 분류하였다.

■ **성장전략** 성장전략(growth strategy)은 안정전략과 대비되는 전략이다.

성장은 기업의 현재 업무의 확장으로서 기존제품과 서비스의 확장뿐만 아니라 다양화 또는 신제품개발형태로 나타날 수 있다. 어느 경우이든 성장전략은 안정전략보다 더 위험하며, 기업의 의사결정자에게 보다 큰 압박감을 가하게 된다. 이 전략을 사용하는 이유는 다음과 같다.

① 성장은 변화가 심한 산업에 속한 기업이 장기적으로 생존하기 위해 필요하며, 안정전략은 단기적 성공을 의미할 수도 있으나 장기적 실패를 의미할 수도 있다.

② 다수의 경영자들은 성장을 효과적인 것과 동일시한다.

③ 일부 사람들은 유명도가 높아지기 때문에 양질의 인력을 확보하는 데 유리하다.

▪ 안정전략 안정전략(stability strategy)은 현재의 활동과정을 지속하는 것이다. 그러나 안정전략이 기업이나 경영자가 아무것도 하지 않는다는 것을 의미하지는 않는다. 다만 환경이 안정적이기 때문에 기존의 업무절차와 업무형태를 계속 유지한다는 것이다.

안정전략이 기본적인 전략으로서 가장 많이 이용되는 이유는 다음과 같다.

① 기업에서 이미 잘 수행되고 있다고 인지되기 때문이다.

② 보다 위험이 적은 행동대안이기 때문이다.

③ 보다 쉽고 용이하게 실행될 수 있는 행동대안이기 때문이다.

④ 조직이 다른 전략을 수행할 경우에는 어느 정도 시간적 여유가 필요하기 때문이다.

▪ 방어전략 방어전략(defence strategy) 혹은 방어대응전략은 사업계열이 빈약하게 운영되고 있는 기업에서 이용된다. 사업의 운영이 부실한 기업은 사업분야를 매각하고 다른 분야들을 강화시켜 이익을 많이 내고 있는 기업 중심으로 방어적인 전략을 취하는 것이다. 이러한 방어전략은 지속기간이 짧은 경향이 있다. 보통기간은 3년 이하로 전략이 채택된다.

▪ 혼합전략 혼합전략(combination strategy)은 두 가지 전략을 동시에 사용하는 것이다. 예를 들면, 한 기업이 전체적으로 안정전략을 추구하는데, 어떤 부문에서는 성장전략을 추구하고, 다른 부문에서는 방어전략을 추구하는 경우이다. 혼합전략은 대부분의 대기업이나 보다 복잡한 기업에서 이용

되는 가장 일반적인 전략이며, 경기의 변화가 아주 심하거나 침체된 상황에서 자주 채택된다.
이상에서 살펴본 그룩(glueck)이 분류한 이 전략유형은 기업의 전략을 실제로 분류하게 해줌으로써 개념적으로 아주 유용하다. 그러나 너무 일반적이어서 경영자들에게 단기적이고 제한된 지침으로서의 역할에 불과하다는 단점이 지적되고 있다.

4.2 기업의 성장과 전략

일반적으로 기업은 다음과 같은 과정을 거쳐 성장·발전한다. 첫 번째 단계는 특정 지역이나 한정된 시장영역을 대상으로 하는 소규모의 단일사업으로부터 출발한다. 두 번째 단계는 핵심적 사업의 수익성을 증대시키고 경쟁적 지위를 강화하기 위하여 수직적 통합이나 해외로의 사업 확장을 도모한다. 세 번째 단계는 수직적 통합이 완성되거나 기존산업에서의 성장이 한계에 달하게 될 때, 또는 기존사업에서 자금을 축적하고 마케팅과 관리상의 능력을 과잉보유하게 될 때 기업은 또 다른 성장기회를 추구하게 된다. 즉, 새로운 가치를 창출하기 위하여 여유자원을 신규부문에 투자하는 다각화의 추진이다.

▪ 단일사업 집중전략 대부분의 기업은 국내시장에서 단일사업을 영위함으로써 기업활동을 시작한다. 이때는 전사적 수준의 기업전략과 사업부 수준의 경쟁전략이 차이가 없다. 이익을 극대화하기 위하여 원가우위전략, 차별화전략, 집중화전략 중 기업의 자원과 능력에 적합한 전략을 채택한다.
단일사업 집중전략은 첫째, 기업의 인적·물적·재무적 자원을 특정부문에 집중함으로써 경쟁우위를 창출할 수 있다. 둘째, 단일사업이므로 최고경영자가 사업내용을 더 잘 파악할 수 있으며, 환경변화와 소비자의 욕구변화에 신속하고 효과적으로 대응할 수 있다.
반면에 이 전략은 '흔히 계란을 한 바구니에 담는 것'에 비유되는 단점을 가지고 있다. 현재의 사업이 침체하거나 쇠퇴하는 등 해당 산업이 성숙기에 접어듦에 따라 기업의 투자기회가 감소하고 그 결과 성장에 제약이 따른다. 그리고 소비자 기호가 변하거나 기술혁신으로 신기술이 등장하는 경우, 대체품이 개발되어 시장을 위협하는 경우 산업의 존재 자체가 위협을 받을 수 있다.

■ **수직적 통합전략** 수직적 통합전략(vertical integration strategy)이란 기업이 원재료의 획득에서 최종제품의 납품에 이르기까지 전체 공급체인에서 일정 부분을 통제함으로써 필요한 자원을 획득하기 위한 전략을 말한다. 이러한 수직 통합에는 전방 수직적 통합과 후방 수직적 통합의 두 가지가 있다. 전방 수직적 통합(downstream or forward integration)은 기업이 생산체인에서 다음 단계의 과정을 소유하는 경우로서, 부품을 공급하고 있는 기업의 경우 완제품의 생산이 전략적 가치가 높다고 판단되는 경우 해당 산업진입을 감행하기 쉽다. 더 큰 시장력을 갖기 위한 공격적인 이동이며, 유통경로 지향적이 된다. 예를 들면, LG전자가 자사의 반도체 칩을 사용하기 위해 시계, 계산기, PC 등을 자체 생산하는 경우라든지, 자동차회사가 자체 생산한 자동차를 판매하기 위하여 유통사업에 참여하는 경우 등이다. 후방 수직적 통합(upstream or backward integration)은 기업이 원재료와 부품의 원천 쪽으로 움직이는 것을 말한다. 기존제품을 부품으로 구매하고 있는 기업들의 경우 생산 투입물에 대한 공급안전성을 높이거나 원료에 대한 질적 수준을 높이는 등의 자체생산의 필요성이 있을 때 해당 산업에 진입한다. 예를 들면, GM사가 자사에서 구매하는 부품들을 자체생산하기 위해 하청업체를 흡수하거나 자체 부품공장을 설립하는 경우 등이다. 이러한 후방 수직적 통합은 가격을 낮추거나, 주 공급자에 의한 이용을 막을 수 있는 방어적 이동이다. 이러한 수직적 통합은 주로 핵심사업의 경쟁적 지위를 강화할 목적으로 행해지는 데, 기업들은 이를 통하여 생산원가를 절감하고, 시장비용을 줄이며, 보다 나은 품질관리를 할 수 있으며, 독점기술을 보호할 수 있게 되며, 이를 바탕으로 추가적인 가치를 창출할 수 있다.

반면에 외부의 값싼 공급원을 무시하고 값비싼 자사 소유의 공급원을 고집함으로써 잠재적 원가가 상승하고, 급속한 기술변화가 이루어질 때 기술진부화의 위험이 초래되며, 수요 예측이 곤란할 경우 막대한 관료적 비용과 비효율성이 초래된다. 또한 유연성이 감소하며, 각기 다른 표준을 통합하는 데 어려움이 따른다.

■ **다각화 전략** 다각화 전략(diversification strategy)이란 기업이 한 사업에서 획득한 핵심역량을 다른 사업부문에 활용·공유하거나 사업 포트폴리오를 구성하여 위험을 회피하려는 목적에서 추진되는 전략이다. 이러한 다각화에는 관련다각화와 비관련다각화가 있다. 관련다각화란 기존의 기업 활동과 새로 진출하려는 사업 사이에 공통적인 가치사슬의 구성성분이 하나 이상 존재하는 것을 말한다. 즉 제조, 마케팅, 자재관리, 기술적 측면 등에서 사업간에 연관성이 있는 경우이다. 이러한 관련다각화는 사업부간의 상호작용을 통한 시너지효과 획득을 주목적으로 하며, 사업부들간 자원, 지식, 정보 등을 공유하는 것이 특징이다. 반면에 비관련 다각화란 기존의 기업 활동과 전혀 관련이 없는 새로운 분야로 진출하는 것을 말한다.

한편 관련다각화는 경쟁우위를 강화하고 시장지위를 향상시키는 측면에 중점이 주어지는 등 주로 기업의 전략적 동기에 의하여 발생하는 데 반하여, 비관련다각화는 이익의 안정적인 확보와 자금 활동의 극대화라는 측면에 중점이 주어지는 재무적 동기에 의하여 발생한다. 기업은 다각화전략을 추진함으로써 사업 포트폴리오를 적절히 구성하여 자원을 보다 효율적으로 활용할 수 있으며, 기존의 사업에서 습득한 기술을 이전할 수 있으며, 또한 기업의 여러 가지 기능을 공유할 수 있게 된다. 이처럼 다각화전략은 위험의 분산과 수익성이나 성장성을 내포한 매력적인 전략중의 하나이지만 첫째, 위험의 분산을 위하여 추구되는 다각화전략의 경우 자칫 자원이 비생산적으로 사용될 수 있으며, 둘째, 과도한 다각화전략의 추구로 인하여 사업에 대한 통제력을 상실하게 될 수도 있는 단점을 가지고 있다.

이러한 다각화를 추진하는 수단은 M&A, 전략적 제휴와 사내개발이 있다. 다각화의 역방향으로는 퇴출(divestment)이 있다.

4.3 전략기법의 유형

4.3.1 BCG 매트릭스

BCG 매트릭스(matrix)는 미국의 경영컨설팅회사인 Boston Consulting

Group에 의해 개발된 기법으로 성장성-점유율 매트릭스(growth-share matrix)라고도 불린다. 이 매트릭스는 여러 사업을 수행하는 기업들의 전략 수립을 위한 모델로서 사업부서간의 자원배문 문제를 해결하는 데 이용되는 모델이다.

■ 전략적 사업단위의 평가 BCG 매트릭스는 상대적 시장점유율과 시장성장률을 기초로 하여 모든 전략적 사업단위를 분석한다.

① 상대적 시장점유율 : 상대적 시장점유율은 해당 산업 내에서 가장 큰 경쟁기업이 가지는 시장점유율과 자사가 가지는 시장점유율과의 비율을 의미한다. 이는 사업단위가 경쟁사에 비하여 시장에서 어느 정도의 위치를 차지하는지를 평가할 수 있게 한다. 일반적으로 1보다 큰 경우 시장의 선도자가 될 수 있으며, 1보다 작은 시장점유율을 가지고 있는 경우는 상대적으로 경쟁사보다 약한 사업단위라고 할 수 있다.

② 시장성장률 : 시장성장률은 균형 포트폴리오를 수립하는 데 고려하여야 할 외부환경으로부터의 기회와 위협요소를 반영한다. 사업단위의 시장성장률은 전체 경제성장률과의 관계에서 결정되어진다. 만일 사업단위의 시장성장률이 전체 경제성장률보다 높으면 좋은 시장기회를 가지는 사업단위이고, 반대로 낮은 성장률일 경우 쇠퇴기로 접어든 사업이라고 의심해 볼 수 있다. 시장성장률은 다소 자의적으로 결정되나, 연평균성장률 10% 정도를 중간점으로 하여 10% 이상인 경우 고성장시장, 10% 이하인 경우 저성장률 시장으로 간주한다.

■ 전략적 사업단위의 비교 상대적 시장점유율과 시장성장률을 이용하여 다음 [그림 8.4]와 같이 매트릭스상에 각 사업단위를 표시하고 상호 비교한다. 그림의 수평축은 시장 점유율이며, 수직축은 시장성장률을 기준으로 한다. 그림에서 원은 전략적 사업단위를, 원의 크기는 사업단위의 규모를 나타낸다. 그러므로 원이 클수록 기업의 총매출에서 차지하는 사업단위의 비중이 크다는 것을 의미한다. 그림에서 BCG 매트릭스는 네 가지 유형의 사업단위로 구분된다. 이 네 가지 유형의 사업단위는 서로 다른 전략적 의미와 자금흐름을 가진다.

① 자금젖소(cash cows) : 자금젖소에 속하는 사업단위는 시장성장률은 작지만 상대적 시장점유율은 높다. 시장의 성장속도는 느리기 때문에 신규투자를 위한 자금이 많이 필요하지 않고, 시장점유율은 크기 때문에 판매량이 많아 많은 이익을 가져다 줄 수 있다. 따라서 여기에 속한 사업단위는 기업에 많은 유동자금을 공급해 줄 수 있어 스타나 문제아를 지원할 수 있는 중요한 자금원천이 된다. 또한 여기에 속한 사업단위의 자금젖소라고 명명한 이유도 젖소가 우유를 공급하는 것과 같이 기업에 자금을 공급하기 때문이다.

② 스타(stars) : 시장성장률과 시장점유율이 모두 높아 스타처럼 희망을 주는 사업이라고 해서 별로 표시하고 있다. 수익률과 성장률이 모두 높기 때문에 시장점유율을 유지하기 위해서는 적극적인 투자가 필요하다. 단기적으로 기업에 자금을 공급하지는 못하지만 어느 정도 시장이 성장하여 성장률이 떨어짐에 따라 수익주종사업인 자금젖소로 이행된다.

③ 물음표(question mark) : 시장점유율이 낮기 때문에 수익성은 낮으나 성장률은 높기 때문에 시장점유율 유지와 확대를 위하여 많은 자금의 투자를 필요로 한다. 적기에 투자를 성공적으로 하면 성장사업인 스타로 이행되나 그렇지 못한 경우에는 사양사업인 개로 전락하게 된다.

④ 개(dogs) : 낮은 시장점유율과 낮은 시장성장률을 보이는 사업단위로서, 이 사업단위는 약한 시장위치 때문에 현금을 창출해내기는 어렵고 사업의 저성장성으로 인해 시장점유율을 증진시키기도 어렵다. 이러한 사업단위들은 마이너스의 순현금 흐름을 나타내기 때문에 기업의 포트폴리오에서 제거시키는 것이 바람직한 전략이라 할 수 있다.

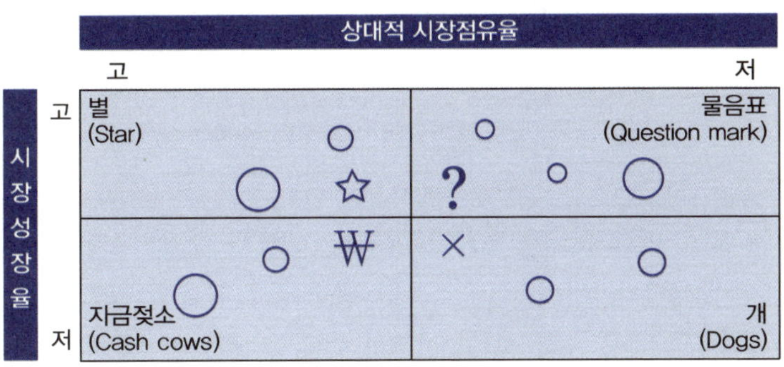

▲ **그림 8.4** BCG 매트릭스

■ 전략적 활용 BCG 매트릭스는 기업경영자에게 각 사업단위의 자원배분에 대한 지침을 제공하며, 존속시킬 사업, 처분하여야 할 사업, 기업의 목표를 달성해 줄 수 있는 사업 등 기업의 이상적인 균형 상태를 알 수 있게 해준다.

사업 포트폴리오의 관점에서 성공적인 순환과 실패의 순환을 나타내면 [그림 8.5]와 같다. 먼저 성공적인 순환을 보면 자금젖소 사업으로부터 충분한 자금을 지원받아 물음표 사업에 투자한다. 그리고 성공을 거두면 스타사업이 되고 성장률이 둔화됨으로 자금젖소 사업이 되어 다시 의문표 사업을 지원할 수 있게 된다. 그러나 실패의 순환을 따를 경우 즉, 시장경쟁에 대처할 만한 투자를 하지 못할 경우 각 사업들은 시장점유율과 시장성장률이 떨어지면서 궁극적으로 개 사업이 될 것이다.

BCG 매트릭스에 있어서 포트폴리오의 요체는 자금젖소 사업에서 충분한 자금을 획득하여 물음표 사업을 스타 사업으로 키우는 것이다. 만일 자금젖소 사업에서 충분한 자금을 획득하지 못하면 스타 사업을 제대로 지원할 수 없어 스타 사업도 언젠가는 개 사업이 되어 버릴 것이다. 스타 사업이 없어지면 자금젖소 사업에서 획득한 자금유입으로 자금의 여유를 갖게 되겠지만 언젠가 자금젖소 사업마저 개 사업이 되어 버릴 것이므로 기업은 결국 쇠퇴해 버릴 것이다.

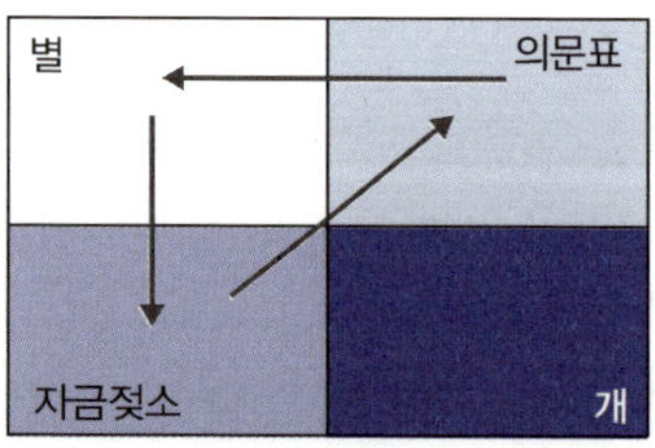

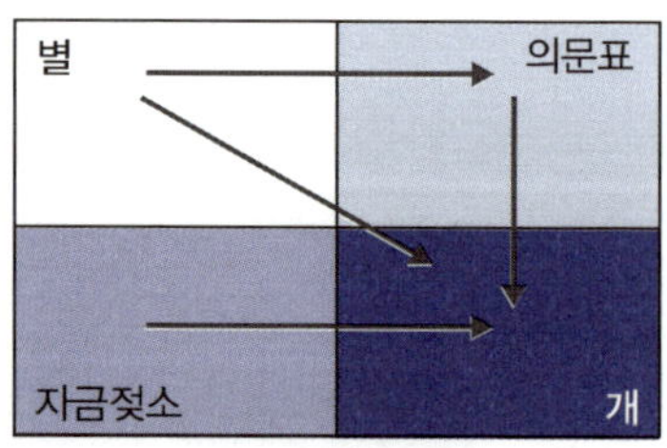

▲ **그림 8.5** 사업 포트폴리오의 성공적인 순환과 실패의 순환

■ BCG 매트릭스의 장점과 한계점 BCG 매트릭스는 다음과 같은 장점을 가지고 있다. 첫째, 현금흐름의 관점에서 전략적 사업단위들을 유형화하고 분석함으로써 균형 사업포트폴리오를 구성할 수 있는 자금활용방법을 제시해 준다. 둘째, 언제 새로운 사업에 투자하고, 기존 사업에서 손을 떼어야 하는지를 알 수 있게 해준다.

한편 BCG 매트릭스는 다음과 같은 한계점을 가지고 있다. 첫째, 상대적인 시장점유율과 현금흐름 간에 정(+)의 관계가 있다는 주장은 설득력이 약하다. 둘째, 기업의 전략선택에 영향을 주는 요인이 시장점유율과 시장성장률 외에도 더 많이 있을 수 있다. 셋째, 특정한 전략적 사업단위의 시장점유율과 시장성장률을 측정하기가 어렵다. 넷째, 모든 사업들은 네 개의 사업으로 분류하기가 어렵다. 즉, 중간에 위치하는 사업에 대한 고려가 없다.

그러나 이 같은 한계점들에도 불구하고 BCG 매트릭스는 자원할당 결정에 대한 문제를 해결하는데 하나의 유용한 방법을 제공하고 있다.

4.3.2 GE/Mckinsey 매트릭스

BCG 매트릭스는 사업매력도와 경쟁지위를 시장성장률과 시장점유율만을 사용하여 사업단위를 구분함으로써, 이러한 단순한 변수의 사용은 사업단위들을 실제로 구분하는데 많은 어려움을 갖는 한계를 드러냈다. GE/Mckinsey 매트릭스는 사업단위를 구분함에 있어서 사업단위의 경쟁력과 제품시장의 매력도를 각각 고수준, 중간수준, 저수준으로 나우어 구분하는 등 많은 변수들을 사용함으로써 BCG 매트릭스의 한계점을 극복하려 하였다.

■ **전략적 사업단위의 평가** GE/Mckinsey 매트릭스는 산업매력도와 산업 내에서의 강점(경쟁력)이라는 두 가지 차원에서 각 가중치를 달리하는 여러 개의 변수를 종합하여 전략적 사업단위를 평가한다.

■ **산업매력도의 평가** 첫째, 산업의 매력을 나타내는 변수를 확인한다. 이러한 변수에는 시장규모, 시장성장률, 시장의 수익성, 자본집약도, 기술의 안정성, 경쟁도, 순환적 변동성 등이 있다. 둘째, 기업의 입장에 따라 각각의 변수에 대해 가중치를 부여한다. 이때 가중치의 합계는 1이 되어야 한다. 셋째, 각 변수의 매력도를 결정한다. 이때 활용하는 매력도는 1 (매력적이지 못함)에서 5 (매력적임) 사이의 값을 가진다. 넷째, 각 변수에 부여된 가중치와 변수의 매력도를 서로 곱함으로써 산업매력도를 가중점수로 나타낸다. 산업매력도를 나타내는 가중점수는 1과 5 사이에서 결정되며, 평균점수는 3이 된다. 그러므로 3 이상의 가중점수는 산업매력도가 높음을 뜻한다.

■ **강점(경쟁력)의 평가** 전략적 사업단위의 경쟁력을 시장점유율, 사업단위의 크기, 기술적 노하우, 가격경쟁력, 경영능력, 낮은 영업비용, 생산성 등의 주요 변수를 활용하여 산업매력도의 평가와 유사한 과정을 거쳐 전략적 사업단위의 경쟁력을 평가한다. 총 가중점수는 5 (매우 강한 경쟁위치)와 1 (매우 약한 경쟁위치) 사이의 점수를 가지게 되며, 평균점수가 3 이상의 점수를 가질 경우 강한 경쟁력을 보유하는 사업단위임을 나타낸다.

4.3.3 전략적 사업단위의 비교

GE/Mckinsey 매트릭스의 수평축은 여러 변수들을 고려하여 도출한 사업단위들의 강점(경쟁력)을 나타낸다. 그리고 수직축은 산업매력도를 나타낸다. [그림 8.6]에서 원은 사업단위를 나타내며, 원의 크기는 산업의 전체규모를 나타낸다. 이 때 음영처리된 부분은 그 산업에서 특정 사업단위가 차지하고 있는 비중(시장점유율)을 의미한다.

GE/Mckinsey 매트릭스는 9개의 영역으로 나누어진다. 승리자 영역의 사업단위는 가장 바람직한 사업단위로 상대적으로 높은 산업매력도와 강한 경쟁력을 갖는다. 반대로 패배자 영역의 사업단위는 상대적으로 낮은 산업매력도와 약한 경쟁력을 가지는 바람직하지 못한 사업단위로 평가된다. 의문표 영역의 사업단위는 약한 경쟁력을 가지나 높은 산업매력도를 가지며, 패배자 산업단위로 전락할 위험과 선택적 육성에 의해 승리자 사업단위가 될

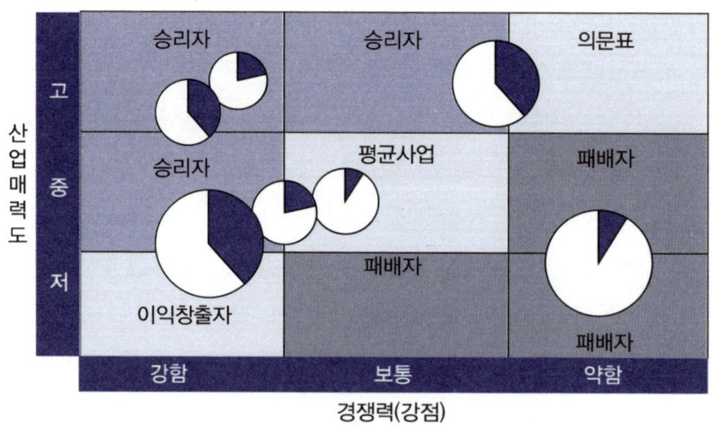

▲ **그림 8.6** GE/Mckinsey 매트릭스

수 있는 잠재력을 동시에 가지고 있다.

한편 이익창출자 영역의 사업단위는 강한 경쟁력과 낮은 산업매력도를 가지며, 승리자 사업과 의문표 사업을 지원할 수 있는 자금원천이 되는 사업이라 할 수 있다. 그리고 평균사업으로 정의되는 사업단위는 특별한 강점도 약점도 없는 그야말로 평균사업이라 할 수 있다.

결국 좌측 하단에서 우측 상단으로 이어지는 대각선을 그려볼 때, 대각선 위에 위치하는 사업단위들은 높은 투자수익률을 거두는 사업 단위들이 되며, 대각선 아래에 위치하는 기업들은 경제적 손실을 가져오는 사업 단위들이 되는 것이다.

4.3.4 전략적 활용

GE/Mckinsey 매트릭스는 전략적 사업단위들의 위치에 따라 다양한 전략적 대안들을 제시한다. 예를 들면, 패배자 영역의 사업단위는 철수, 청산 혹은 시장점유율의 수확과 같은 퇴출전략, 승리자 영역의 사업단위는 적극적인 투자·육성전략, 의문표 영역의 사업단위는 선별적인 투자전략을 통하여 승리자의 사업위치를 갖도록 육성하는 전략, 이익창출자 영역의 사업단위는 산업 매력도가 낮기 때문에 장기적 관점의 투자보다는 기존의 경쟁위치를 유지하는 전략, 그리고 평균사업 영역의 사업단위는 승리자 영역으로의 전환이 곤란한 경우 효율적인 자원배분을 위해 철수전략을 고려하는 것이 각각 바람직하다. 이러한 GE/Mckinsey 매트릭스의 궁극적인 목적은 BCG 매트릭스와 마찬가지로 균형 포트폴리오를 구성하는데 있으므로, 일반적으로 다수의 승리자 사업단위, 승리자로 성장할 수 있는 약간의 의문표 사업단위, 그러므로 의문표 사업단위를 승리자 사업단위로 육성하는데 필요한 자금을 지원할 수 있는 약간의 이익창출자 사업단위로 구성된다.

4.3.5 GE/Mckinsey 매트릭스의 장점과 한계점

GE/Mckinsey 매트릭스는 포괄적으로 다양한 변수를 사용하여 각 사업단위들의 현재 상황을 파악하고 전략을 제시해 준다는 장점을 가지고 있다. 그러나 전략적 사업단위의 현재 상태만을 분석함으로써 산업진화에 따라 산업단위의 미래상황이 어떻게 달라지는지를 고려하지 않는 정적인 분석에 그치고 있으며, 산업매력도와 경쟁력을 평가하는 관련 변수의 선택과 가중치 부과 등에 있어서 경영자의 주관적 판단에 의해 이루어짐으로써 완전 객관성을 확보할 수 없다는 한계점을 가지고 있다.

4.4 사업전략의 수립

사업전략은 경영자들이 장기적인 목표를 달성하기 위한 방법으로 그 사업의 이익과 운영을 분석하고 이를 토대로 수립하는 경영전략이다. 사업전략은 관리자들이 장기적인 목표를 달성하기 위한 방법으로서 그 사업의 이익이나 운영을 분석함으로써 구체화된다. 이 전략은 표적시장에서 그 사업이 어떻게 경쟁할 것인가, 어떤 재화와 용역을 제공할 것인가, 어떤 고객을 대상으로 제공할 것인가, 그 사업 내에서 자원을 어떻게 배분할 것인가, 어떤 기술을 강조하고 기업 간에는 어떤 시너지효과를 얻을 수 있는가를 파악해야 한다.

성장, 유지, 철수 등의 기업수준의 전략은 사업부 수준의 전략방향에 대해서 몇 가지 의미는 주지만, 그것이 경영자들의 자원배분, 경쟁우위, 어떤 특정산업이 갖는 구체적인 전략이나 시너지효과 등을 분석하는 데 있어서 종합적인 지침이 되는 것은 아니다.

4.4.1 제품수명주기전략

경영자는 자사의 제품과 시장에서 사업부 수준의 전략을 개발하기 위하여 제품수명주기에 따른 제품-시장의 발전단계를 활용한다. 제품수명주기(product life cycle)란 인간이 탄생하여 성장하고 활동하다가 노령화하여 사멸하는 것과 같이, 제품도 새로이 개발되면 시판되어 점차 성장하다가 언젠가는 타사의 신경쟁제품에 의해 시장에서 소멸하게 되는 현상을 의미한다. 이것은 제품이 시장에 도입되어 폐기될 때까지의 성쇠상태를 제품의 매출액과 이익, 그리고 시계열과 관련시킨 개념이다. 제품수명주기는 도입기, 성장기, 성숙기, 쇠퇴기의 4단계로 나눌 수 있는데, 각 단계는 기업의 주요제품과 시장이 어느 단계에 속하고 있으며, 그 발전단계에서는 어떤 사업전략이 적합한가에 대한 사업부 수준의 전략을 제공해준다.

효과적인 사업전략을 수립하기 위한 제품－시장 발전단계의 활용에서 기업의 경영자들은 두 가지 중요성을 알아야 할 필요가 있다. 첫째는 네 단계가 동일한 기간을 유지하지 않는다는 것이다. 이것은 단일 제품-시장의 발전단계와 서로 다른 제품－시장의 발전단계에 있어서 모두 다 같다. 둘째는 단계별 전략을 수립하는 데 시간을 고려하여야 한다는 것이다. 각 단계별 기간의 가변성과 다음 단계의 도래를 예측하여야 한다는 것이다.

이러한 제품수명주기의 각 단계별 주요 전략을 살펴보면 다음과 같다.

■ 도입단계전략 도입단계전략(introductory stage strategy)은 표적시장과 고객 및 고객의 욕구에 알맞은 제품특성을 확인하는 데 초점을 맞추어야 한다. 도입단계에 있어서 경영자들은 전략의 범위를 재정의하고 확인함과 아울러 제품설계와 생산공정을 단순화함으로써 경쟁우위를 추구해야 한다. 또한 경영자들은 제품이나 생산수단에 따라서 변화와 문제가 발생할 수 있기 때문에 인력과 장비를 이용하는 데 융통성을 유지할 수 있는 방법으로 기업의 자원을 배분해야 한다. 그리고 경영자들은 기업이 수익을 초과하는 기간 동안 지탱할 수 있는 재무능력이 있어야 한다. 구체적으로 이 단계에서의 경영전략으로는 고소득층을 상대로 고가정책을 채택하게 된다. 그 이유는 낮은 생산성 때문에 비용이 높고, 생산기술이 미흡하며, 높은 판촉비용을 보상하기 위해서는 매출이익률이 필요하기 때문이다.

■ 성장단계전략 성장단계전략(growth stage strategy)이 갖는 기본적인 관심은 고객기반을 확장시킬 기회를 찾으면서 표적시장의 규모와 잠재력을 발견하는 것이다. 경쟁우위는 상표차별화, 유통상의 강점, 가격 또는 품질과 급속히 성장하는 시장에 대한 대응력에 따라서 추구되어야 한다. 빠른 확장은 재무자원의 배분, 인적자원의 보충 및 시설의 최적 활용을 통해서 보충되어야 한다. 구체적으로 이 단계에서의 경영전략으로는 제품품질의 향상과 새 모델의 추가, 침투할 새로운 세분시장의 모색, 판로개척을 위한 유통경로의 탐색, 제품시장확대전략, 시장점유율확대전략 등이 있다.

■ **성숙단계전략** 성숙단계전략(maturity stage strategy)은 보다 확실한 제품시장 범위를 가지고 출발한다. 기업은 저성장시장에서 심화되는 경쟁조건에 처하게 되므로 주요 관심사는 집중적인 마케팅, 비용의 효율성, 공급자와 구매자와의 특별한 관계 등을 통해서 경쟁우위를 유지, 강화해야 한다. 자원배분은 엄격한 통제, 내부금융, 미래의 기회지향적인 자원 재배분에 초점을 맞추어야 한다. 구체적으로 이 단계에서의 경영전략으로는 시장변경 또는 수정(새로운 잠재구매자의 발견, 매출액 증진을 위한 모든 수단 발휘), 제품변경 또는 수정, 신제품 추가, 시장세분화전략, 지속적인 수요유지를 위한 가격인하정책, 물적유통 합리화정책, 시장세분화전략 등이 채택될 수 있다.

■ **쇠퇴단계전략** 쇠퇴단계전략(decline stage strategy)은 목표시장에서 가격이나 제품 및 서비스의 특성에 특히 민감한 소비자들의 욕구를 충족시키는 제품을 제공하는 가장 효과적인 최저비용전략을 추구한다. 경쟁우위는 특별한 고객과의 긴밀한 관계나 집중적인 마케팅활동 또는 경쟁이 심한 사업에서 가격경쟁 내지 비용우위전략 등을 추구한다. 구체적으로 이 단계의 경영전략으로는 수요감소를 방지하기 위한 가격인하정책, 기존제품에 대한 제품폐기전략, 제품진부화정책, 대체제품 개발, 제품다양화 확대, 기업합병의 모색 등이다.

4.4.2 본원적 경쟁전략

하버드 대학의 포터(M.E. Poter)교수는 지속적인 경쟁우위를 달성하기 위한 기본적 경쟁전략으로 [그림 8.7]과 같이 차별화전략, 원가우위전략, 집중전략 등 세 가지 유형을 제시하고 있다.

		전략적 우위	
		소비자가 인식하는 독특성	저생산비
목표 시장	전체시장	차별화전략	원가우위 전략
	특정 세분시장	집중화전략	
		차별화중심 집중화 전략 ←	원가중심의 집중화전략 →

자료 : M. E. Poter, Competitive Strategy, Free press, 1980, p.39

▲ **그림 8.7** 경쟁전략의 세 가지 유형

■ **차별화전략(Differentiation Strategy)** 차별화전략이란 경쟁기업이 쉽게 대응할 수 없는 의미 있는 방법으로 제품과 서비스를 차별화하는 것, 즉 제품, 서비스 및 품질에서 차별화를 성취하며 이러한 차별화를 유지하는데 필요한 재투자를 하기에 충분한 정도의 마진을 갖는 전략이다. 기업이 이러한 차별화를 통해서 지속적인 경쟁우위를 확보하는 데는 다양한 방법이 있다. 차별화의 기반은 품질, 디자인, 서비스의 수행과 고객을 위한 다른 주요 속성들이다. 성공적인 차별화는 기업의 제품이나 서비스가 우수하다고 믿는 고객들에 대한 상표의 충성도 때문에 높은 가격을 책정할 수 있게 해준다.

■ **원가우위전략(Cost Leadership Strategy)** 원가우위전략은 수익을 얻을 수 있는 매출과 시장점유율의 성장에 초점을 두는 경험곡선에 근거한 전략이다. 이 전략은 단위당 원가를 최소화하고 낮은 가격을 책정함으로써 매출액을 극대화 하는 전략으로서, 그 개념은 낮은 가격으로 판매하고 기업의 저원가를 촉진시킴으로써 뛰어난 경쟁자가 되려는 것이다. 일반적으로 이것은 규모의 경제를 실현하고 생산성 향상을 계속적으로 강조하기 위해서 생산 및 서비스를 광범위하게 투자함을 의미한다. 이 전략은 상대적으로 높은 시장점유율과 원가절감 시설을 요구한다.

■ **집중화전략(Focus Strategy)** 집중화전략은 어떤 특수 고객층, 특정지역, 특정제품 등에 회사의 노력과 자원을 집중시키는 전략이다. 이 전략은 차별화 전략이나 원가우위전략과 동시에 사용될 수는 있으나, 시장이나 제품계열의 일부에 집중한다는 것이 특징적이다. 집중화전략을 구축하는 전략이나 사업부는 제품시장 전체에 걸쳐 경쟁을 시도하려 하지 않는다. 그 이유는

기업의 내부자원이 한정이 되어 있기 때문에, 효과적으로 경쟁하는 데 필요한 만큼의 영향을 창출할 수 있도록 한 곳에 힘을 모은다는 데 있으며, 지속적인 경쟁우위가 제품시장의 일부에만 국한되어 있는 경우에 유용하기 때문이다. 포터의 경쟁전략은 각각의 사업들이 세 가지 전략 중 단지 하나만을 채택 한다는 것에 대한 비판이 있으며, 실제로 기업들은 한 가지 이상의 전략을 사용할 것이다.

▼ **표 8.4 전략유형별 경쟁우위의 원천**

전략유형	경쟁우위의 원천		
차별화전략	• 뛰어난 품질 • 제품의 신뢰성 • 제품의 특이성	• 유명상표명 • 제품혁신 • 추가적 서비스	• 독자적 유통경로 • 특허권
원가우위전략	• 장식없는 제품 • 단순한 디자인 • 간접비의 절감 • 정부의 지원	• 규모의 경제 • 원자재 통제 • 경험곡선	• 유리한 생산입지 • 저노무비 • 생산혁신 및 자동화
집중화전략	• 특정 제품계열에의 집중 • 제한된 지리적 영역에의 집중	• 특정 세분화시장에의 집중	

토 의 과 제

1. 최근 창업한 기업을 선택하여, 그 기업의 기업수준전략, 사업부전략, 기능전략을 찾아보고, 각 계층별 전략의 초점이 무엇인지 설명해 보시오.
2. 주위에 친근한 기업 하나를 선정하여, 주요 경쟁업체와 SWOT분석을 비교해 보시오.
3. 자신의 창업아이디어에 대한 SWOT분석을 바탕으로 SO전략, ST전략, WO전략, WT전략을 계획해 보시오.
4. BCG매트릭스와 GE/McKinsey 모형 등과 같은 포트폴리오 모형이 스타트 기업에서 어떻게 활용될 수 있는지 설명해 보시오.

Chapter 9

마케팅 관리

◈ 학습내용

01 창업마케팅
02 STP 전략
03 마케팅 믹스
04 창업기업의 브랜딩

◈ 학습목표

고객은 기업이 존재하는 이유이고, 특히 창업기업에게 고객은 창업아이템의 결정하는 중요한 요인이다. 그러므로 성공적인 창업을 위해서는 고객의 니즈와 욕구를 이해하는 것 뿐만 아니라 고객과 교류하고 관계를 발전시켜 나가야 한다. 마케팅관리는 바로 이러한 고객과의 관계를 다루었다.

〈시작이야기〉

아마존도 실패한 신선식품 장보기…마켓컬리, 성공비결

아마존마저 실패했던 온라인 신선식품 장보기 서비스를 한국의 스타트업이 성공해 냈다. 그 주인공이 바로 '마켓컬리'다.

마켓컬리는 오후 11시까지 주문하면 다음 날 7시까지 고객의 문 앞으로 배달해주는 '샛별배송'을 선보이며 유통업계에 새바람을 불어넣었다. 우려와는 달리 신선식품의 품질과 신선도에서 합격점을 받으면서 승승장구하고 있다.

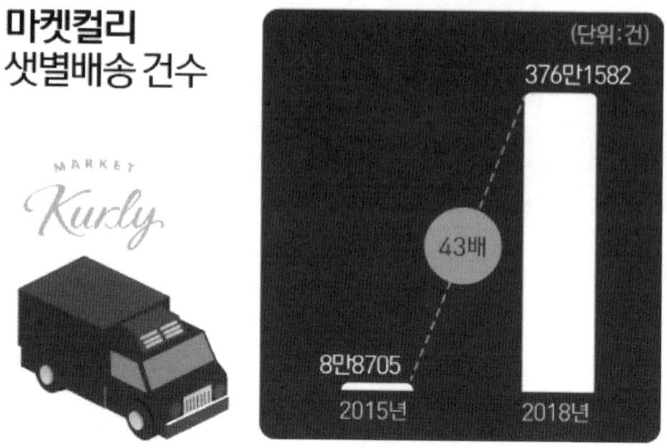

2015년 9만여 건에 불과했던 샛별배송 건수는 지난해 376만여 건을 기록했다. 매출도 같은 기간 30억 원에서 1571억 원으로 급증했다. 아직은 적자 상태지만 최근 적자 폭도 줄어드는 추세다.

마켓컬리가 아마존도 성공하지 못한 신선식품 배송을 성공할 수 있었던 비결은 무엇일까.

① 수요예측 시스템, 데이터 물어다 주는 멍멍이

이들은 성공비법으로 '데이터를 물어다 주는 멍멍이'(이하 데멍이)를 꼽았다. 마켓컬리를 '스타 기업'으로 만든 것은 샛별배송이지만 데멍이가 뒤에서 든든히 뒷받침하고 있기에 가능했다는 설명이다. "전복은 바닷물 밖으로 나오면 곧 죽어버린다. 전날 오후 10시에 주문한 완도산 생물전복이 다음 날 새벽 살아 꿈틀거리는 채로 서울의 가정집 앞에 도착할 수 있게 해 주는 것이 데멍입니다" 마켓컬리의 '매출 · 물류 예측 시스템'이자 '주요지표 전사 공유 시스템'인 데멍이는 신선식품의 폐기율을 일반 대형마트(2~3%)의 절반 이하인 1% 수준으로 관리해 준다. 데멍이가 샛별배송의 든든한 조력자라 할 수 있다. 하루 배송을 약속하는 온라인 쇼핑몰들은 상품을 직매입해 자사 물류창고에 가져다 두고 주문이 들어오면 빠르게 배송을 시작한다. 그런데 신선식품의 경우 하루 이틀만 지나도 상품의 가치가 떨어진다. 이 때문에 수요보다 많은 상품을 매입하면 폐기율이 높아져 기업의 재무 상태가 악화한다. 하지만 상품을 충분히 준비하지 않아 품절률이 높아지면 '고객경험'이 나빠진다는 딜레마가 있다. 폐기율과 품절률을 동시에 관리하기 위해서는 수요 예측이 필수적이다. 데멍이의 예측 시스템은 알고리즘과 머신러닝을 통해 움직인다. 예를 들어, 완도산 생물전복의 수요를 예측한다면 데멍이는 지난 12주간 해당 상품의 판매 데이터를 척추가 되는 주요 원데이터로 추적해 활용한다. 이 데이터는 분 단위이기 때문에 하루에 3,600건의 데이터, 12주에 30만 2,400건이라는 빅데이터를 활용한다. 물론 최근 3주간의 데이터에는 높은 가중치를 부여한다. 날씨나 마케팅 프로모션 등도 기존 학습된 알고리즘을 이용해 수요 예측에 반영한다. 노 팀장은 "백데이터를 기반으로 알고리즘을 활용해 다음 주 예측치를 만든다"며 "물류팀 등에서 인력 등 운영계획을 세우는데 참고할 수 있도록 예측 데이터를 드리고 있다"고 설명했다.

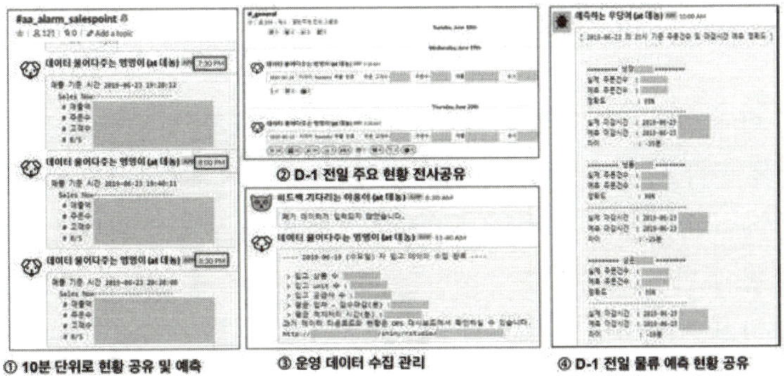

마켓컬리 수요예측 시스템

② 데멍이의 또 다른 기능… 친숙한 데이터 공유

노 팀장은 "데이터 과학, 굉장히 멋있고 고도화된 부분이다. 하지만 데이터 분석가들이 동료들에게 이를 전달할 수 있을 때 좀 더 진정한 가치를 발휘할 수 있을 것 같다"고 말했다. 딱딱한 데이터 분석 시스템에 데이터 물어다 주는 멍멍이라는 깜찍한 이름이 붙은 이유다. 데멍이를 작명한 노 팀장은 "데이터가 비개발자들에게는 어려울 수 있다"며 "친숙하게 데이터를 전달할 수 있도록 '데멍이'라고 이름 지었다"고 설명했다. 주요지표의 전사 공유 시스템은 데멍이의 또 다른 주요 기능이다. 데멍이는 매일 오전 10시 전날 매출과 고객수 등 주요 현황을 공유한다. 또 30분 단위로 현 매출액과 당일 운영 마감시 예상 매출액도 전달한다. 강 총괄은 "많은 기업이 데이터 활용을 강조하지만 정작 현업과 데이터팀이 분리돼 현업에서 데이터를 활용하지 않는 경우가 많다"고 말했다. 그는 "데이터가 유용한 것도 중요하지만 친숙한 것도 중요하다"며 "여기서는 '빨리 멍멍이 확인해~' 이렇게 이야기한다"고 전했다. 데멍이라는 이름으로 구성원에게 친숙하게 다가간 데이터는 마켓컬리에 크고 작은 변화를 불어넣고 있다. 강 총괄은 "데멍이 덕분에 구성원들이 데이터에 기반해 설득하고 의사결정을 하는 습관을 갖게 됐다"고 전했다.

③ 신선함의 두 번째 비결… 어디에서도 '풀콜드'

"산지에서부터 풀콜드, 이동할 때도 풀콜드, 기다릴 때도 마켓컬리는 풀콜드" 마켓컬리가 TV CF에서 샛별배송과 함께 강조한 것이 풀콜드다. 마켓컬리의 냉장유통방식인 '풀콜드'는 일반 콜드체인과 무엇이 다를까. 강 총괄은 "입고 단계부터 배송까지 다 콜드체인을 통해 관리한다"고 설명했다. 시장에 가면 상온에서 진열된 과일을 쉽게 볼 수 있다. 마켓컬리에는 이런 경우가 없다. 산지에서 냉탑 화물차에 실어 보내거나 여의치 않으면 마켓컬리의 냉탑 화물차가 산지까지 가서 가져오기 때문이다. 콜드체인에서 비교우위를 확보하기 위해 마켓컬리는 창업 전 '데일리쿨'의 배송사업을 인수해 냉탑 화물차를 80여대 확보했고 현재는 100여대로 확대했다. 외부 차량까지 합하면 하루에 냉탑 화물차 500~600여대가 배송한다. 소비자가 살아있는 완도산 전복을 받아볼 수 있는 이유도 이 때문이다. 완도산 전복을 활어차에 담아 물류센터로 가져가고 여기서 바닷물과 산소를 주입하는 '산소 포장'을 거쳐 냉장이 가능한 화물차를 이용해 고객의 집 앞으로 전달한다. 강 총괄은 "어차피 박스 안에 냉매가 들어가는데 냉장·냉동 차량이 아닌 상온 차량이 배송하는 게 낫지 않냐는 질문도 많이 받는다. 남들이 어떻게 하든 원칙을 지켜서 더 나은 고객 경험을 제공하기 위해 최선을 다하고 있다"고 말했다.

01 창업마케팅

현대마케팅은 '판매를 하는 행위'라는 오래된 개념에서 벗어나 고객 욕구를 충족시키는 과정이라는 새로운 관점에서 이해되고 있다. 즉, 고객의 잠재적 욕구와 현재의 욕구를 파악하고 그러한 욕구를 충족시키기 위한 노력을 사전에 반영한 활동을 수행하는 것을 말한다. 창업자가 고객의 욕구(needs)를 미리 이해하고 차별화된 고객가치를 제공하는 제품과 서비스를 개발하고, 효과적인 가격정책, 유통정책, 촉진정책을 개발한다면 제품판매가 쉬워질 것이고 또한 판매 노력이 불필요해질 것이다.

창업자들은 아이디어(ides)를 사업화하는 것도 중요하지만, 이와 함께 제품 또는 서비스를 시장에 수용되도록 하는 노력이 필요하다. 창업가들은 자신의 아이디어와 기술력만 중시하는 것이 아니라 고객의 욕구를 파악하면서 부가가치를 창출할 수 있는 전체적인 마케팅 활동을 중시해야 한다. 즉, 제품개발 아이디어를 착안하는 순간부터 마케팅 기법을 고려해야 한다.

전통적인 마케팅보다 창업마케팅이 가지는 가장 큰 특징은 기업가정신을 반영하여 혁신적인 관점에서 시장과 고객에 접근하는 방법을 활용한다는 것이다. 창업 기업들은 기존 기업보다 브랜드인지도, 자금 인력 등 모든 면에서 부족하므로 창업기업만이 가지는 전략적 특성이 필요하다. 기존 마케팅 활동이 신규 고객 확보와 기존 고객 유지를 위한 활동이었다면, 창업마케팅은 신규 고객 확보가 주목적이다. 따라서 **기존 고객의 수요를 파악하여 제품을 개발하기보다는 신규 고객을 창출하고자 하는 전략이 필요**하다.

1.1 창업마케팅 전략

기존 기업들은 다양한 마케팅 조사와 전략을 수립하고 이를 바탕으로 설계된 다양한 마케팅 활동을 전개하지만, 창업 초기 기업은 인적자원, 물적 자원이 부족하므로 마케팅 활동에 많은 자원을 투자하기 어렵고 마케팅 전문인력을 확보하기도 어렵다. 따라서 창업기업만이 가질 수 있는 마케팅 전략을 수립하고 이를 실천하는 것이 매우 중요하다.

■ **창업마케팅의 중요성** 최근 대부분 기업이 생산자 중심의 대중마케팅(mass marketing)과 판매자 중심의 틈새 마케팅(niche marketing)이 구별되는 고객 중심의 고객관계 관리(CRM : customer relationship management) 마케팅을 도입하여 고객 만족의 새로운 패러다임(paradigm)을 [그림 9.1]과 같이 전개하고 있다.

마케팅의 목표는 고객가치를 창출하고, 수익성을 위한 강력한 고객 관계를 구축하는 것이다. 창업가는 이러한 목표를 달성하기 위해 마케팅전략을 수립하게 되는데, 마케팅전략은 고객가치 창출과 수익성 있는 고객 관계구축을 위해 마케팅 활동의 기본방향을 정하는 것이다. 대부분 창업기업은 창업 초기에 단일 제품이나 서비스로 사업을 시작하기 때문에 마케팅전략 수립에 대한 인식을 중요시하지 않는다. 그러나 기업의 전략적 목표가 정해지지 않았다면, 제품이나 서비스를 통해 기업이 얻고자 하는 목표가 명확해지지 않으며, 결과적으로 마케팅전략을 수립하는 것도 불가능해진다. 창업기업의 경우 마케팅 역량 부족으로 인해 우수한 제품을 개발하고도 시장에서 좋은 호응을 얻지 못하는 경우가 발생하기 때문에 전략적 목표설정을 통해 체계적 마케팅전략을 수립하는 것이 매우 중요하다.

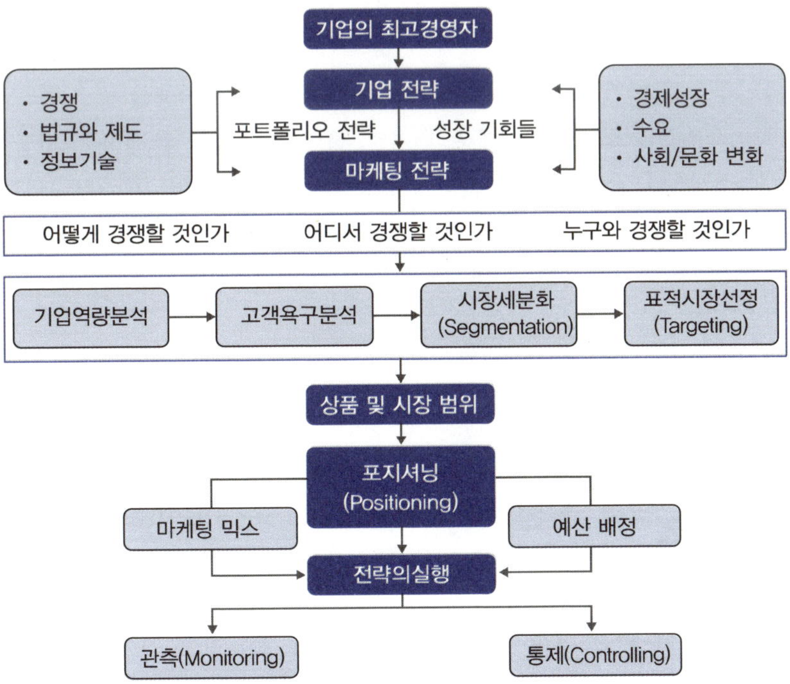

▲ **그림 9.1** 마케팅전략 절차

■ **고객지향적(STP) 마케팅전략** 치열한 시장경쟁에서 성공을 거두기 위해 기업들은 고객지향적이어야 한다. 특히, 창업기업의 경우 시장에서 영역을 구축하고 있는 기존기업과 경쟁하는 것보다 새로운 시장에서 경쟁하는 것이 수월하므로 제품 및 서비스가 가장 적합한 시장을 찾는 것이 바람직하다. 그러나 창업기업은 시장의 모든 소비자를 대상으로는 마케팅 활동을 수행하여 이익을 실현할 수 없다. 따라서 전체시장을 세분화 한 다음 자사에 가장 유리한 세부시장들을 선택하고 그 시장의 고객을 만족시켜 이익을 창출할 수 있는 전략을 개발해야 한다. 이를 위해서는 기존의 시장을 새로운 기준으로 구분하기 위한 시장세분화(market segmentation) 과정을 통하여 표적 시장을 선정(targeting)한 후 기존 고객과 잠재고객이 시장 내 경쟁자와 자사를 구분할 수 있도록 차별화(positioning) 하는 전략을 수립할 필요가 있다.

창업기업이 STP 전략 수립이 중요한 이유는 시장이 다양한 소비 형태와 욕구를 가진 고객들로 구성되어 있으므로 하나의 제품만으로 전체 고객의 욕구를 충족시킬 수 없기 때문이다. 특히 창업기업의 경우 혁신적인 하나의 제품 또는 서비스를 가지고 기존 시장에 진출하기 때문에 자사의 제품과 가장 적합한 시장을 찾는 것이 매우 중요한 과정이다. STP를 통한 표적 시장 선정과 포지셔닝이 명확하지 않으면, 4P (product, price, place, promotion) 구성과 마케팅 믹스(marketing mix) 개발에 어려움을 겪을 수 있다. 따라서 STP를 통해 자사의 제품과 가장 적합한 고객이 존재하는 시장을 세분화하고, 해당 시장에 조재하는 고객의 특성을 파악하여 포지셔닝하는 것이 매우 중요하다. STP 전략을 수립하기 위한 과정은 [그림 9.2]와 같다.

02 STP 전략

2.1 시장세분화(Market Segmentation)

시장세분화는 자사가 정한 기준에 따라 동질적 소비자 집단으로 시장을 나누는 것을 말한다. 소비자들의 소비 형태와 욕구가 다양하므로 하나의 제품 또는 서비스를 통해 전체 소비자의 모두 욕구를 충족시킬 수 없다. 따라서 전체 시장을 일정한 기준에 의해 시장을 나누는 과정이다. 시장세분화가 올바르게 이루어지기 위해서는 소비자의 성향을 명확하게 파악하여 최대한 같은 성격을 지닌 소비자들로 그룹화하는 것이 중요하다.

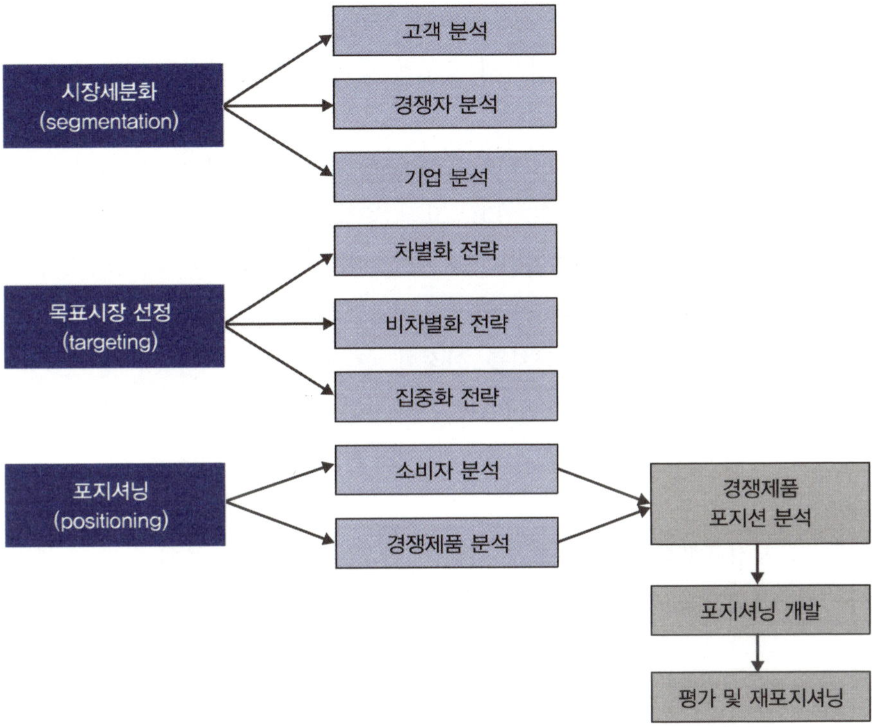

▲ **그림 9.2** STP 전략 수립 과정

소비자들은 다양한 집단으로 세분화할 수 있는데 일반적으로 이용할 수 있는 기준에는 지리적 변수, 인구통계학적 변수, 심리적 변수 등이 있다. 전체 시장을 욕구, 특성, 구매 행동 등에서 유사한 구매자 집단들로 나누는 과정을 시장세분화라 한다. 기업이 시장을 세분화하는 목적은 크게 네 가지로 구분할 수 있다.

① 시장세분화를 통해 각 시장의 욕구에 맞는 마케팅 믹스를 개발하고, 비용대비 효용의 불균형을 극복하며, 소비자의 욕구에 적절하게 대응함으로써 지속적인 관계를 형성할 가능성을 향상하는 것이다.

② 기업이 보유하고 있는 자원의 효율성을 향상해 최대의 효과를 얻을 수

있는 시장을 선택하는 것이다.

③ 효과적인 시장을 선택하여 시장 내 기업의 경쟁력을 강화하는 것이다.

④ 기업이 목표하는 정확한 표적 시장을 설정하는 것이다.

기업이 시장세분화를 통해 얻을 수 있는 장점은 다음과 같다.

① 소비자의 욕구를 세분화하고 마케팅전략을 수립하기 때문에 제품 및 서비스 개발 시 소비자의 욕구를 충족시킬 수 있어 만족도를 향상할 수 있다.

② 세분된 시장 내 소비자의 욕구를 만족하게 함으로써 초기 브랜드 인지도를 상승시킬 수 있고, 고객 충성도(loyalty)를 확보할 수 있다.

③ 시장세분화는 기업의 포지션을 정확하게 해주며, 자사의 장단점을 파악하여 장점을 최대한 활용할 수 있는 시장을 선택하게 해주므로 경쟁기업보다 유리한 위치를 선점할 수 있다.

④ 시장 규모와 소비자의 욕구를 정확하게 예측할 수 있어 기업의 자원 및 마케팅 자원을 효과적으로 배분할 수 있다.

시장세분화는 창업 초기 기업의 한정된 자원을 활용하는 데 효과적이다. 시장세분화 과정이 이루어지면 마케팅 믹스 요인을 기초로 시장세분화가 적절하게 이루어졌는지 파악할 수 있다. 마케팅 믹스의 여러 요인이 제 기능을 발휘할 수 있도록 다음과 같은 요건이 갖추어졌을 때 시장세분화가 적절하게 이루어졌다고 판단할 수 있다.

① 세분화된 시장의 크기와 구매력을 측정할 수 있어야 한다.

② 시장세분화를 통해 기업이 얻을 수 있는 수익성이 보장되어야 한다.

③ 시장의 접근성과 전달성이 높아 소비자에게 효과적으로 접근하는 것이 가능하며, 소비자가 제품 및 서비스를 손쉽게 구매할 수 있어야 한다.

④ 기존 시장보다 명확한 차별성이 있어야 한다. 각각의 세분된 시장의 소비자는 동질적 특성이 있어야 한다.

⑤ 세분된 시장 내 소비자의 일관성과 지속성이 있어야 한다.

창업기업의 마케팅전략은 실행에 대한 성과가 나타날 때까지 일관성을 유지해야 세분된 시장에서 효율적인 마케팅 활동을 수행할 수 있다. 예컨대,

요트를 판매하는 기업의 목표고객을 설정한다고 할 때 바다에 근접하여 배를 이용할 수 있는 사람, 요트를 탈 시간적·경제적 여유가 있는 사람, 요트를 대여하여 수익을 올리고자 하는 사업자 등을 떠올릴 것이다. 이렇듯 시장세분화는 상이한 욕구, 행동, 특성을 지니고 있는 집단으로 분류하는 과정으로, 일정 기간에 특정 제품의 마케팅 활동에 동질적 반응을 보일 것으로 예상되는 소비자를 집단화하는 것이다. 즉, 창업자는 고객을 세분화하여 효율적인 마케팅 전략의 기초로 삼아 준비 중인 사업의 성공률을 높일 수 있다. '20대 여성', '전국의 대학생'처럼 막연한 집단 전체를 목표고객으로 설정하는 것은 사업의 신빙성을 떨어뜨린다.

모든 고객이 만족하는 제품이나 서비스는 존재하지 않는다. 시장 규모와 구매력, 특성 등을 측정하여 창업자가 가장 성공적으로 공략할 수 있는 세분화된 시장을 선택하는 것이 필요하다. 세분시장은 측정가능성, 수익성, 접근가능성, 차별성, 일관성을 가지고 있어야 한다. 세분화 방법은 B2C (business to consumer)인지 B2B (business to business)인지에 따라 다르게 나타나기도 한다.

■ **B2C 시장 세분화** 제품이나 서비스를 가장 필요로 하고 좋아할 고객군을 확인하기 위해 시장의 세분화가 필요하다. B2C 시장을 세분화할 때 일반적으로 지리적·인구통계학적 특징들을 활용한다. 글로벌 e-커머스 회사에서는 지리적 기준을 세분화할 때 Global, Region, Countries로 나누어 전략을 세우며, 국내 패션 대기업에서는 프랜차이즈 대리점이 만들어졌을 때 서로 겹치지 않을만한 130개 지역으로 나누기도 한다. 교육 서비스 기업의 경우 서울 및 수도권, 지방도시, 기타 지역으로 나누기도 한다.

연령, 성별, 소득, 직업, 교육, 종교, 세대 등 인구통계학적 변수를 기준으로 나누기도 하며, 소비자를 보다 잘 이해하기 위해 심리적 특성, 라이프스타일, 가치관 등을 활용하여 나누기도 한다. 또한 제품에 대해 갖고 있는 지식, 태도, 반응 등 소비자의 행동에 따라 소비자를 나누기도 한다.

▼ **표 9.1** B2C 시장 세분화 변수

구분	세분화변수	구분	세분화변수
지리	지역, 인구밀도, 주거형태, 도시규모 등	심리분석	라이프스타일, 성격, 개성, 편익 등
인구통계	연령, 성별, 소득, 직업, 교육수준 등	행동	소비자편익, 충성도, 사용여부, 사용량 등

■ **B2B 시장 세분화** B2B 시장 세분화에는 지리적 특성은 공동으로 사용하지만, 성별이나 나이 같은 개인적인 요소는 제외하고 대기업, 중견기업 및 중소기업처럼 기업 규모와 같은 다른 속성들로 세분화할 필요가 있다. [표 9.2]의 기업속성에 따른 B2B 시장 세분화 사례를 보면 모바일 그룹웨어는 정부/공공기관 및 일반기업에, 사설 앱스토어는 일반기업에 적합한 것을 확인할 수 있다.

B2B 시장 세분화에는 사업 규모 외에도 가격민감도, 성장단계, 소유 형태 등 기업 고객의 행동 특성이나 사용목적, 구매비율, 판매비율 같은 기업고객 니즈를 기준으로 사용하기도 한다.

▼ 표 9.2 기업속성에 따른 B2B 시장 세분화

제품	관공서	정부/ 공공기관	학교	일반기업	금융	국방
모바일 그룹웨어		Ⓣ		Ⓣ		
모바일 메신저	Ⓣ	Ⓣ	Ⓣ	Ⓣ	Ⓣ	Ⓣ
페이퍼리스 미팅	Ⓣ	Ⓣ	Ⓣ	Ⓣ	Ⓣ	
사설 앱스토어				Ⓣ		
MDM		Ⓣ		Ⓣ		
통합 Push		Ⓣ		Ⓣ	Ⓣ	
문서 뷰어		Ⓣ		Ⓣ	Ⓣ	
기타						

▼ 표 9.3 B2B 시장 세분화 변수

구분	세분화변수	구분	세분화변수
기업통계 및 운영	산업·기업규모, 입지/기술, 지위, 고객 능력 등	상황요인	구매방식, 긴급여부, 특수용도, 주문 규모 등
구매방식	구매조직, 구매권한, 구매방침, 구매기준 등	고객특성	위험 감수 여부, 충성도 등

2.2 표적 시장 선정(Targeting)

소비자를 세분화한 시장에서 기업이 효과적인 마케팅 활동을 수행할 수 있는 시장을 선정하고, 시장을 구성하고 있는 소비자의 특성을 구분하고 정의하는 과정이 표적 시장 선정이다. 창업기업은 한정된 자원을 가졌기 때문에 소수의 세분 시장이나 틈새시장만을 대상으로 하는 것이 유리한다. 만약 그 시장에서 성공을 거두게 되면 점차 세분시장 수를 늘려가면서 결국 전체시장을 겨냥하면 되는 것이다. 표적 시장 선정을 위하여 각 세분 시장별 매력도를 평가하는데, 평가 시 고려해야 할 사항이 고객(customer), 경쟁사(com petitor), 자사(company)의 3C이다.

3C 분석을 통해 각각의 세분화한 시장을 평가하고, 창업기업이 진출할 가지가 있는 시장을 선정하고 각각의 시장별로 수요예측을 통해 기업의 역량을 최대한 발휘할 수 있는 하나의 시장 또는 그 이상의 시장을 선정하는 것이 필요하다.

성공적인 전략은 자사의 강점을 극대화할 수 있고 고객의 관심을 기반으로 구성되어야 하며, 구매, 디자인, 기술력, 판매, 서비스 등에서 경쟁사와 차별화를 이룰 수 있어야 한다. 3C 분석은 평가 목적에 따라 다양한 형태의 분석이 가능하며, 분석방법에 따라 그 구성요소를 다르게 구성할 수 있다.

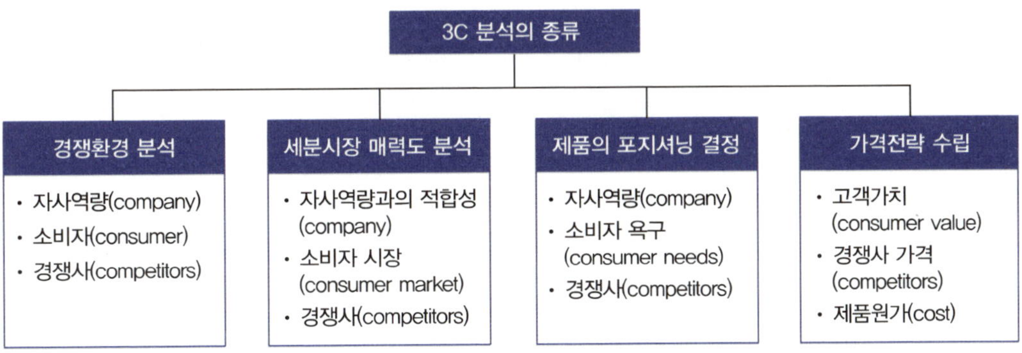

▲ **그림 9.3** 3C 분석의 종류

▼ **표 9.4** 3C분석의평가기준

3C	평가요소	분석기준
고객 (customer)	시장규모 시장성장률	• 해당 세분 시작은 적절한 규모인가? • 성장 가능성이 큰 시장인가? • 각 세분 시장별 잠재 수요는 충분한가?
경쟁사 (competitor)	현재의 경쟁사 잠재적 경쟁사	• 현재 시장의 경쟁 강도는 어느 정도인가? • 미래 시장의 경쟁 강도는 어떠할 것인가?
자사 (company)	기업 목표 자원 시너지 효과	• 기업이 목표로 하는 시장인가? • 인적 물적 자원을 갖추고 있는가? • 기존 브랜드의 마케팅 믹스 요소를 연계하여 시너지 효과를 가져올 수 있는가?

▪ **역량을 집중할 고객집단 결정** 시장세분화를 진행한 후에 그 시장의 규모, 성장, 수익성, 규모경제, 위험도 같은 특징으로 가장 효과적인 경영활동을 펼칠 수 있는 하나 또는 복수의 세분시장에 속한 고객을 타깃으로 삼는다. 창업기업의 목적, 역량, 재원을 기준으로 창업자가 접근하기 쉽고 판매 확산력을 가질 수 있도록 단시간 내에 만족도를 높일 수 있는 고객을 찾아 타게팅해야 한다. 이렇게 특정 고객을 대상으로 제품을 개발하고 판매하면 불필요한 비용을 줄이고 지속적으로 고객을 만족시키는 데도 도움이 된다. 예컨대, 인터넷에서 판매하는 중저가 학생용 가구업체의 타게팅 사례이다. 세분화한 시장을 조사하였을 때 가구업체와 적합한 고객층인 학생을 자녀로 둔 35~50세 여성, 그리고 자녀를 둔 가족의 가구소득이 350~500만 원인 아파트 주민을 핵심고객으로 타게팅함으로써 아파트에 적합하고 소득수준에 부합하는 제품에 중점을 둔 개발 계획을 수립할 수 있다.

▪ **신조어에서 트렌드와 고객층을 동시에 확인** 목표고객을 표현할 때 노노족, 에잇포켓키즈, 네오비트족, 홈캉스족 등 최신 트렌드와 연령 등 라이프스타일을 대효하는 신조어를 활용하는 것도 좋은 방법이다. 조사를 통해 '20대 청년들은 일할 의지가 없는 무직자가 많다'라는 것을 확인하는 것이 아니라 최신 트렌드를 반영한 신조어를 찾아나가다 부면 '니트족'이라는 자신의 사업에 적합한 고객과 그에 따른 사회 특징을 확인할 수도 있다.

• 니트족(Not in Education, Employment or Training) : 일하지 않고 일할 의지도 없는 청년 무직자

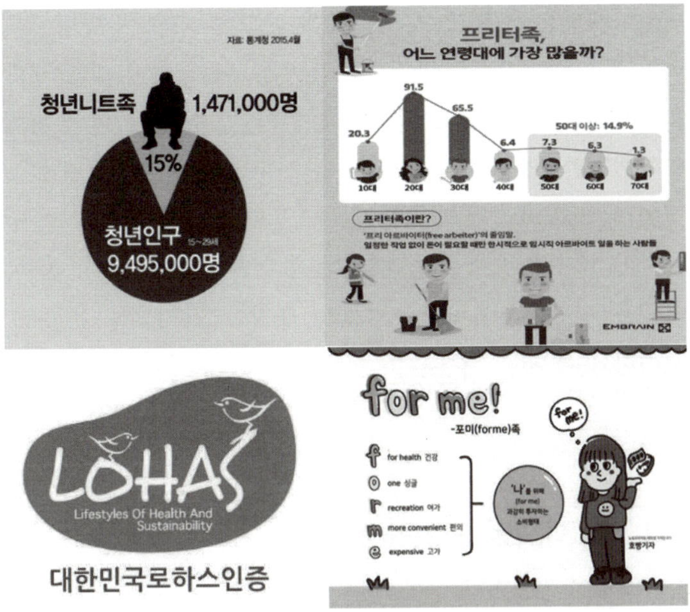

▲ **그림 9.4** 라이프 스타일을 반영한 신조어

- 프리터족(Freeter) : '프리 아르바이터'의 줄임말로, 필요한 돈이 모일 때까지만 아르바이트로 일하는 사람들
- 로하스족(Lifestyles Of Health And Substantiality) : 건강과 지속적인 성장을 추구하는 생활방식 또는 이를 실천하려는 사람(세계 최초로 한국표준협회에서 '로하스 인증' 제도를 도입하여 건강한 사회를 만들고자 함)
- 포미족(For Me 族) : 가치를 두는 제품에 과감한 투자를 아끼지 않는 사람들 : 건강(for health), 싱글족(one), 여가(recreation), 편익(more convertnient), 고가(expensive)의 앞 글자

■ 니치마켓(Niche Market) 타게팅 : 경쟁자가 적은 시장을 찾기 수익성이 가장 클 것으로 예상되는 시장을 목표고객으로 정하는 경우가 많은 데, 이러한 목표고객은 경쟁 강도가 다른 시장에 비해 높기 때문에 항상 좋은 기회를 제공하는 시장이라고 단정 지을 수는 없다. 때로는 경쟁자들이 무시하여 소외되어 있는 시장이 더 좋은 기회를 제공하기도 한다. 니치마켓 타게팅은 하나의 세분화된 시장에 집중하여 세분화된 20%의 시장에서 80%의 매출 또는 고객을 만들어 내는 것을 말한다(파레토 법칙). 즉, 다른 기업들이 간과한 시장 속에서 새로운 틈새를 발굴하여 시장을 선점하고, 그 상품과 알맞고 가장 접근 가능한 특정 소비자층을 대상으로 공략하는 것을 말한다.

니치마케팅은 소규모 시장이지만 규모에 비해 수익성이나 잠재력이 높게 나타난다. 예를 들어, 반려동물의 운동추적장치에 대해 생각해 보자. 반려동물 시장은 지속적으로 성장하고 있지만 반려동물의 운동에 관심이 얼마나 많을까? 반려동물에 관심이 있는 모두가 운동추적장치에 관심을 가져야 시장이 있다고 생각할 필요는 없다. 앞서 설명한 파레토 법칙에서처럼 전체의 20%가 80%의 매출을 차지할 수 있으면 되는 것이다. 휘슬(Whistle)은 니치마켓을 타게팅하여 GPS 기능을 내장한 반려동물 운동추적장치로 시장을 선점하고 있다.

2.3 포지셔닝(Positioning)

고객의 인식 속에 자사의 제품이나 서비스가 경쟁사에 대비하여 차지하고 있는 상대적 위치를 말하기에 '제품 포지셔닝(positioning)'이라고 한다. 여기에는 목표고객의 욕구를 근거로 경쟁사에 비해 차별적인 제품을 개발하고, 이러한 제품 특성을 소비자들이 정확하게 인식하도록 알려주는 일련의 과정도 포함된다. 경쟁사 분석에서는 포지셔닝이 포괄적인 산업에 관한 것이었다면, 이제는 세분화하고 타게팅한 고객을 중심으로 포지셔닝 맵을 작성하는 것이다. 창업자는 자사 제품의 이미지를 정확하고 강력하게 고객에게 심어주고 고객이 이를 인지하게끔 해야 한다.

창업기업의 경우 기존 기업보다 브랜드에 대한 인식이 높지 않기 때문에 포지셔닝을 통하여 차별화된 위치를 확보하는 것이 매우 중요하다. 기업들이 일반적으로 사용하는 포지셔닝 전략은 다음과 같다.

① 자사의 제품 및 서비스에 대한 차별성 부각
② 자사의 제품을 사용하는 구체적인 상황의 묘사
③ 소비자의 가치관이나 생활방식(lifestyle)을 고려한 제품 속성이나 광고 메시지(message)의 제시
④ 경쟁제품 및 서비스와 비교하여 차별화된 특징 및 혜택의 강조
⑤ 틈새시장에 포지셔닝하여 기존 제품이 제공하지 못하는 기능 및 서비스 제공하는 것이다.

이러한 전략 중 초기 창업기업에 필요한 전략으로는 혁신적인 기능과 서비스의 제공을 통한 새로운 가치를 제공하여 차별화시키는 틈새시장 포지셔닝이 중요하다.

■ **차별화된 특색을 찾아 포지셔닝** 포지셔닝 맵은 소비자의 생각 속 어느 위치에 인지되어 있는가를 간편하게 시각화한 툴이다. 창업자가 생각하는 제품의 특성과는 상관없이, 고객이 어떻게 생각하느냐에 따라 시장에서의 위치가 결정지어진다. 따라서 창업자의 입장에서가 아니라 고객의 인식 속에서 포지셔닝 위치를 정해야만 하는 것이다. 포지셔닝의 중심 요소를 찾는 것은 시장이 요구하는 것이 무엇인지, 차별화된 특색은 무엇인지, 지속적으로 제공 가능한지에 기반해야 한다.

SPA(Special store retailer of Private label Apparel) 브랜드의 대표주자로 떠오른 '자라(ZARA)'의 경우 좋은 옷을 사서 오래 입어야 한다는 고정관념을 깨뜨리고 유행에 따라 빠르게 입고 버릴 수 있는 '패스트 패션'으로 포지셔닝하였다. SPA 시장 진출을 위해 세분화한 시장과 목표고객을 중심으로 포지셔닝한 [그림 9.5]를 살펴보자.

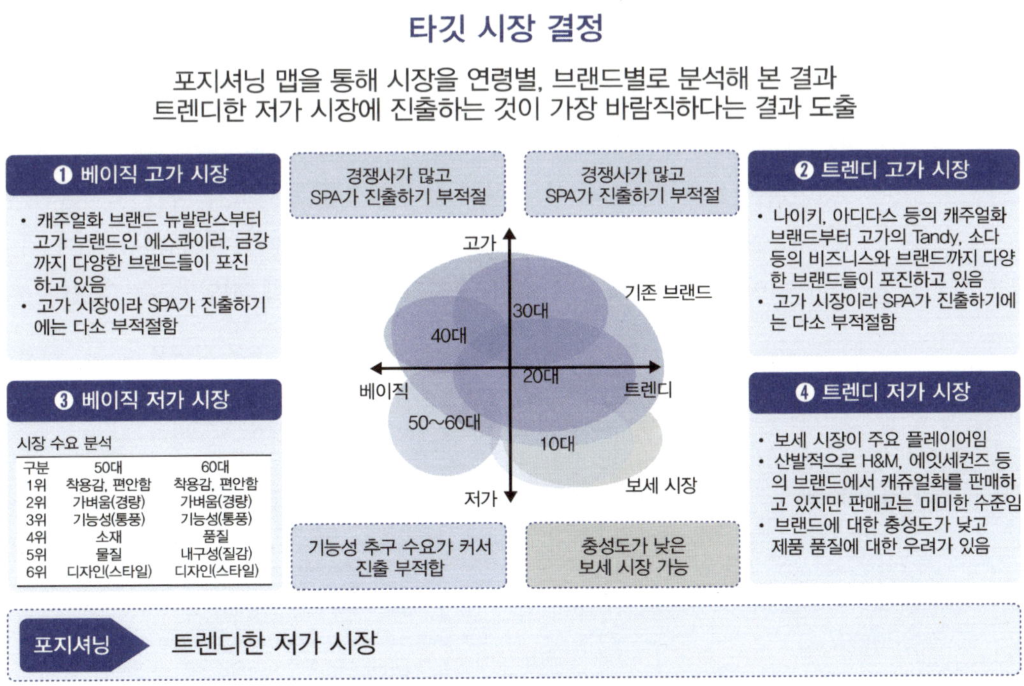

▲ **그림 9.5** SPA 패션 포지셔닝

트렌디한 중저가 브랜드는 10대와 20대를 타깃으로 하고, 베이직한 저가 브랜드는 넓은 연령대를 타깃으로 하고 있었다. 최종적으로 충성도가 낮은 보세 시장의 수요를 수용 가능할 것이라고 보고 트렌디한 저가 시장에 진출하기로 포지셔닝한 것을 확인할 수 있다.

■ 포지셔닝을 구체화하여 표현할 수 있어야 한다. 포지셔닝은 기존 제품이나 서비스에 대한 고객의 시각과 소비자의 인식을 명확하게 파악하여 자사의 제품이나 서비스가 가장 차별화될 수 있는 위치를 찾는 것이 중요하다. 가장 많이 사용하는 포지셔닝 방법은 자사 제품이 갖고 있는 경쟁기업 제품과 차별화된 기능적·감각적 편익이나 속성 같은 점을 소비자에게 인식시키는 방법이다. 이 전략은 가장 흔히 사용되는 방법으로 기존 자사 제품의 약점에 대한 인식을 개선하거나 자사 제품의 강점을 다시 한 번 부각시키기도 하고, 경쟁제품에는 없는 속성이나 경쟁사의 약점을 보완하여 포지셔닝한다. 경쟁사 약점을 해결하여 포지셔닝한 사례로 뚜레쥬르를 들 수 있다. 뚜레쥬르는 매일 빵을 직접 굽지 않고 본사를 통한 구매로 해결하는 타 브랜드의 단점을 자사의 장점으로 포지셔닝하여 감각적 편익의 차별화된 특성을 내세우고 있다.

포지셔닝은 구매 순간에 가장 먼저 떠오르는 제품이 되도록 제품의 차별화된 특성과 이미지를 효과적으로 전달하는 가치제안을 결정짓는다. 예를 들어, LF 패션은 등산복에서 가장 중요한 속성인 기술력을 내세우기보다 등산고객이라는 시장을 좀 더 세분화하여 예쁘게 보이고자 하는 고객들을 대상으로 원색 디자인이라는 부가적인 속성을 앞세워 포지셔닝함으로써 기술력이 뛰어난 경쟁사들 사이에서 성공적으로 시장에 진입할 수 있었다.

▲ **그림 9.6** 뚜레쥬르의 포지셔닝 전략

물건 파는 방식의 개혁…'유튜브 예능 마케팅'

'고간지 대회〈고등학생 간지(근사한 느낌)〉' 모른다면 당신은 구세대 마케터

트위터·페이스북·인스타그램 마케팅에 열을 올리던 기업들이 유튜브로 눈을 돌리기 시작했다. 기업마다 유튜브 계정 하나씩 만드는 것은 당연한 일이 됐다. 하지만 유튜브 인기 콘텐츠는 여전히 인플루언서(영향력 있는 개인)들이 독차지하고 있다. 기업으로서는 콘텐츠, 트래픽 유도법, 수익화 방법까지 고민거리가 많다.

그런 의미에서 최근 블랭크코퍼레이션(이하 블랭크)의 실험이 눈길을 끈다. 블랭크는 페이스북과 인스타그램에서 짧은 광고 영상 클립을 노출하고, 300여 종의 자사 제품을 판매하는 미디어 커머스 기업이다. 이번에는 유튜브에서 호흡이 긴 예능 프로그램 제작에 도전했다. '고등학생 간지대회'다.

간지대회라니, 프로그램 이름부터 젊다. 간지는 '느낌'이라는 뜻의 일본어에서 유래했는데, 국내에서는 '느낌 있다'는 뜻으로 쓰이는 인터넷 은어다. 이 대회는 13명의 고등학생이 패션 스타일로 겨루는 서바이벌 예능 프로그램이다. 1시간 분량의 메인 에피소드 7개와 10분 이하의 클립 영상 100여 개로 이뤄져 있다. '웹툰 캐릭터 스타일링' '뮤직비디오 출연자 스타일링' 등 매회 미션을 통해 최종 우승자를 가린다. 슈퍼주니어 김희철, 모델 문가비, 스타일리스트 한혜연, 래퍼 레디 등이 심사위원과 진행자로 참여했다.

고등학생 간지대회의 준비 기간은 6개월, 예산은 10억 원이었다. 유튜브 콘텐츠치고는 규모가 꽤 크다. 블랭크의 성공 비결을 세 단계로 살펴봤다.

1단계 | 유튜브에 걸맞는 편성 전략

블랭크는 다작(多作)으로 유튜브 시청자를 확보했다. 평균적으로 매일 1.6회의 영상을 업로드했다. 메인 에피소드뿐만 아니라 하이라이트 영상이나 참가자 매력을 보여주는 짧은 영상도 자주 올린 결과다.

메인 에피소드는 매주 월요일 오후 8시에 스트리밍 버전으로 제공했다. 재생바를 끝으로 옮겨서 결과를 곧바로 확인하는 시청자들을 막기 위해서였다. 아이돌 서바이벌 프로그램 '프로듀스101'의 결과가 궁금해 시청자들이 TV 앞에 모여드는 것처럼, 고등학생 간지대회 팬들도 메인 에피소드가 올라오는 시간에 유튜브 채널을 켰다. 카카오톡에 고등학생 간지대회의 준말인 '고간지'를 검색하면, 참가자 팬덤 카톡방 20여 개가 뜬다. 그 결과 메인 에피소드의 동시 시청자 수가 평균 1만 5,000명, 최고 2만 명을 기록했다. 유튜브 '라이브' 1위를 차지하는 JTBC '뉴스룸'의 평균 시청자 수와 비슷한 수준이다. 시청자 비율은 18~24세가 45.7%로 가장 높았고 13~17세 19.7%, 25~34세 16.2%로 그 뒤를 따랐다.

2단계 | 간접광고 어디까지 가능해?

이렇게 확보된 시청자는 블랭크의 잠재 고객이 된다. 에피소드에 자사 제품을 간접광고로 홍보하면 광고 효과를 누릴 수 있다. 고등학생 간지대회 참가자들은 대회가 진행되는 동안 합숙 생활을 했다. 블랭크는 합숙소 곳곳에 자사 제품을 배치했다. 생활용품 브랜드 '바디럽'의 침구류나 남성용품 브랜드 '플렉싱'의 바디 제품 등 20여 가지 제품이 프로그램에 등장했다.

유튜브의 단골 인기 콘텐츠인 뷰티 영상도 만들었다. 블랭크의 남성용 화장품 브랜드 '블랙몬스터' 제품이 등장했다. 경기고 재학생 전준우(19)씨가 출연한 '아침부터 미모 열일하는 남고생의 같이 준비해요' 영상은 조회 수 38만 회를 기록했다.

유튜브 플랫폼의 적정 광고 수위를 확인해본 것도 성과다. 유튜브는 광고성 짙은 영상을 자체적으로 삭제한다. 블랭크는 프로그램에 단계적으로 배너광고, 미니광고 등 광고 콘텐츠들을 넣으면서 영상 삭제 여부를 확인했다. 블랭크 관계자는 "유튜브는 아직 제재 기준이 확립되지 않은 미지의 플랫폼으로 기성 방송사들도 광고성이 짙은 영상을 삭제 당하곤 한다"면서 "유튜브에서 안정적으로 프로그램을 제작하기 위해 여러 실험을 했다"고 했다.

3단계 | '고간지' 세계관은 회사의 자산

종방을 맞았어도 프로젝트는 끝나지 않았다. 방송은 끝나도 캐릭터는 남는다. 팬덤도 남는다. 하나의 세계관이 형성됐다. 프로그램을 총괄한 윤상희 블랭크 미디어 사업 부문 총괄 매니저는 "방송 과정에서 창출되는 마케팅 효과는 일부에 불과하다"면서 "주요 비즈니스 모델은 출연진의 행보로 이제부터 시작이다"고 했다.

서울디자인고에 다니는 우승자 유비(19)씨는 연봉 1억 원에 블랭크와 2년 계약을 했다. 이 기간에 개인 패션 브랜드를 선보일 기회를 얻었다. 블랭크 입장에서는 재능 있는 인재와 이미 팬덤이 형성된 브랜드를 확보하는 효과가 있다. 윤상희 매니저는 "시청자들이 참가자의 성장 과정을 지켜봤기 때문에 참가자가 만든 브랜드는 그만큼 당위성과 설득력을 갖출 수 있다"면서 "현재 유씨가 매일 출근해 브랜딩 작업을 진행하고 있다"고 했다.

참가자들은 10, 20대의 '연예인'이 됐다. 유씨는 대회 참가 전 인스타그램 팔로어가 100여 명에 불과했지만 현재는 1만 7,000명에 달한다. 최후 3인이었던 유씨와 휘문고 재학생 임휘순(18)씨, 양천고 재학생 심수현(18)씨는 잡지 '에스콰이어'의 8월호 화보를 촬영했다. 또 5개가 넘는 유명 스포츠 브랜드가 대회 참가자들에게 화보 촬영 '러브콜'을 보낸 상황이다.

03 마케팅 믹스

전반적인 마케팅전략이 결정되면 기업은 마케팅 믹스를 구체적으로 계획하는 단계로 들어간다. 마케팅 믹스(marketing mix)란 마케팅의 목표를 합리적으로 달성하기 위하여 환경적 조건을 전제로 하여 일정한 시점에서 전략적 의사결정으로 선정한 마케팅 수단들이 적절하게 결합이나 조화된 상태를 가리킨다. 마케팅 믹스는 기업이 제품에 대한 수요에 영향을 미치기 위해 수행하는 모든 것을 포함하지만, 대체로 [그림 9.7]과 같이 제품(product), 장소(place), 가격(price), 촉진(promotion)으로 구성되는 4P로 분류될 수 있다. 즉, 마케팅 믹스는 특정 상품 또는 서비스에 대해 4P를 적용하여 소비자의 기호나 욕구를 반영하는 마케팅 전략기법으로 4P를 합리적으로 결합하여 의사결정을 하는 것을 말한다.

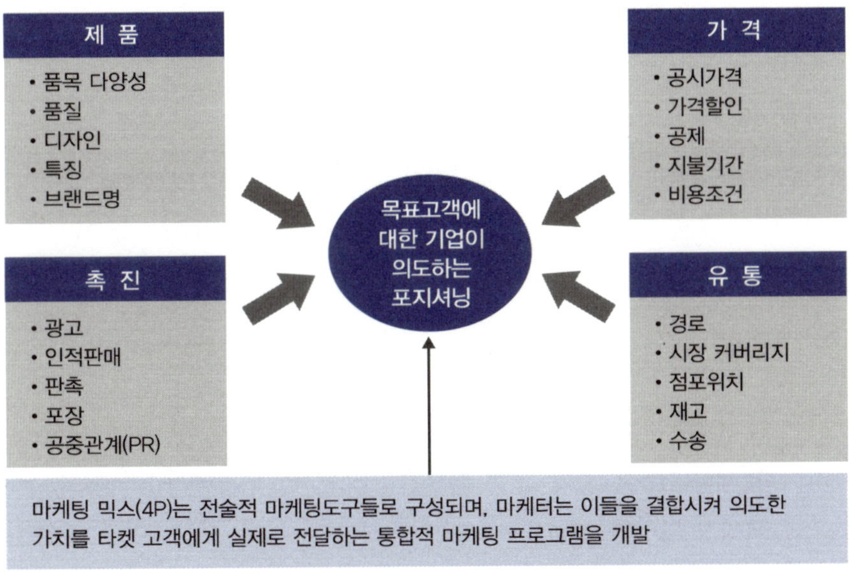

자료 : P. Kotler, 마케팅원론(14판), 2012

▲ **그림 9.7** 마케팅전략과 마케팅 믹스의 관리

마케팅 믹스는 세분화된 표적 시장을 대상으로 하고 있으므로 먼저 표적 시장을 선정해야 한다. 마케팅믹스의 효과를 높이기 위해서는 4P 요소를 마케팅 목표에 결합하고, 기업의 각 부문의 기능을 유기적으로 활용하여 마케팅 활동을 실시해야 한다.

4P 요소는 이들 간의 상호관계에 있으므로 어느 하나를 변경할 경우 나머지 모든 요소가 영향을 받게 된다. 따라서 기업의 제품 및 서비스에 대한 최적 조합을 찾아내어 유기적으로 움직일 수 있도록 설계할 필요가 있다. 4P는 제조업 중심이던 1960년에 미시간주립대 교수인 제롬 맥카시(E. Jerome McCarthy)가 사용하면서 보편화되었고, 최근 인터넷이 발달함에 따라 마케팅의 중심이 기업에서 고객으로 옮겨가면서 4C, 즉 고객가치(customer value), 편리성(convenience), 커뮤니케이션(communication), 고객비용(cost to the customer)이 등장하게 되었다. 즉, 4P가 공급자인 기업관점의 마케팅 전략이라면, 4C는 수요자인 고객관점에서의 마케팅 전략이라고 할 수 있다. 시장에 출사표를 던지기 전에 마케팅믹스 전략을 수립하는 것은 나무가 아닌 숲을 보는 관점을 찾도록 해주기 때문에 매우 중요하다. 많은 경우에 창업기업들은 제품 개발에만 집중하다가 유통과 홍보 단계에서 자금 문제나 인력난 등 어려움을 겪는다. 또한 제품이 제대로 준비되지 않은 상태에서 홍보에만 열을 올려 시장에서 신뢰를 잃는 경우도 허다하다.

▼ **표 9.5** 4P와 4C

4P (기업중심)	4C (고객중심)
제품(product)	고객가치(customer value)
유통(place)	편리성(conveniens)
판매촉진(promotion)	커뮤니케이션(communication)
가격(price)	고객비용(cost to the customer)

■ **제품(Product)과 고객 솔루션(Customer Solution)** 창업 초기 기업의 특성상 다양한 제품들로 소비자의 욕구를 충족시키는 것은 매우 어렵다. 따라서 자사 제품 및 고객의 핵심적인 특징을 부각시켜 제품믹스를 구성하는 것이 바람직하다. 고객 솔루션(customer solution) 관점에서 제품이나 서비스를 볼 때 기업이 고객에게 제공하는 제품 및 서비스는 고객의 기대치를 충족시키는 것이어야 한다. 기업의 처지가 아니라 고객의 관점에서 제품과 서비스를 제공할 필요가 있다. 즉, 고객이 구매한 제품이나 서비스가 마음에 들지 않을 경우, 고객과의 피드백(feedback)을 통하여 고객이 원하는 형태의 제품이나 서비스가 제공될 수 있도록 해야 한다.

■ **가격(Price)과 고객비용(Cost)** 제품이나 서비스를 선택하는데 고객이 가장 크게 고려하는 요인 중 하나가 가격이다. 특히 창업 초기의 기업은 기업인지도 및 제품 인지도가 낮아 고객들은 가격에 매우 민감하게 반응한다. 따라서 고객이 희망하는 가격대를 파악하고 고객이 수용 가능한 범위에서 가격을 책정하는 것이 중요하다. 4C 관점에서 고객비용(customer cost)은 기업의 처지가 아니라 고객의 관점에서 고객이 제품을 구매할 때 기꺼이 지급하고자 하는 비용이다. 아무리 우수한 품질과 저렴한 가격일지라도 제품을 구매하기 위한 비용이 과다하게 지급된다면 고객은 해당 제품을 구매하기 어렵기 때문이다.

■ **유통(Place)과 고객편의(Convenience)** 유통은 목표 소비자들이 제품을 쉽게 이용할 수 있도록 '생산자에서부터 최종 소비자에 이르는 다양한 단계를 연결해주는 것'으로 어떠한 형태로 유통채널을 구성하느냐에 따라 기업의 매출에 많은 영향을 미친다. 따라서 기업은 최종소비자를 명확하게 인식하고, 최종소비자에게 최적화된 유통채널을 구성하여 제품을 공급해야 한다.
최근 전자상거래의 방식 발전으로 창업기업들이 전자상거래 중심의 유통채널을 구성하는 경우가 많다. 그러나 쉽게 할 수 있다는 장점만으로 전자상거래를 먼저 고려하는 것은 바람직하지 않다. 4C 관점에서 고객 편의는 생산자 관점에서 편리하게 유통할 수 있는 것이 아니라 고객이 얼마나 편리하게 제품을 구매할 수 있느냐를 말한다. 따라서 고객에 따라 선호하는 유통채널이 다르므로 이를 잘 고려하여 유통채널을 구축하는 것이 고객 편의를 향상하는 방법이다.

■ **촉진(Promotion)과 커뮤니케이션(Communication)** 제품의 장점을 알리고 목표 고객들이 자사 제품을 구매하도록 설득하는 행위를 촉진 활동이라 한다. 촉진(promotion)은 광고의 개념보다는 고객에게 어떠한 형태로 제품을 알릴 것인가를 결정하고 실행하는 것이 촉진의 개념이다. 창업 초기 기업이 촉진 방법을 사용하는 데는 비용적인 한계가 있다. 이 같은 한계를 극복하기 위하여 블로그(blog), 배너(banner), 소셜 네트워크서비스(SNS)를 많이 활용하고 있는데, 일부 기업에서는 활용도가 높지 않음에도 불구하고 SNS를 활용하는 때도 있다. 이는 기업의 자원을 비효율적으로 활용하는 것

이므로 제품과 최종소비자를 고려하여 촉진 계획을 수립해야 한다.

촉진과 함께 4C 관점에서는 고객과의 의사소통(communication)을 강화할 필요가 있다. 고객과의 의사소통을 위해서는 단순히 정보를 전달하는 형태의 단방향 의사소통이 아니라 쌍방향 의사소통이 이루어질 수 있도록 의사소통 방법을 바꿀 필요가 있다. 이와 같은 쌍방향 의사소통으로 최근 가장 주목받는 것은 SNS이지만, 전통적인 방법을 포함한 다양한 형태의 쌍방향 의사소통 방법도 활용하는 것이 바람직하다.

■ **브랜드** 전통적 의미의 브랜드(brand)는 특정 제품의 고유이름, 상징물, 로고(logo) 혹은 이들의 결합을 나타내기도 하고, 특정 브랜드를 가진 제품 그 자체를 가리키기도 한다. 브랜드는 자사 제품이나 서비스를 경쟁자와 차별하기 위해 사용한다. 국내 상표법에서는 "상품을 생산, 가공, 증명 또는 판매하는 것을 업으로 영위하는 자가 자기의 상품을 타인의 상품과 식별되게 하려고 사용하는 기호, 문자, 도형 또는 이들을 결합한 것"이라고 정의하고 있다. 기업은 자사의 브랜드에 대한 배타적 사용권을 확보하고 법률적인 보호를 받기 위해서는 브랜드를 특허청에 등록해야 합법적 사용이 가능하다.

04 창업기업의 브랜딩

브랜드는 시장에서 소비자의 구매 행동에 큰 영향을 주기 때문에 마케팅 전략에서 가장 중요한 요소라고 할 수 있다. 하지만 소비자들의 마음속에 인식되고 있는 브랜드의 이미지는 실제와 다를 수 있다. 브랜드는 상품의 물리적 특성보다는 소비자와 브랜드의 관계 속에서 만들어지기 때문이다. 즉, 소비자가 제품의 이름, 포장, 가격, 서비스 등의 경험을 통해 느끼는 감정에 힘입어 그 브랜드가 형성되는 것이다. 다시 말해 소비자의 욕구를 브랜드가 충족해 주고, 소비자의 문제를 해결해 주었다면 그것은 물리적 요인뿐만 아니라 정서적인 면에도 긍정적 요소로 작용한 것이다. 이처럼 브랜드의 개성이 소비자의 편익을 충족해 주었다면 고객에게 긍정적 지지를 지속적으로 보장받을 수 있다. 이렇게 형성된 브랜드는 곧 기업에도 매우 중요한 가치를 제공하는 자산이 된다.

브랜드가 가지는 가장 큰 기능은 유사 제품이나 서비스를 제공하고자 하는 경쟁자로부터 소비자와 생산자를 보호하는 역할과 고유의 이미지를 연상시켜 기업의 차별성을 갖도록 하는 것이다. 브랜드는 자사 제품을 타사 또는 경쟁사 제품과 구별할 수 있도록 하는 것이 가장 큰 기능이지만, 신뢰 및 품질보증, 의미 및 상징에 대한 기능이 더욱 발달하게 되었다. 브랜드가 가지는 세 가지 기능을 살펴보면 다음과 같다.

- **식별/차별화 기능** 기업의 제품 및 서비스를 경쟁기어브이 제품이나 서비스와 구별할 수 있도록 하는 기능이다.

- **신뢰와 품질보증 기능** 소비자가 제품 및 서비스를 구매할 때 위험을 최소화하고, 정보를 취득하거나 정보를 처리하기 위한 효율성을 높여주기 위한 기능이다. 소비자는 브랜드를 통하여 구매하는 제품에 대한 품질을 신뢰할 수 있으며, 브랜드는 이를 보증함으로써 구매를 유발하는 역할을 하게 된다.

- **의미와 상징 기능** 제품이나 서비스가 갖지 못한 차별화된 속성, 편익, 가치, 문화, 개성, 사용자 등을 통하여 의미를 전달하는 기능을 말한다. 의미나 상징적인 기능은 단순한 품질보증 이상을 의미한다. 예를 들면, 샤넬(chanel)이라는 명품가방이 가지는 상징적 의미가 사용자에게 주는 만족감이 이에 해당한다.

4.1 브랜딩의 개념과 과정

브랜드는 기업에서 자사가 생산한 제품에 붙이는 단순한 이름이 아니라 소비자들이 제품에 대해 감성적 선호 대상으로 인식했을 때 비로소 소비자들의 가슴에서 만들어진다. 결국, 소비자가 그 브랜드의 가치를 인지하게 해 브랜드의 충성도와 신뢰를 유지하는 과정이 브랜딩(branding)이다. 브랜딩은 소비자들의 머리에서 시작해서 감정적으로 느끼는 것이다.
소비자들은 특정 브랜드에 신뢰감, 충성도, 편안함 등의 감정을 느끼며, 그런 감정들을 갖게 하는 긍정적인 경험들을 거쳐 그 브랜드에 가치와 이미지를 부여하게 된다. 따라서 브랜딩이란 진정한 경험을 창조하고 소비자와 진실한 관계를 발전시켜 나가는 과정과 관계의 구축을 통해 형성된다고 할 수 있다. 브랜딩을 위한 관계 구축은 소비자와 브랜드의 첫 만남부터 시작된다. 기업은 새로 출시한 브랜드를 알리기 위해 광고나 홍보(promotion) 등 다양한 마케팅 활동으로 소비자와 의사소통하게 된다. 따라서 소비자들의 인식 속에 새로운 브랜드의 첫인상은 의사소통 전략과 제품이 가진 속성과 디자인에 따라 결정된다. 이렇게 형성된 첫인상을 브랜드 커뮤니케이션(communication)전략과 맞도록 하는 것이 브랜드 이미지(brand image) 전략이다. 브랜드 이미지가 소비자들의 의식 속에 있어야 그들은 브랜드를 기억하며 비로소 브랜딩의 첫 단계가 시작되는 것이다.

브랜드 이미지가 소비자들의 감성에서 비롯한 것이라면, 두 번째 단계는 브랜드의 경험을 통해 소비자와 관계를 형성하는 것이다. 소비자가 경험한 브랜드를 보고 물리적 속성이나 디자인을 식별할 수 있다면 그 제품은 브랜드 정체성(brand identity)을 형성했다고 할 수 있다.

세 번째 단계는 브랜드 이미지와 브랜드 정체성을 통해 얻은 소비자와의 관계를 형성함으로써 브랜딩 과정에서 중요한 브랜드 인지도(brand awareness)를 갖는 과정이다. 브랜드 인지도를 얻지 못하면 다음 단계를 기대하기 어려우므로 모든 마케팅 전략 입안 단계에서 가장 먼저 시행하는 소비자 조사, 경쟁자 조사, 시장조사 등의 과정에 브랜드 인지도 조사가 선행조건이 된다.

마지막 단계는 브랜드 인지도와 소비자의 욕구가 하나가 되는 관계이다. 소비자가 제품을 경험하고 제품의 성능과 품질, 서비스 등에 만족함으로써 브랜드 이미지, 브랜드 정체성, 브랜드 인지도와 하나 됨을 느꼈다면, 기업은 브랜드 충성도(brand loyality)를 가졌다고 할 수 있다. 브랜딩 과정에서 브랜드는 각 단계를 거치며 강력한 브랜드를 구축하게 된다.

이렇게 형성된 성공적인 브랜드란 브랜드 충성도를 정립해 소비자가 본능적인 브랜드 소속감을 유발해 구매로 이어지게 하는 것이다. 이처럼 브랜딩 과정에서 소비자와 강력한 관계로 맺어진 결과를 브랜드 자산가치(brand equity)라고 한다. [그림 9.8]은 브랜드 자산의 결정요인과 혜택을 나타내고 있다. 결국, 브랜딩은 소비자와의 관계 형성에서 시작해 브랜드와 소비자가 가치를 공유하는 과정이라고 할 수 있다.

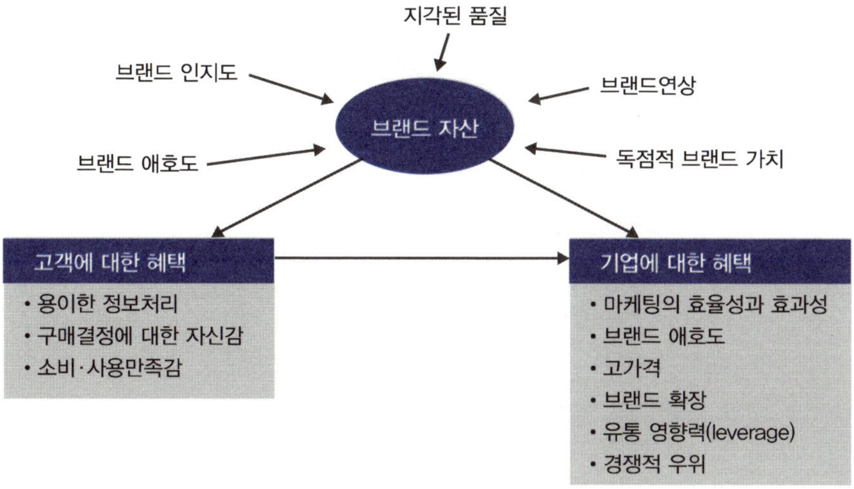

▲ **그림 9.8** 브랜드자산의 결정요인과 혜택

4.2 창업기업의 브랜드 전략

브랜드는 제품(서비스)에 대한 이미지 구축과 더불어 기업의 이미지를 형성하는 데 큰 역할을 하고 있어 마케팅에서 차지하는 비중이 지속해서 증가하고 있다. 대기업이나 중견기업의 경우 기업을 대표할 수 있는 제품과 브랜드가 이미 형성되어 있지만, 창업 초기의 기업의 경우 아직 브랜드가 형성되지 않았기 때문에 브랜드 형성을 위한 전략을 수립하고, 브랜드를 통한 경쟁력 확보 방안을 모색하는 것이 필요하다. 창업 초기기업이 브랜드를 형성하기 위해서는 다음과 같은 전략을 수립하는 것이 필요하다.

▪ 중장기적인 목표 중장기적인 목표를 가지고 브랜드 형성에 투자해야 한다. 브랜드를 형성하기 위해서는 상당한 기간이 필요하고, 지속적 투자가 필요하다. 따라서 창업기업의 경우 단기적 성과를 기대하기보다는 기업의 가치를 향상하게 시키고 기업 발전을 위한 전략적 도구로 브랜드를 활용하는 것이 필요하다. 일부 창업기업의 경우 하나의 브랜드를 개발하고 해당 브랜드가 시장에서 큰 파급효과를 얻을 수 있을 것으로 기대하지만, 실제로 시장에서 해당 브랜드가 미치는 효과는 매우 미미하므로 단기적 성과를 얻는 것은 매우 어려운 일이다.

■ **일관성** 일관성 있는 이미지를 유지해야 한다는 것이다. 창업 초기에는 소수의 제품 및 서비스를 제공하기 때문에 브랜드의 이미지를 유지하는 데 큰 어려움이 없지만, 기업이 성장하는 과정에서 신제품 및 서비스를 개발할 때 기존 브랜드 이미지와 유사한 형태의 이미지로 제품 및 서비스를 구현하는 것이 필요하다. 그렇지 않으면 기업은 다양한 브랜드 이미지를 갖게 되어 관리에 어려움을 겪을 수 있다.

■ **브랜드 철학** 브랜드에 기업의 철학과 이념을 지속해서 반영하여 독자적인 브랜드를 형성하는 것이다. 브랜드는 하나의 상표가 아니라 기업의 경영 철학, 마케팅, 기술, 이미지 등 회사의 모든 분야를 표현하는 것이다. 소비자에게 해당 기업의 제품에 대한 긍정적 이미지를 지속해서 인식시키기 위해서는 기업이 표현할 수 있는 모든 것을 브랜드로 표현하여 하나의 브랜드로 발전시키는 것이 중요하다.

■ **상호 연관성** 브랜드를 개발할 때 기업, 제품 및 서비스와 브랜드가 상호 연관성이 높도록 개발하는 것이다. 제품의 하드웨어나 소프트웨어적인 측면에서는 애플 스마트폰과 삼성전자 스마트폰의 차이가 거의 없지만, 고객들이 느끼는 로열티(royalty)는 분명히 차이가 있다. 이것이 브랜드가 가지는 힘(power)이라 할 수 있다. 애플제품 자체만으로도 혁신적인 것으로 인식되듯이 차별화된 브랜드는 어떠한 마케팅 수단보다 강력한 힘(power)을 가지므로 차별화된 구축은 창업기업이 지속해서 추진해야 할 목표이다.

토 의 과 제

1. 창업기업에서 마케팅이 왜 필요한가에 대해서 자신의 생각을 말해 보시오.
2. 요즘은 각 도시마다 그 도시를 알리기 위해 많은 마케팅 활동을 하고 있다. 예를 들면, 대구 컬러풀, 무주 반딧불, 대관령 눈꽃 축제 등이 있는데, 자신이 관심 있는 도시를 선택해서 마케팅을 한다고 가정하고 아래와 같은 것들을 조사해 보시오.
   · 도시를 찾는 고객층을 세분화하고 세분화된 시장별로 촉진계획을 세워 보시오.
   · 그 도시에서 활용할 수 있는 상품들은 어떤 것들이 있는가?
   · 마케터가 사용할 수 있는 유통경로에는 어떤 것들이 있는가?
3. 외국인을 타깃으로 하는 마케팅 활동에서 내국인 상대의 일반적인 경우와는 달리 특별히 고려해야 할 사항들이 있다면 어떤 점을 들 수 있을까?

Chapter 10 창업팀 빌딩과 인사관리

◈ 학습내용

01 성공창업을 위한 팀빌딩
02 인적자원관리와 조직의 경쟁력
03 리더십과 갈등관리

◈ 학습목표

본 장에서는 조직 및 인적자원관리의 기본적인 이론을 학습하고, 창업기업의 특성별 이상적인 팀빌딩 방법과 예비창업자가 창업과정에서 필요한 리더십과 구성원들 간의 갈등관리 방법을 학습한다.

〈시작이야기〉

연세대 창업팀 '파라바라'

창업동아리원은 학교 전공을 그대로 실전에 활용한다. 전자공학 전공자는 코딩을 녹여 전자기기를 만들고, 경영학도는 회사 재무회계 팀장이 된다. 산업디자인 전공자는 디자이너로서 제품 하나를 완성해낸다. 우리나라 '창업의 보고(寶庫)'이자 대학생에게는 어느 무엇보다 값진 경험으로서의 '대학 창업동아리'를 조명해본다.

사람을 홀리는 창업팀이 있다. 군대 후임 김길준(26) 팀장과 선임 여준수(26) 팀원이 학교 교양수업 시간에 재회해 조그맣게 시작한 연세대 창업팀 파라바라는 약 6개월이라는 짧은 기간 동안 많은 이들을 품에 안았다. 김 팀장의 고등학교 동기였던 신현민 씨가 함께 떠난 여행지에서 합류를 결심했고, 김 팀장의 이메일 한 통은 차기철 인바디 대표로부터의 지원을 이끌었다. 시범적으로 제품을 설치했던 곳에서는 한 기업 사장과 연이 닿아 투자 소모임 참석기회도 주어졌다. 회사 홍보차 핫팩을 나눠주던 판교 길거리에서 만난 개발자는 이들의 콘셉트에 적극 공감해 현재 회사와 일을 병행하며 코딩작업을 돕고 있다. 30대 중반의 이 개발자는 2월 중 완전히 파라바라의 식구가 될 예정이다.

파라바라, 단순하지만 꼭 필요한 중고물품 자판기

파라바라의 아이템은 인터넷 중고거래를 오프라인으로 가져온 '중고매매 자판기'이다. 그동안 인터넷 중고거래가 가지고 있던 사기의 위험, 직거래 과정에서의 여성범죄 등 부작용을 개선하는 것에서부터 사업은 시작됐다. 판매자는, 공공장소에 설치된 파라바라의 '투명 사물함'에 휴대폰 번호와 상품설명, 원하는 가격을 입력하고 판매할 물건을 넣어두면 된다. 구매자는 마음에 드는 제품을 선택해 현금이나 카드 결제를 하고 해당 사물함을 열어 물건을 가져간다. 이 과정에서의 결제 대금 중 수수료를 제외한 금액이 판매자에게 바로 입금된다. 올 2～3월 중 출시되는 애플리케이션을 통해서 앞으로는 소비자들이 원하는 지점과 원하는 물건을 미리 확인할 수도 있다.

김 팀장은 "기존에는 아무리 좋은 물건이 있어도 온라인이라는 한계 때문에 노년층, 장애인 등 정보 부족층이 있었다. 이 한계를 극복한 것"이라고 설명했다. 현재 이 자판기는 연세대 학생회관과 강남 스포츠문화센터에 설치돼 있다.

파라바라는 네 명의 팀원으로 구성돼있다. 김길준 팀장과 여준수 회계 및 CS담당 팀원은 군대 선후임 사이이다. 군에서 틈만 나면 함께 창업을 구상했던 둘은 급기야 '도전 K-스타트업' 국방리그에도 참가했다. 당시만 해도 여행 플랫폼이 많지 않았던 시기, 여행상품을 소개하고 중개하는 O2O플랫폼을 가지고 일과 후마다 제안서를 쓰며 노력했지만 결과는 좋지 않았다. 그러다 제대를 하고, 서로를 잊고 있던 둘은 기적처럼 학교 교양수업시간에 재회했다. 그러면서 다시 창업의 불씨를 키웠고 지금 파라바라의 소중한 동료가 됐다. 또 다른 팀원인 신현민 씨는 김 팀장과 고등학교 동기다. 얼마 전, 함께 춘천으로 여행을 떠났다가 흘리듯 말한 김 팀장의 아이디어에 적극 공감한 신씨는 그길로 다니던 마케팅회사를 그만두고 세 번째 멤버로 합류했다. 사실 신씨는 고등학교 졸업 후, 미국에서 대학을 다니던 중 트럭에 치여 크게 부상을 당했다. 하지만 턱없이 비싼 현지 병원비를 감당할 수 없고 얼마 뒤 한국으로 귀국해 입원했는데 그곳에서 다시 교통사고를 당했다. 더 이상 미국으로 돌아갈 수 없어진 그는 '내 인생을 살아야겠다'며 대학 진학이 아닌 마케팅회사로 방향을 틀게 됐다. 그리고 현재는 파라바라의 마케터이자 디자이너다.

아파트 1층에서 제품 조립… 잠실역 7번 출구가 불러온 기적

파라바라의 운영 콘셉트는 그야말로 '맨땅의 헤딩'이다. 현재 파라바라는 강남 개포동의 인바디벤처센터에 입주해있다. 돈이 많아서도, 인맥이 훌륭해서도 아니었다.

"군 입대 전, 학교에 차기철 인바디 대표님이 와서 창업 강의를 해주신 적이 있어요. 연세대 기계공학과 선배님인데, 후배들을 도와주고 싶다고 말씀하셨고 제대 후 그 기억이 떠올라 무작정 도와달라며 이메일을 보냈죠. 바로 회신이 왔고 사업발표까지 통과해서 이곳을 정말 저렴한 금액에 지원해주셨어요"

하드웨어를 기반으로 한 기업인만큼 제품 제작비용도 필요했다. 신현민 씨의 퇴직금 300만원과 학교 창업동아리 지원금 500만원을 탈탈 털기로 했다. 재료비도 최소화하고자 직접 을지로3가 재료상에 가서 아크릴부터 글루건 등 자재를 사고, 인천의 프로파일 공장에서 부품도 직접 가져왔다. 이들을 나르기 위해 신씨는 저렴한 가격의 중고차도 장만했다.

조립 공간은 여씨의 아파트였다. 1층 엘리베이터와 출입문 사이의 작은 공간을 이용해 조립을 했다. 하루 세 시간씩 잠을 자며 설계 후 2주 만에 제품을 완성했다. 하지만 진짜 문제는 따로 있었다. 완성된 제품을 설치할 공간이 없다는 것. 작년 8월 한여름, 셋은 우선 서울시 자전거 '따릉이'를 타고 강남구와 송파구 구청, 관공서, 어린이집, 노인정을 쉼 없이 돌았다. 결과는 실패.

한참을 고민하던 셋은 결국 직장인이 많이 다니는 잠실역 7번 출구에 '몰래' 제품을 설치하고 숨어서 사람들의 반응을 살펴보기로 했다. 바로 옆 호떡 노점상 할머니께 전기도 얻었다. 무단 설치이기에 하루 4시간씩 일주일간, 그것도 열심히 도망을 다니며 짧은 시간 동안 반응을 봤는데 결과는 충격적이었다.

"이틀 간 세 번이나 찾아온 여성분도 있었어요. 낮에 처음 보고나서 퇴근 후 집에서 모자를 가지고 오셨다더라고요. 그런데 저녁엔 이미 자판기가 철수된 뒤였고 다음날 혹시나 하는 마음에 또 왔다가 저희를 만난 거예요. 너무 감사했죠."

이 일은 파라바라 내부에도 굉장한 변화를 가져왔다. 우선, 여준수 씨가 완전히 파라바라와 함께 하기로 마음을 굳혔다. 김 씨의 친구로서, 사실 처음엔 '방학 때만 일을 도와주자는 생각'으로 가볍게 임했던 그는, 이 일주일을 계기로 '파라바라에 영혼을 바치기로' 결심했다. 물론 김 팀장 역시 확실한 동기부여를 얻었다.

'구청장님께 보내는' 8장의 손 편지로 강남구에 기기 설치 유치

탄력을 받은 그들은 바로 두 번째 모델 제작에 들어갔다. 초기 모델로부터 받은 피드백을 반영해 더욱 견고해보이도록 프레임을 더욱 단단히 했고, 신용카드 결제기능도 추가했다. 칸 수도 늘렸다.

하지만 언제까지나 불법으로 제품을 설치할 수는 없었다. 그리고 정순균 강남구청장을 만나기 위해 구청을 찾았다. 하지만 쉽지 않았다. 대신 그들은 포기하지 않고 마지막 희망으로 구청 1층 민원함에 8장의 손 편지를 건네고 돌아왔다.

그리고 얼마 뒤, 기적 같은 일이 일어났다. 강남구 도시관리공단으로부터 지역 스포츠문화센터에 설치를 허가가 난 것. 이곳은 강남구 주민들이 예술, 스포츠 등 다양한 강의를 수강하는 제법 큰 문화공간이다.

01 성공창업을 위한 팀빌딩

1.1 창업팀

창업팀은 새로운 비즈니스를 공동으로 시작하기 위해 모인 2명 이상의 개인들로 구성된 집단이다. 창업 초기에는 1인창업도 가능하지만 어느 정도 규모가 되었을 때 팀구성은 창업에서 빼놓을 수 없는 요소이다.

▪ **1인창업 vs 팀창업** 창업팀을 구성하면 초기 비용이 절약되지만(인적자본, 사회적 자본, 금융자본의 틈을 메울 수 있음), 결속력과 지속성이 없으면 역효과를 가져올 수 있다. 노암 와서먼(Noam Wasserman)은 「창업자의 딜레마」(2013)에서 1인창업을 할지 팀창업이 적합한지를 판단하기 위해서는 다음 [표 10.1]의 요인들을 확인할 필요가 있다고 하였다.

실제로 시장을 확인하기까지 창업팀을 구성할 필요가 없는 경우 1인창업으로 시작하는 것이 좋다. 자포스(Zappos)의 경우 동네에서 제일 큰 신발 가게로 가서 신발을 찍어서 웹에 올리고 온라인으로 판매를 시작했다. 디자이너도 개발자도 재고 걱정도 없었다, 안드로이드 폰 배터리 공유 서비스를 제공하는 마이쿤의 경우에도 자신의 배터리 교체 서비스의 시장성을 확인하기 위해서 홍대 앞에 좌판을 깔고 방전된 배터리를 가져오면 충전된 배터리를 교체해 주는 것으로 시작했고 수요를 확인한 후 실질적인 사업 확장에 들어갔다.

▼ **표 10.1 창업형태 결정기준**

1인창업	창업팀
• 창업할 산업과 관련해 창업자에게 인적 자본(인맥)과 사회적 자본(경험)이 풍부할 때(아울러 금융자본이 충분할 때) • 창업자가 모든 결정권을 보유하려는 성향이 강할 때 • 창업자가 지원이나 검증의 필요성을 크게 느끼지 않을 때 • 사업 규모가 작고 산업의 변화 속도가 느릴 때	• 창업자가 인적자본, 사회적 자본, 금융 자본 가운데 부족한 부분이 있을 때 • 창업 초기에 발생하는 업무를 창업자 혼자 처리하기 어려울 때 • 창업자가 협력 스타일을 선호할 때 • 창업자에게 지원이나 검증이 크게 필요할 때 • 산업의 변화 속도가 빠를 때, 특히 선도 업체에 유리하거나 연계 효과가 있는 사업일 때

자료 : 노암 와서먼, 이형욱 옮김(2013), 「창업자의 딜레마」, 에코리브로

이처럼 사업을 시작하는 데 팀 구성이 우선시되어야 하는지를 인지할 필요가 있다. 1인창업과 팀창업은 각각 장·단점이 있다. 단점을 보완하기 위해서 1인 창업의 경우 외부 기업이나 파트너에 위탁하거나 경험 있는 조언자나 멘토를 구하고 필요시 창업 결정을 연기하고 부족한 부분을 더 준비하는 것이 좋다. 창업팀을 구성할 경우에는 팀 구성원과 업무 스타일을 파악하는 데 시간을 투자하고, 서로의 역할에 대한 기대치를 측정한 다음 시너지를 키울 수 있는 방법에 대해 고민해 봐야 한다. 불필요한 인원을 넣지 않는 것도 중요하다.

■ **창업팀이 필요한 이유** 공동창업자로서의 팀원은 창업기업에 위기가 닥쳤을 때 함께 헤쳐 나갈 든든한 지원군이 되기도 한다. 이처럼 창업팀은 크고 작은 어려움이 있을 때 큰 힘이 된다. 또한 창업팀의 중요성은 투자를 유치하고자 할 때 절실하게 대두된다. 창업 초기 단계에 투자하는 엑셀러레이터나 엔젤투자자들은 사업 초기 단계의 특성상 매출액이나 재무상태보다는 창업팀의 구성에 초점을 맞출 수밖에 없다.

최근 우리나라에서도 미국 실리콘밸리와 같이 창업 초기 기업에 투자하는 엑셀러레이터가 늘고 있고, 이들로부터 투자를 받기 위해서는 우선 창업팀을 구성하는 것이 중요하다. 즉, 창업기회를 잘 구현하고 고객들의 필요나 가치를 충족시킬 수 있는 제품과 서비스를 만들고 이를 고객들에게 잘 도달하게 할 수 있는 팀을 구성해야 한다.

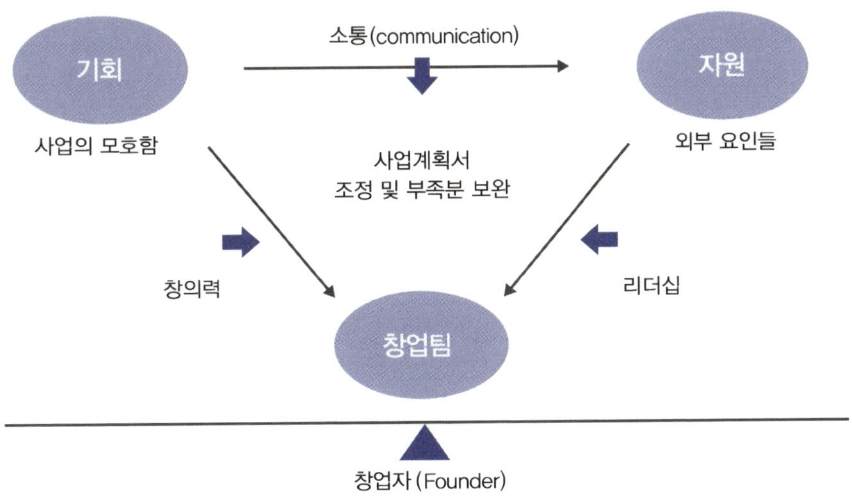

▲ **그림 10.1** 티몬스의 창업과정모델

[그림 10.1]의 티몬스 모형에서는 자본시장의 측면에서 볼 때 기회가 창업의 원동력이며, 창업팀을 성공의 핵심요소로 표현하였다.

▪ **팀창업 시 필요한 인원은?** 온라인 혹은 모바일 서비스라면 3~4명 정도가 적당하다. 아웃소싱을 고려할 수도 있지만 신속하게 서비스를 출시하기 위해서는 기획, 개발, 디자인 업무별로 담당자가 1명씩 있는 것이 좋을 것이다. 명함상의 구분으로 중복 없는 영역을 가지는 것을 기본으로 하지만 실제로 일을 하게 되면 구분과 경계가 따로 없다. 개발자가 개발만, 디자이너가 디자인만 하기보다는 자신의 영역에 플러스알파로 일할 각오가 되어 있어야 한다.

① 시너지 효과 vs 링겔만 효과 : 시너지 효과는 각 기능이 공동작용·협동하여 발휘하는 기대 이상의 효과를 뜻하는 말로 '종합효과, 상승효과'로 볼 수 있다. 링겔만 효과는 집단에 참여하는 개인의 수가 늘수록 성과에 대한 1인당 공헌도는 오히려 떨어지는 현상으로 사회적 태만(social loafing)과 방관자 효과를 낳은 책임감 분산 현상을 말한다. '백지장도 맞들면 낫다'라는 속담과 '사공이 많으면 배가 산으로 간다'라는 속담이 공존하듯이 창업팀에서는 시너지 효과와 링겔만 효과가 둘 다 나타난다. 무임승차(free ride)를 줄이고 시너지 효과를 높이기 위해서는 개개인의 자부심을 살려주고 공정한 평가를 하고, 배려와 존중을 통해 링겔만 효과를 줄여 나가야 한다.

② 브룩스 법칙 : 브룩스 법칙은 커뮤니케이션을 하는 통로가 2명이면 1개, 3명이면 3개이지만, 4명이 소통하면 6개, 5명이 소통하면 10개의 커뮤니케이션 통로가 필요함에 따라 인원수가 증가하면 복잡도 역시 급격히 증가한다는 법칙이다.
창업기업은 시스템화 된 기존 기업과 달리 규모가 클수록 커뮤니케이션 문제가 발생하거나 업무처리 속도가 지연되기 쉽다. 따라서 적절한 인원수로 팀을 구성하는 것이 시너지를 높이는 데 있어서 매우 중요하다. 실제로 페이스북, 링크드인, 드롭박스와 같은 빌리언 달러 스타트업에서는 4명 이상의 공동 창업 비중이 상대적으로 낮다.

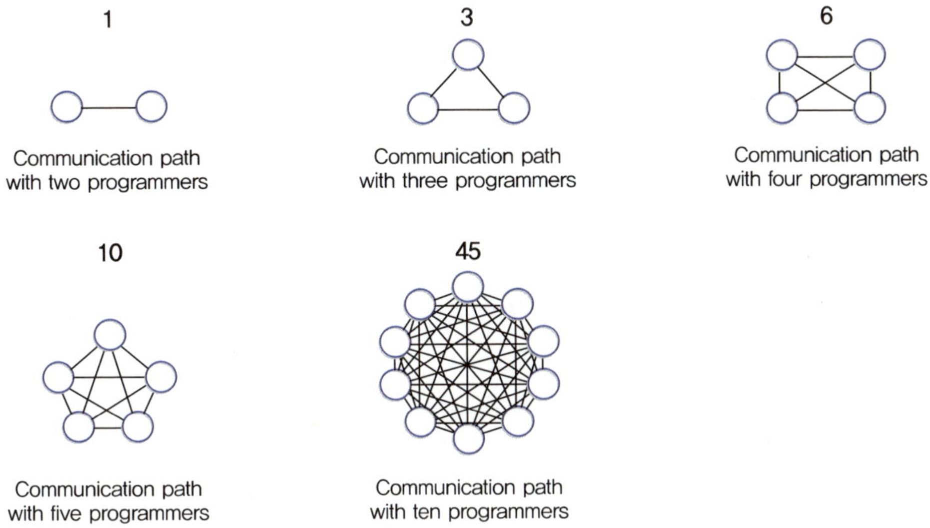

▲ **그림 10.2** 브룩스 법칙

③ 인원 설정을 위한 운영설계(MVP) : 적절한 팀구성원 수를 정하기 위해서는 먼저 어떤 제품이나 서비스를 제공할지에 대한 설계가 필요하다. 최근 린 스타트업 방법론이 주목을 받고 있는데 군살을 빼고 빠르게 움직일 수 있는 조직 기준에 맞춰 팀빌딩을 해야 한다. 그 기준의 중심에는 최소한의 기능이 구현된 제품이나 서비스를 말하는 최소요건제품(MVP, minimum viable product)이 필요하다. MVP를 다시 설명하면 최소 노력과 최소 개발기간으로 제품을 만들고 시장의 고객들로부터 가치를 측정할 수 있는 제품을 말한다. 그루폰의 경우 사무실이 있던 1층 피자집 쿠폰을 만들어 블로그에 올리고 수요가 있는지 조사한 후, 구매자들에게 쿠폰을 PDF로 만들어 이메일로 보내는 방법으로 소셜커머스를 시작했다. 빠른 결과물을 얻기 위해서 전문 인력을 투입할 것인지, 아웃소싱을 할 것인지, 잔업을 해서 해결할 것인지 등의 일정단축방법을 고려해 보는 것도 팀 구성에 필요한 인원 파악에 도움이 된다.

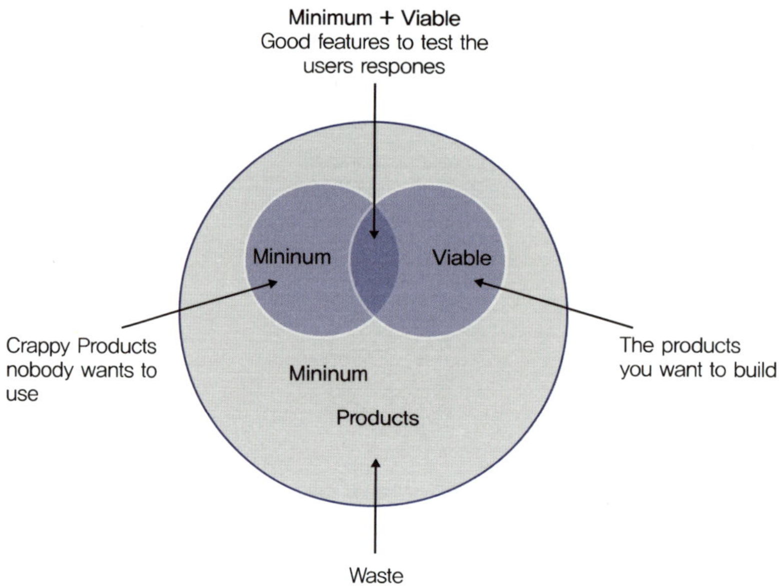

▲ 그림 10.3 최소요건제품(minimum viable product)

▼ 표 10.2 운영효율화 방법

방법	내용
Fast Tracking	순차적으로 진행되는 작업을 재조정하여 병행으로 수행하는 일정단축기법
전문인력 투입	해당 도메인에 경험이 우수한 인력을 투입하여 학습시간 단축
아웃소싱	외부전문업체에 위탁하여 Fast Tracking과 전문인력 투입의 효과를 모두 가짐
잔업	초과근무로 일정단축 효과, 장기적 측면에서 오히려 생산저하 발생 가능
요구사항 변경	고객과 협상을 통해 우선순위에 기반한 기능축소 또는 우회적 방법으로 구현

1.2 팀빌딩의 고려사항

팀빌딩이란 하나의 팀이 서로 함께 일하는 과정을 배워가고, 팀구성원들이 좀 더 큰 공헌을 할 수 있도록 격려하고 가치를 부여하는 환경을 만들기 위해 들이는 노력이다. 팀빌딩을 위해서는 다음과 같은 3가지 사항을 고려해야 한다.

- 어떤 분야의 사람들로 구축할 것인가?
- 구체적으로 어떤 일을 맡길 것인가?
- 어떻게 선발할 것인가?

■ 어떤 분야의 사람을 뽑을 것인가? 창업자가 사업기회를 포착하고 사업 타당성 분석까지 마쳤다면 해당 사업 분야에 필요한 인력을 파악할 수 있다. 사업 분야에 필요한 인력을 결정하는 방법 중 하나는 사업 진행의 벨류 체인(value chain), 즉 연구개발에서부터 제조, 유통, 판매, 사후 서비스에 이르는 전 과정에서 필요한 인력을 살펴보는 것이다. 예를 들어, 얼굴을 인식하고 그에게 어울리는 헤어스타일을 추천해 주는 스마트폰 앱을 개발하는 창업 기회를 포착했다고 하자. 이때 사업 분야에 필요한 인력은 연구개발 단계의 앱 기획자와 제조 단계의 앱 개발자, 디자이너, 그리고 유통, 판매, 사후 서비스 단계의 재무 전문가와 마케팅 전문가다.

아이템이 특출하지 않은데도 불구하고 우수한 팀이 성공으로 이끈 사례는 많이 있지만 좋지 않은 팀이 정말 좋은 아이템을 가지고 있다고 해서 성공한 사례는 찾아보기 어렵다. 엑셀러레이터나 엔젤투자자의 입장에서 투자 판단의 기준으로 창업팀의 구성 여부 다음으로 중요하게 고려하는 것은 창업팀의 자질 또는 특성이다.

성공하는 창업팀의 특성으로는 [표 10.3]에서 나타나는 바와 같이 먼저 창업자가 리더십과 소통능력을 가지고 기업문화와 조직을 구축하며, 역경을 잘 이겨내고, 남보다 빠르게 잘 배울 뿐 아니라 도덕성, 신뢰성, 정직성을 갖추어야 한다는 것을 들 수 있다. 우수한 창업팀의 특성으로는 먼저 관련 분야의 풍부한 경험과 경력, 헌신적 태도와 투지, 창의력과 팀을 중시하는 의식, 남보다 뛰어나고자 하는 성취욕구, 불확실성과 모호성에 대한 인내력, 환경변화에 대한 적응력, 기회에 대한 강박관념을 가질 정도의 몰입 등이다. 창업 초기에 투자자들은 위와 같이 창업팀이 어떻게 구성되어 있으며, 창업자와 그 팀원들이 성공하는 창업팀이 가져야 할 특성과 자질을 보유하고 있는지를 검증하고자 할 것이다.

익사이트(excite)의 공동 설립자 조 크라우스(Joe Kraus)는 "안 좋은 직원을 고용하는 것은 뛰어난 인재를 놓친 것보다 대가가 크다."라도 하였다. 그렇다면 창업자가 피해야 할 유형에는 어떤 것이 있는지 살펴보고 함께할 사람을 뽑는데 있어 그리고 자신이 그런 행동을 하고 있지는 않은 지 스스로 살펴보자.

▼ **표 10.3 창업가형 리더와 성공하는 창업팀의 특성**

창업가형 리더의 특성	우수한 팀의 특성
• 남보다 빠르게, 그리고 더 잘 배우고 가르친다. • 역경을 잘 이겨내고, 곧 회복한다. • 도덕성, 신뢰성, 정직성을 갖췄다. • 기업문화와 조직을 구축한다. • 리더십을 가지고 팀원들을 잘 통솔한다. • 소통 능력이 뛰어난다.	• 관련 분야의 경험과 경력 보유 • 헌신적 태도, 결단력, 투지 • 창의력 • 팀 중심의 의식 • 남보다 뛰어나고자 하는 성취욕구 • 불확실성, 모호함, 위험에 대한 인내심 • 적응력 • 기회에 대한 강박관념을 가질 정도의 몰입

▪ 어떤 일을 맡길 것인가? 팀빌딩의 두 번째 단계는 어떤 일을 맡길 것인가 하는 직무설계이다. 이 결정은 '어떤 분야의 사람을 뽑을 것인가'와 동시에 이루어진다. 창업자가 잘 알지 못하는 분야의 직무설계에 대해서는 팀원 선발 과정을 마친 후 해당 팀원이 작성하는 작업 설명서(job description)가 직무설계가 될 수 있다.

창업 초기에는 모든 일을 창업자가 진행해야 하나 창업자도 알지 못하는 분야의 직무에 대한 설계는 결국 해당 팀원이 작성한 것이 창업기업의 첫 직무설계서가 될 수밖에 없다. 따라서 창업 팀원을 구성한 이후에는 해당 팀원들에게 작업설명서를 작업 매뉴얼 수준으로 작성하도록 독려하는 것이 필요하다. 이렇게 작성된 작업 설명서는 갑작스런 직원의 퇴사 등에 대처할 수 있는 좋은 사전 예방책이다. 작업설명서에는 월별 업무, 주별 업무, 일별 업무와 업무별 작업 매뉴얼이 포함되도록 한다.

▪ 어떻게 선발할 것인가? 팀원을 선발하는 경로(channel)에는 여러 가지가 있다. 각종 창업포럼에 참가하여 창업 아이디어를 소개하고 함께할 창업 팀원을 모집하는 것도 한 방법이다. 창업포럼이란 창업자들이 정기적으로 모이는 자생적 모임으로, 서로 정보도 교환하고 필요로 하는 인력을 모집할 때 활용하기도 한다. 실제 창업 현장에서 초기 창업팀을 구성할 때는 주변의 소개로 선발하는 것이 더 효과적이다. 특히 개발자나 디자이너 등 특별한 기능이나 기술이 필요한 분야의 사람은 선발할 때는 창업 초기의 열악한 급여 조건과 복리후생을 이해하고 함께 기업을 만들어 나갈 수 있는 '의리형' 인제를 찾아야 하기 때문이다. 또한 소개로 선발한 팀원은 소개한 사람과의 관계

때문에 쉽게 이직을 생각하기 힘든 현실적 인간관계가 존재하기 때문이다.

① 어떤 방법과 질문을 통해 선발할 것인가? : 어떤 경로로 팀원을 선발하더라도 선발 대상자에 대한 공식적·비공식적 면접을 보게 된다. 따라서 짧은 시간 내에 구두 질문을 통해 면접 대상자의 본모습을 알고자 노력할 것이다.

예나 지금이나 사람을 채용하는 것은 매우 어려운 일이다. 더군다나 짧은 대화를 통해 상대방의 속마음과 생활 태도, 무엇보다도 창업기업을 위해 혼신을 다할 것인지를 파악하기란 더더욱 어렵다. 그래서 국내 굴지의 재벌회사의 창업주 회장님이 면접 시험장에 관상가를 두었다는 후문은 공공연한 사실처럼 인구에 회자되고 있다. 창업자는 인재를 알아보는 일에서도 전문가만큼이나 실력이 있어야 한다.

짧은 면접 시간 내에 인재를 알아보기 위해서는 준비된 면접 질문서가 필요하다. 면접 대상자에게 '장점과 단점'에 대한 질문을 던져 봄으로써 과연 단점을 어떻게 이야기하는지 자세히 살펴볼 수 있고, '향후 5년 후 자신의 모습'에 대해 질문함으로써 어떤 목표와 꿈을 가지고 있는지 등을 알 수 있다.

② 네트워크를 통한 탐색 : 스티브 잡스는 고등학교 시절 전자관련 동아리에서 선배인 스티브 워즈니악(Steve Wozniak)을 만났고 잡스가 HP에 다니는 워즈니악에게 회사를 그만두고 창업할 것을 제안하였다. 잡스의 선경지명과 엔지니어 워즈니악의 개발 기술력이 애플 탄생의 기초가 된 것이다. 이처럼 공동의 창업 목표를 가진 개인들이 만나는 계기가 필요하다. 대기업과 달리 공식적인 채용이 어려운 창업기업에서는 평소 네트워크가 더욱 중요한 역할을 한다. 새로운 팀원이나 공동 창업자를 만나기 위해 주변인에게 추천을 부탁해 보거나 여러 가지 네트워크 행사에 참여해 보자. 내가 팀원을 찾기 전에 창업팀원으로 활동해 보는 것도 창업 후 겪게 될 상황을 미리 살펴볼 수 있어 큰 도움이 된다. 이런 네트워크는 팀원 구성뿐만 아니라 추후에 효과적인 정보나 자원에 접근을 쉽게 하며, 기술개발, 비용절감, 시장 확대 등과 같은 기업의 전략적 목적 달성에 도움이 된다.

구글에서 진행하는 스타트업 위크앤드는 한국에서도 진행되고 있는 프라이머의 ‘엔넌십’, ‘쫄지마! 창업스쿨’ 등 다양한 네트워크가 있다. 이곳에는 창업에 의지가 있는 사람들이 모이기 때문에 함께 일할 팀원을 찾는 좋은 기회가 될 것이다.

1.3 현실적으로 부딪히는 문제와 대응방안

대학생 창업자들이 현실적으로 흔히 부딪히는 문제와 실수들이 있다. 예를 들어, 대학생 신분에서 비즈니스 맨(우먼)으로 변신하는 속도가 느려서 학생의 마인드에서 벗어나지 못하는 경우가 종종 있다. 특히 창업기업을 동아리 활동과 혼동하거나 투자유치에 성공한 세계적으로 유명한 창업기업들의 사례에 집중한 나머지 한실을 직시하지 못하는 경우가 있다. 또한 큰 투자 금액을 제시하는 투자기관에 현혹되어 다른 투자자들의 투자 가능성을 배제하거나, 첫 번째 아이템 실패가 사업 실패나 인생 실패로 과장되게 생각하는 경우가 있다.

■ **창업은 동아리가 아니다.** 대학생 창업기업의 CEO는 창업 팀원들에게 창업이 동아리 활동이 아니라 기업의 한 일원으로 책임감을 갖도록 지속적으로 교육할 필요가 있다. 예를 들어, 대학생 창업기업의 경우 남자 팀원이 여자 친구와 다투었다고 상심하여 잠적한 후 출근하지 않는 경우가 발생하기도 한다. 이에 대비하여 창업팀원들이 기업에 대한 책임감을 갖도록 소위 ‘개념 훈련’을 실시할 필요가 있다.

■ **투자유치에 대한 환상은 금물이다.** 대학생 창업자들 중에는 투자 유치에 대한 환상을 갖는 경우가 있다. 외부 투자자로부터 투자를 받아 본 경험이 없고, 구글과 같은 해외 유명 기업들이 초기 창업 시 투자받았던 금액을 생각하면서 허황된 꿈을 가지는 경우가 있다. 더군다나 경험이 없는 대학생 CEO의 경우에는 창업팀원들에게 투자에 대한 환상을 불어 넣어 비현실적인 꿈을 갖도록 하는 경우가 있다. 투자를 받아 본 창업자들은 공통적으로 “투자는 최종적으로 통장에 투자금이 입금되기 전까지는 투자의향서나 투

자계약서 등을 작성하더라도 투자가 이루어진 것은 아니다."라고 조언한다.

■ **창업팀원은 비즈니스 맨(우먼)으로서의 태도가 필요하다.** 대학생 창업기업 CEO와 창업팀원은 학생 신분에서 벗어나 비즈니스 맨(우먼)으로서의 태도를 갖추어야 한다. 예를 들어, 22세의 대학생 천재 프로그래머가 대기업의 담당자로부터 "나이도 어린데 이런 뛰어난 프로그램을 만들다니 대단하네요."라는 칭찬하자 창업기업은 CEO가 "아니 뭘요. 휴학하고 잠시 재미로 해 보는 건데요."라고 대합한다면 대기업의 담당자는 그 기업에 대해 신뢰하지 않을 가능성이 높다.

■ **첫 번째 아이템 실패가 사업 실패나 인생 실패는 아니다.** 대학생 창업기업의 CEO들이 간혹 첫 번째 아이템으로 실패할 경우 사업 자체가 실패한 것으로 오해하고 창업기업을 6개월 만에 나가거나 완전히 해산하려는 생각을 갖는 경우가 있다. 첫 번째 아이템 실패는 오히려 아이템 보정(pivoting) 단계로, 두 번째 아이템을 준비하는 단계라고 생각하면 된다. 즉, 첫 번째 아이템의 실패가 곧 인생 실패는 아니다.

■ **거액을 제시하는 투자기관에 현혹될 수 있다.** 투자 유치 경험이 없는 대학생 창업기업 CEO와 창업팀원은 거액을 제시하는 투자기관이나 첫 미팅에서 상대 기업이 국내에서 큰 재벌 기업 계열 투자기관임을 내세워 다른 투자기관의 제안을 멀리하도록 현혹시켜 동요되는 경우가 발생한다. 대개 처음에 제시했던 금액은 점점 줄어들어 시간이 갈수록 터무니없이 적은 금액을 제시하는 경우가 자주 발생한다. 따라서 처음부터 큰 금액을 제시하거나 다른 투자기관을 배제하도록 요구하는 투자기관을 만날 때는 투자유치 관련 경험자들에게 자문을 구하는 것이 필요하다.

■ **대학생 창업자는 학생의 시간 개념에서 벗어나야 한다.** 대학생 창업자들이 실수하는 것 중 하나는 학생 때의 시간 개념, 즉 한 학기가 3개월 단위로 6월과 12월에 끝나는 것에 익숙해져서 창업기업에 근무하다가 12월에 그만두고 3월에 복학하겠다는 생각을 할 수 있다. 따라서 적어도 퇴사 30일 전에는 회사에 통보하도록 교육해야 한다. 또한 CEO들은 12월에 다가오면 팀원들의 심경에 변화가 발생하지 않도록 지속적인 관리가 필요하다.

〈Start-up Highlight〉

구글은 어떤 기준으로 사람을 뽑는 것일까?

구글은 명확하게 네 가지 채용기준이 있다.

첫째는 지적능력(GCA : general cognitive ability)이다. 일단 해당 분야를 잘 알아야 한다는 것이다. 엔지니어는 채용 인터뷰를 볼 때 코딩을 칠판에 쓰거나 직접 코딩을 하기도 한다. 구글 엔지니어들이 자발적으로 문제를 내고 그 문제들의 응답률을 추적해서 점수가 비정상적으로 나오면 새 문제를 낸다. 문제 풀 사이트도 있다.

둘째는 RRKE라고 하는 지식경험(role related knowledge experience)이다. 지식에만 그치지 않고 이를 바탕으로 어떤 경험을 했는가가 중요하게 반영된다.

셋째는 리더십(leadership)이다. 매니저가 아닌 일반 엔지니어라고 하더라도 자신의 일을 영향력을 가지고 행사하는가를 본다. 이렇게 리더십이 중요한 채용기준이고 이를 바탕으로 선발하기 때문에 구글은 굉장히 수평적 조직을 유지하고 있다. 구글 직원들은 소규모 조직과 수평적인 관계에서 일할 수 있어야 한다. 이는 빠르게 변하는 환경에 적응할 수 있어야 하기 때문이다. 동료들에게 열정적으로 헌신해야 하며 문제가 있을 때 팔을 걷어 해결해야 한다.

넷째는 가장 중요한 구글다움(googliness)이다. 구글다움의 가장 큰 특징은 계층에 상관없는 커뮤니케이션을 능력이다. 계층적 사고를 하지 않고 상하 구별 없는 커뮤니케이션을 할 줄 알아야 하며 문제에 적극적으로 뛰어들고 해결하려는 노력을 해야 한다. 그리고 전 인류의 행복을 위해 헌신할 수 있어야 한다.

"세계를 살기 좋은 곳으로 만드는 열정이 있어야 한다." 구글은 이 부분을 강조한다. 더 좋은 세상 만들기, 사회단체의 구호가 아니다. 구글의 규범이자 핵심 정신이기도 하다. 좀 더 구체적으로 '구글다움'에 대해 얘기해달라고 했다. 그랬더니 구글다움을 유지하는 10가지 핵심 가치에 대해 설명했다.

한국의 많은 기업처럼 창의, 상상력, 열정, 포로의식 등 다소 추상적인 단어가 아니다. 엔지니어 중심 기업답게 핵심 가치도 재미있어서 새겨들을 만하다.

1) 최고의 인재와 일하고 싶다.
2) 최고의 인재를 채용하고 직원을 최고로 만들어줘야 한다. 똑똑한 사람을 채용해서 바보로 만들지 말자.
3) 공정하게 대하자. 더 좋은 아이디어가 나올 수 있도록 하자.
4) 다양성이 중요하다. 60억 인구를 상대하려면 우리부터 다양해야 한다.
5) 의사결정은 정량적으로 통계에 기반해야 한다.
6) 기술적 혁신이 가장 중요하다.
7) 구글에서 일하는 것은 재미있어야 한다.
8) 주인의식을 가져야 한다. 당신이 회사다. 불만이 있으면 직접 고쳐라.

9) 성공은 그냥 오는 것이 아니다. 낮은 자세로 임하고 겸손하라.

10) 옳은 것을 하라. 악마가 되지 말자.

구글다움은 어떻게 작동하나?

창업자가 회사를 만들고 회사가 잘돼서 지속적으로 확장해 1,000명을 고용한 수준까지 이르면 한계에 부딪히게 된다. 창업자가 회사의 규범을 지배하는 수준은 직원 1,000명까지로 본다. 1,000명을 넘어서게 되면 창업자의 손을 떠난 회사가 된다. 창업자가 마음대로 회사를 좌지우지할 수 없게 된다. 이때 회사의 규범이 필요하다. 규정집도 필요하고 사내 규율도 필요하다. 하지만 이것도 직원이 1만 명 수준까지다. 1만 명이 넘어서면 문화가 필요하다. 이때부터는 회사의 문화가 회사를 만들어간다. 구글은 직원이 3만 명이다. 지금은 구글문화가 구글을 이끌어가는 수준이 됐다.

회사가 잘 되는 문화를 만들고 이것이 매출과 이익 증가로 이어지며 다시 직원 복지로 되돌려 받는 선순환을 이루기 위해 가장 필요한 것은 무엇일까? 일단 직원들이 오너처럼 생각하고 행동해야 한다. 회사와 나를 동일시하는 단계인데 이는 한국의 모든 기업이 가지는 공통적인 고민이다.

구글도 오너처럼 생각하고 행동하는 것을 강조한다. 그래서 구글은 아예 전 직원을 입사와 동시에 주인으로 만든다. 구글의 직원들은 직책에 상관없이 입사와 동시에 회사 주식을 받는다. 그래서 회사에 나쁜 행동을 했을 때 자기가 피해를 받는다는 것을 알고 있다. 그리고 구글의 핵심가치 8번에 "당신이 회사다. 불만이 있으면 직접 고쳐라"라는 것이 있다. 이를 위해 구글은 자신이 생각하는 회사의 문제를 고칠 수 있는 버그 오거나이저가 있다.

구글은 실패를 독려한다. 혁신도 좋지만 이에 대한 책임도 지게 하는데 시도했다가 잘못했다고 하더라도 고칠 수 있으면 용인하는 문화가 있다. 아이베타 브리지스 구글 교육지원 수석 프로그램 매니저는 "우리는 실패를 지원한다. 구글의 유명한 20%룰도 실패를 용인하기 위해 만든 툴이다. 프레젠테이션하는 법이나 갈등관리, 시간관리 등을 매니저가 되지 않고도 경험할 수 있다. 대신 성공하면 즉각 보상을 받는다."고 말했다.

구글은 점차 사람이 만들 수 있는 가장 이상적인 회사가 되어가고 있다. 그들은 계속 스스로 숙제를 던지고 이를 풀어나가고 있다. 이것이 많은 실리콘밸리 기업들이 따라가는 '구글문화'의 정수다.

02 인적자원 관리와 조직의 경쟁력

2.1 인적자원관리란?

인적자원관리(human resources management)는 조직의 목표달성에 필요한 업무를 잘 해낼 수 있는 사람들을 찾아 조직에 참여시키고 그들의 능력을 발휘하여 조직의 목표달성에 기여하도록 유도하는 과정이다. 따라서 적재적소에 활용할 수 있도록 직무나 조직에 적합한 인재를 확보하는 것이 인적자원관리의 첫 번째 과제이며, 성과와 잠재력 향상을 통해 조직목표 달성에 기여할 수 있도록 인력을 유지하는 것이 두 번째 과제이다. 따라서 [그림 10.4]와 같이 인적자원관리 활동은 크게 인적자원의 확보와 유지로 나누어지며, 구체적으로는 인적자원계획, 직무분석, 모집과 선발, 사회화, 교육 · 훈련 그리고 인사고과와 보상 등으로 이루어져 있다. 먼저 이런 활동들에 대해 간략하게 살펴보자.

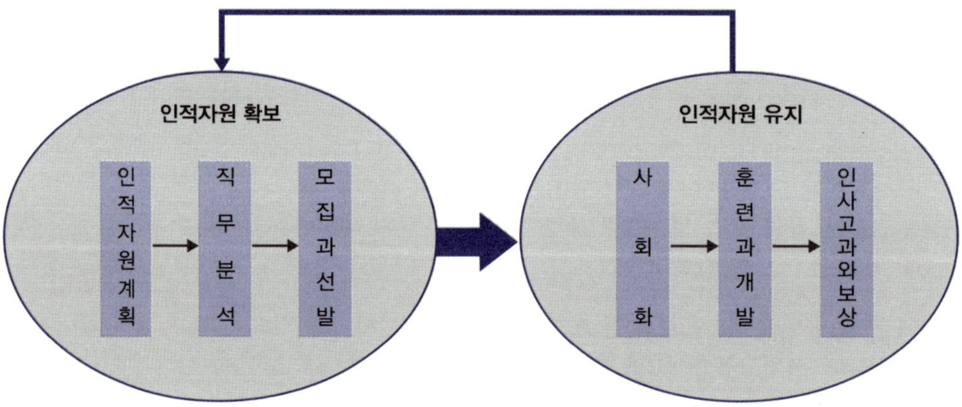

▲ **그림 10.4** 인적자원관리 활동

- 인적자원계획 : 조직이 필요로 하는 인력의 수와 그들이 갖추어야 할 자격요건을 분석하여 그런 인력을 적시에 확보할 수 있도록 모집, 선발, 교육 · 훈련 그리고 인력이동과 같은 여러 가지 활동을 미리 계획한다.
- 직무분석 : 조직에서 수행되어야 할 각 직무의 목적, 내용, 수행요건 등에 관한 정보를 수집, 정리해 둠으로써 모든 인적자원관리 활동에 필요한 기

초적 자료를 마련한다.

- 모집 : 인력수급계획에 따라 필요한 인력의 수와 자격요건이 결정되면, 그런 자격을 갖춘 사람들을 찾아 조직의 채용과정에 지원하도록 유도하는 모집활동이 이루어져야 한다.
- 선발 : 지원자들을 자격요건에 따라 평가하고, 타당하고 신뢰할 수 있는 기준에 따라 적임자들을 가려낸다.
- 사회화 : 조직에 새로 참여했거나 다른 부서로 옮긴 종업원들이 새로운 조직과 직무에 빨리 익숙해지고 상사나 동료들과 친숙해져 잘 적응할 수 있도록 여러 가지 프로그램을 마련하여 시행한다.
- 교육 · 훈련 : 새로운 지식이나 기술습득을 통해 직무수행능력을 향상시키고 잠재능력을 개발하기 위한 교육이나 훈련이 이루어져야 한다.
- 인사고과 : 개별 구성원, 팀 또는 부서의 직무수행능력과 성과를 평가하여 그 결과를 성과개선과 보상배분을 위해 활용한다.
- 보상 : 임금인상이나 승진과 같은 보상을 조직구성원들에게 공정하게 배분하여 조직의 목표달성을 위한 적극적인 노력을 유도한다.

이와 같은 인적자원관리 기본 활동들은 서로 밀접한 관계를 갖고 있다. 규모가 큰 기업에서는 이들 활동이 인적자원관리 전담부서에 의해 이루어지지만, 업무영역이나 직위에 관계없이 대부분의 경영자들은 이들 활동에 참여하게 된다. 따라서 경영자들 그리고 창업자들은 인적자원관리에 대한 기본적인 지식을 갖추어야 한다.

2.2 조직 경쟁력과 인적자원관리

기술의 발전으로 많은 일들이 기계나 자동화된 시스템에 의해 처리되고 있어 구성원들이 조직의 경쟁력에 미치는 영향이 그리 크지 않을 것으로 생각하기 쉽다. 예컨대, 자동차 생산과정에서 사람들의 손에 의해 이루어지는 일은 점차 줄어들어 이제는 10%도 채 되지 않고, 서비스업인 커피전문점에서도 커피추출 로봇이 커피를 뽑는 시대가 되었다. 그렇다면 자동차 생산회사나 커피전문점의 인력구성이나 인적자원관리 활동이 기업의 성과에 그다지 큰 영향을 주지 않을 것이라고 생각할 수 있지만 실상은 그렇지 않다. 조직은 경쟁상대가 하지 못하거나 쉽게 모방할 수 없는 일을 할 때 경쟁력을 갖추게 되며, 그런 힘은 바로 사람들에게서 나온다는 것을 잊어서는 안된다. 공장설비, 기계, 자동화된 생산시설 등과 같은 하드웨어가 조직의 생산성에 영향을 주는 것은 틀림없지만 투자만 한다면 어렵지 않게 얻을 수 있는 것들이기 때문에 그것에 바탕을 둔 경쟁력은 오랫동안 지속될 수 없다. 그러나 경쟁조직이 쉽게 얻을 수 없는 구성원들의 지식, 경험, 창의력, 노하우, 열정, 헌신적인 노력이야말로 조직을 진정 강하게 만드는 핵심적인 요인들이다. 다시 말해 종업원들의 머리와 가슴이 현대 조직의 경쟁력을 가름 짓는 요소라는 것이다. 따라서 조직구성원들은 그 활용에 따라 조직의 성과가 결정되는 중요한 자원이며, 조직경쟁력은 인적자원을 얼마나 효과적으로 활용하는지에 따라 크게 달라진다.

2.3 전략적 인적자원관리

인적자원이 조직 경쟁력의 핵심 원천이라면 조직 경쟁력에 관한 포괄적이고 계획적인 전략과 인적자원관리는 매우 깊은 관계를 갖게 될 것이다. 인적자원관리가 조직의 목표 및 전략과 짜임새 있게 연계되어 이루어질 때 조직목표 달성과 경쟁력 강화에 기여할 수 있다. 다시 말해 인적자원관리가 전략의 수립이나 집행과 잘 어우러져야만 인적자원을 통한 기업의 경쟁력 강화가 이루어질 수 있다는 것이다. 전략을 수립하면서 인적자원과 관련된 특성을 고려하지 않거나, 전략적 목표를 충분히 반영하지 않고서 인적자원관리 활동들이 이루어지면 조직의 목표달성이나 경쟁력 강화를 기대할 수 없을 것이다. 전략수립과 인적자원관리가 서로 연계되지 못해 생기는 문제를 해결하기 위해 최근에 전략적 인적자원관리(strategic human resource management)가 강조되고 있다. 조직의 전략적 목표를 반영함으로써 인적자원관리가 전략경영과정과 체계적으로 연계되고 인적자원관리 활동들이 일정한 방향으로 서로 조화를 이루며 수행될 수 있게 하려는 전략적 인적자원관리는 경영환경이 빠르게 변할수록 그 중요성이 높아지고 있다.

3.1 리더십

리더십이란 구성원에게 영향을 미칠 수 있는 리더의 성향, 행동, 상황과 관련된 제반 특성을 가리키는 개념이다(노영현, 이원기, 2012). 또한 조직의 공동된 목표를 효과적으로 달성하기 위해 조직구성원들의 자발적인 노력을 유인하고자 영향을 미치는 과정으로 정의되기도 한다(R. J. House, 1998). 창업기업의 경우 창업자의 역량에 따라 사업 초기에 기업의 성공과 실패가 좌우되는 정도가 매우 크다. 따라서 창업자의 리더십은 창업팀원들의 기업에 대한 몰입도나 직무만족, 기업성과에 이르기까지 폭넓게 영향을 미치게 된다. 먼저 직무몰입도를 높일 수 있는 방법을 살펴보고 그들을 적극적으로 움직이기 위한 것들에는 어떠한 것이 있는지 살펴보자.

■ **직원몰입도 향상법** 창업기업을 성공적으로 운영해 나가기 위해서는 창업팀원들이 헌신적으로 기업에 몰입하도록 동기부여를 해야 한다. 글로벌 경영컨설팅업체인 타워스왓슨(2010)이 조사한 바에 의하면 전 세계 22개국(한국, 미국, 영국, 중국, 일본 등) 직장인 2만여 명을 대상으로 '직원몰입도(employee engagement)'를 조사한 결과 한국 직장인의 '직원몰입도'는 6%로 전 세계 평균 21%보다 15%포인트 낮은 것으로 나타났다. 또한 자신의 업무에 별로 몰입하지 않거나 마지못해 회사에 다니는 직원의 비율은 한국(48%)이 22개국 평균 (38%)보다 10% 높았다.
'직원몰입도'란 직원이 자신이 근무하는 기업의 성공을 위해 시간, 두뇌, 에너지 등을 얼마나 자발적으로 투자하는가를 나타내는 것이다. 회사는 직원들과의 근로계약을 통해 주 40시간은 회사의 일에 집중하기를 바란다. 만약 직원들이 몸은 회사에 나와 있지만 마음은 다른 곳에 집중하고 있다면 회사로서는 큰 손해를 보고 있는 것이다.

✓ **직원몰입도를 높이는 방법**

① 직무관련 만족도를 높인다. 직원들의 직무 관련 만족도를 높이기 위해서는 먼저 구성원이 일에서 재미와 성취감을 느끼도록 해야 한다. 또 직원

들이 자신의 일을 통해 기업이 성장하고 있다는 자부심을 갖도록 해야 한다. 궁극적으로 직원들이 주인의식을 가지고 능동적으로 일할 때 직무 관련 만족도를 높일 수 있다.

② 공정한 평가와 보상체계를 갖추어야 한다. 직원의 직무 가치를 높이기 위해서는 단순/반복적인 행정업무를 줄이고 성과에 대해서 공정하게 평가하는 시스템을 통해 합당한 보상을 제공하며, 높은 성과를 낸 사람에게는 파격적인 보상을 해 줌으로써 차별화를 두어야 한다.

③ 리더로서 구성원들에게 성장 비전을 제시해야 한다. 직원들의 직무몰입도를 높이기 위해서는 창업자가 목표를 명확하게 제시하고, 구성원들에게 높은 기대감과 확신을 보임으로써 동기를 유발할 필요가 있다. 또 직무교육 이외에 회사의 인재상과 비전, 가치를 반영하는 다양한 학습과목을 선정하여 정기적으로 교육해야 한다.

■ 직무를 위한 이상적인 동기부여 구성원의 자발적인 노력은 어떻게 끌어낼 수 있을까? 과거에는 기계적인 일들이 많아 일의 양에 비례하여 보상을 제공하는 공정한 기준을 만들 수 있었기에 금전적인 보상으로 동기부여가 가능했다. 하지만 지금은 인지적인 능력이 요구되는 복잡한 일들이 늘어나게 되면서 금전적인 보상이 오히려 일을 망치기도 한다. 재능 있는 인제들을 실제로 수익이 날 때까지 회사에 남아 있도록 하기 위해서는 스타트업에는 어려움과 위험부담이 따른다는 사실을 미리 알려야 한다. 그렇다면 돈보다 중요한 동기부여 요소에는 어떤 것이 있는지 살펴보자.

- 스스로 일을 관리·감독하고 통제할 수 있는 자율성(autonomy) : 과거에는 리더의 힘과 영향력을 중심으로 명령과 통제로 기업이 움직였다면 현대에는 구성원의 자발적 노력이 중요하다. 창업자는 공감리더십을 통해 상호 소통하며 적극적인 참여를 유도할 수 있어야 한다.
- 자신만의 전문성(mastery)을 극대화할 수 있는 환경 : 회사일로 바쁘고 벅찬데도 불구하고 자신의 비용을 지불해서 어학 공부를 한다거나 악기를 배우는 경우를 주변에서 많이 볼 수 있다. 전문성을 최대한 살릴 수 있는 환경을 제공함으로써 장기적으로 구성원들이 발전의 기회로 삼도록 하는 것이 중요하다. 이는 실질적으로 사업성과 도출과도 직결되는 문제이기도 하다. 글로벌 경영컨설팅 업체인 올리버와이만과 EIU (economist in-

telligence unit)가 17개 산업에 종사하는 기업 경영진 300명을 대상으로 실시한 조사와 인터뷰에서 이들의 가장 큰 도전 과제는 '혁신하기 좋은 분위기를 만드는 리더가 되는 것'으로 나타났다. 이로써 각자의 전문성을 인정하고 살릴 수 있는 환경이 필요함을 확인할 수 있다.

- 분명한 목적(purpose) 심기 : 목적의식은 자신의 신념을 굳게 믿고 그것을 계속 지켜 나갈 수 있는 힘의 궁극적 원천이다. 목적을 심기 위해서는 무엇보다도 서로 일을 미루지 않고 경계를 긋지 않는 공유정신이 필요하다. 알리바바의 잭 마(Jack Ma) 회장은 "모든 사람의 생각을 동시에 통일할 수 있을 거라 믿지 말라."고 조언한다. 그리고 창업자를 위해 일하는 것이 아니라 공동의 목표를 향해 일하게 하라고 말한다. 특정한 사람 아래로 구성원들을 통일시키는 것보다, 공동의 목표 아래로 기업을 통일시키는 것이 훨씬 쉽다.

그래엄 윈터(Graham Winter)의 Think-One-Team을 보면 팀이 성공으로 가기 위해서는 거시적 관점, 현실, 분위기, 업무, 성과뿐만 아니라 손실까지 공유하는 것이 중요함을 알 수 있다. 그리고 이런 것들을 공유함으로써 자연스럽게 협업하게 되고, 학습이 일어나며 팀워크가 자리 잡게 된다.

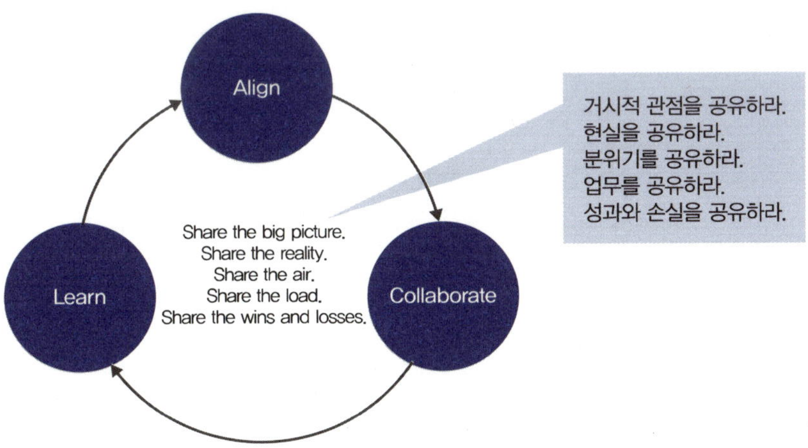

▲ **그림 10.5** 그래엄 윈터의 Think-One-Team

3.2 갈등관리

대학생 창업자들은 리더와 팀원과의 갈등을 겪을 수 있다. 동아리와 회사를 구분하지 못하거나, 학업과 창업을 겸하는 데서 갈등이 생기기도 하며, 창업을 위해 휴학하는 과정에서 부모님의 허락을 받지 않아서 갈등이 생기기도 한다. 공동 창업자들 간에도 갈등이 발생한다. 어렵고 힘든 스타트업 시기를 벗어나 사업이 안정되고 성과가 좋아지기 시작하면 공동창업자들 간의 지분 비율로 인한 갈등이 생기게 된다. 퇴직자와 갈등을 겪을 수 있다. 퇴직자들이 퇴직 한두 달 전에 퇴직 의사를 밝히기보다는 퇴직에 임박하여 통보하는 경우가 많다. 이런 경우 신입 대체 인력과의 업무 인수인계가 어렵고, 또한 퇴직 시 퇴직금과 연차수당에 대한 이의 제기 등 갈등이 발생할 수 있다.

이 외에도 창업 초기 참여자와 중간 참여자 사이에도 갈등이 발생한다. 창업 초기 참여자들은 스타트업 시기의 어려움을 중간 참여자들이 알지 못할 것이라는 생각 때문에 미묘한 감정적 갈등이 상존하게 된다. 이러할 때 창업 초기 참여자와 중간 참여자들 사이에 화합이 이루어지기 위해서는 CEO의 리더십이 절실하게 요구된다. 예상되는 이러한 갈등에 대해서 사전에 방지할 수 있는 대책을 준비해 두는 것이 필요하다.

▪ **리더와 팀원과의 갈등관리** 서로 잘 알고 지내던 친한 사람들로 창업팀을 구성한다 하더라도 회사로서는 근무 규율을 유지할 필요가 있다. 예를 들어, 상습적인 지각과 무단결근은 다른 사람들에게도 영향을 미치며 회사의 분위기를 흐리기 때문이다. 따라서 상습 지각자와 무단 결근자 등에 관한 팀원들 간의 합의된 규칙을 유도해내는 것이 필요하다.

① 동아리와 회사는 구분해야 한다.
대학생 창업자들의 대부분은 친구들이나 대학교 선후배들과 창업기업을 구성하는 경우가 많다. 이때 5명 이내의 조직은 위아래가 구분되지 않는 동아리처럼 기업을 운영해도 큰 무리가 없다. 하지만 창업기업의 인원이 10명을 넘어서면 조직 구성원들 간의 책임과 권한을 분산하는 기업적 조직관리가 필요하다. 이를 위해서는 기업 경영과 문화를 이해하고

조직 운영을 할 수 있는 경험자가 필요하며, 그런 경험자들이 창업기업의 구조를 책임과 권한이 분산되는 기업 조직의 형태로 구성해야 한다.

② 학업과 창업을 겸할 수 없다.
대학생 창업자들이 흔히 겪는 실수 중의 하나는 학교를 다니면서 창업기업을 운영하려는 것이다. 창업기업의 운영에는 헌신적인 몰입이 필요하다. 단순히 아르바이트하듯이 학업을 계속하면서 일을 할 수는 없다. 최소 학점만 신청해 놓고 학내의 창업보육센터에서 수업도 듣고 창업기업에서 일도 하려고 생각했다면 오산이다. 창업은 소위 목숨 걸고 달려들어도 성공이 보장되지 않기 때문이다. 일단 창업하기로 마음을 먹었다면 최소 1년이라도 휴학을 해야 한다. 그렇지 않고 학업과 창업을 병행할 경우에는 책임감이 없어지고 이로 인해 휴학을 하고 몰입하는 다른 팀원들과 불화를 겪게 된다. 따라서 대학생 창업기업의 CEO는 창업팀원들에게 최소 1년간의 휴학 동의서를 사전에 받아둘 필요가 있다.

③ 반드시 부모님에게 허락을 받고 창업 휴학을 해야 한다.
대학생 창업자들 중에는 간혹 부모님께 휴학하면서 아르바이트를 한다고 거짓말을 하고 창업팀에 합류했다가 나중에 부모님이 알게 되어 그만두어야 하는 난감한 일이 발생한다. 따라서 창업기업의 CEO는 기술적으로 핵심 팀원일 경우에는 창업 휴학에 관하여 부모님의 허락을 받았는지 사전에 확인해 둘 필요가 있다.

▪ 공동 창업자들 간의 갈등관리 창업팀을 구성하여 회사를 운영해 나가는 과정에서 창업팀원 간에 의견이 맞지 않아서 회사를 그만두는 등 공동 창업자들 간의 갈등이 발생할 수 있다. 만일 이때 그만두는 사람이 핵심적인 기술을 보유하고 있는 경우에는 회사 운영에 치명적일 수 있다. 따라서 이러한 경우를 대비하고 예측 가능한 경영을 위해 사전에 팀원들간에 계약을 하는 것이 필요하다. 창업기업의 팀원들은 대부분 회사의 지분을 부분적으로 서로 소유하는 형태가 많고 주식회사의 경우 법적인 주주일 가능성이 높다. 따라서 팀원들 간의 계약이 주주들 간의 계약이 되므로 '주주계약서'라고도 한다.

실리콘밸리에서는 스타트업 창업 당시부터 변호사의 자문을 받아 창업자들

간 계약을 체결한다. 사업 초기에 벤처캐피털로부터 심사를 받을 때에도 반드시 변호사가 먼저 스타트업의 지분 현황과 법률적 위험에 대한 분석을 한다. 하지만 우리하나에서는 스타트업 창업 시 창업자들 간에 명확한 계약서조차 없는 경우가 많다. 상호 간 지분이 얼마인지 정도만 합의한 후 '의리'로 함께 사업을 시작하는 것이다. 하지만 이러한 '의리'도 배고픈 스타트업 시기를 지나서 사업이 안정되고 성공에 이르면 양상이 달라진다. 이러한 일련의 시행착오를 알고 있는 벤처캐피털들은 '의리'로 뭉친 스타트업의 소유 및 운영 구조를 매력적인 투자 대상으로 보지 않는다.

✓ 어떤 내용으로 계약할 것인가?

따라서 스타트업을 시작하면서 가장 필요한 것 중 하나는 바로 신뢰할 수 있는 사람들, 창업자들 간의 주주 간 계약이다. 창업자들 간의 주주 간 계약(shareholders agreement)은 주식회사를 창업하고 운영하면서 필요한 기본적인 사항들을 합의한 계약서를 말한다. 주주계약서 포함되어야 할 내용은 다음과 같다. 그 중 이사회와 주주총회의 권한을 명확히 특정해서, 회사 주주들의 동의를 받아야 할 부분을 미리 정할 필요가 있다.

- 주주 간의 역할과 책임
- 창업자들 간의 지분율 확인 및 주권발행 여부 결정, 주주명부 발급에 관한 건
- 회사의 자금관리에 관한 기본사항, 자금관리자가 이사회에 정기적으로 현황을 보고하고 이사의 자필 승인
- 퇴직 1개월 또는 3개월 전에 미리 퇴직 사유를 주주들에게 통보할 것. 퇴직 시 보유 지분의 처리에 관한 건, 퇴직 시 인수인계에 관한 건, 퇴직 시 금전적 책임에 관한 건
- 기타 사항으로 계약의 존속기간, 준거법, 문제해결 방법 등

회사 설립 시 창업자들이 주로 놓치는 부분이 있는데 그것은 바로 '정관'이다. 정관은 주식회사의 조직과 활동에 대한 근본 규칙이다. 대부분의 사람들이 회사 설립 시 정관을 인터넷 등에서 다운로드한 일반적인 정관을 사용하고 있다. 하지만 회사설립 정관으로 사용하기 전에 먼저 주의 깊게 봐야 할 내용으로 다음과 두 가지 규정이 있다.

첫째, 주식양도 제한 규정이다. 주식회사에서는 원칙적으로 주식양도가 허용되지만, 소규모 회사에서는 회사 운영상 적합하지 않은 자가 주주가 되는

것을 원하지 않을 경우가 많다. 따라서 정관에 주식의 양도에 대해 이사회의 승인을 얻어야 하는 것으로 정할 수 있다(상법 제335조 제1항).

둘째, 스톡옵션(stock options, 주식매수선택권) 부여에 관한 규정이다. 스톡옵션은 회사의 설립과 경영, 기술혁신에 기여한 자에게 부여되는 권리다. 하지만 주주나 임직원 이외에 제3자에게 스톡옵션을 부여하기 위해서는 정관에 근거를 두어야 한다. 통상 인터넷에서 다운로드 받은 표준 정관에는 스톡옵션에 관한 조항이 없는 경우가 있다.

스톡옵션을 부여하기 위해서는 ① 일정한 경우에 스톡옵션을 부여할 수 있고, ② 스톡옵션의 행사로 발행하거나 양도할 주식의 종류와 수, ③ 스톡옵션을 부여받을 자의 자격요건, ④ 스톡옵션의 행사기간, ⑤ 일정한 경우 이사회 결의로 스톡옵션을 취소할 수 있다는 내용을 미리 정관에 규정해야 한다(상법 제340조 제3항).

✓ 창업자의 지분배분 시기와 지분비율 문제

지분으로 인한 여러 가지 갈등을 미리 대처하는 것이 좋다. 그렇다면 지분을 배분하는 시기는 언제가 좋을까? 사업이 언제 자리 잡을지, 누가 어떤 일을 얼마나 할 것인지 명화하지 않은 상태의 지분배분은 오히려 무임승차를 양산하기 쉽다. IDG Ventures Korea 이희우 대표는 지분배분에 대해 다음과 같이 이야기 하였다.

① 지분배분은 MVP 테스트 후 사업가능성이 확인될 때 하는 것이 좋다. 그 이유는 MVP 구축과정에서 각자의 실력이 드러나고, 누가 더 이 프로젝트에 헌신했으며 그런 것을 통해서 누가 지분을 더 많이 가져야 되는지 공감대를 형성할 수 있기 때문이다. 필요할 경우에는 MVP 구축에 기여도가 적거나 덜 참여한 인력을 지분배분에서는 제외할 수도 있다. 즉, 린 스타트업 방법론에 적합한 팀빌딩 방법은 MVP를 먼저 구축해 보고 그에 대한 기여도에 따라 지분배분을 하면서 최종적인 팀을 구성하는 것이다.

② MVP를 구축하고 나서도 당장 법인을 설립할 필요는 없고, 법인을 설립할 필요가 없다면 굳이 까다롭고 힘든 지분배분을 먼저 할 필요가 없다. 그러나 투자를 받는 경우에는 법인 설립이 필요하다. 통상 투자는 회사의 지분을 사는 형식으로 이루어지기 때문에 법인 설립, 특히 주식회사 설립은 필수적이다. 이때 투자자의 조언을 받아들여 지분구조를 정하는

것이 좋다. 즉, 투자를 주도했거나 그 프로젝트의 핵심이 되는 사람 위주로 지분을 정리할 필요가 있다.

③ 매출이 발생하거나 비용지출이 본격화되어 어쩔 수 없이 법인 설립 필요가 있을 때 지분배분을 하는 것이 좋다. 매출이 본격화된다는 것은 거래처가 다변화되고 각종 회계·세무적으로 처리되어야 하는 것들이 많아짐을 의미한다. 비용지출에서도 일정 수준에 도달하면 법인 비용으로 처리하는 것이 좋고, 그래야 세무적인 혜택도 받을 수 있다.

대부분의 스타트업들은 지분 비율을 창업자들 간 동일 지분율, 즉 1/n로 정하는 경우가 많다. 하지만 엔젤투자자나 액셀러레이터들은, 예를 들어 4명의 창업자가 1/4씩 지분을 배분할 경우 경영권 위험의 이유로 투자를 피하게 된다. 주식회사의 지분 비율 문제가 발생하는 것은 상법상 이사의 선임 및 해임권의 의결권 지분 비율 때문이다.

초기 팀 분쟁의 가능성을 줄이기 위해서라도 최대주주에게는 50% 이상의 지분을 몰아줘야 한다. 그래야 문제가 생기더라도 구심점이 생겨서 그것을 극복하게 된다. 최대주주에게 지분을 몰아주고 여러 의견이 상충할 때에는 최대주주의 뜻에 따라 신속하게 판단하고 행동해야 한다. 최대주주가 다른 창업자보다 지분을 많이 갖고 있어야 조직의 안정성이 있다고 대다수 투자자들이 판단한다. 그러니 투자유치를 위해서라도 한 사람에게 지분을 몰아줘야 한다.

만약 사업이 안정되고 성공에 이르기 시작하면 창업자 간 또는 적대적 M&A로 지분 다툼이 발생할 수 있으며, 이때 핵심기술을 가진 창업자의 지분(의결권) 비율이 1/3 이상이 되지 못하면, 주주총회에서 특별 결의로 해임 및 회사를 빼앗길 수도 있다. 따라서 주식회사의 대표이사(창업주, 핵심적 역할자)는 최소한 1/3 이상의 의결권(지분)을 소유하고 있어야 한다.

■ 퇴직자와의 갈등관리 창업기업의 경우 퇴직자의 관리도 중요하다. 대개의 퇴직자들은 퇴직 의사를 한두 달 전에 밝히기보다는 퇴직이 임박할 때 통지해 오기 때문에 대체할 신입 직원을 선발해서 업무 인수인계를 할 시간적 여유가 없는 경우가 많다. 이럴 때 창업자는 퇴직자가 야속하더라도 별다른 방법이 없다. 퇴직자가 나가고 나면 새로운 신입 직원이 채용되어서 업무 인수인계를 위해 회사를 방문해 달라고 요청해도 이미 다른 회사의 업

무가 바쁘다는 이유로 업무 인수인계가 제대로 이루어지지 않는 경우가 대부분이다.

이러한 일들은 사전에 예견할 수 있기 때문에 창업기업의 CEO는 퇴직자 발생 시의 업무 인수인계에 대비해 둘 필요가 있다. 우선 평소에 담당 업무에 대한 자세한 직무설명서(job description)를 받아둘 필요가 있다. 직무설명서는 담당 팀원이 퇴사하더라도 대표이사인 창업자가 해당 업무를 수행할 수 있을 정도로 상세하게 작성하도록 한다. 또한 창업 실전에서 퇴직자와 관련하여 발생할 수 있는 대부분의 문제는 퇴직금과 연차수당에 관한 문제이다. 2010년 12월 1일부터 근로기준법상 5명 미만의 근로자가 근무하는 사업장이라도 퇴직금을 지급받을 수 있도록 규정하고 있다. 또한 상시근로자 5인 이상 사업장은 연차제도를 시행해야 하면, 사용하지 않은 연차 휴가에 대해서는 돈으로 보상해 주도록 되어 있다.

토 의 과 제

1. 주변에 1인창업과 팀창업 사례를 찾아보고 각각의 장단점에 대해 생각해 보시오.
2. 신문이나 잡지에서 스타트업 기업이 한국의 유니콘 기업이 되기까지 조직변화 과정에 대한 사례를 찾아 설명해 보시오.
3. 우리나라 기업풍토에 적합한 창업자의 리더십 스타일은 어떤 것이라고 생각하는지 급우들과 의견을 교환해 보시오.
4. 우리나라가 통일되었을 때 여러분이 성공한 스타트업 기업가라고 가정하고 북한주민들을 기업의 인적자원으로 활용하기 위해 어떤 노력이 필요할지 생각해 보시오.
5. 여러분이 팀 활동에서 어려움을 겪었던 경우를 생각해보고 왜 그런 어려움이 생겼는지 발표해 보시오.
6. “때로는 갈등이 유익한 결과를 초래한다.”는 말을 한 창업기업들의 사례를 찾아보고 발표해 보시오.

Chapter 11

협상과 설득 커뮤니케이션

◈ 학습내용

01 커뮤니케이션
02 협상
03 설득

◈ 학습목표

창업자에게 효과적인 커뮤니케이션은 기업의 목표 달성에 필수적이다. 요긴한 정보가 제때 필요한 곳으로 정확하게 전달되어야 창업가 및 조직구성원들의 노력이 한 데 어우러질 수 있다. 이 장은 창업가와 조직 구성원들의 효과적인 커뮤니케이션을 위해 협상과 설득의 기본 이론과 전략을 이해하여 실전에 적용할 수 있어야 한다.

〈시작이야기〉

상장 앞둔 우버, '100조 원 기업' 성장 비결은…

전 세계 차량 공유 논란을 강경 돌파한 우버

우버의 창업자는 트래비스 캘러닉(Kalanick)과 개릿 캠프다. 택시의 승차 거부가 빈번하던 샌프란시스코에서 택시 대신 탈 수 있는 운송 수단을 내놓은 것이다. 스마트폰으로 간편하게 호출하는 데다 비용도 택시보다 20~30% 저렴해 이용자들에게 선풍적인 인기를 끌었다. 일반 운전자들은 앞 다퉈 우버 드라이버(운전자)로 등록했다.

하지만 택시 업계의 반발은 일부 국가에서 우버 차량을 불태우는 사건이 발생할 정도로 거셌다. 캘러닉 창업자는 이런 반발은 무시하고 전 세계 확장을 강행했다. 세계 각국에 '선(先) 출시, 후(後) 협상' 방식을 밀어붙였다. 예컨대 한국 시장에서 우버 드라이버를 모집하면서 이용자에겐 탑승 공짜 쿠폰을 무차별 살포하는 식이다. 전 세계 동시 다발적으로 진입했고 막대한 비용은 벤처투자자에게 조달했다. 각국 정부가 '택시 아닌 차량의 유상 운송은 불법'이라고 하면, "기술의 혁신을 모른다"고 맞받아쳤다. 한국·일본과 같은 일부 국가는 "불법인 우버 퇴출"을 공식 선언하고 택시 시장에서 우버를 내쫓기도 했다. 그러자 강경한 한국 같은 나라에서는 '택시를 우버 차량으로 활용하는 방식'으로 재진출했다.

한때 세계 유료 운행 시장을 다 먹을 기세였지만 우버는 꺾였다. 중국에서는 디디추싱, 동남아시아에서는 그랩, 인도에서는 올라캡스와 같은 경쟁 업체가 등장한 것이다. '오만한 우버'라는 인식이 각국 정부와 소비자에게 퍼지면서 경쟁자에게 기회를 주었다.

2017년 우버에 위기가 왔다. 2017년 2월 우버의 엔지니어였던 수전 플라워가 블로그에 "사내 남성 직원에 의한 성희롱이 만연하고 승진에는 여성 차별이 심각하다"고 폭로했다. 3월엔 불법 소프트웨어인 '그레이 볼'을 우버 드라이버에게 제공한 사실이 드러났다. 이 프로그램은 우버 드라이버에게 단속하는 경찰차의 위치를 알려줬다. 캘러닉 창업자는 그해 6월 CEO에서 물러났다. 캘러닉 창업자에게 주요 투자자들이 퇴출을 통보했다.

음식 배달·화물 운송·전기 자전거로 사업 다각화

위기의 우버에 구원투수로 온 이는 온라인여행 예약업체 익스피디아의 CEO였던 다라 코스로샤히다. 코스로샤히 CEO는 직원들에게 '우리는 올바른 일을 한다(We do the right thing)'는 새로운 규범(norm)으로 내세웠다. 과거의 불법·편법과의 결별 선언이었다. 그는 경쟁력을 잃은 동남아나 러시아와 같은 지역에선 우버 사업을 접었다. 동남아 우버 사업 조직은 그랩에, 러시아 조직은 얀덱스 택시에 매각했다.

대신 음식 배달, 화물 운송, 전기 자전거 공유 등 사업 분야를 확대했다. 음식 배달 서비스인 우버 이츠는 출시 3년 만에 세계 500여 도시에서 22만여 레스토랑의 음식을 각 가정에 배달할 정도로 커졌다. 화물 운송 서비스인 우버 플레이트는 2017년 5월 출시 이후 40만 명이 넘는 트럭 운전사들을 확보했다. 미국·유럽에선 작년 '점프'라는 전기 자전거 공유 서비스를 시작했다. 코스로샤히 CEO는 "아마존이 모든 것을 판매하는 서비스라면, 우버는 모든 것을 운송하는 서비스"라고 말했다.

적자 기업 우버의 미래 도전은 자율주행차

전 세계 최고 기업 가치를 인정받는 유니콘(기업가치 10억 달러 이상 비상장기업)의 자리를 졸업하는 우버지만 문제는 여전히 적자 기업이라는 대목이다. 작년에 매출 112억 7,000만 달러, 순이익 9억 9,700만 달러를 기록, 첫 이익을 내긴 했다. 하지만 작년 순이익은 우버의 동남아·러시아 사업 매각을 통한 일회성 이익이었다. 영업 기준으로 보면 30억 3,300만 달러의 손실을 기록했다. 게다가 폭발적이던 매출 증가세도 주춤한 상황이다. 우버는 2017년만 해도 연간 매출 성장률이 100% 이상이었지만, 작년에는 42%에 불과했다.

우버의 다음 도전은 자율주행차다. 자율주행차를 활용해 승객, 화물, 음식 등을 모두 실어 나르는 것이다. 운임을 운전자들과 나눠 가질 필요 없이 모두 우버가 가질 수 있다. 하지만 자율주행차 시장의 장악은 쉽지 않다. 우버는 작년 3월 애리조나주에서 자율주행차를 시험 운행하다 보행자를 치어 숨지게 하는 사고를 일으켰다. 당시 우버는 미국·캐나다에서 진행하던 자율주행차 시험 주행을 전면 중단해야 했다. 지난달에는 자율주행차 부문을 따로 떼어내 10억 달러의 투자를 유치하겠다고 밝혔다.

코스로샤히 CEO는 "만약 지금 당장 수익을 원하는 투자자들이라면 우버 말고, 은행의 주식을 사라. 우버는 앞으로 수년, 수십 년간 장기 성장할 기업이고, 그동안 세상을 바꿀 것"이라고 말했다.

01 커뮤니케이션

1.1 커뮤니케이션

커뮤니케이션이란 관계를 맺고 있는 사람이나 세상을 통하여 메시지를 교환하고, 해석하는 과정으로 음성적 또는 비음성적인 메시지로 표현된 느낌이나 생각을 주고받고 이해하는 의식적, 무의식적, 우연적 과정이다. 따라서 커뮤니케이션은 의견을 소통하고, 정보를 교환하고, 감정을 이입하는 행위이다. 커뮤니케이션의 특색을 나타내는 생각의 교환은 대화, 몸짓, 문서와 그림에 의해서 이루어진다. 커뮤니케이션은 상징의 의도적인 사용으로 의미가 교환되는 둘 이상의 당사자 간의 거래 과정이다.

Communication은 라틴어 communicare에서 유래된 것으로 공통 또는 공유하다를 뜻한다. 따라서 커뮤니케이션은 언어, 몸짓이나 문서 등 상징을 통해서 정보, 의견, 감정을 전달, 수신, 해석하는 과정이다. 커뮤니케이션에서 전달되는 정보는 사실, 생각, 개념, 의견, 신념, 태도, 지시와 감정 등을 포함한다. 사람들은 커뮤니케이션을 통해서 영향력을 행사하고, 정보를 교환하고, 감정을 표현한다. 인간은 이심전심하는 존재가 아니기 때문에 모든 커뮤니케이션은 필요한 의미를 전달하는 상징으로 원래의 개념을 전환할 필요가 있다. 이것은 커뮤니케이션을 하는 개인이나 회사가 개념을 일련의 상징으로 축소하고 메시지의 수신인에게 전달하는 것을 의미한다.

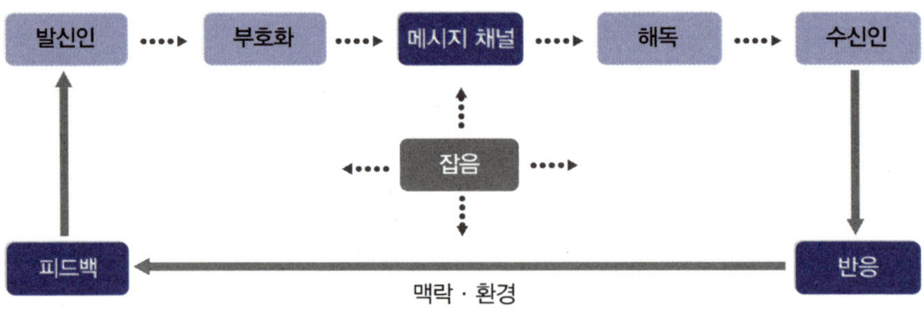

▲ **그림 11.1** 커뮤니케이션의 구성요소

수신인은 원래의 메시지를 얻기 위해 상징을 해독해야 한다. 잡음은 커뮤니케이션과정에 나타나는 주변의 집중을 방해하는 것이며, 광고방송 중에 TV

앞에서 노는 어린아이들부터 잡지를 사로잡은 표제어까지 다양하다. 간섭은 지능적인 커뮤니케이션으로 청중의 주의를 산만하게 하는 의도적인 시도이다. 예를 들면, 자동차 운전자가 라디오 광고를 듣거나 재미있는 광고판을 봄으로써 주의가 산만해질 수 있다. 커뮤니케이션을 구성하는 요소는 다음과 같다.

- 발신인 : 다른 개인이나 집단에 메시지를 보내는 당사자
- 메시지 : 전달하고자 하는 내용
- 부호화 : 전달하려는 생각을 말, 문자나 그림 등으로 상징화하는 과정
- 채널 : 발신인이 수신인에게 메시지를 전달하는 데 사용하는 경로
- 해독 : 발신인이 부호화하여 전달한 메시지를 해석하는 과정
- 수신인 : 발신인이 전달한 메시지를 받는 당사자
- 반응 : 메시지에 노출된 후 나타나는 수신인의 행동
- 피드백 : 수신인이 받은 메시지에 대해 발신인에게 보이는 반응
- 잡음 : 의사전달 과정에서 계획되지 않는 현상이나 왜곡이 일어나는 것
- 간섭 : 청중의 주의를 산만하게 하는 의도적인 시도

1.2 커뮤니케이션의 기능

커뮤니케이션 수단에 의한 구분 방법은 말과 글에 의해 정보를 전달하는 언어 커뮤니케이션, 말 또는 글 이외의 수단을 사용하는 비언어 커뮤니케이션이 있다. 커뮤니케이션이란 상징을 통해 의미를 공유하고 해석하는 상호작용의 과정이라 할 수 있다. 이러한 커뮤니케이션의 기능으로는 정보전달기능, 동기유발기능, 통제기능과 감정표현기능 등이 있다.

- 정보전달기능 : 의사결정의 촉진, 의사결정 문제 식별, 문제해결 위한 대안 평가나 개인이나 집단의 의사결정에 필요한 정보를 전달하는 기능이다.
- 통기유발기능 : 우수한 성과를 낸 종업원, 성과를 낼 수 있는 방법과 성과개선, 구체적인 목표의 설정이나 피드백과 바람직한 행동의 강화기능 등이 있다.
- 통제기능 : 커뮤니케이션은 구성원의 행동을 통제하는 기능이 있다. 직무

관련 고충을 상사와 커뮤니케이션하거나, 직무기술서를 따르거나, 기업 정책에 순응하다.

- 감정표현기능 : 작업집단은 사회적 상호작용의 원천이 된다. 따라서 구성원들의 사회적 욕구의 충족과 감정표현을 가능하게 한다.

1.3 AIDA와 마케팅 전략

소비자들은 많은 잡음에 둘러싸이고 선택적 주의를 기울일 뿐만 아니라 정보를 주관적으로 판단하고 항상 듣고 싶은 것만 듣는 경향이 있다. 또한 장기기억 속에 정보의 일부만 저장한다. 따라서 소비자의 주의를 끌고 설득력이 있는 메시지를 개발하여 효과적인 매체를 통해서 전달하는 것이 중요하다. 커뮤니케이션은 언제나 비용이 든다. 표적청중이 메시지를 이해하기 위해 시간과 노력을 투입하는 것이 가치 있어야 한다.

커뮤니케이션은 종종 AIDA를 따른다. AIDA 모델은 소비자가 제품이 있다는 것에 먼저 주의를 기울인 후에 그 제품에 대해 관심이 생기고, 관심이 생기면 제품을 소유하고 싶은 욕망이 유발되어 결국 제품을 구매하게 된다. 따라서 이것을 마케팅 커뮤니케이션에 활용할 수 있다. 첫째, 마케터가 고객의 주의를 끌어야 한다. 수신인이 관심이 없다면 메시지는 전달되지 않는다. 둘째, 마케터는 메시지를 흥미 있게 만들어야 한다. 그렇지 않으면 수신인이 주의를 기울이지 않을 것이다. 메시지가 적합하다면 수신인이 제품에 대한 열망에 이르게 된다. 이 모델은 간단 하지만 촉진계획에 유용한 지침을 제공한다.

단계	AIDA	마케팅 전략
인지적 단계	주의(attention)	제품 자체의 속성 제공, 제품 출시 정보 제공
감정적 단계	관심(interest)	구체적인 정보를 제공하는 메시지
	열망(desire)	제품에 대하여 갖고 있는 태도와 느낌 전환
행동 단계	행동(action)	구매의욕 자극

▲ 그림 11.2 AIDA와 마케팅전략

1.4 비언어의 의미

의사소통은 협상의 핵심적인 요소이다. 효과적인 협상은 정보를 효과적으로 전달하고 해석하는 것이 필요하다. 협상의 참여자들은 언어, 신체언어와 몸짓의 비언어로 정보를 전달한다. 비언어 의사소통이 어떻게 효과적으로 작용하는지를 이해함으로써 협상가는 상대방이 비언어적으로 누출하는 정보를 판단하는 데 도움이 된다. 어떤 사람은 언어적으로 자신의 상황을 표현하여 이점을 얻을 수 있다. 가능하다면, 협상장 밖의 편안한 장소에서 함께 시간을 보내는 것이 도움이 된다. 상대방이 협상장 밖에서 비언어 의사소통을 어떻게 하는지를 아는 것은 협상장 안에서 언어와 비언어 의사소통의 불일치를 아는 데 도움이 된다.

① 개인적 공간 : 테이블 맨 위쪽에 있는 사랑은 힘의 상징이다. 협상가는 상대방이 위치한 장소에 가깝게 위치함으로써 위치의 전략적 이점을 제거할 수 있다.

② 첫인상 : 긍정적인 몸짓과 열정으로 협상을 시작한다. 진지하게 상대방의 눈을 응시한다. 시선접촉을 유지하지 않는다면 상대방은 무언가를 속이거나 성실하지 못하다고 생각할 수 있다. 굳게 악수한다.

③ 비언어 커뮤니케이션 파악 : 상대방의 비언어 의사소통을 읽는 것은 의사소통의 과정에서 중요하다. 상대방의 언어와 비언어 의사소통의 불일치를 인식함으로써 협상가는 더 높은 결론에 이를 수 있다. 신체언어의 불일치는 다음과 같은 것을 포함한다.

- 신경질적인 웃음 : 웃음이 상황과 일치하지 않는 신경질적인 웃음은 과민성이나 불편의 신호이다. 진짜 느낌을 발견하기 위해 질문을 탐색하는 것이 좋다.
- 긍정적인 단어와 부정적인 신체언어 : 어떤 사람이 질문하고, 그가 신경질적이고 날카롭게 반응한다면, 무엇인가 자신을 속이고 있다는 것을 생각해본다.
- 꽉 쥔 상태에서 올리는 손 : 이러한 손은 웃을 때라도 좌절을 나타내는 것이다. 이러한 사람은 부정적인 태도를 유지하고 있다는 신호이다.
- 얼굴과 눈 : 제의를 잘 받아들이는 협상가는 미소를 짓고, 많은 시선접

촉을 한다. 반면에 제의를 잘 받아들이지 않는 협상가는 시선접촉이 거의 없다. 이러한 사람은 눈을 가늘게 뜨고, 턱 근육을 떨고, 머리는 상대방을 향하지 않는다.

- 팔과 손 : 이해력을 보이기 위해 협상가는 팔을 늘리고, 테이블 위에서 손을 열거나 무릎을 벌린다. 손이 꽉 쥐어져있고, 교차되어 있고, 입 앞에 위치하여 잇거나 목의 뒤를 문지르는 협상가는 수용성이 부족하다.
- 다리와 발 : 제의를 잘 받아들이는 협상가는 다리를 모으거나 다른 사람 앞에 한 다리를 내밀고 앉는다. 서있을 때 몸무게를 균형 있게 하고, 손은 말하는 사람을 향한다. 제의를 받아들이지 않는 협상가는 다리를 교차해서 서 있고, 말하는 사람으로부터 벗어난다.
- 몸통 : 제의를 잘 받아들이는 협상가는 의자의 끝에 앉아있고, 말하는 사람을 향해 몸을 비스듬하게 하고, 상의의 단추는 닫혀있고, 손을 펴고 손바닥을 노출한다. 반면에 제의를 잘 받아들이지 않는 협상가는 의자에 등을 기대고, 상의의 단추를 열고 있다.

02 협상

2.1 협상의 의미

협상은 이익에 도달하고, 차이점을 해결하거나, 당사자의 다양한 이익을 만족시키는 것을 포함하는 둘 이상의 사람들 간의 대화이다. 협상은 타협을 목표로 한다. 전문적 협상가는 노조 협상가, 부채인수 협상가, 평화 협상가, 인질 협상가처럼 전문화되어 있다. 협상은 조정과 다르고, 중립적인 제3자가 각 측의 주장을 듣고 양측 간의 합의를 끌어내려고 노력한다.

협상은 어떤 사람이 다른 사람으로부터 무엇인가를 원하고 그것을 얻기 위해 협력을 찾을 때 사용되는 상호 커뮤니케이션 과정이다. 협상가가 어떤 협상을 계획하고 실행할 때 지속적으로 명심해야 할 주요 요소는 **주제, 관계, 과정**과 결과이다.

- **주제**는 구체적인 목적을 달성하는 데 중요하다. 관련이 있는 대상에 관하

여 대화를 할 필요가 있다.

- 관계는 대화 상대자와 실질적인 교섭관계를 수립하는 것이다. 이것은 대화를 계속하고, 합의를 존중하고, 실행의 공동감시를 허용하는 어떤 연결이 있어야 한다.
- 과정은 대화 행동 자체를 돕기 위해 회의 장소와 시간을 결정하고, 기본적인 규칙과 절차를 설정하는 것이다.
- 결과는 긍정적인 변화를 이루는 실제적인 결과를 성취하기 위한 협상이 되는 것이다. 합의에 도달하는 것은 필요조건이지만, 합의만으로는 충분하지 않다. 어떤 합의가 실행될 수 있도록 확실히 하는 것은 협상결과의 검증이다.

2.2 협상의 유형

협상은 특정한 조직을 위해 행동하는 훈련된 협상으로부터 친구들 간의 비공식적인 협상이다. 이러한 협상전략에는 분배협상과 통합협상이 있다. 분배협상은 사전에 그 규모가 제한되어 있는 자원의 배분을 둘러싼 경쟁적 교섭전략으로써 제로섬(zero-sum)[1] 교섭이다. 분배협상에서 협상 일방의 이득은 다른 일방의 손실을 가져온다. 통합협상은 협상 당사자들이 자신들의 이해관계를 통합한 합의를 도출해 냄으로써 서로 극대화된 이익을 얻기 위해 협력하는 경우이다.

2.2.1 분배협상

분배협상은(distributive negotiation) 거의 양보하지 않는 협상이다. 이것은 시장에서 흥정의 모델로 협상에 접근하는 경향이다. 분배협상에서 각 측은 수용되지 않을 것이라는 것을 알면서 종종 극단적인 입장을 취하고, 그런 다음 결론에 이르기 전에 가능한 적게 양보하기 위해 교활, 허풍, 그리고 벼랑 끝 전술(brinkmanship)[2]을 사용한다. 분배적(distributive)이라는 용어는

1) 어떤 시스템이나 사회 전체의 이익이 일정하여 한쪽이 득을 보면 반드시 다른 한쪽이 손해를 보는 상태
2) 배수진을 치고, 협상을 막다른 상황까지 몰고 가는 초강수를 띄워 위기에서 탈출하는 특유의 협상전술

관계된 사람들 간에 분배되거나 나누어지는 확정된 양을 의미한다. 이러한 협상은 확정된 몫(fixed pie)의 분배라고 한다. 돌아갈 몫이 많지 않지만 배분될 비율은 가변적이다. 한 사람의 이득이 다른 사람의 손실이 된다는 가정 때문에 승－패(win-lose)라고도 한다. 분배협상은 종종 이전에 상호관계가 없거나 가까운 미래에도 그럴 것 같지 않은 사람들은 포함한다. 다음은 합의에 도달하기 어려운 경우이다.

- 상충되는 목표
- 낮은 신뢰
- 정면대응의 대립적인 접근
- 갈등, 의견충돌과 오류정보
- 비밀스럽고 숨겨진 사안
- 일방적 승리
- 경쟁적이고 유연하지 못한 협상
- 기타 소송

협상의 특징	분배협상	통합협상
목적	현재 승리	합의와 지속적 관계
참가자	적	친구
분위기	불신, 경멸	신뢰
행동	공격적, 불굴의	양보, 이해
압박관계	압박	압박인정
의지에 대한 태도	의지 갈등에 근거	의지 직면 회피
필요조건	위장 최소 필요	최소한의 필요조건 충족
합의에 대한 태도	교환합의에서 일방적 이익	합의를 위해 일방적 손실 수용
해결에 대한 태도	자신의 입장만 수용할 수 있다.	합의는 좋고 중요하다.
논쟁에 대한 태도	양보는 관계유지 조건으로써 필요	양보는 논쟁을 다루는 교환관계

▲ **그림 11.3** 협상의 특징에 따른 분배협상과 통합협상의 차이

2.2.2 통합협상

통합협상이란 협상 당사자들이 자신들의 이해관계를 통합한 합의를 도출해 냄으로써 서로 극대화된 이익을 얻기 위해 협력하는 경우를 말한다. 이런 협상에서는 가치창출과 자기 몫 획득이 동시에 추구된다. 즉, 분배협상과는 달리 협상 당사자 혹은 관련자 모두가 승리하는 협상을 말한다. 분배협상이

당사자들 간에 분배되는 확정된 가치의 양이 있다고 가정하지만, 통합협상은 협상 과정에서 가치를 창조하려고 한다. 즉, 몫을 확대한다. 중재 시작점보다 오히려 당사자들의 기본적인 이익에, 개인적인 전투보다는 공유된 문제에 중점을 두고, 합의의 기준으로 객관적이고 원칙에 따른 기준을 고수한다. 통합이란 용어는 협력을 포함한다. 그래서 상호이익을 달성하기 위한 창의적 문제해결이고, 상생협상이라고 한다. 다음은 합의에 쉽게 도달할 수 있는 경우이다.

- 공동의 목표 발견
- 투명한 의제와 문제
- 양자를 위한 수락할 수 있는 해결책
- 윤리적 협상태도
- 위험의 공유와 비용절감
- 조정이나 중재와 같은 단계적 확대 과정
- 우호적, 비공격적 접근

2.3 협상전술

협상의 필수적인 요소는 과정, 행동과 내용이다. 과정은 당사자들이 협상하는 방법이다. 즉, 협상의 맥락, 협상 당사자, 양측이 사용하는 전술과 이 모든 것을 유발하는 후속조치와 단계이다. 행동은 당사자들 간의 관계이다. 당사자들 간의 의사소통과 채택하는 형식이다. 내용은 당사자들이 협상하는 것이다. 의제, 문제, 선택과 합의사항이다. 협상의 또 다른 시각은 전략, 과정, 도구와 전술이다. 전략은 관계와 최종 결과를 포함하는 최고수준의 목표이다. 과정과 도구는 수반되는 단계와 다른 측에서 준비하고 협상할 때 취하는 역할을 포함한다. 전술은 상세한 말, 행동과 다른 사람의 말과 행동에 대한 반응을 포함한다. 추가되는 요소로 설득과 영향력이 있다. 좋은 합의는 최대한의 이익이 아니라 최적의 이익이다. 협력태도는 균형이 맞게 배당을 하는 것이다. 얻는 것이 다른 사람을 희생하는 것이 아니라 함께 하는 것이다.

■ **협상전술의 유형** 협상전술에는 5가지 유형이 있다. 개인들은 다양한 유형에 대해 강력한 성격을 가진다. 협상하는 동안 사용하는 유형은 상대방의 이익과 맥락에 의존한다. 또한 유형은 시간에 따라 변할 수 있다.

- 수용 : 상대방의 문제를 해결하고 개인적인 관계를 유지하려는 사람, 즉 수용하는 사람들은 상대방의 정서상태, 신체언어와 구두신호에 민감하다.
- 회피 : 보장되지 않는다면 협상을 하려고 하지 않고 하지도 않는다. 협상할 때 회피자들은 협상의 대립국면을 미루고 회피하는 경향이 있다.
- 협력 : 창조적인 방법으로 문제를 해결하려는 협상을 즐긴다. 협력자는 상대방의 관심과 이익을 이해하기 위해 협상을 사용하는데 익숙하다.
- 경쟁 : 이길 수 있는 기회가 나타나기 때문에 협상을 즐긴다. 협상가들은 협상의 모든 측면에 대한 능숙한 소질을 갖고 있고, 관계의 중요성을 소홀히 한다.
- 타협 : 협상 과정에 관계된 모든 당사자들에게 공정하고 균등하게 행동함으로써 거래를 종결하려고 한다. 타협은 거래를 종결할 시간이 임박할 때 유용하다. 그러나 타협은 종종 불필요하게 협상 과정을 서두르게 하고 너무 빠르게 양보를 한다.

■ **다양한 협상기술** 전술은 협상하는 과정의 중요한 부분이다. 협상은 시끌벅적 소리치는 것이 아니다. 협상은 다양한 목적으로 사용되고 까다롭고 어렵다. 전술은 분배협상에서 자주 사용된다. 많은 협상전술이 있지만, 다음은 주로 사용하는 전술이다.

- 경매 : 입찰 과정을 경쟁을 유도하는 것이다. 당사자들이 동일한 것을 원할 때 상대방에 대해 함정을 판다. 사람들이 무엇인가를 잃는다고 알 때, 사람들은 더 많은 것을 원한다. 다른 사람의 경쟁심을 이용하는 것은 값을 올리는 것이다.
- 벼랑 끝 전술 : 협상하는 한 측이 동의를 받아 내거나 압승해야 할 정도로 공격적으로 추구하는 전술이다. 벼랑 끝 전술은 한 측이 상대방을 벼랑 끝으로 밀어붙여 수용하게 하는 어려운 협상 방법이다. 이 벼랑 끝 전술은 제안을 수락할 수밖에 없고, 제의한 합의에 대한 채택할 대안이 없는 것을 확신할 때 사용한다.
- 유랑전술 : 자신에게 거의 중요하지 않은 문제를 가장 중요한 척하고, 그런

다음 협상에서 실제적인 중요한 문제의 양보를 얻기 위해 거래를 한다.

- 겁쟁이 : 협상가는 상대방이 겁을 먹고 그만 두고 자신들이 원하는 것을 내놓도록 강요하는 극단적인 조치를 취한다. 이러한 전술은 상대방이 굽히지 않으려 하고 극단적인 조치를 고수할 때 위험하다.
- 상층방어 : 여러 수준의 의사결정 권한이 있고, 합의가 권한의 단계를 통과할 때마다 더 많은 양보를 허용하기 위해 사용된다. 제안이 의사결정자에게 갈 때마다 의사결정자가 거래를 종결하기 위해 또 다른 양보를 추가하도록 요청하는 것이다.
- 마감시한(deadline) : 상대방에게 결정하도록 마감시한을 주는 것으로 상대방에게 압력을 적용하는 시간을 사용한다. 마감시한은 실제적이거나 인위적일 수 있다.
- 꽁무니 빼기(flinch) : 강한 부정적인 신체적 반응을 보이는 것이다. 예는 한숨을 쉬거나 충격의 놀라는 표정을 보인다. 신체적 반응을 보이는 것은 내가 충격을 받았다고 말하는 것을 상대방이 듣게 하는 것보다 더 신뢰 할 수 있다.
- 선인과 악인(good guy & bad guy) : 선인과 악인은 팀의 한 구성원이 극단적이거나 불합리한 요구를 하고 다른 사람은 좀 더 합리적인 접근을 제안하는 것이다. 선인은 합리적이고 이해심이 있고 그래서 함께 협상하기 쉽게 보인다. 본질은 협력을 이끌어내기 위한 상대성의 법칙이다. 선인은 악인보다 비교적 더 동의하는 것처럼 보인다.
- 높은 공과 낮은 공(highball & lowball) : 결코 이루어질 수 없는 터무니없는 높거나 낮은 개시 제안을 사용한다. 극단적인 제안이 상대방에게 자신의 제안을 재평가하고 합의에 도달하려는 점으로 가깝게 이동하도록 하는 것이다. 위험한 점은 상대방이 협상을 시간의 낭비로 생각할 수 있는 점이다.
- 약간 관심 보이기(nibbling) : 작은 것 하나를 더 받아 내는 기술이다. 거래를 종결하기 전에 이전에 토의하지 않은 작은 양보를 요청하는 것이다. 이 방법은 한 가지 더 추가함으로써 상대방의 종결 희망을 이용하는 것이다.
- 감언이설(snow job) : 협상가는 어떤 것이 중요한지를 판단하는 데 어려움이 있는 상대방을 많은 정보로 제압하는 것이다. 협상가들은 비전문가가 물은 질문에 간단히 답하기 위해 기술언어나 전문용어를 사용한다.

- 옹호자(advocate) : 옹호자는 한 측을 위해 가장 유리한 결과를 얻으려고 노력한다. 이러한 과정에서 협상가는 다른 측이 기꺼이 받아들이는 최소한의 결과를 결정하려 하고, 그런 다음 요구를 조정한다. 요구의 직접적인 제시, 사전조건이나 기만적인 방법에 이르기까지 다양한 전술을 사용한다. 협박과 살라미 전술(salami tactics)은 협상의 결과를 좌우할 때 이용한다.

03 설득

3.1 설득의 개념

설득은 커뮤니케이션을 통해 다른 사람의 정신의 정신적 상태에 영향을 주기 위해 성공적인 의도된 과정으로 자유스런 선택의 환경에서 메시지의 교환을 통해 다른 사람이 특정한 문제에 관한 태도나 행동을 변화하도록 노력하는 상징적 과정이다.

■ 설득의 정의 설득은 신념, 가치나 태도를 수정함으로써 다른 사람들에게 영향을 주는 것을 계획하는 대인 커뮤니케이션이다. 전달자가 수신인으로부터 바람직한 반응을 끌어내려는 커뮤니케이션 과정이자 의미의 전달로 수신인의 태도나 신념을 변화시키려는 의식적인 시도이다. 메시지의 교환을 통해서 새로운 인지적 상태의 내면화, 자발적인 수용이나 명백한 행동양식에 영향을 주는 것을 목적으로 하는 상징적 행동이다.

■ 설득저항 사람들은 올바른 태도를 유지하고, 자유를 회복하거나 심리적 일관성과 통제력을 유지하기 위해 설득에 저항한다. 설득저항은 공격 중에서 태도의 특징과 같은 다양한 요인에 의해서 영향을 받는 메시지 수신인의 특징이다. 저항에 이를 수 있는 메시지 특징은 설득의도, 불법성과 언어의 강도이다. 설득저항은 역설득에 대항하여 보호하기 위해 전략적으로 유발될 수 있다. 단순한 사전경고는 설득저항을 유발하는 증거이다. 어떤 사람의

태도에 대한 가능한 미래 공격의 사전경고는 태도의 취약성을 인식하게 하고 영향에 저항하도록 한다.

■ 설득의 기능 설득의 기능이나 목적은 표적이 얼마나 변화하지 않으려는 태도를 갖고 있는가에 달려있다. 설득은 정보나 느낌을 전달하기 위해 말이나 문서를 사용하여 상대방의 생각, 태도나 행동을 변화시키는 것을 목적으로 한다. 설득자는 상대방을 위해 현실적인 목적을 선택할 필요가 있다. 다음은 이러한 설득의 기능이다.

- 불확실성 창조 : 상대방이 설득자의 견해에 강력하게 반대할 때, 가장 좋은 방법은 옳은 것을 조금 더 적게 확실하게 하고, 현재 태도에 조금 더 적게 불편하게 하는 것이다.
- 저항감소 : 상대방이 설득자의 입장에 조금 반대하지만 완고하지 않다면, 설득자는 그의 견해에 대한 반대를 감소시킬 수 있고, 중립으로 표적을 이동할 수 있다. 견해의 변경을 기대하지 않는 동안 다른 의견의 타당성을 인식하는지를 상대방에게 묻는다.
- 태도변화 : 상대방이 주제에 대한 태도를 강하게 밝히지 않는다면 목표는 적절하다.
- 태도확충 : 상대방이 설득자의 견해에 이미 적절하게 호의적이면 상대방의 현재 태도를 강화하고, 강하게 그의 의견을 밝히도록 유도하는 메시지를 계획할 수 있다.
- 행동확대 : 상대방이 설득자의 입장에 강하게 호의적일 때 논리적 목적은 상대방을 확신에 따라 행동하게 한다.

3.2 설득의 수사학

모든 커뮤니케이션의 목적은 상대방을 설득하는 것이다. 설득이 어떤 사람에게는 쉽지만, 어떤 사람에게는 어렵다. 그리스 철학자 아리스토텔레스(Aristotle)에 의하면 화자가 수사학의 로고스, 에토스와 파토스를 사용함으로써 상대방을 효과적으로 설득할 수 있다고 하였다. 호소를 분리하는 것은 인위적인 과정이다. 세 호소는 설득에서 함께 작용한다. [그림11.4]는 설득의 3요소가 서로 어떻게 추가하는지를 생각하는 방법을 제시한다. 하나의 호소를 사용하면 설득이 되지 않는다. 3요소가 배합되는 정도는 화자, 청자, 주제와 내용에 달려있다.

① 로고스는 논리를 통한 호소로 가장 중요한 요소로 이성을 뜻한다. 사물의 존재를 한정하는 보편적인 법칙, 행위가 따라야 할 준칙, 이 법칙과 준칙을 인식하고 이를 따르는 분별과 이성을 뜻한다. 주장의 명료성, 추리의 논리와 지지증거의 효과성 등 메시지의 내적 일관성이다. 표적에 대한 논리의 영향을 주장의 논리적 호소라고 한다. 논리에 근거한 주장은 기하학적 특성을 나타낸다. 로고스의 수사학이 갖는 위험은 청중을 사로잡는데 어렵거나 비논리적으로 지각하는 약하거나 복잡한 주장이다. A=B이고 B=C이면 A=C이다. 예를 들면, 숭배자는 사람이다. 인디언은 사람이다. 그러므로 모든 인디언은 숭배자이다. 로고스는 기본적인 상식으로 신중하게 구축되는 주장일 때 신뢰성이 있다. 논리적인 담론은 사상을 전달하는 가장 효과적인 수단이지만, 그러한 사상을 나타내기 전에 표적청중을 아는 것이 중요하다. 이성과 주장은 열정의 추진력을 강화하는 데 사용될 수 있다.

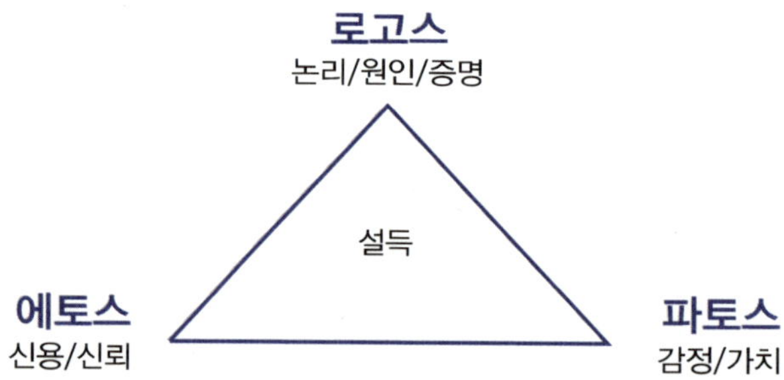

▲ **그림 11.4** 아리스토텔레스의 설득의 3요소

② 에토스는 성격과 관습의 의미로 의사전달자의 성격이나 태도를 말한다. 설득은 화자의 힘과 권위에 달려있다. 아리스토텔레스는 에토스를 커뮤니케이션의 가장 중요한 요소로 간주하였다. 청중은 작가나 화자의 성격이 신뢰할 수 있는지를 발견하려고 한다. 그렇지 않다면 어떠한 것도 설득적이지 못하다.

③ 파토스는 열정, 경험, 고통이나 기타 일반적으로 깊은 감정을 뜻하고, 정서에 근거한 호소이다. 의도는 어떤 사람들이 행동을 취하도록 유발하는 것이다. 많은 수사학자들은 호소 중에서 가장 강력한 것을 파토스라고 한다. 감성적 호소를 전달하는 가장 흔한 방법은 이야기로 하는 것이다, 이것은 논리로 관념을 명백하고, 존재하는 것으로 전환할 수 있다. 의사전달자의 가치, 신념과 이해는 이야기 속에 내포되어있고, 상대방에게 상상으로 전달된다. 이와 같이 파토스는 상대방에게 메시지의 정서와 상상적인 영향이 있다. 이것은 전달자의 메시지가 결정이나 행동으로 이동하는 힘이다.

3.3 설득의 법칙

설득은 특정한 전략을 통해서 다른 사람의 생각과 행동에 영향을 주는 능력이다. 이러한 기술에 능숙해지기 위해서 설득의 법칙을 먼저 이해해야 한다. 심리학자인 Robert Cialdini (1993)는 <설득의 심리학(The Psychology of Persuasion)>을 저술하였다. 설득의 여러 법칙들을 특정한 상황에 적용한다면 다른 사람에 대한 영향이 증가할 것이다. 협상에서 설득의 기술은 판매 증가뿐만 아니라 고객의 욕구를 충족하려는 성공적인 판매원이 되는 데 유용하다. 어떤 협상에서 모든 당사자들은 좋은 결과를 얻었다고 느끼는 결론에 도달해야 한다. 힘들거나 어려운 협상가를 다룰 때 설득의 법칙을 사용한다. 이 법칙으로 어떻게 성공할 수 있는가? 어떻게 게임의 규칙을 토의할 수 있을까?

설득의 법칙
- 상호성의 법칙(law of reciprocity)
- 일관성의 법칙(consistency)
- 호감의 법칙(law of liking)
- 희소성의 법칙(law of scarcity)
- 권위의 법칙(law of authority)
- 사회적 증거의 법칙 (law of social proof)

▲ **그림 11.5** 설득의 법칙

■ **상호성의 법칙(Law of Reciprocity)** 사람들은 누구가로부터 무엇을 받는다면 보답할 필요를 느낀다. 어떤 사람이 원하는 것을 무언가 제공한다면 빚을 졌다고 느끼기 때문에 보답하려고 한다. 무료샘플을 잠재고객에게 제공하는 것은 성공적인 판매원이 사용하는 법칙이다. "이것은 우리가 줄 수 있는 모든 것이다"와 같이 협상 입장을 위한 실제 이유를 고백하면 상대방의 양보를 유발할 수 있다. 이러한 방법은 임금인상 협상에서 볼 수 있다. 양보는 치고받기(tit-for-tat)를 따른다. 상호성의 법칙은 형평성에 호소하기 위해 사용한다. 어떤 사람이 생일에 선물을 준다면 그의 생일에 선물을 주어야 한다.

■ **약속과 일관성의 법칙(Consistency)** 사람들은 다른 사람들이 행동하기 전에 그들이 하는 것을 알려고 한다. 사람들은 생각, 느낌과 행동에서 일관성이 있는 것을 좋아한다. 사람들이 일단 일정한 입장을 취하면 계속적으로 고수하는 경향이 있고, 초기 결정을 정당화하는 방법으로 행동하는 경향이 있다. 사람들은 무언가에 투자하거나 결정한 후에는 더욱 확실하게 된다. 아주 작은 약속을 주는 것으로 시작하고, 그런 다음 더 큰 것을 요청한다. 증가는 천천히, 교묘하게, 은밀하게 할 수 있다. 일단 약속을 하면 변경하기 매우 어렵다. 최초 준거집단이 거절되면 사람은 새로운 집단의 강압과 설득에 민감하다. 이것은 사이비 종교 집단이 사용하는 기법의 하나이다. 어떤 원칙이나 제품을 약속하면 아무리 작더라도 증가를 확산하는 것은 쉽다. 판매원이 여러 번 고객들이 동의하도록 시도하는 이유이다. 언어든 문서든 무언가에 약속하면, 선택하고 입장을 취한다는 것을 의미한다. 약속을 흔드는 개인적인 압박을 받더라도 길을 찾고, 이전의 결정을 정당화하는 방식으로 반응한다. 약속과 일관성의 법칙은 행동하려고 하는 바람직한 특징이고, 이것을 벗어나려고 하는 것은 자연스럽지 못하다. 많은 사람들에게 벗어나서 말을 하거나 행동한다면 실제로 더욱 나쁘게 된다.

■ **호감의 법칙(Law of Liking)** 어떤 사람들을 좋아하거나 자신과 같다고 믿을 때 그들을 즐겁게 하기를 원하고, 그들이 판매하는 것을 구매하는 경향이 있다. 호감의 법칙은 성공적인 판매원이 사용하는 방법이다. 그는 잠재적 구매자와 어떻게 같은지를 보여줌으로써 라포 형성한다. 이것은 외유와 협박

전략애서 종종 나타내고, 협상하는 어떤 사람이 상대방에게 분명하게 반대하지만, 팀의 다른 사람은 자신의 편이라는 것을 보인다. 이것은 동일시하게 하고, 좋은 팀 구성원을 신뢰하게 한다. 그래서 다른 사람의 양보로 동의를 이끌어낸다. 좋아하는 사람들에 의해 영향을 더 받는다. 매일 만나는 사람들이 일반적으로 사용하는 이 원칙을 알더라도 고객을 유인하기 위해 이 단순한 규칙을 사용한다.

사람들은 자신과 비슷한 사람을 좋아한다. 자신과 유사한 사람과 함께 일하는 경향이 있다. 사람들은 유명 인사를 좋아하고, 이것은 신체적 매력성 때문이고, 일단 매력을 느끼면 연결을 원한다. 칭찬에 사실이든 거짓이든 사람들은 다른 사람들로부터 칭찬받는 것을 좋아한다. 칭찬은 기분을 좋게 하기 때문에 사람들은 칭찬받는 것을 좋아한다. 감미로운 사람과 말하고 그가 칭찬을 한다면 더 가까고, 좋은 연결을 맺기 시작한다. 그러나 반복적으로 칭찬을 하면 역효과가 발생할 수 있다. 무언가 잘 알려지지 않은 것보다도 친숙하게 보이는 것을 대체로 좋아한다. 매우 협력적으로 보이는 사람들과 관계를 맺는 것을 좋아한다.

■ **희소성의 법칙(Law of Scarcity)** 독점적 정보는 더욱 소중하고 더 쉽게 받게 된다. 풍부성은 무엇인가가 희소할 때보다 훨씬 적게 평가된다. 사기집단은 특혜가 유일한 방법이라고 말함으로써 희소성을 사용한다. 예를 들면 “최고, 신의 뜻에 가장 가까운, 가장 빠른 길” 등을 집단이 주장할 때 등이다. 상품의 희소성과 정보의 독점성은 수입을 증가시킨다. 정보는 신뢰의 관계를 유지하기 위해서 사실이어야 한다. 희소하다고 느낄 때 사람들은 신속하게 반응한다. “한정판, 곧 매진, 서두르십시오”라고 쓰여 있는 것을 볼 때 제품을 신속하게 구매하기를 원한다.

희소성의 법칙(law of scarcity)은 사람들이 중요한 것을 놓치는 것처럼 느끼게 하는 것이다. 이용할 수 있는 것이 제한될 때 더 매력적으로 느낀다. 이것은 사람들이 잠재적 이익보다도 손실의 위험에 더 반응하기 때문이다.

■ **권위의 법칙(Law of Authority)** 권위의 법칙은 유명인의 보증이나 전문가의 증언을 사용하는 법칙이다. 감탄하는 사람들이 제품이나 서비스 판매를 촉진할 때 다른 사람에게 충분히 좋은 것이라면 자신에게도 좋은 것이

다. 자신이 사용한다면 좋은 외모, 부나 명성처럼 동일한 특성을 개발한다. 전문다다 좋다고 말한다. 협상 초기에 신뢰성을 확립하여 권위를 세우는 것이 중요하다. 사람들은 자동적으로 권위자를 따르거나 전문가를 믿는다. 이것은 권위자가 아닌 경우에도 심지어 사실이다. 권위자가 그렇게 말하기 때문에 생각하지 않고 자동적으로 반응한다. 가장 신뢰할 수 있는 권위자는 지식이 있고 신뢰가치가 있다. 어떤 사람은 공정하고, 편향되지 않고, 정직하다. 신뢰를 얻는 지름길은 어떤 사람의 입장과 조금 모순되는 말을 하는 것이다. 그러면 어떤 사람은 공평하게 보이고, 자신의 입장의 부정적인 측면을 기꺼이 알려고 하고 신뢰를 형성한다. 신뢰는 정직하고 믿음을 제공함으로써 형성된다.

■ **사회적 증거의 법칙(Law of Social Proof)** 규칙이 불확실할 때 사람들은 안전을 추구한다. 그래서 검증된 인사나 사례를 활용한다. TV에서 웃음을 주는 연예인을 사용하는 이유는 무엇인가? 제작자가 그런 연예인이 청중으로부터 웃음을 끌어내지 못하거나 높은 시청률을 올리지 못한다면 고용하지 않을 것이다. 사회적으로 올바른 행동이 무엇인지를 정확하게 알지 못한다면 주위에 있는 다른 사람들을 의지할 것이다. 다른 사람들이 특정한 행동에 관여되는지를 생각하고, 하는 것이 적절한 것이어야 한다. 새로운 잠재고객이 제품과 서비스를 구매하도록 장려하기 위해 사회적 증거의 법칙(law of social proof)은 만족한 고객으로부터 증언에 의지할 때 작동한다. 사람들은 작동되고 있는 곳을 이미 아는 사회의 일부라고 느끼기를 원한다.

3.4 설득기법

조직에서 다른 사람에게 영향을 주지 못한다면 유능한 관리자가 될 수 없다. 관리자가 유능하지만 다른 사람에게 영향을 주지 못하면 종종 관리적 비효과성의 원인이 된다. 적절한 영향력행사 전략을 선택하는 것은 효과적으로 설득하는 비법이다. 설득기법은 근거, 교환, 압박, 인지적 부조화, 방어와 저항전술 등이 있다.

■ **근거** 다른 사람에게 영향을 주는 가장 좋은 방법은 근거이다. 근거를 사용하는 관리자들은 더 많은 존경과 지원을 얻는다. 중요한 근거를 설명하거나 하도록 요청받는 것은 도움이 된다. 다른 사람들과의 관계가 상호 신뢰와 존경의 하나이고, 요청을 설명할 충분한 시간이 있을 때 근거를 사용하는 것은 적절하다. 근거는 대부분의 상황에 대한 영향력의 가장 좋은 형태이다. 어떤 사람이 요청에 따르거나 제안을 수락하도록 근거를 제시할 때 관리자들은 요청이나 제안이 사람들의 개인적 가치에 어떻게 관련이 있는지를 고려해야 한다.

① 대안근거 제시 : 어떤 사람이 무언가를 해야 하는 근거를 사용할 때 사람들은 두 가지 방법 중의 하나에 반응한다. 근거가 건전하기 때문에 협력하거나 저항한다.

② 권리방어 : 어떤 사람들은 다른 사람들의 권리에 종속된다. 협동은 대단하지만 그들이 권리를 갖고 있다. 사람들은 타인을 돕기 위해 자신의 우선권을 희생하지 않는다.

■ **교환** 교환은 어떤 거래에 관여함으로써 사람들을 행동하게 하는 모든 방법을 포함한다. 어떤 목표에 동기를 주고, 특정한 과업에 보너스를 제공하는 것은 교환기법이다. 아부는 다른 사람에게 영향을 주는 교환을 사용하는 더 교묘한 속임수 방식이다. 아부는 상대방에게 신세를 진 느낌을 조성하기 위해 선물을 주거나 호의를 제공한다. 상대방이 어떤 것을 다시 하기를 원할 때 이러한 신세감은 그들의 결정에 의식적이거나 무의식적으로 영향을 줄 수 있다. 수락을 얻기 위해 보상을 사용하면 사람들은 미래에도 보상을 기대할 것이다. 아부전략의 결함은 사람들은 조작되는 것을 분개하기 때문에 의도된 결과에 정반대 현상을 야기할 수 있다.

- 유인책 : 교환은 제공해야하는 것과 답례로 받기를 원하는 것을 정확하고 분명하게 설명해야 한다. 제공이나 요청의 모호성은 다른 사람들이 뒤에 속았다는 기분이 들게 한다. 상대방이 언제나 보상을 기대하지 않도록 한 번 제의가 필요하다.
- 아부 : 아부를 사용하여 다른 사람에게 영향을 주기 위해 관리자들은 교묘해야 한다. 사람들이 속는 것을 분개하기 때문에 명백한 아부를 시도하는 것은 역풍이 있다. 관리자들은 자연스럽게 호의를 제공하거나 선물을 줌

으로써 다른 사람들에게 아부를 할 수 있다.

- 선물과 호의 검토 : 관리자들은 선물과 호의를 제공하는 사람들의 동기를 고려해야 한다, 선물과 호의는 언제나 속임수는 아니지만 결정의 편견을 갖게 하여 거절해야 한다,
- 속임수 협상전술 저항 : 관리자들이 협상하는 상대방이 합의를 강요하거나 동의하는 조건을 변경하려는 속임수전략을 사용하고, 조종에 주의를 기울기고, 그와 같이 협상하지 않으려는 이유를 설명하고, 다른 협상 방법을 제안하는 것을 주목한다.
- 협상중단 : 관리자들이 협상스타일의 방법을 승인하지 않는다면 협상을 거절할 수 있다. 그들이 협상에서 떠난다면 다른 상대방은 그들에 대한 수단을 갖고 있지 않다.
- 압박 : 강요나 협박한다. 사람들이 부정적인 결과를 피하려는 심리를 활용한다.

3.5 설득의 저항전술

설득에 대한 저항은 사람들이 설득메시지가 태도 변화를 막는 과정이다. 메시지는 정서적 요인뿐만 아니라 인지적 동기를 포함한다. 다음은 Marwell과 Schmit의 방어전술이다.

- 변경 : 문제를 더 작거나 측면 문제로 바꾼다. 힘을 갖지 않는 사람에게 책임을 전가한다.
- 지연 : 실제 아무 것도 이루어지지 않을 때 상대방이 문제를 다루고 있다고 생각하도록 한다. 예를 들면, 실제적인 권한이 없는 연구위원회를 형성한다.
- 부인 : 주장과 제안된 해결책이 타당하지 않다고 제기한다.
- 최소화 : 상대방은 문제의 중요성을 최소화하고 변화를 위해 적법성을 질문한다.
- 기만 : 의도적으로 좋게 느끼게 하고, 사실이 아닐 때 의미 있는 행동을 취한다. 문제를 고려하기 위한 어떤 실제적인 의도를 결코 갖고 있지 않다.

- 분열 : 반대의 씨를 집단에 뿌리고 분열과 정복전략을 사용한다.
- 유화 : 직업, 서비스와 다른 혜택의 제공을 통해서 집단을 평온하게 하거나 달랜다.
- 의심 : 집단의 동기와 방법을 의심한다.
- 파괴 : 법적, 경제적, 위협전술을 통해서 집단을 불안정하게 하거나 제거한다.
- 거래 : 상호 수용할 수 있는 해결책으로 거래를 제공함으로써 갈등을 회피한다.
- 굴복 : 요구에 동의할 것이다.

3.6 설득과정

설득은 모든 지도자에게 필요한 기술이다, 효과적인 설득에는 독특하고 필요한 4단계가 있다. 과정은 신뢰도 구축, 공동목표의 형성, 생생한 증거제공과 정서적 연결이다.

① 신뢰도 구축		② 공동목표의 형성		③ 생생한 증거제공		④ 정서적 연결
전문지식		혜택의 명확화		논리와 사실		성장이해
강력한 관계	➡	상호 유용한 해결	➡	이미지와 은유	➡	감정이입표현
경청		장진설명		이야기와 사례		몰입실증
훌륭한 판단의 역사		타인의 관점 이해		표와 통계		자아인식

▲ **그림 11.6** 설득의 4단계

■ **신뢰도 구축** 신뢰도는 전문지식과 관계에서 성장한다. 설득자는 강력한 정서적 특성과 진실을 요구한다. 다른 사람의 제안에 신중하게 경청하고 의견을 아는 환경을 수립할 필요성은 중요하다. 서베이, 표적집단면접, 개인면접 등을 통해 주장을 지지하고 부인하는 자료와 정보를 수집함으로써 설득을 준비해야 한다. 전문지식은 박식, 철저한 문제 조사, 명성하고 합리적인

신념, 반대에 대한 근거와 증거 제공, 어리석거나 과장된 의견 회피, 전문화되고 훈련된 지식 등을 포함한다. 관계는 언행일치, 실수의 용인, 편리와 기회주의가 아닌 확신행동, 타인을 위한 염려, 정서적 안정·협박·횡포·복종 배제, 사업이 아닌 정서적이거나 개인적 관계 등을 포함한다.

▪ **공동목표의 형성** 효과적인 설득자는 설득하려고 하는 이점을 알리는 용어로 상태를 기술하는 데 능숙해야 한다. 이것은 공유된 혜택을 확인하는 과정이다. 이것은 신중한 질문을 함으로써 필요한 정보를 수집하기 위해 대화를 필요로 한다. 이러한 과정은 종종 최초 주장을 변경하는 것을 자극하거나 타협을 포함한다. 다음은 관리자가 공동의 목표를 형성할 때 고려할 사항이다.

- 혜택의 명확화
- 장점설명
- 상호 유용한 해결책
- 설득자의 관점 이해

▪ **생생한 증거제공** 설득은 생생한 언어와 매력적인 증거의 제시를 필요로 한다. 즉, 이야기, 도표, 이미지, 은유와 사례 등이다. 설득자는 도표를 보완하는 생생한 언어를 사용함으로써 상태를 살아있게 할 필요가 있다. 다음과 같은 경우는 설득적인 주장이다.

- 사실과 경험이 논리적이고 일관적이다.
- 장내의 이익을 호의적으로 설명한다.
- 경합적인 대안을 제거하거나 중립화한다.
- 정책을 이해하고 다룬다.
- 객관적이고, 권위 있는 제 3자로부터 보증을 받는다.

▪ **정서적인 연결** 유능한 설득자들은 정서를 알고 정서에 반응한다. 그들은 전문성과 자신들이 지지하는 입장과의 균형을 유지하는 법을 안다. 상대와의 연결은 자신들의 입장에 대한 지적이고 정서적인 헌신을 나타낸다. 성공적인 설득자들은 상대방의 정서 상태를 정확하게 북돋우고, 그들의 주장을 조정한다. 입장이 어떠하든 그들은 메시지를 받는 상대방의 능력과 정서적 열정을 일치시킨다. 다음은 정서적 연결을 강화하는 방법이다.

- 상대방의 마음으로 향한다.

- 매우 기술적이고 관계되는 이야기와 삽화를 사용한다.
- 요점을 분명하게 보여주기 위해 시각자료를 사용한다.
- 문제가 개인적으로 감동을 어떻게 주는지를 보여준다.

Check Point

설득 잘하는 사람의 5가지 특성

어떤 사람들이 협상을 잘 할까? 협상에 대한 강의에는 반드시 직접 협상하도록 하는 과정이 있다. 이론만으로 협상을 잘 할 수 없기 때문이다. 학생들의 협상결과를 분석해보면 의외로 어리숙하게 보이는 사람들이 정말 멋진 협상을 하는 것을 종종 발견할 수 있다. 왜 그럴까? 심리학에서는 다음과 같이 말한다. 사람들은 경쟁자를 만날 때는 잔뜩 긴장하지만, 자기보다 못하다고 생각되는 사람을 만나는 경우에는 본능적으로 그 사람을 도와주려고 한다. 그래서 쓸데없이 상대방을 긴장시키지 않는 것이 좋다. 어리숙한 것이 재빠른 것보다 낫고 흐릿한 것이 뚜렷한 것보다 바람직하다는 것이다. 협상에서도 이러한 원칙이 그대로 적용된다. 어리숙하게 보이면 대개의 경우 상대는 무의식적으로 우월감을 느끼게 된다. 그 우월감은 자연히 상대방에게 무엇인가 '베풀어야 한다'는 보이지 않는 의무감으로 연결된다. 쉽게 말해 어리숙함은 상대방의 무장을 해제하여 상대방의 자발적인 양보를 이끌어낸다는 것이다. 그래서 협상에서는 내용과 함께 내용을 전달하는 스타일도 중요하다.

'You can negotiate anything'이란 책을 쓴 허브 코헨도 협상과 설득에 있어서의 스타일을 중요성을 다음과 같이 요약하고 있다. 허브 코헨은 미국에서 정치인, 경영인, 영업사원 등 설득에 능한 사람들의 특징을 다음과 같이 요약한다.

① 상대가 선택하기 쉽도록 복잡한 개념을 쉬운 말로 풀어 설명한다.
② 미래에 대한 낙관적인 생각을 가지고 있다.
③ 이웃집 아저씨나 아가씨 같은 평범한 사람의 이미지를 가지고 있다.
④ 다정다감하고 겸손하며 가식이 없다.
⑤ 자신을 낮출 줄 아는 유머감각이 있고 인간미가 넘친다.

이런 특징들은 우리가 일반적으로 생각하는 훌륭한 협상가의 이미지와 다소 거리가 있을 수 있다. 하지만, 협상의 진정한 목적 중의 하나가 협상의 결과에 서로 만족하는 것이라는 점을 고려할 때 이런 태도들이 시사하는 바는 매우 크다.

토 의 과 제

1. 우리나라 사람들은 협상능력이 부족하다고 한다. 그 이유는 무엇이고, 어떻게 협상능력을 높일 수 있을지 급우들과 서로 의견을 교환해 보시오.
2. 의사소통하면서 불쾌감을 느꼈던 상대방의 행동이나 태도는 어떤 것이 있는지 자신의 경험을 급우들과 이야기해 보시오.
3. 여러분이 잘 알고 있는 공익광고를 하나 선택해서 다음에 관해 생각해 보시오.
   - 그것을 의사소통이라고 볼 수 있는가?
   - 전달하려는 메시지는 무엇인가?
   - 광고효과를 높이기 위해서는 어떤 노력이 필요한가?
4. 창업자들은 자신의 아이디어를 짧은 시간에 효과적으로 설명을 해야 하는 상황이 많다. 급우들과 자신이 생각하는 창업 아이디어를 3분 이내 설명을 해보시오. 그리고 어떠한 설득방법을 사용했는지 생각해 보시오.

김 윤 갑 Kim, Yoonkab

- 계명문화대학교 소방환경안전과 교수
- 계명문화대학교 산학협력단장, 창업보육센터장, 창업지원센터장
- 환경분야에 박사학위를 받았고 기술거래사 자격이 있으며, 오랜 기간 동안 대학의 산학협력단장과 창업보육센터장을 역임하면서 실전창업에 전문적인 역할을 하고 있다.

전 재 표 Jeun, Jaepyo

- 계명문화대학교 기업브랜드학부 교수
- 회계학전공으로 박사학위를 받았으며, 국세심사위원과 재무관리분야의 경영지도사로 활동하고 있다. 기업가 정신과 창업컨설팅에 관심을 가지고 연구활동을 이어가고 있으며, 예비창업자를 위한 사업계획의 틀을 쉽게 제공할 정보시스템 구축에 공헌하고 있다.

장 영 혜 Jang, Younghye

- 계명문화대학교 산학협력단 교수
- 브랜드선택행동을 주제로 박사학위를 받았으며, 브랜드관리, 소비자행동, 인터넷마케팅, 마케팅전략, 마케팅조사론, 창업경영 분야에 관심을 갖고 연구를 진행하고 있다.

성공 창업 이것만은 알고 시작하자　　정가 20,000원

발　행　2022년 9월 10일 초판 1쇄
저　자　김윤갑 · 전재표 · 장영혜
발행인　전귀연
발행처　신광문화사
경기도 파주시 광인사길 201(문발동, 파주출판도시)
Tel (031)955-4211~6　donghwapub@nate.com
Fax (031)955-4217　www.donghwapub.co.kr
(등록) 1991년 6월 26일/6-130호

ISBN 978-89-7432-948-8

공급처 도서출판 동화기술